云南师范大学

教育学一流学科建设成果

美国教育转折点丛书

陈瑶　张斌贤　主编

联邦立法与美国教育演进

於　荣　王慧敏　等著

河北大学出版社

·保定·

出 版 人：朱文富
选题策划：何　东
责任编辑：冯喆圆
文字编辑：李天雪
装帧设计：赵　谦
责任校对：李　易
责任印制：常　凯

图书在版编目（CIP）数据

联邦立法与美国教育演进 / 於荣等著 . -- 保定 : 河北大学出版社，2024.6
（美国教育转折点丛书 / 陈瑶，张斌贤主编）
ISBN 978-7-5666-2253-2

Ⅰ . ①联… Ⅱ . ①於… Ⅲ . ①教育法－研究－美国②教育史－研究－美国 Ⅳ . ① D971.221 ② G571.29

中国国家版本馆 CIP 数据核字 (2023) 第 231472 号

联邦立法与美国教育演进
LIANBANG LIFA YU MEIGUO JIAOYU YANJIN

出版发行：河北大学出版社
地址：河北省保定市七一东路2666号　邮编：071000
电话：0312-5073003　0312-5073029
网址：www.hbdxcbs.com
邮箱：hbdxcbs818@163.com
印　　刷：保定市正大印刷有限公司
幅面尺寸：170 mm × 240 mm
字　　数：346千字
印　　张：25.75
版　　次：2024年6月第1版
印　　次：2024年6月第1次印刷
书　　号：ISBN 978-7-5666-2253-2
定　　价：92.00 元

如发现印装质量问题，影响阅读，请与本社联系。
电话：0312-5073023

总 序

自中国开展现代意义的教育研究以来的100多年间，美国教育一直是中国教育研究的重要领域。尤其是近三四十年以来，关于美国教育历史与现状的研究更是受到教育学不同分支学科的关注，研究成果数量众多，涉及的范围也非常广泛。

然而，通过对学术史的梳理可以清晰地看到，在美国教育的研究领域，长期以来一直存在着两个突出的问题：一是对“宏大叙事”的选题偏好，二是以追求系统性和完整性为目的的“教科书”式的研究路径。这些问题共同造成的结果是，虽然研究成果数量众多，但鲜有富有新意和创见的成果。

为探索更加合理的研究路径，10余年来，来自北京师范大学、华东师范大学、浙江大学、首都师范大学、浙江师范大学、云南师范大学等高校的部分学者组成的团队一直致力于对美国教育史开展微观的个案研究，即精心选择一些对美国教育历史演变具有重要影响的事件，或者对著名教育家思想的形成，即美国教育历史中的“转折点”进行多方面的挖掘，通过“小题大做”，以小见大，从新的角度重新审视美国教育的历史演变。我们认为，这种尝试一方面有助于在学理上厘清美国教育发展的关键环节和基本线索，把握美国教育发展的整体脉络，另一方面的意义则在于尝试探索美国教育研究的新思路、新视角和新方法，消除沿袭已久的教育思想史与制度史、实践史之间的隔阂。“美国教育转折点丛书”就是在这方面初步探讨的成果。

本丛书编写的另一个目的是为教育专业的本科生和研究生提供一个学习和研究的辅助工具。对年轻学子而言，固然需要从整体上了解美国教育演变的基本过程和基本线索，但通过对不同“转折点”的微观认识，可以更加具体和深入地把握美国教育在关键时期发生的重大转变。只有通过宏观了解与微观把握的有机结合，同学们才能更加完整地认识和了解美国教育的过去和现在。希望通过我们的努力，能对同学们的学习有所助益。

本丛书共收录了5种著作。北京师范大学陈露茜教授等撰写的《思想流变与美国教育》旨在对杰斐逊、贺拉斯·曼、哈里斯、埃利奥特、帕克、桑代克、杜威、霍尔、布鲁纳、科南特这10位美国著名教育家的教育观和社会观进行历史梳理，以便于更好地厘清美国教育与整体社会之间的互动。该书力求既清晰地勾勒美国著名教育家的“教育”观，更重要的是体现孕育这些“教育”观的整体社会哲学、社会变革和社会情境，以及这些“教育观”在产生、发展变迁中所遭遇的种种问题及其应对举措。

华东师范大学祝贺副教授等撰写的《法律判例与美国教育变迁》通过对达特茅斯学院董事会诉伍德沃德案、查尔斯·斯图亚特等诉卡拉马祖案第一学区案、普莱西诉弗格森案、麦诺斯维尔诉戈比蒂斯案、布朗诉教育委员会案、恩格尔诉瓦伊塔尔案、米尔斯诉哥伦比亚特区教育委员会案、加州大学董事会诉巴基案、杰弗里斯诉哈勒斯顿案、俄亥俄州教育券案这10个著名判例的梳理，旨在对美国教育史上著名教育判例的缘起、审理过程及社会影响进行历史分析，以便更好地厘清美国教育与法院判例之间的互动。

浙江师范大学於荣教授、浙江大学王慧敏副教授等撰写的《联邦立法与美国教育演进》选取美国历史上对美国教育发展产生重要影响的 10 个法案，分别对每个法案的立法背景和过程、法案的主要内容、法案的实施和修订，以及法案对美国教育发展的影响等进行了叙述和分析。对这 10 个联邦教育立法的研究不仅有助于更清晰地了解教育立法与教育发展之间的关系，而且有利于更深入地理解教育与政府、教育与社会之间的关系。

首都师范大学原副教授、独立学者林伟博士等撰写的《著名报告与美国教育嬗变》选取美国教育史上相继出现的 10 份具有里程碑意义的重要报告，即《耶鲁报告》《十人委员会报告》《弗莱克斯纳报告》《中等教育的基本原则》《科学：无止境的前沿》《自由社会中的通识教育》《为美国民主的高等教育》《今日美国高中》《科尔曼报告》《国家处于危机之中》，叙述分析了报告面世的背景和原因，探讨了报告着重提出的问题和解决问题的路径及其对美国教育发展所产生的重大影响。

云南师范大学陈瑶教授等撰写的《社会运动与美国教育改革》选取公立学校运动、工业教育运动、综合中学运动、教育科学化运动、进步主义教育运动、初级学院运动、生活适应运动、教育民权运动、“回归基础”教育运动、学校选择运动这 10 个在美国教育史上产生过重要影响的教育运动进行研究，力求以教育运动的线索考察美国教育的历史，不仅梳理了各个运动的背景、起源、过程和结果，而且具体分析了运动在美国教育变革中的影响和意义。

本丛书为云南师范大学教育学部省级重点支持一流学科（教育学）项目建设成果。云南师范大学教育学部陈瑶教授和北京师范大学张斌贤教授共同负责该建设成果的实施工作。感谢云南师范大学教育学部为本丛书出版提供的大力支持。

在丛书出版之际，衷心感谢各位主编和作者付出的辛勤劳动。同时，向河北大学出版社朱文富社长、何东主任和各位责任编辑提供的支持和帮助表示崇高的敬意和诚挚的谢忱。

2023 年 6 月

目　录

前　言

虽然1791年的《美国宪法修正案》规定教育事务应由州和地方负责，但是1787年的《美国宪法》却规定为了满足国家利益的需要，国会有权制定相应的法律和政策这一“一般福利”条款，从而为联邦政府干预教育提供了法律支持，为联邦政府发展教育和利用教育达到其政治目的提供了有力保障。本书介绍和论述了美国10个教育法案的出台背景和过程、法案的主要内容和实施以及法案的修订与影响。这10个法案是1862年《赠地学院法案》(*Morrill Land-Grant Act*)、1917年《史密斯-休斯法》、1944年《退伍军人权利法案》、1958年《国防教育法》、1965年《初等与中等教育法》、1965年《高等教育法》、1972年《印第安人教育法》、1975年《所有残疾儿童教育法》、1994年《2000年目标：美国教育法》和2002年《不让一个孩子掉队法》。其中的每个教育法案都在美国教育史上对美国教育的发展产生了重要的影响，甚至改变了美国教育发展的历史进程，在相关的教育立法领域具有里程碑意义。

回顾历史，美国联邦政府对教育的兴趣由来已久，早在建国之初就开始了干预教育的历史。1785年联邦政府颁布的《西北法令》，其中规定留出一块土地用来建设公立学校。之后联邦政府对教育的关注断断续续，直到19世纪和20世纪公共教育才成为政府考虑是一件需要关注的事务。尽管州政府和联邦政府对美国教育发展的进程和方向具有较大的影响，但是在美国历史的大部分时间里，认为教育主要是由地方当局管理的一项职能的观点一直占主导地位。1862 年颁布的《赠地学院法案》（又称《莫雷尔法案》）被称赞为联邦资助高等教育的一项创举，同时也被赞誉为联邦政府与州政府在国内事务上进行合作的一种典范。① 赠地法案的制定者认为联邦政府有责任帮助各州建立高等教育机构。赠地大学的一个基本假设是，提供的教育将满足当时社会的需要。虽然不能保证所有的人都能进入赠地院校学习，但是这些学院和大学的建立是美国人关于接受高等教育是一种权利而不是一种特权的信念的基础。② 1917 年通过的《史密斯-休斯法》（又称《国家职业教育法案》）是一部主要涉及中等层次的职业教育，并且包含了农业、工业、家政等多个领域职业教育的法律，是一部完整意义上的职业教育法。这一法案事实上表明了政府将职业教育作为美国经济发展和对外政策的重要组成部分的态度。这项法律标示着 20 世纪的一种趋势，即教育中所体现出的国家利益将会成为国家介入教育的合理借口。③ 但是，直到 20 世纪，联邦政府对教育的影响主要是通过教育目的的赠地来实现的。④

州政府在 19 世纪通过建立教育的最低要求和服务的标准体现了对教育影响的日益加强。但是实际上直到二战结束，地方教育项目主要是由地方教育系统决定和资助的。尽管社会中的经济、职业、宗教、商业、社会和政治力量通常影响着地方教育政策，但只要教育税收主

---

① 塞林. 美国高等教育史：第 2 版 [M]. 孙益，林伟，刘冬青，译. 北京：北京大学出版社，2014：73.

② LANDRY L，NEUBAUER D. The role of the government in providing access to higher education：the case of government-sponsored financial aid in the US[J]. Journal of education and work，2016，29(1)：64-76.

③ 斯普林. 美国学校：教育传统与变革 [M]. 史静寰，姚运标，张宏，等译. 北京：人民教育出版社，2010：345.

④ BAILEY S K，MOSHER E K. ESEA：the office of education administers a law[M]. Syracuse：Syracuse University Press，1968：1.

要由地方征收，那么地方就拥有控制教育管理的主要权力。在19世纪后期和20世纪初，州政府通过立法开始为就学率和教师资格制定最低标准，规定美国历史或州历史课程，发起或要求学校整合，以及确定授予学校文凭的标准。尽管存在着这些新的影响因素，地方教育当局仍然在很大程度上决定着学校项目的规模、形式和内容。联邦政府和州政府对职业教育和残疾人分类拨款的增加毫无疑问影响了地方教育资源的分配，但是地方学区在实施这些措施时仍然留有很大的自由度——在制定从属学校系统的财政预算时，市政当局总是会动用权力介入。1925年之后的30年里，州政府的直接拨款大幅增加，但地方学校委员会制定项目的权力基本上未受影响。总之，美国教育在其历史的大部分时间里都是一项高度分权的事业。联邦政府的作用一直是最小的，并且任何增加这一作用的建议都会受到普遍的担忧和反对。① 这种局面在第二次世界大战之后经过一系列教育立法发生了实质性的改变。

1944年通过的《退伍军人权利法案》，对联邦政府的决策者甚至是那些只关心退伍军人重新安置以及那些主要关心预防或减缓失业和其他不利经济状况的决策者来说，高等教育已经非常明显地成为实现国家目标的工具。该法案对学生的资助成为联邦政府以最低限度的联邦控制参与高等教育的一种适当方式。这一先例对1958年《国防教育法》和1965年《高等教育法》所采用的学生资助的特点具有重要的影响。②1958年的《国防教育法》是一项具有里程碑意义的立法，该法案授权为高等教育提供多种渠道的联邦资助，其中大部分后来都被纳入了1965年《高等教育法》的基础项目中。它为学生提供贷款（为中小学教师提供“减免”性质的贷款），为高级课程提供奖学金（特别规定为

---

① BAILEY S K, MOSHER E K. ESEA: the office of education administers a law[M]. Syracuse: Syracuse University Press, 1968: 2.

② HENRY D D. Challenges past, challenges present: an analysis of American higher education since 1930[M]. San Francisco: Jossey-Bass Publishers, 1975: 66-67.

学习现代语言的学生提供奖学金)，为语言和地区中心、高级研究机构、咨询和指导机构提供援助，以及为各州在中小学和社区学院开展咨询和测试项目提供补助。《国防教育法》是联邦政府在高等教育中新兴角色的起点。像之前的项目一样，它借助“国防”之名使该项目与传统的“联邦”利益联系起来，承认学生资助促进了国家的“一般福利”。其目的显然是利用联邦资源加强高等教育。承认高等教育是国家关注的问题，这很可能是该法案最重要的特点。①

20 世纪 60 年代，随着美国国内种族歧视和贫困等社会问题的不断加剧，教育再次成为联邦政府用来解决减少社会阶级分化和减少贫困的工具。联邦政府在教育机构中的存在很大程度上是根据 1964 年《民权法案》(Civil Rights Act of 1964) 第 6 条建立的，该法案赋予联邦官员从任何违反消除种族歧视法律法规的项目中收回资金的权力。1965 年之后联邦对各级教育的资助快速扩张意味着威胁要切断联邦资金成为联邦政府干预教育的一个强有力的武器。运用《民权法案》第 6 条作为大棒和联邦资金作为胡萝卜，联邦政府成为为美国中小学、大学和学院制定规则的一个重要因素。当一个学校系统大约 10%的收入依赖联邦资金或者一所重点大学获得了数百万美元联邦资金的项目和研究资金时，它是不会坚决反对联邦指令的。②

1965 年通过的《高等教育法》不仅使几任总统的愿望终于变成现实，而且打破了长期存在的联邦政府不能直接干预高等教育事务的宪法禁区。20 世纪六七十年代，美国社会强调平等，重视对社会弱势群体的补偿。因此，联邦的高等教育资助政策也得到社会各界的广泛拥护。“接受高等教育是一种权利，而不是一种特权”这种信念以 1965 年

---

① HENRY D D. Challenges past, challenges present: an analysis of American higher education since 1930[M]. San Francisco: Jossey-Bass Publishers, 1975: 122-123.

② RAVITCH D. The troubled crusade: American education, 1945-1980[M]. New York: Basic Books, Inc. , 1983: 268.

通过的《高等教育法》而达到高潮，国会每隔几年对《高等教育法》重新授权一次。联邦政府对高等教育的财政支持在20世纪70年代末达到顶峰。① 美国高等教育由此进入了快速发展的“黄金时代”。

与高等教育相比，基础教育更属于州和地方管理的事务，此前联邦政府对基础教育的介入和影响要远远小于高等教育。但是，从20世纪60年代开始，美国社会发生的一系列变化促使联邦政府对促进初等和中等教育的改革和提高其教育质量所发挥的作用日益明显。联邦政府通过教育立法所进行的改革主要涉及消除教育领域的种族隔离、资助与国防和职业有关的教育、改善经济和文化处境不利人群以及残疾人的教育等方面。1965年颁布的《初等与中等教育法》主要是对贫困儿童进行资助，改善其受教育状况。该法案是联邦教育资助中的一次重大突破，它使联邦政府全面介入了整个教育事业——包括介入公立学校和私立学校之中。《初等与中等教育法》成为美国基础教育领域最重要的一部法律，它打破了长期以来联邦政府对教育援助的反对，使得联邦对教育援助逐渐走向了常规化。该法案标志着联邦政府对美国教育的实质性干预和美国教育决策权力中心从州和地方政府向联邦政府的巨大转变。②

此后，1972年《印第安人教育法》、1975年《所有残疾儿童教育法》、1994年《2000年目标：美国教育法》和2002年《不让一个孩子掉队法》都是对1965年《初等与中等教育法》的重新授权和修订。1972年《印第安人教育法》是第一部专门为印第安人制定的教育法案，是一项对印第安人具有里程碑意义的立法。该法案鼓励印第安人

---

① LANDRY L, NEUBAUER D. The role of the government in providing access to higher education: the case of government-sponsored financial aid in the US[J]. Journal of education and work, 2016, 29(1): 64-76.

② BAILEY S K, MOSHER E K. ESEA: the office of education administers a law[M]. Syracuse: Syracuse University Press, 1968: 2.

教育自决，允许部落重新获得教育控制权，满足了美国印第安人和阿拉斯加原住民学生的独特需求。1975 年《所有残疾儿童教育法》是美国历史上第一部专门针对残疾儿童教育问题的联邦法律。该法案的实施成为推动 20 世纪 70 年代以来美国残疾人教育快速发展的关键因素，在推动社会变革及特殊教育发展的过程中起着极其重要的作用，被赞誉为美国特殊教育立法史上的里程碑。1994 年《2000 年目标：美国教育法》则掀起了自 20 世纪 80 年代末以来以提升教育质量为目标、以统一国家教育标准为标志的教育改革的高潮。2002 年《不让一个孩子掉队法》试图通过强制性的联邦法律在全国范围内推行教育改革，提高美国公立中小学的教学质量。这些教育法案的制定和修订，反映了联邦政府在基础教育中扮演的角色从"局外人"转向"资源提供者"，再转向"标准倡导者"和"问责要求者"所发生的转变。①

总而言之，美国联邦政府对教育的兴趣由来已久。通过国会制定一系列教育法案，联邦政府对教育的介入从关注高等教育到基础教育，从公立教育到私立教育，从普通教育到职业教育和特殊教育，从规定分类用途的资助到一般资助，从提供教育资助到制定标准再到要求问责等，体现了联邦政府对教育所承担的责任不断加大，对教育干预的不断加强。正如斯坦福大学教育学院院长 J. 麦伦·阿特金（J. Myron Atkin）在 1980 年所说的，州和联邦参与教育政策的性质在前 20 年里已经发生了显著的变化。20 世纪 60 年代前，几乎没有人会想到"政治家和公务员可能会决定如何教授数学，如何测试 12 岁的孩子，或者如何为每个孩子制订教学计划"②。阿特金把《所有残疾儿童教育法》看作是对教学实践细节的最强烈的干预，因为它对教师的行为规定是前

---

① 生兆欣.《初等与中等教育法》与美国联邦政府教育角色的变迁 [J]. 比较教育研究，2009（3）：25-29.

② RAVITCH D. The troubled crusade: American education, 1945-1980[M]. New York: Basic Books, Inc., 1983: 317.

所未有的。在联邦政府的示范下，州立法机构也开始告诉教师如何教和教什么。他甚至警告说，“由于政府的行动，地方学校管理者和教师日益失去了对课程的控制。在这一过程中，地方学校管理者不再是教育的领导者，而是立法意图的监督者”①。因此，在联邦政府强有力的干预下，到了1980年，地方学校董事会几乎是自治的和高等教育像教堂一样远离政府的日子已经一去不复返了。② 由此可见，美国联邦政府一直把教育作为解决社会问题、实现国家利益的重要手段。随着教育在经济社会发展、解决社会问题和实现国家利益中的作用日益突出，教育目标逐渐成为政治的载体。美国联邦政府在不同的历史时期，根据不同的社会发展需要，制定相应的政策法规，将其意志渗透到教育与各类学校，始终在宏观上掌握着教育改革的发展方向。③

本书为北京师范大学张斌贤教授、云南师范大学陈瑶教授主持的《美国教育转折点丛书》之一，由浙江师范大学於荣教授和浙江大学王慧敏副教授负责统稿。本书具体编写分工如下：前言（於荣），第一章（崔高鹏），第二章（张斌贤、高玲），第三章（张潇方），第四章（王慧敏），第五章（於荣、姜媛媛），第六章（王丽、张斌贤），第七章（董智慧、於荣），第八章（牛悦、於荣），第九章（甘小丰），第十章（赵舒曼、甘小丰）。感谢张斌贤教授在本书编写过程中给予的指导和帮助，感谢各位编写人员的支持和努力工作，感谢河北大学出版社给予的帮助和辛勤付出。由于参与人数较多，虽经反复修改和统稿仍然会有缺点和不当之处，敬请读者和专家批评指正。

（於荣）

---

① RAVITCH D. The troubled crusade: American education, 1945-1980[M]. New York: Basic Books, Inc., 1983: 317.

② RAVITCH D. The troubled crusade: American education, 1945-1980[M]. New York: Basic Books, Inc., 1983: 320.

③ 肖凡. 从历史角度分析美国联邦政府在教育改革中的角色 [J]. 世界经济与政治论坛，2011 (6): 45-51.

第一章　高等教育为社会服务：1862年《赠地学院法案》

专业阶级（professional class）拥有学校、中学、大学和学院，拥有教授、设备，并且拥有丰富的教学方法，从而为自己的阶级生活的特殊需要提供训练，学习年限从几个月到几年不等；……但是哪里有大学、设备、教授和文学来适应产业阶级（industrial class）的事业呢？换句话说，很久以来社会已经很明智地了解他们的教师需要教育，但他们还没有明智到知道他们的工人和农民也同样需要教育。

——乔纳森·鲍德温·特纳（Jonathan Baldwin Turner）

向联邦各州及领地捐赠公共土地，旨在资助其建立为实现农业和机械艺术之利益的学院。

——贾斯汀·史密斯·莫雷尔（Justin Smith Morrill）

1862年7月2日，亚伯拉罕·林肯（Abraham Lincoln）总统签署了《赠地学院法案》，这在美国高等教育发展史上具有划时代的重要意义。凯洛林·P. 诺思（Caroline P. North）在《赠地大学：第一个世纪》一文中宣称："一个世纪以前，随着《莫雷尔法案》或《赠地学院法案》的通过，在美国高等教育领域掀起了一场革命。"[①] 在《赠地学

---

① NORTH C P. The land grant universities: the first centennial[J]. Marriage & family living, 1962, 24(2): 187.

院法案》基础上，又有一系列的相关法案颁布，美国公立高等教育随之得到巨大的发展，并成为美国高等教育系统中最具美国特色的部分——赠地学院系统。据杰伊·里奇特（Jay Richter）1962 年统计，“当年赠地学院授予了全美 21.5％的学士学位、25.8％的硕士学位和 38.3％的博士学位；并且，曾在美国大学受教育的 42 位健在的诺贝尔奖获得者中，有 25 人在赠地学院获得过学位；此外，美国军队每年招募的军官和后备军官有一半以上是赠地学院培养的”①。由于《赠地学院法案》是佛蒙特州众议员莫雷尔提出的，故这部法案有时又被称为《莫雷尔法案》，但该法案却并不是莫雷尔的独创，它的起源还得从特纳的产业大学计划说起。

第一节　《赠地学院法案》的起源：特纳计划

特纳是 19 世纪美国著名的古典学家、植物学家、虔敬的基督徒和社会活动家，他出生于 1805 年 12 月 7 日马萨诸塞州的坦普尔顿（Templeton），22 岁时来到纽黑文（New Haven），接受了两年预备教育后进入耶鲁学院学习。1833 年，他来到伊利诺伊州的伊利诺伊学院任教，教授修辞学、拉丁语、希腊语和几乎所有的人文学科。1848 年，在离开伊利诺伊学院以后，他开始领导伊利诺伊州工会要求联邦赠予公共土地以建立适合于产业阶级需求的产业大学。1850 年 5 月 13 日，在伊利诺伊师范学院举办的年会上，他作了题为《为了产业阶级的州立大学的计划》（“A Plan of Our State University for the Industrial Class”）的演讲。在演讲中，特纳提出不仅要为伊利诺伊州的产业阶级建立州立大学，而且要为联邦的每一个州建立这样的州立大学，这

---

① RICHTER J. The origin and development of the land-grant college in the United States[J]. The journal of negro education, 1962, 31(3): 236.

个计划主要包括三个目标："第一，建立学院，这些学院向农业、商业和其他艺术中那些需要教育资助的人开放。第二，为产业阶级的利益着想，设立一些课程，这些课程包括职业科目的教学。第三，向这些学院捐赠联邦政府掌握的公共土地。"① 1850 年的产业大学计划中，特纳已经有意识地摆脱原有高等教育制度的窠臼，希望在原有高等教育机构之外为产业阶级单独设立高等教育机构。

1851 年秋，特纳教授接受邀请参加一次农民大会，即著名的格兰维尔（Granville）大会。在这次大会上，特纳发表了题为《产业大学计划》（"Plan for an Industrial University"）的演讲，他把产业大学的建立奠定在当时美国社会的阶级分化、职业分途以及产业阶级所需受到的教育情况的基础之上。

从阶级分化的角度来看，特纳认为所有文明社会必然分为两个阶级，一个是产业阶级，一个是专业阶级，"所有文明的社会必然分成两个相互合作而非敌对的阶级：一个是人数较少的阶级，他们恰当的事业就是教授纯粹的宗教、法律、医学、科学、艺术和文学的基本原理；一个是人数较多的阶级，他们致力于某些体力劳动的事业，如农业、商业和手艺。为了方便起见，我们将前一个阶级称为专业阶级，将后一个阶级称为产业阶级；这并不意味着这两个阶级勤劳程度不同，只是一个在心智方面，一个在产业方面"②。从职业分途的角度来看，产业阶级主要从事体力劳动的职业，而专业阶级主要从事宗教、法律、科学、艺术等纯理论的职业。特纳认为在社会当中，人们更加需要的是产业阶级，而不是专业阶级。如果有 100 人的话，那么只需要 5 个人是专业阶级，而其余所需要的都是产业阶级。那么，产业阶级理应拥

---

① CAMPBELL J R. Reclaiming a lost heritage: land-grant and other higher education initiatives for the twenty-first century[M]. Ames: Iowa State University Press, 1995: 8.

② COHEN S. Education in the United States: a documentary history[M]. Vol. 3. New York: Greenwood Press, 1974: 1520.

有自己的大学。

然而富于戏剧性的是，这两个阶级的教育状况与他们的社会重要性并不相符，“专业阶级拥有学校、中学、大学和学院，拥有教授、设备，并且拥有丰富的教学方法，从而为自己的阶级生活的特殊需要提供训练……但是哪里有大学、设备、教授和文学来适应产业阶级的事业呢”[①]？因此，现在的大学教育是不适用于产业阶级的，是落后于社会现实的，产业阶级也不屑于进入这样的学院接受教育，产业阶级所需要的教育也是专业阶级的教育机构所不能给予的。“专业阶级在巨大的专业大船旁拖着一个独木舟，邀请我国的产业阶级搭船与他们同行，但问题在于产业阶级根本不想与其同行……他们需要，并且他们应该拥有理解他们事业中的科学和艺术的能力，并且有效地应用这些知识和拓展这些知识领域的能力，而这些能力专业阶级在很早以前就已经拥有了。”[②] 这些需要是现有的大学及其附属的中等教育所无法满足的。

特纳认为，应该在财政经费、学校设施、教学科目、教学方法、入学年龄、学习年限等方面建立起独特的产业大学制度。在经费上，产业大学应该有一定量的公共土地来维持；在学校设施方面，产业大学的校舍结构和规模应该适用于学校一般的和特殊的需求，建立用于储存各种教学设备的仓库和实验的场地以及产业图书馆；在教学科目上，“应讲授所有种类的科学和研究科目，这些科目能够澄清各种职业的艺术，这些职业艺术可能是学生渴望掌握的，也可能是由于某种义务要求学生掌握的，无论是什么学科的知识都不应被排除在外”[③]；在

---

① COHEN S. Education in the United States: a documentary history[M]. Vol. 3. New York: Greenwood Press, 1974: 1520.

② COHEN S. Education in the United States: a documentary history[M]. Vol. 3. New York: Greenwood Press, 1974: 1521.

③ COHEN S. Education in the United States: a documentary history[M]. Vol. 3. New York: Greenwood Press, 1974: 1522.

教学方法上，“在冬天最寒冷的季节里，应该用演讲的方法；在夏季温暖的季节里，让教授实施他们的实验，让学生从事必要的劳动”①；产业大学应向所有达到一定年龄的人开放；在学制上，产业大学可以是 3 个月也可以是 7 年；学生的学费和生活费可以通过交钱或劳动的形式支付；并且学校在每年适当的时候要举行博览会。特纳认为不仅应该在伊利诺伊州，而且其他每一个州都应该建立这样的产业大学。随后几年里，伊利诺伊最有影响的农业和工业团体都逐渐接受了特纳的产业大学计划，并向州议会申请要求实施产业大学计划。然而特纳本人也开始努力使他的产业大学计划得到法律上的支持，从而为整个产业阶级服务。

在整个 19 世纪 50 年代，特纳本人不断地与州议会和国会议员通信，宣传他的计划，但是这一进程并不顺利。1852 年，特纳将自己有关产业大学思想的演讲稿、书信、小册子等交给了他原来在伊利诺伊学院的学生、伊利诺伊州的联邦参议员理查德·耶茨（Richard Yates）和俄亥俄州的联邦众议员刘易斯·D. 坎贝尔（Lewis D. Campbell），请求他们将产业大学的思想在国会提出。但是，耶茨和坎贝尔并没有立即将这一计划提交给国会。1853 年 1 月 8 日，伊利诺伊产业联盟第 4 次大会做出决议：“我们将请求尊贵的伊利诺伊州的参议员和众议员，请求他们向国会提出统一的建议，请求他们向联邦的每一个州拨给一定数量的土地，其价值不低于 50 万美元，以便在联邦内的每一个州建立一所产业大学，同时使它们互相合作，并且和华盛顿的史密斯森尼学会合作，为我们产业阶级和他们教师提供博雅和实用教育，为他们创造事业所需的文学和知识，并且最大限度地开发我们的土地资源和

---

① COHEN S. Education in the United States: a documentary history[M]. Vol. 3. New York: Greenwood Press, 1974: 1522.

艺术、民族的美德和智慧以及我们共和国真正的荣耀。”[①] 1 个月后，伊利诺伊州议会终于通过了特纳的产业大学计划，同意了伊利诺伊产业联盟的呼吁。1854 年 3 月 20 日，来自伊利诺伊州的联邦参议员詹姆斯·希尔德斯（James Shields）向联邦参议院提交了伊利诺伊州议会关于在国内各州建立产业大学的决议。[②] 参议院将这份决议转交给了参议院公共土地委员会审议处理，但此后，该决议就石沉大海了。也就在同一天，来自伊利诺伊州的联邦众议员伊莱休·沃什伯恩（Elihu Benjamin Washburne）将《伊利诺伊州议会关于在国内各州建立产业大学的决议》[③] 提交到联邦众议院，众议院决定将该议案付印，却没有进一步审议，特纳的产业大学计划在国会无果而终。

产业大学计划在国会的受阻没有打消特纳的热情。1857 年 10 月 19 日，来自伊利诺伊州的联邦参议员莱曼·特朗布尔（Lyman Trumbull）给特纳写信，认为他的计划应该由一位来自“老州”（old states）的国会议员提交，特纳接受了这一建议并将所有的文献、文章、演讲词，所有相关的信件和小册子都送给众议员莫雷尔，并且请求他提交一份议案。起初，莫雷尔并不情愿，但在特纳的劝说下，莫雷尔最终答应了特纳的请求。[④] 1861 年 12 月 30 日，莫雷尔在给特纳的信中说：“我知道您是农业教育事业上一位伟大的先驱。我只是要说我有信心在这

---

① CAMPBELL J R. Reclaiming a lost heritage: land-grant and other higher education initiatives for the twenty-first century[M]. Ames: Iowa State University Press, 1995: 5-12.

② The Senate of the United States. Journal of the Senate of the United States[G]. Washington, D. C.: Beverley Tucker, 1853: 269.

③ The House of Representatives of the United States. Journal of the House of representatives of the United States[M]. Washington, D. C.: Robert Armstrong, 1853: 530.

④ CAMPBELL J R. Reclaiming a lost heritage: land-grant and other higher education initiatives for the twenty-first century[M]. Ames: Iowa State University Press, 1995: 15.

次会期中将这份议案变成法律。非常感激您对这项事业持续的兴趣。”① 埃德蒙德·詹姆斯（Edmond J. James）也指出：“有证据表明特纳和他的朋友选中了莫雷尔，因为他来自老州，而老州没有从联邦政府的土地赠予中获益更多。并且，也正是由于这个原因，莫雷尔第一次与这个法案发生了联系。”② 1857 年 12 月 8 日，莫雷尔终于向联邦众议院提交议案《向联邦各州及领地捐赠公共土地，旨在资助其建立为实现农业和机械艺术之利益的学院》（*A Bill Donating Public Lands to the Several States and Territories Which May Provide Colleges for the Benefit of Agriculture and Mechanic Arts*），正式启动了《赠地学院法案》的立法进程。

第二节　《赠地学院法案》在国会中的辩论

一、1857—1859 年

从 1857 年莫雷尔将赠地学院议案提交国会到 1859 年詹姆斯·布坎南（James Buchanan）总统否决该议案为止，是该议案在国会的前期讨论阶段。

（一）众议院的辩论

在众议院中，对赠地学院法案进行辩论的双方主要是佛蒙特州众议员莫雷尔和来自亚拉巴马州的国会众议员威廉森·R. W. 科布

① TURNER C M. The life of Jonathan Baldwin Turner[M]. Urbana: University of Illinois Press, 1961: 78-79.

② JAMES J E. The origin of the Land-Grant Act of 1862 (the so-called Morrill Act) and some account of its author, Jonathan B. Turner[M]. Urbana: University of Illinois Press, 1910: 27.

（Williamson R. W. Cobb），科布是众议院公共土地委员会主席，他虽然没有对该议案做出修正，但是却提出了一份反对该议案通过的委员会报告。双方的辩论主要围绕以下问题展开。

1. 法案的合宪法性

联邦宪法第 4 条第 3 款规定："国会对于属于合众国的领土或其他财产，有权处置和制定一切必要的条例和规章。"① 莫雷尔指出："一份法案的合宪法性问题并不取决于赠地的数量，而是取决于卷入其中的原则。以上所列出的证据表明，……国会根据自己的判断处置公共土地的权力是明显的、绝对的、不受任何限制的。"② 然而科布却认为国会没有权利分配公共土地给各州："如果国会不能对捐赠土地给出一个能获得金钱上补偿的承诺的话，国会是没有权力捐赠土地给各州以资助各州的学院的。"③ 科布虽然否认了该法案本身是符合宪法规定的，但科布的否认又是有条件的，就是如果国会的捐赠对于国家来说是有利可图的，即他所说的能够获得金钱上补偿的承诺的话，捐赠也是未尝不可的，这也就是他为什么反对教育捐赠但却支持铁路赠地、沼泽地捐赠的原因。

2. 捐赠土地的范围

莫雷尔于 1858 年 4 月 20 日对赠地学院议案提出了一条修正案，而这条修正案的重大修正之处是将捐赠的范围缩小到州，把还未建州的领地排除在外，删除了议案中原来的领地字样。科布对莫雷尔提交的这条修正案非常不满："虽然领地政府经常被忽视，但是无论何时它们加入联邦成为联邦正式州的时候，那时它们在国会两院拥有代表，它

---

① 刘绪贻，李世洞. 美国研究词典［M］. 北京：中国社会科学出版社，2002：1167.

② RIVES J C. Congressional globe[M]. Washington, D. C. : John C. Rives Office, 1858: 1696.

③ RIVES J C. Congressional globe[M]. Washington, D. C. : John C. Rives Office, 1858: 1741.

们的权利才得到尊重。从前我也经常忽视领地政府，因为它们没有投票权，每每说到这一点我都感到汗颜。我对我以前的行为表示道歉，并承认它们是错误的。”①

3. 美国农业科学落后以及国外的竞争

莫雷尔指出，“我国农民不是寻求精耕细作，而是不断寻求耕作面积的扩大；而他们的教育则仅仅限于他们父辈的经验层面。如果这是事实的话，即在我国各地耕作土地的共同模式都是如此的有缺陷，以至于使土壤的地力逐年下降，这将是一个可悲的事实，这也是国家应关注的事实。如果我们逐年削减土壤的地力，那将是一场国家资源的浪费，而只有个人从中渔利”②，同时，莫雷尔指出了全国各地由于缺乏农业科学知识而导致的农业产量的下降和土地的破坏，莫雷尔认为，欧洲各国为了最有效的利用土地资源，在农业教育上都对此做出了很大的努力，“农业学院和农业学校成了欧洲许多地方的标志性特色”③。对于创办农业院校进行农业教育的问题，莫雷尔提出了英国、法国、比利时等国家在这方面的经验。对此，科布并没有提出明确的反对意见，可见双方在这方面没有太大的分歧。

1858 年 4 月 22 日，在莫雷尔的努力下，众议院以 105∶100 的微弱优势获胜并通过了他的议案。

（二）参议院的辩论

参议院的辩论主要是在亚拉巴马州的参议员克莱蒙特 · C. 克莱（Clement C. Clay）和加利福尼亚州的参议员威廉 · M. 格温（William

① RIVES J C. Congressional globe[M]. Washington, D. C. : John C. Rives Office, 1858: 1741.

② RIVES J C. Congressional globe[M]. Washington, D. C. : John C. Rives Office, 1858: 1692.

③ RIVES J C. Congressional globe[M]. Washington, D. C. : John C. Rives Office, 1858: 1694.

M. Gwin）之间展开的，双方主要围绕以下问题展开。

1. 法案的合宪法性

克莱认为，如果赠地学院议案获得通过，那么将无限制地扩大联邦政府的权限，而无视州的权限，“如果该议案所包括的原则得到州的承认，并由联邦国会和联邦政府完全建立起来的话，到那时，我们将难以想象联邦的权限将扩大到何种地步，而州的主权又将缩小到何种程度”①。但是格温则认为，该议案获得通过并不会破坏联邦政府与州政府各自的权限，他认为：“关于国会通过该议案的宪法权利问题，我并不能得出与克莱参议员相同的结论。”②

联邦宪法第 4 条第 3 款规定：“国会对于属于合众国的领土或其他财产，有权处置和制定一切必要的条例和规章。”③ 辩论双方最主要的分歧是在对“处置”这个词的理解上，这个词所对应的英语是“dispose of”。克莱认为，这个词绝不能理解为是免费赠予的意思，因为只有物品的所有人才拥有这样的权利，而受托人是没有这样的权利的，而公共土地对于美国联邦政府的关系就是委托管理的关系，“‘给予’是财产拥有者所被赋予的一项绝对的权利，受托人则没有这项权利，也不能从财产委托代理的模棱两可的语言中推导出这种权利，除非这种权利得到清晰、准确、明了的话语界定。据我看来，联邦政府是各州的代理人，它并不拥有无条件的、绝对的权利”④。针对克莱的观点，来自田纳西州联邦参议院的约翰·贝尔（John Bell）指出：“人们说，土地所有者有权处理他自己的土地，并且很可能通过处理其中

---

① RIVES J C. Congressional globe[M]. Washington, D. C. :John C. Rives Office, 1858: 852.

② RIVES J C. Congressional globe[M]. Washington, D. C. :John C. Rives Office, 1858: 854.

③ 刘绪贻，李世洞. 美国研究词典［M］. 北京：中国社会科学出版社，2002：1167.

④ RIVES J C. Congressional globe[M]. Washington, D. C. :John C. Rives Office, 1858: 854.

一部分的土地以对其进行改进，因此使剩余部分的土地获得一个比较好的价钱。”①

2. 政府的收入与支出

克莱指出：“此时我国尚有 6 千万美元的债务，而国家的财政税收又不足以维持政府日常开支，并且当时局已经告诉我们必须提高收入而紧缩开支的时候，该议案却建议我们切断公共土地的收益，同时由于捐赠土地无形之中又增加了政府约一百万美元的支出，常识告诉我们，在这样的情形下，我们应该节约资源、节省开支。”② 然而贝尔认为，通过该议案，可以加速西部土地的开发，进而加速土地的出售，这可以更快更好地增加政府的收入。他说：“此时赠予土地得到实施，……以便利或加速公共土地的出售，我们就会得到超出预期的回报。”③

1859 年 2 月 7 日，参议院以 25∶20 的投票通过了议案及其修正案。

（三）众议院的审议和总统的否决

1859 年 2 月 16 日，参议院附加的修正案在众议院获得通过。2 月 17 日，众议院议案核准委员会主席托马斯·戴维森（Thomas Davison）提出，众议院议案核准委员会已经检查并核准了莫雷尔《向联邦各州及领地捐赠公共土地，旨在资助其建立为实现农业和机械艺术之利益的学院》的议案，2 月 18 日，来自该委员会的国会众议员詹姆斯·皮克（James Peake）报告说于当日已将该议案提交美国总统签署。至此，

---

① RIVES J C. Congressional globe[M]. Washington, D. C.: John C. Rives Office, 1858: 855.

② RIVES J C. Congressional globe[M]. Washington, D. C.: John C. Rives Office, 1858: 851.

③ RIVES J C. Congressional globe[M]. Washington, D. C.: John C. Rives Office, 1858: 855.

赠地学院议案经历了一届国会的时间，终于得到了国会的批准。但是它在总统那里可就没有在国会那么幸运了。

1859 年 2 月 26 日，议案提交给总统已有 8 天时间，而距离该届国会闭幕也只剩下 8 天时间，当人们仍然沉浸于赠地学院议案在国会中通过的喜悦中时、当庆功宴的祝福声仍然响彻耳畔之际，布坎南总统的否决咨文如一盆冷水，浇醒了沉醉于喜悦中的人们。2 月 26 日，总统否决咨文送达众议院的当天，莫雷尔提议对总统的否决进行复议，提议对该议案的通过与否进行投票，投票结果是 105 票赞成对 96 票反对，因为没有达到法定的三分之二多数，所以该议案没有得到起死回生的机会。

二、1861—1862 年

1861 年 2 月 6 日，莫雷尔再次向国会提交了赠地学院议案。从 1861 年 2 月莫雷尔再次在联邦众议院提出赠地学院议案到 1862 年 7 月 2 日林肯总统签署《赠地学院法案》为止，是国会的后期辩论阶段。这场辩论主要是在以堪萨斯州参议员詹姆斯·H. 莱恩（James H. Lane）为首的反对派和以俄亥俄州参议员本杰明·沃德（Benjamin Ward）为首的支持派之间展开的。

（一）土地券投机问题

1862 年《赠地学院法案》第 2 条规定："凡州内有公有土地可以每英亩[①]一美元二十五美分的价格出售给私人时，则分配给该州的土地必须从该州境内此类土地中选取。凡一个州在其境内的公有土地数量，按每英亩一美元二十五美分的价格出售给私人的情况不能满足该州根据本法案规定应得之亩数时，兹指令内政部长按其不足部分发给土地

① 1 英亩＝4 046.86 平方米。

证券。……领取土地证券的任何一州，在任何情况下，都不得在美利坚合众国的其他任何州内或地区内勘定与上述土地证券数目相等而尚未分配的土地和准备以每英亩一美元二十五美分或低于此价格出售给私人的土地。”① 在拨赠公共土地时，如果哪些州境内没有足量的公共土地的话，将得到等额的土地券。

由于在此之前的几十年中，联邦政府为铁路建设、内陆改进、公共教育、军功等各项事业拨赠土地和签发土地券，导致了严重的土地投机现象。因此，参议员们非常怀疑该法案可能产生严重的土地券投机问题。莱恩指出：“按照这项法案，纽约州将得到100万英亩的土地。因此将签署同样数量的土地券，并且这些土地券将流转到纽约的一些大的投机商人之手，他们将来到堪萨斯认领他们的土地。”② 来自明尼苏达州的莫顿·S. 威尔金森（Morton S. Wilkinson）也指出：“它将把面积为927万英亩的土地券投入土地投机商人之手，而这些投机商们只顾个人利益，将在西部最有价值的公共土地上认领他们的土地，并且控制这些土地，直到它们的价钱由于附近居民的开垦而涨到令他们满意为止。”③ 参议院公共土地委员会主席詹姆斯·哈兰（James Harlan）也指出了会导致土地投机的可能性：“这个法案的通过唯一可能对西部州产生伤害的事情就是签署给各老州的大量土地券落入土地投机商人手中。”④

（二）对新州的不平等

一些西部州的参议员，尤其是来自明尼苏达、威斯康星和堪萨斯

---

① 夏之莲. 外国教育发展史料选粹：上册[M]. 北京：北京师范大学出版社，1999：489.

② RIVES J C. Congressional globe[M]. Washington, D. C.: John C. Rives Office, 1862: 2248.

③ RIVES J C. Congressional globe[M]. Washington, D. C.: John C. Rives Office, 1862: 2395.

④ RIVES J C. Congressional globe[M]. Washington, D. C.: John C. Rives Office, 1862: 2329.

等州的参议员提出，1862 年《赠地学院法案》对于西部州是不公平的。莱恩认为："该法案的通过会伤害我所代表的州，对我所代表的州来说也是不公正的，采纳我的修正案，至少等到我们选取了我们的学院赠地。对我来说你们应该在执行该法案时将堪萨斯州排除在外，直到我们选取了铁路赠地为止。"① 威尔金森支持莱恩的观点，认为该法案主要对东部老州有利："新英格兰地区比全国其他任何地区都对这项捐赠感兴趣，因为这里（即堪萨斯等州）将是缅因州、佛蒙特州以及其他新英格兰诸州年轻人未来的家园。"② 相反，参议院公共土地委员会主席哈兰却认为该法案对于西部诸州来说都是公正的："我认为我们需要一些时间来说明该法案并不是一份不公正的法案，并且它对西部诸州来说也不是有害的，此外它对堪萨斯州也不会产生特殊的破坏。"③

（三）与《宅地法案》的关系

在《赠地学院法案》的辩论过程中，最先将该法案与 1862 年《宅地法案》（*Homestead Act*）之间建立联系的是威尔金森。在 1862 年 5 月 28 日的辩论中，他首先指出："该法案的实际效果将会削弱甚至抵销我们希望《宅地法案》通过后所能带来的有益结果。"④ 随后参议员约瑟夫 · A. 赖特（Joseph A. Wright）也指出："作为一个西部人，我还有另一个理由反对该法案，很久以前我们就一直渴望能够通过一部

① RIVES J C. Congressional globe[M]. Washington, D. C. : John C. Rives Office, 1862: 2249.

② RIVES J C. Congressional globe[M]. Washington, D. C. : John C. Rives Office, 1862: 2395.

③ RIVES J C. Congressional globe[M]. Washington, D. C. : John C. Rives Office, 1862: 2276.

④ RIVES J C. Congressional globe[M]. Washington, D. C. : John C. Rives Office, 1862: 2395.

《宅地法案》，因为我过去支持《宅地法案》，所以我要反对该法案的通过。”[①] 对于这些不利于《赠地学院法案》通过的言论，沃德都针锋相对地给予了反击：“据说由于《赠地学院法案》的通过，《宅地法案》就变得毫无益处了，我根本不相信这一点。我认为通过越多的捐赠公共土地以鼓励移民西进，越多有价值的公共土地就不再是《宅地法案》要处理的对象了。”[②] 堪萨斯州参议员塞缪尔·C. 波莫瑞（Samuel C. Pomeroy）赞成沃德的观点：“我完全同意俄亥俄州参议员所说的这番话，我不认为《赠地学院法案》的通过将破坏公共土地的价值。”[③]

（四）与税收的关系

西部存在大量的公共土地，这些土地在没有被处置之前是不能对其征税的，因而对西部诸州来说也没有任何经济价值。公共土地委员会主席哈兰首先提到了这个问题，他指出处置了这些公共土地，西部诸州就可以从中征税从而增加财政收入，“只要从国家获得了这些土地的产权，这些土地就将被征税。在土地未被处置以前是无法对其征税的，因此从这个方面来看，凭借土地券到任何一个西部州去认领土地对于这些西部州的税收来说是一件好事，因为它将增加可以征税的财产”[④]。然而威尔金森却不认为赠地学院法案的通过会增加西部的税收，他认为：“向土地投机商人手中未被实际垦殖的土地进行征税并没有相应的增加它的好处。对未被垦殖土地进行的征税不可能高于对已被垦殖土地进行的征税，并且已被垦殖的农场的价值也必须按照实际价值

---

① RIVES J C. Congressional globe[M]. Washington，D. C. ：John C. Rives Office，1862：2442.

② RIVES J C. Congressional globe[M]. Washington，D. C. ：John C. Rives Office，1862：2627.

③ RIVES J C. Congressional globe[M]. Washington，D. C. ：John C. Rives Office，1862：2628.

④ RIVES J C. Congressional globe[M]. Washington，D. C. ：John C. Rives Office，1862：2329.

进行估价，包括对土地所做的所有改进以及他所有的个人财产，而对未被占用土地就必须以每英亩 1.25 美元的名义价值进行估价。因此，我认为这是所有西部人共有的经验，即我们不能将税收极大地依赖于对未被垦殖土地的征税上。”①

1862 年 6 月 10 日，参议院以 32∶7 的投票数通过了赠地学院议案，并提请众议院对此议案进行表决。1862 年 6 月 17 日，众议院并未经过激烈的辩论就以 90∶25 的投票数通过了议案。1862 年 7 月 2 日，对于赠地学院法案来说是一个永远不能忘怀的日子，这一天，林肯总统正式签署了《赠地学院法案》，使之成为一项国家法律。

第三节 《赠地学院法案》的主要内容

一、1862 年《赠地学院法案》的基本内容

（一）赠地的数量

1862 年《赠地学院法案》第 1 条明确规定了向各州捐赠土地的数量：“根据 1860 年人口统计结果分配给各州的联邦国会参议员、众议员名额数，每有一个联邦国会参议员、众议员名额，该州就将获得 3 万英亩联邦拨付的公共土地。”② 但是矿区土地不在拨付的范围之内。

（二）赠地的方式

1862 年《赠地学院法案》第 2 条从两个方面规定了赠地的方式。第一，土地赠予面积，“经过勘测后，所赠之土地将以地块或不少于四

① RIVES J C. Congressional globe[M]. Washington, D. C. : John C. Rives Office, 1862: 2395.

② SANGER G P. Statutes at Large, 37th Congress, 2nd Session[M]. Boston, Massachusetts: Little, Brown and Company, 1863: 503.

分之一地块为单位拨付给各州”；第二，土地价值，“一旦本州内有市值每英亩 1.25 美元的公共土地，该州则从中选出所获之数量赠地”,①但由于各州开发时间和速度的差异，各州内高市值公共土地数量不等，对于那些没有充足数量的高市值公共土地的州，该法则要求联邦政府内政部长以等值土地券补齐赠地不足的部分。

（三）赠地的管理

1862 年《赠地学院法案》第 3 条规定，在选出高市值土地之后，在出售之前各州要负责管理所选之赠地，“各州自选好赠地到出售之前，赠地管理、保护、纳税之全部费用，以及在赠地出售所得资金的管理与分配时所发生的一切费用均由各州财政部承担”②。

（四）赠地的使用

在联邦赠地的使用方式上，“各州出售所获联邦赠地及土地券之全部收入需投资于联邦或各州发行的各种安全的股票，以期收获不低于其票面价值 5%的股息”，这可以保证土地价值的稳定，甚至是逐渐增长；而在赠地收入的使用目的上，“遵守并执行该法案之诸州不得使用投资于各种股票的所有本金，并要用所获之利息至少设立并维持一所学院，该类学院主要教授农业、工业和军事战略方面的知识，此外也传授古典知识和科学知识”,③ 这完全符合特纳最初的目的。

（五）各州获得联邦赠地的条件

1862 年《赠地学院法案》在第 5 条中提出了各州从联邦获得赠地

---

① SANGER G P. Statutes at Large,37th Congress,2nd Session[M]. Boston,Massachusetts:Little,Brown and Company,1863:503.

② SANGER G P. Statutes at Large,37th Congress,2nd Session[M]. Boston,Massachusetts:Little,Brown and Company,1863:504.

③ SANGER G P. Statutes at Large,37th Congress,2nd Session[M]. Boston,Massachusetts:Little,Brown and Company,1863:504.

的 7 个条件[①]：

第一，“如果由于各州自身的失误，使投资于各种股票的本金以及所产生的利息流失或消失，各州要负责赔偿。此外，在各州议会批准后，各州可将赠地收入的 10%用于购买建校的校址和实验农场”，这一条是对赠地管理与使用方面规定的补充。

第二，“赠地收入不得用于建设校舍”，这一条是对赠地收入使用目的的进一步补充。

第三，“遵守并执行该法的各州必须在 5 年内至少建立一所学院，学院讲授课程要符合该法第 4 条的规定。否则，联邦将停止向该州拨付土地，该州也必须将此前出售的赠地收入返还联邦，但该州内已经发生的赠地购买仍然有效”。这就明确规定，赠地必须要用于高等教育的发展。

第四，“每年要为每所学院撰写一份年度进展报告，包括学院的建设情况、实验的开展情况、该州产业和经济统计结果以及其他任何有用的信息，并且要向其他赠地学院和联邦政府内政部长免费提供一份该报告”。让赠地学院之间相互监督和交流，而联邦政府也要对之进行监督并掌握赠地学院发展的总体状况和趋势。

第五，“由于铁路赠地所带来的土地价值的升值，如果所选赠地的价值高于本法规定的最低 1.25 美元一英亩，各州所获得的赠地数量将相应减少。”

第六，“南方叛变各州没有资格享受该法案之利益”，该条件是针对当时南北内战而定的，因为早在该法案通过的一年之前就已经爆发了南北战争，随着内战结束和联邦重归统一，这一条也就没有了实际意义。

---

① SANGER G P. Statutes at Large，37th Congress，2nd Session[M]. Boston，Massachusetts：Little，Brown and Company，1863：504-505.

第七，“自总统签署该法之日起两年内，只有各州议会立法明确表示接受该法案的相关规定，否则不能享受该法案之相关利益”。因为联邦宪法第10条修正案规定，“宪法未授予合众国、也未禁止各州行使的权力，由各州各自保留，或由人民保留”①，联邦政府在宪法上没有直接管理各州教育的法律基础，而1862年《赠地学院法案》是联邦政府自成立以来第一次如此大规模地运用法律手段干预各州教育事务，但必须要以各州的同意为前提。

（六）土地券的使用时限

1862年《赠地学院法案》在解决了赠地的相关问题后，也对土地券的使用时限做了相关规定，该法第6条指出：“于1863年1月1日起，本法案规定所签署之土地券的持有人方可选择土地。”②

（七）土地管理官员收取的费用

在美国建国之后，联邦政府在军功、铁路建设、运河建设方面通过了一系列类似的“赠地法案”，其中都有土地券的身影，而土地券持有人要想将土地券变现必须经过土地管理官员，而土地管理官员在办理土地券持有人选择土地的过程中要收取一定的费用。1862年《赠地学院法案》第7条规定：“土地管理官员在办理该法案所涉及之土地券事宜中收取的费用与办理以往军功赠地土地券费用相同。”③ 这也就保证了《赠地学院法案》实施过程中不会产生太多的额外费用。

（八）出售土地券收入情况报告

对于那些必须领取一部分土地券以补偿不足土地部分的州，1862年《赠地学院法案》第8条规定了这些州的州长每年要向联邦国会提交

---

① 刘绪贻，李世洞. 美国研究词典［M］. 北京：中国社会科学出版社，2002：1170.

② SANGER G P. Statutes at Large, 37th Congress, 2nd Session[M]. Boston, Massachusetts: Little, Brown and Company, 1863: 505.

③ SANGER G P. Statutes at Large, 37th Congress, 2nd Session[M]. Boston, Massachusetts: Little, Brown and Company, 1863: 505.

一份土地券出售情况的报告，“本法案规定，那些领取土地券之诸州州长每年要向联邦国会提交一份报告，报告土地券的出售情况（直至全部出售完毕为止）、出售土地券的收入以及收入的使用情况”①。

二、1862 年《赠地学院法案》关于国会和州议会的规定

（一）国会

第一，国会有土地测量和赠予权。1862 年《赠地学院法案》授予国会的权力就是测量公共土地，然后将其赠送给联邦各州，即“经过勘测后，所赠之土地将以地块或不少于四分之一地块为单位拨付给各州”②。

第二，联邦政府内政部长签署土地券的权力。各州加入联邦的时间有先后之分，各州面积和开发的速度也各不相同，这就决定了各州未开发的公共土地面积。对于那些公共土地已经没有或所剩无几的州而言，国会只能要求联邦政府内政部长给予其相应数量的土地券。

第三，国会有权对所办学院性质提出要求。国会没有直接管理各州教育的法律基础，借此机会，法案规定接受赠予的各州要创办其所要求的教育机构，“要用所获之利息至少设立并维持一所学院，该类学院主要教授农业、工业和军事战略方面的知识，此外也传授古典知识和科学知识”③。

第四，国会有权规定哪些州能获得赠地。并不是所有州都能获得

---

① SANGER G P. Statutes at Large, 37th Congress, 2nd Session[M]. Boston, Massachusetts: Little, Brown and Company, 1863: 505.

② SANGER G P. Statutes at Large, 37th Congress, 2nd Session[M]. Boston, Massachusetts: Little, Brown and Company, 1863: 505.

③ SANGER G P. Statutes at Large, 37th Congress, 2nd Session[M]. Boston, Massachusetts: Little, Brown and Company, 1863: 504.

赠地，只有满足该法案第5条中规定的7个条件的州才能获得联邦赠地。

同时，早在1858年的众议院辩论中，莫雷尔就指出，当时美国农业生产技术原始、农业科学落后的主要原因就是美国农业教育的落后，为此，他还列举了英国、法国、比利时等国家在农业教育和农业科学研究方面的作为，就连反对该法案通过的来自亚拉巴马州的国会众议员科布对此也哑口无言。1862年《赠地学院法案》更是明确指出该法案通过的目的："促进产业阶级在人生各个领域都能获得博雅教育与实用教育。"① 借助赠地法案，国会有责任和义务促进联邦范围内农业科学研究、农业教育以及提高美国人民工农业方面的素养。

（二）州议会

各州议会有权不接受联邦国会赠予的土地，也无须接受1862年《赠地学院法案》规定的建立农工学院的要求，这是宪法第10条修正案赋予各州的权利，任何法案都无权否决州的这项权利；州议会有权用赠地资金购买校址和实验农场；州议会有权进行学院建设，1862年《赠地学院法案》只是规定了新建学院应该教授哪些学科，但这些学科如何组织院系等具体建设问题则授权给各州议会，"为了促进产业阶级在各行各业中所需博雅教育和实用教育的发展，各州议会有权决定（新）学院的学科设置"②。各州议会实施这项权利的方式有三种：第一，将赠地拨给私立学院或教派学院，如耶鲁的谢菲尔德科学院。第二，通过颁布大学建校法的方式建立新大学，如伊利诺伊大学、加州大学。第三，通过将赠地拨给已有的州立大学并在其中建立农学院、工学院的方式实施的，如威斯康星大学。

---

① SANGER G P. Statutes at Large, 37th Congress, 2nd Session[M]. Boston, Massachusetts: Little, Brown and Company, 1863: 504.

② SANGER G P. Statutes at Large, 37th Congress, 2nd Session[M]. Boston, Massachusetts: Little, Brown and Company, 1863: 504.

与此同时，州议会要负责管理赠地及其收入，并为管理赠地支付一定的费用，“各州自选好赠地到出售之前，赠地管理、保护、纳税之全部费用，以及在赠地出售所得资金的管理与分配时所发生的一切费用均由各州财政部承担”①。此外，在资金管理过程中如果由于各州自身的失误导致资金流失或消失，各州必须负责赔偿资金损失的部分。州议会要在 5 年之内建设学院所需一切校舍和实验室。首先，从时间上的规定，“各州必须在 5 年内至少建立一所学院，学院讲授课程要符合 1862 年《赠地学院法案》第 4 条的规定，否则，联邦将停止向该州拨付土地，该州也必须将此前出售的赠地收入返还联邦”②；其次，从配套资金方面规定“赠地收入不得用于建设校舍”③，这一条也暗含指出，如果各州想要得到联邦的学院赠地，必须自己出资建设学校所需一切校舍和实验室。州议会还要向其他赠地学院及联邦内政部长公布学院建设情况和各州改进状况，即“每年要为每所学院撰写一份年度进展报告，包括学院的建设情况、实验的开展情况、该州产业和经济统计结果以及其他任何有用的信息，并要向其他赠地学院和联邦政府内政部长免费提供一份该报告”④。

第四节　《赠地学院法案》的修正案

1862 年《赠地学院法案》通过时正值美国内战之际，当时各州的

---

① SANGER G P. Statutes at Large, 37th Congress, 2nd Session[M]. Boston, Massachusetts: Little, Brown and Company, 1863: 504.

② SANGER G P. Statutes at Large, 37th Congress, 2nd Session[M]. Boston, Massachusetts: Little, Brown and Company, 1863: 504-505.

③ SANGER G P. Statutes at Large, 37th Congress, 2nd Session[M]. Boston, Massachusetts: Little, Brown and Company, 1863: 504.

④ SANGER G P. Statutes at Large, 37th Congress, 2nd Session[M]. Boston, Massachusetts: Little, Brown and Company, 1863: 505.

主要任务就是战争和战备物资的供应。该法案要求新学院主要讲授农业、工业和军事等方面的知识，但这些领域在当时还没有积累起足够的知识基础，从而形成与古典学科并驾齐驱的农业学科、工业学科和军事学科等，这些学科还严重缺乏经过专业训练的教师。虽然《赠地学院法案》在国会中取得了胜利，但要想将这种胜利转化为现实仍需时日，诚如小爱德华·艾迪（Edward D. Eddy, Jr.）所言："《莫雷尔法案》掀起了一场教育革命，但这却不是一场朝夕之间可以完成的革命，它将用一个世纪的时间完成。"① 1862 年《赠地学院法案》第 5 条规定，如果要接受联邦的土地捐赠，各州议会必须在该法案签署通过之日起两年内明确表示接受，并在接受捐赠之后的 5 年时间建立一所该法案所规定的新学院。但这种规定并不符合美国当时的实际情况，在 1862 年《赠地学院法案》通过后，为适应实际需求，各种修正案或新法案相继通过。

一、1864 年修正案

统计表明，到 1864 年 4 月 14 日第一次修正案通过之前，只有 19 个州明确表示接受联邦捐赠，而到该法案规定的自法案签署通过之日起两年的最后时限——1864 年 7 月 2 日，只剩下不到 3 个月的时间。

---

① EDDY E D, Jr. Colleges for our land and time: the land-grant idea in American education[M]. New York: Harper & Brothers, 1957: 46.

表 1-4-1 1864 年修正案通过前各州接受捐赠的时间表①

州名	接受时间	州名	接受时间
康涅狄格州	1862 年 12 月 24 日	新罕布什尔州	1863 年 7 月 9 日
艾奥瓦州	1862 年 9 月 11 日	新泽西州	1863 年 3 月 21 日
堪萨斯州	1863 年 2 月 3 日	纽约州	1863 年 5 月 5 日
肯塔基州	1863 年 1 月 27 日	俄亥俄州	1864 年 2 月 9 日
缅因州	1863 年 3 月 25 日	宾夕法尼亚州	1863 年 4 月 1 日
马里兰州	1864 年 2 月 17 日	罗得岛州	1863 年 1 月
马萨诸塞州	1863 年 4 月 18 日	佛蒙特州	1862 年 10 月 29 日
密歇根州	1863 年 2 月 15 日	西弗吉尼亚州	1863 年 10 月 3 日
明尼苏达州	1863 年 1 月 27 日	威斯康星州	1863 年 4 月 2 日
密苏里州	1863 年 3 月 10 日		

为此，1864 年联邦国会通过了 1862 年《赠地学院法案》第一次修正案，为保证更多的州接受赠地法案，国会将各州批准法案的时限延长了两年，即“联邦任何一州或领地，只要在本修正案签署通过之日起两年内明确表示接受 1862 年《赠地学院法案》的规定内容，就有资格获得联邦国会提供的相关利益”②。

① ANDREWS B F. The land-grant of 1862 and the land grant colleges[M]. Washington, D. C. :Government Printing Office, 1918: 14, 19, 23-25, 28, 34-35, 39, 43, 50, 52-53; United States Bureau of Education. General laws relating to agricultural and mechanical land-grant colleges[M]. Washington, D. C. :Government Printing Office, 1905:40, 47, 115.

② SANGER G P. Statutes at Large, 38th Congress, 1st Session[M]. Boston, Massachusetts: Little, Brown and Company, 1866:47.

二、1866 年修正案

从 1864 年修正案通过之日起，到 1866 年 4 月 14 日各州批准 1862 年《赠地学院法案》的最后时限之间，又有 4 个州明确表示接受联邦赠地。

表 1-4-2　1864 年修正案到 1866 年修正案通过之间各州接受捐赠的时间表①

州名	接受时间	州名	接受时间
加利福尼亚州	1866 年 3 月 31 日	内华达州	1864—1865 年间
印第安纳州	1865 年 3 月 6 日	北卡罗来纳州	1866 年 2 月 22 日

至 1866 年 4 月 14 日，36 个州中只有 23 个州明确表示接受联邦赠地，仍有 13 个州没有表态。为此，1866 年 7 月 23 日，国会再次通过了一项修正案，延长各州接受联邦赠地的时限，这次将最后时限又延长了 3 年，即延长到 1869 年 7 月 23 日，“为了使各州能够获得 1862 年《赠地学院法案》的利益，现将各州接受联邦赠地的时限延长，只要各州在本法通过之日起 3 年内明确表示接受，就可以获得联邦赠地”②。除了佛罗里达州和弗吉尼亚州一直到 1870 年才明确接受联邦赠地外，1869 年 7 月 23 日之前，其余各州均明确表示接受 1862 年《赠地学院法案》。

① ANDREWS B F. The land-grant of 1862 and the land grant colleges[M]. Washington, D. C. :Government Printing Office, 1918:13, 18, 32, 36.

② SANGER G P. Statutes at Large, 39th Congress, 1st Session[M]. Boston, Massachusetts: Little, Brown and Company, 1868:208.

表 1-4-3　1866 年 7 月 23 日到 1869 年 7 月 23 日
各州接受捐赠的时间表①

州名	接受时间	州名	接受时间
亚拉巴马州	1867 年 2 月 13 日	密西西比州	1866 年 10 月 30 日
阿肯色州	1867 年 1 月 31 日	俄勒冈州	1868 年 10 月 27 日
特拉华州	1867 年 3 月 14 日	南卡罗来纳州	1868 年
佐治亚州	1866 年 12 月 12 日	田纳西州	1868 年 2 月 1 日
伊利诺伊州	1867 年 2 月 28 日	得克萨斯州	1866 年 11 月 1 日
路易斯安那州	1869 年		

此外，1866 年修正案还规定了领地政府如何获得 1862 年联邦赠地，即“领地政府只要建州加入联邦，并在加入联邦 3 年内立法明确表示接受 1862 年联邦赠地，同时在此后 5 年内至少建立一所赠地学院就能享受 1862 年《赠地学院法案》的利益”②。这也就保证了领地政府的利益。

三、1883 年修正案

1862 年《赠地学院法案》规定：“各州出售所获联邦赠地及土地券之全部收入需投资于联邦或各州发行的各种安全的股票，以期收获不低于其票面价值 5%的股息。”③ 但要想严格精确地执行该规定是非常困

① ANDREWS B F. The land-grant of 1862 and the land grant colleges[M]. Washington, D. C. :Government Printing Office,1918:11-12,15-17,20,26,41,44,47-48.

② SANGER G P. Statutes at Large,39th Congress,1st Session[M]. Boston,Massachusetts: Little,Brown and Company,1868:208-209.

③ SANGER G P. Statutes at Large,37th Congress,2nd Session[M]. Boston,Massachusetts: Little,Brown and Company,1863:504.

难的，只要详细研究各州是如何处理赠地收入的话，就会发现它们都存在某种程度的失职、失察之处，其中最主要的失职失察就在于各州迟迟不将赠地收入进行投资，或者投资后其利息所得也低于1862年《赠地学院法案》规定的5%。1883年修正案极大地扩大了赠地收入的投资范围，“各州出售联邦所赠公共土地或土地券之全部收入可以投资于联邦政府或州政府发行的各种股票；可以投资于其他各种安全的股票；如果该州没有发行股票，也可以在州议会批准之下采用任何一种投资方式”①。虽然1883年修正案放松了对各州赠地所得的投资范围限制，但丝毫没有降低各州的投资效果规定，“所投资金必须产生不少于其5%的年利息，并且所投资本金不得亏损”②。也就是放宽州政府的投资范围，以期尽可能地稳定和增加土地价值。

第五节 《赠地学院法案》的相关法案

一、1887年《联邦农业实验站法案》

据统计，截至1887年《联邦农业实验站法案》通过，已有16个州建立了农业实验站，但这些早期的实验站由于缺乏足够的训练有素的人员，以及只接受州层面的资助，因而只能解决当地人民面临的一些眼前问题，无心也无力解决一些全国范围内的长远问题，更无法系统地教授农业知识。在这种情况下，1882年、1883年美国农业部长两度召集赠地学院代表到华盛顿开会，讨论对农业实验站的联邦资助。

---

① ANDREWS B F. The land-grant of 1862 and the land grant colleges[M]. Washington, D. C. :Government Printing Office, 1918:10.

② ANDREWS B F. The land-grant of 1862 and the land grant colleges[M]. Washington, D. C. :Government Printing Office, 1918:10.

1887 年，来自密苏里州的国会众议院农业委员会主席威廉·H. 海奇（William H. Hatch）率先在众议院提交农业实验站议案，议案顺利地获得参众两院的通过，总统格罗弗·克利夫兰（Grover Cleveland）也迅速签署了该法案，《联邦农业实验站法案》的通过标志着“对国家信仰科学是解决困扰农民的所有问题手段的认可”①。法案主要包括以下内容。

（一）主要目标

1887 年《联邦农业实验站法案》第 1 条明确指出，“为了获得以及向全美人民普及农业方面的实用知识，同时也为了促进农业科学理论与应用的探索和实验，将在各州、各领地已建赠地学院，或在 1862 年《赠地学院法案》及后续法案资助下即将建立的赠地学院领导下，建立农业实验站”②。同时，“如果任何一州或领地有两所或即将建立两所赠地学院，本法案所提供的联邦资助将在这两所学院中平分。如果该州议会有其他分配方式，以该州议会分配方式为准”③。

（二）农业实验站的义务

1887 年《联邦农业实验站法案》规定，农业实验站需要对美国农业有直接关系的问题进行原创性的研究，如“动植物生理学、影响动植物生长的重大疾病及治疗方法、重要植物不同生长阶段时的化学成分构成、不同植物交替种植的比较价值、新植物或树种的适应力、土壤和水的分析、人造肥料和自然肥料的化学成分及其对不同植物的效果、各种不同牧草的适应力及价值、各种食物的成分及对家畜的可消

---

① EDDY E D ,Jr. Colleges for our land and time: the land-grant idea in American education[M]. New York: Harper & Brothers, 1957: 98.

② United States Bureau of Education. General laws relating to agricultural and mechanical land-grant colleges[M]. Washington, D. C. : Government Printing Office, 1905: 2.

③ United States Bureau of Education. General laws relating to agricultural and mechanical land-grant colleges[M]. Washington, D. C. : Government Printing Office, 1905: 2-3.

化性、黄油和奶酪生产中涉及的科学与经济问题”① 等。农业实验站还必须定期向所在州政府提交报告，报告副本还要提交给其他各实验站、联邦政府农业部长和财政部长。②

（三）联邦政府农业部长的义务

为了使各实验站的研究方法和研究结果在格式上保持统一，联邦政府农业部长有义务“为各实验站的研究和实验结果提供可行的标准格式，并随时要求各实验站开展在他看来最重要的研究”③。

（四）向社会定期公布建设情况

农业实验站要分季度定期向当地报纸和农民公布实验站进展情况，并提供相关报告。为了减少实验站传递年度报告、季度报告的财政负担，该法案还从免除邮费方面给予支持，“实验站年度报告、季度报告均通过邮寄方式传递。为此，联邦邮电部长要及时制定法规免除其邮费”④。一方面是为了让实验站接受广大公众的监督，另一方面也是为了更好更快地传播实验站的研究成果，让知识和技术更快地转化为实际生产力。

（五）联邦政府的拨款金额及支出项目

为了充分支持农业实验站的工作，国会向各州实验站拨款 15 000 美元，拨款的方式为每年分 4 次进行支付。1862 年《赠地学院法案》规定联邦赠地出售所得不得用于修建校舍，但 1887 年《联邦农业实验站法案》就取消了这方面的规定，“任何一所实验站可将第一年拨款的

① United States Bureau of Education. General laws relating to agricultural and mechanical land-grant colleges[M]. Washington, D. C.: Government Printing Office, 1905: 3.

② United States Bureau of Education. General laws relating to agricultural and mechanical land-grant colleges[M]. Washington, D. C.: Government Printing Office, 1905: 3.

③ United States Bureau of Education. General laws relating to agricultural and mechanical land-grant colleges[M]. Washington, D. C.: Government Printing Office, 1905: 3.

④ United States Bureau of Education. General laws relating to agricultural and mechanical land-grant colleges[M]. Washington, D. C.: Government Printing Office, 1905: 3.

五分之一用于修建、扩建、维修开展实验站各项工作。此后，每年拨款的 5%都可以用于该项目的建设”①。相比 1862 年《赠地学院法案》，1887 年《联邦农业实验站法案》要慷慨得多，对于超出的这部分拨款，法案规定将其计入下一年的联邦拨款中。②

（六）重新界定赠地学院是州的学院

1862 年《赠地学院法案》通过过程中就曾有许多人将赠地学院称为联邦的学院。1887 年联邦政府通过《联邦农业实验站法案》，而农业实验站又与 1862 年赠地学院联系到一起，这无形中又让许多人怀疑联邦政府干预各州教育，为了澄清联邦国会没有干预各州教育的企图，法案明确指出：“该法案中的任何内容不得解释为削弱或颠覆赠地学院与所在各州或领地之间的法律关系。”③

（七）联邦资助只能拨给独立的农业实验站

1862 年《赠地学院法案》通过之后，各州对所得联邦赠地的处理方式是不同的。第一，建立独立的赠地学院。第二，拨给已有的州立大学。第三，拨给本州的教派学院。针对后两种情况，1887 年《联邦农业实验站法案》第 8 条规定：“在 1862 年《赠地学院法案》的资助下，如果某些州在非农业性质的大学、学院或机构中建立农业系或农业实验站，这些州需要建立一所独立的农业学院或学校，并建设附属的农业实验站或农场，这些州议会要根据本法的规定将联邦拨款全部或部分拨给这些独立的农业学院或学校……如果某些州已有学院符合本法要求能够获得联邦资助，同时也拥有依法建立的独立于这些学院

---

① United States Bureau of Education. General laws relating to agricultural and mechanical land-grant colleges[M]. Washington, D. C.: Government Printing Office, 1905: 3.

② United States Bureau of Education. General laws relating to agricultural and mechanical land-grant colleges[M]. Washington, D. C.: Government Printing Office, 1905: 3.

③ United States Bureau of Education. General laws relating to agricultural and mechanical land-grant colleges[M]. Washington, D. C.: Government Printing Office, 1905: 3.

的农业实验站，这些州须将联邦资助拨给独立的农业实验站。”①

（八）各州需明确同意方能获得联邦资助

1887年《联邦农业实验站法案》规定，各州只有明确表示同意接受联邦资助，各州农业实验站才能获得1887年《联邦农业实验站法案》的资助。并且国会有权随时修订、停止、废除该法案部分及全部内容。②

二、1890年《赠地学院法案》

1872年莫雷尔又向众议院提交了一份议案，要求联邦政府进一步向赠地学院拨款，但该议案未获通过。在莫雷尔不懈的努力和全国农民组织格兰奇（National Grange）的支持下以及赠地学院本身逐渐赢得公众认可的情况下，1890年8月30日，本杰明·哈里森（Benjamin Harrison）总统签署了一项新的《赠地学院法案》。

赠地学院在19世纪六七十年代一直处于挣扎之中，其中一个原因就是办学资金不足。联邦政府在1887年《联邦农业实验站法案》中给赠地学院第2次拨款，但此次拨款主要是给农业实验站的专项资金，赠地学院本身的财政状况没有得到根本的改善。1890年《赠地学院法案》的通过，极大地解决了困扰赠地学院多年的财政问题。法案第1条明确规定：“联邦政府财政部于1890年6月30日之前向在1862年《赠地学院法案》规定下各州或领地建立的农工学院拨款15 000美元，并计划在未来10年内每年的拨款在前一年的基础上追加1000美元，直到年度

① United States Bureau of Education. General laws relating to agricultural and mechanical land-grant colleges[M]. Washington, D. C.: Government Printing Office, 1905: 3.

② United States Bureau of Education. General laws relating to agricultural and mechanical land-grant colleges[M]. Washington, D. C.: Government Printing Office, 1905: 4.

拨款额达到 25 000 美元。”[①] 赠地学院董事会每年都要定期向联邦政府财政部长和内政部长详细报告联邦资助的年度收支情况，州或领地法律指定的联邦资助的接收人如果在资金管理上由于疏忽等原因导致资金流失或消失，则必须由所在州或领地负责赔偿，否则“将停止向该州或领地继续拨付联邦资助”[②]。

在 1862 年《赠地学院法案》规定下成立的南方赠地学院并没有为黑人提供受教育机会，而 1890 年《赠地学院法案》的通过，要求南部诸州或者将其赠地学院向黑人开放，或者为黑人单独设置赠地学院，并要求南部诸州“要将本法所规定的联邦资助在黑人赠地学院和白人赠地学院之间平等分配”[③]，这也是“隔离但平等”（Separate but equal）原则的起源。在这条规定下，各州采取不同的方式满足该法案的规定，“其中 5 个州将现有的州立黑人教育机构指定为黑人赠地学院，6 个州建立了新的州立黑人赠地学院，还有 6 个州或是指定现有私立学院为黑人赠地学院或是接管现有学院”[④]。由于 1890 年《赠地学院法案》给黑人高等教育带来的重大影响，因而学术界也有学者将其称为《黑人赠地学院法案》，“隔离但平等”式的黑人受教育权得到保障。

此外，1890 年《赠地学院法案》所提供的资助规模覆盖更广，持续时间更长，资助力度更大。对资金用途也做了严格规定，所资助资金只能用于传授农业、工业、英语、数学、物理、自然科学、经济学知识及其应用，这要比 1862 年《赠地学院法案》规定严格得多。

---

① United States Bureau of Education. General laws relating to agricultural and mechanical land-grant colleges[M]. Washington, D. C.: Government Printing Office, 1905: 4.

② United States Bureau of Education. General laws relating to agricultural and mechanical land-grant colleges[M]. Washington, D. C.: Government Printing Office, 1905: 5.

③ United States Bureau of Education. General laws relating to agricultural and mechanical land-grant colleges[M]. Washington, D. C.: Government Printing Office, 1905: 4.

④ EDDY E D, Jr. Colleges for our land and time: the land-grant idea in American education[M]. New York: Harper & Brothers, 1957: 103.

表 1-4-4 1890—1899 年联邦各州通过 1862 年《赠地学院法案》所得与 1890 年《赠地学院法案》所得[①] 单位：1000 $

法案名称	1890	1891	1892	1893	1894	1895	1896	1897	1898	1899
1862 年《赠地学院法案》	643	449	467	633	581	506	618	599	595	618
1890 年《赠地学院法案》	660	704	782	864	912	960	1008	1056	1104	1152

三、1907 年尼尔森修正案

1907 年，来自明尼苏达州国会参议员克努特·尼尔森（Knute Nelson）提议在联邦农业部拨款修正案中加入向赠地学院拨款的条款，该建议得到国会认可并于 1907 年 3 月 4 日随着农业部拨款修正案的通过而成为法律。修正案再次规定联邦以现金资助方式资助赠地学院："为了更完全、更彻底地资助已经建立的或即将建立的赠地学院，联邦财政部需在 1908 年 6 月 30 日前向各州或领地拨款 5000 美元，并在此后连续 4 年中，财政部将在前一年拨款金额基础上每年向各州或领地追加 5000 美元，直到每年拨款达到 25 000 美元。"[②]修正案还要求："各赠地学院可使用本修正案拨给各州之资金开设专门课程，以培养能讲授农业和工业学科课程的教师。"[③] 要求赠地学院培养中学农工学科教师也是尼尔森修正案不同于以往赠地学院法案的独特之处。

---

① BRUNNER H S. Land-grant colleges and universities, 1862-1962[M]. Washington, D. C.: Government Printing Office, 1966: 5.

② BRUNNER H S. Land-grant colleges and universities, 1862-1962[M]. Washington, D. C.: Government Printing Office, 1966: 61.

③ BRUNNER H S. Land-grant colleges and universities, 1862-1962[M]. Washington, D. C.: Government Printing Office, 1966: 62.

四、1914年《史密斯-利弗法案》

自1862年《赠地学院法案》以来，联邦政府已经连续4次立法向赠地学院提供联邦财政资助。1862年《赠地学院法案》、1890年《赠地学院法案》以及1907年尼尔森修正案主要是保障赠地学院教学职能的实现，1887年《联邦农业实验站法案》主要是保障赠地学院科研职能的实现。而1914年由国会通过的《史密斯-利弗法案》（*Smith-Lever Act*）则是保障赠地学院社会服务职能系统的实现。此前，社会服务职能的实现都是自发的、无组织的，而《史密斯-利弗法案》就是要将赠地学院已有的农业知识推广服务进一步组织化和系统化。

（一）《史密斯-利弗法案》的主要内容

1. 联邦农业部出面组织各赠地学院的农业推广工作

《史密斯-利弗法案》开篇就指出其主要是“为了帮助美国人民普及农业和家政学方面的实用知识，并鼓励美国人民运用这些实用知识，将在联邦农业部协调组织下会同各州赠地学院开展农业推广工作”，对于那些拥有两所及以上赠地学院的州，则由“各州议会制定规则，赠地学院直接负责管理《史密斯-利弗法案》所拨联邦资金”。①

2. 农业合作的推广对象和方式

“向那些无法来赠地学院学习或居住地不在赠地学院所在地的居民传播农业和家政学方面知识”，“农业合作推广工作将通过现场演示、发放小册子或其他方式实施，具体实施方式由联邦农业部长和各州赠

① United States Department of Agriculture. Federal legislation, regulations, and rulings affecting cooperative extension work in agriculture and home economics[M]. Washington, D. C.: United States Department of Agriculture, 1937: 6.

地学院具体协商而定”。[①] 这一规定实际上是对赠地学院已经实行的农业推广对象和方式在法律上予以肯定。

3. 国会的拨款方式、金额及条件

在拨款方式上，《史密斯-利弗法案》规定了永久性的固定金额拨款、阶段性的追加金额拨款、等额拨款和比例拨款 4 种方式。永久性的固定金额拨款是指在该法通过后，联邦国会每年都从联邦财政部向各州拨付的定额资金；阶段性的追加金额拨款是指在该法通过后的一段时间内，联邦国会每年将在前一年的基础上向各州追加一定金额的拨款，1890 年《赠地学院法案》中所使用的拨款方式就是这种阶段性的追加拨款；等额拨款是指以州为单位，不论人口多少，均获得相等金额的联邦拨款；比例拨款所依据的是联邦政府下一次人口普查所显示的各州农业人口占全国农业人口的比例，比例拨款在 1862 年《赠地学院法案》中运用过，只不过所依据的比例是各州在联邦国会两院中的议员数量。

在拨款金额上，《史密斯-利弗法案》规定：“每年国会从联邦财政部向各州拨款 480 000 美元，即每年向各州拨款 10 000 美元。在各州获得联邦国会第一笔拨款后的下一财年，国会从财政部再向各州追加拨款 600 000 美元。从各州获得国会 600 000 美元拨款的下一财年起的 7 年间，联邦国会每年再从财政部向各州追加较上一财年拨款多 500 000 美元的拨款。在这 7 年的阶段性的追加金额拨款之后，联邦国会在每年向各州拨款 480 000 美元的基础之上，将永久性地每年向各州

① United States Department of Agriculture. Federal legislation, regulations, and rulings affecting cooperative extension work in agriculture and home economics[M]. Washington, D.C.: United States Department of Agriculture, 1937: 7.

追加拨款 4 100 000 美元。”① 可见，此次拨款的金额更大，持续时间更长，资助力度更强。

然而，各州需具备以下三个条件才能获得拨款：第一，各州议会必须明确表示接受《史密斯-利弗法案》的规定。第二，“各赠地学院每财年在获得此法案提供的联邦资助之前，各学院负责人以及联邦农业部长所指派之人须提交将要展开的农业合作推广工作计划”。第三，“每年国会在追加拨款之前，只有各州议会或各州内部各县、各学院、各地方当局、个人提供与联邦追加拨款相等的金额，否则各州将无法得到联邦国会提供的追加拨款”，② 也就是说各州无论以什么方式都要提供等额的资助才行。

4. 联邦政府财政部长、农业部长的义务

联邦政府的财政部长必须按照法律规定，按时按量向各州拨发资金。同时，联邦政府农业部长每年要负责考察各学院获得联邦农业合作推广资金的资格，并定期向财政部长确认。《史密斯-利弗法案》第 7 条还规定：“联邦政府农业部长每年要向联邦国会提交年度报告，详细报告在该法规定下各州所获联邦资助的收支情况、各州农业合作推广工作开展情况以及是否停止了向某些州的联邦资助及其原因等。” ③法案还规定，在每年 9 月 1 日之前要向联邦政府农业部长详细报告上一财年在该法规定下该州所获联邦资助总额以及支出情况，报告的具体格

---

① United States Department of Agriculture. Federal legislation, regulations, and rulings affecting cooperative extension work in agriculture and home economics[M]. Washington, D. C. : United States Department of Agriculture, 1937: 7.

② United States Department of Agriculture. Federal legislation, regulations, and rulings affecting cooperative extension work in agriculture and home economics[M]. Washington, D. C. : United States Department of Agriculture, 1937: 7-8.

③ United States Department of Agriculture. Federal legislation, regulations, and rulings affecting cooperative extension work in agriculture and home economics[M]. Washington, D. C. : United States Department of Agriculture, 1937: 8.

式由联邦农业部长规定。[①]

5. 资助的使用途径以及州和学院的义务

《史密斯-利弗法案》严格规定联邦资金只能用于农业合作推广工作，不得直接或间接将其用于“购买、修建、保护或维修学院建筑，购买、租赁土地，资助学院课程的讲授，或其他任何本法案没有规定的方面”，州的义务就是负责监督州财政部长或州指定的接收联邦资助的负责人的联邦资金管理行为，如果“他们由于管理行为不当而使资金流失或消失，或者将其用于其他方面，该州将负责赔偿所损失之联邦资金，否则联邦将停止向该州拨付农业合作推广工作财政资金”。同时还要求各赠地学院“在每年1月1日之前，向所在州州长详细汇报上一年该学院农业合作推广工作的财政收支情况，以及在该法规定下的农业合作推广工作开展的具体情况……并将报告的副本提交给联邦农业部长和财政部长各一份”。[②]

（二）《史密斯-利弗法案》的主要特点及意义

与之前的赠地法案相比，《史密斯-利弗法案》最大的贡献在于它明确要求各州要提供与联邦追加资金相同数目的资金用于支持农业合作推广工作，并将这一原则作为联邦各州能否获得联邦资助的前提条件，在此之前的联邦赠地学院法案中没有出现过这样的规定。伊利诺伊大学农学院院长尤金·达文波特（Eugene Davenport）曾指出该法案对农业推广运动所发挥的作用：“为了能从联邦财政部得到一美元，各州甚至愿意掏出两美元，这是人类的一种奇怪的情结，但这种情结却给我

① United States Department of Agriculture. Federal legislation, regulations, and rulings affecting cooperative extension work in agriculture and home economics[M]. Washington, D. C.: United States Department of Agriculture, 1937: 8.

② United States Department of Agriculture. Federal legislation, regulations, and rulings affecting cooperative extension work in agriculture and home economics[M]. Washington, D. C.: United States Department of Agriculture, 1937: 7.

们带来了好运。”① 并且，国会在今后向各州提供财政资助时也越来越频繁地运用这条原则。因而，从这个意义上说，《史密斯-利弗法案》所确立的这条原则其意义已经远远超过了法案本身。

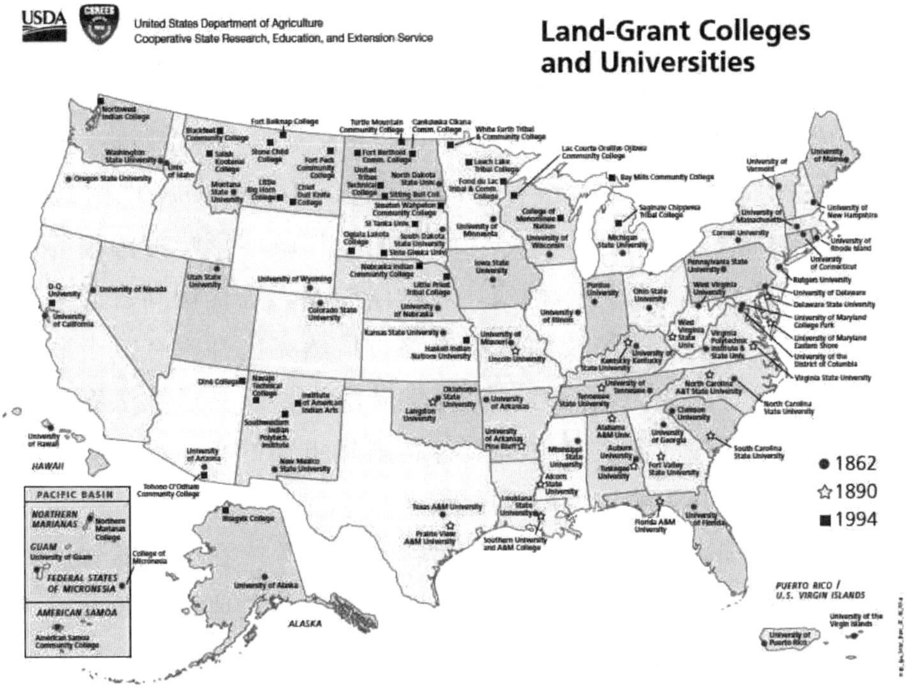

图 1-4-1　赠地学院的分布图②

① EDDY E D，Jr. Colleges for our land and time: the land-grant idea in American education[M]. New York: Harper & Brothers, 1957: 142.

② http://healthextensiontoolkit.org/wp-content/uploads/2012/07/landgrantmap.jpg.

第六节 《赠地学院法案》的影响

1862年的《赠地学院法案》及其后来一系列的修正案和后续法案，在美国高等教育领域中开辟了一个崭新而宏伟的新天地，开启了一种新的高等教育模式。殖民地末期以来，公立高等教育的理念和实践就已经展开，这一话题在建国初期也经历了很多争论，终于在19世纪下半叶变成了现实，著名的美国高等教育史专家尤根·赫布斯特（Jurgen Herbst）把1787年的《西北法令》（*Northwest Ordinance*）和1862年的《赠地学院法案》一起看作是“历史上联邦政府影响美国高等教育的最为重要的两份文件”①。确实，赠地学院法案为美国高等教育开辟了一个不同于旧式高等院校的发展道路，虽然宪法并没有赋予联邦政府干预高等教育的权力，但是《赠地学院法案》及其后续法案使得联邦政府从此以后在高等教育中扮演着越来越重要的角色，这对于美国高等教育来说，其影响是举足轻重的。

第一，美国高等教育的目标、内容、方法等内在要素随着赠地学院的建设开始发生变化。高等教育目标不再像殖民地时期那样以神学和古典学为重点，以培养神职人员和政治人才为主，而是开始面向工农业发展的现实。赠地学院一开始还因此引来一大片批评之声，认为把工农教育引入高等教育是摧毁了传统的学术教育。但不可否认的是，赠地学院的开创性确实迎合了国家发展的需要，它系统地将工农业知识教育引入高等教育机构，据当时联邦农业部农业教育助理（Assistant in Agriculture Education）巴特勒·B.黑尔（Butler B. Hare）1912年统计结果显示，“除阿拉斯加之外，美国各州和领地均有

---

① WILLIAMS F D. The northwest ordinance: essays on its formulation, provisions, and legacy[M]. East Lansing: Michigan State University Press, 1988: 97.

高等教育机构得到过 1862 年、1890 年和 1907 年联邦国会赠地法案的资助。赠地学院数量共计 67 所，所有赠地学院都开设农学专业”①，这是美国高等教育发展史上的创举。由此，赠地学院在课程和教学方法上也与传统学院截然不同，曾经受到鄙视的工艺、农业等实用学科开始在高等教育中占有一席之地，使得高等教育的学科组成更加丰富完整，也使得高等教育与社会发展更加密切地联系在一起。在教学方法上，赠地学院重视理论与实际相结合，普遍设立农场、车间、实验站等机构，从根本上抛弃了传统死记硬背和空谈理论的教学方式，加快了理论转化为实际生产力的速度。

第二，在赠地学院法案的推动下，赠地学院强化了高等教育的社会服务职能，形成了教学、科研和社会服务三结合的高等教育体制，为美国高等教育的腾飞奠定了扎实的基础。赠地学院法案提出的初衷之一就是为美国的工农业服务，而且在实践过程中非常重视技术、经验和成果的推广工作，学院所得的科研成果及时由州的推广系统传达给农户，或者在学院、实验站之间互相交流，使推广系统成为高等院校与农民生产者相互结合的桥梁。在这一过程中，威斯康星大学的办学实践成为大学服务功能思想的集中体现，也是大学社会服务功能正式产生的标志，形成了著名的“威斯康星观念”，威斯康星大学甚至由此成为威斯康星州民众的“咨询工程师”。

第三，赠地学院法案体现了一种新的理念，即政府应该而且必须向民众提供免费的高等教育，这使得美国人所拥有的独特的教育价值观及其所坚信的民主和机会均等原则得到了非常清晰的体现，由此大大推动了美国高等教育的民主化和大众化进程，极大地提高了工农子弟高等教育的入学和就业机会。“在 1862 年《赠地学院法案》影响下建

① HARE B B. Statistics of land-grant colleges and agricultural experiment stations, 1912[M]. Washington, D. C. : Government Printing Office, 1913: 233.

立的赠地学院提供的就业岗位为：预备性的古典课程提供就业岗位 626 个，农工学院提供就业岗位 3569 个。”① 《莫雷尔法案》及其后续法案的通过，大大促进了各实业阶层的文化和实用教育，随着赠地学院的创办，妇女和黑人及其他有色人种进入高等院校的人数大增，他们也开始享受赠地学院法案带来的权益，进而促使美国高等教育的规模不断扩大，很好地推动了社会的进步。

第四，大学接受政府的拨款以及二者之间的密切合作容易导致政治对学术的粗暴干涉，使得大学的独立性受到威胁，但是在赠地学院法案实行和赠地学院发展的过程中，大学的独立性和学术的自由权始终被放在重要的位置。学术自由是威斯康星观念的核心内涵之一，强调大学的边界就应该是州政府的边界。赠地学院在建设之初曾招致大量的批评，认为大学与政府过于密切的关系会使大学丧失独立和自由的品质，学者们会受到太多外界给予的压力。事实上，赠地学院的发展事实表明，大学可以接受政府的拨款，也应该为社会大众提供服务，但是它们没有义务完全屈服于外界的压力，传统大学的学术独立与自由依然得到了稳定的保证。联邦政府在资助的同时也没有意向去干扰高校的学术自由，在一系列赠地学院法案中从未出现不合理的干涉条款，这是政府对自身权力界限的一种自觉。

第五，推动了美国的城市化历程。至 1912 年，美国已经组建了 67 所赠地学院，而这些赠地学院绝大多数都建在当时的乡村地区，仅有少数赠地学院建在大城市或州府所在地，这些赠地学院带动了本地经济的发展，对于推动本地城市化进程发挥了重要作用。现如今，这些赠地学院所在地已经发展成了颇具特色的美国城镇，甚至有些城镇就以所在地区的赠地学院而命名，例如得克萨斯农工学院所在地为学院

---

① HARE B B. Statistics of land-grant colleges and agricultural experiment stations, 1912[M]. Washington, D. C. : Government Printing Office, 1913: 234.

站（College Station）、马里兰大学所在地为学院公园（College Park）等。

赠地学院法案及其所开创的社会服务功能是美国高等教育发展史上一项极为重要的措施，不仅为当时的美国州立大学所接受，也为其他私立院校甚至是其他西方国家的大学所仿效，成为现代大学理念的重要组成部分。正如英国学者埃里克·阿什比（Eric Ashby）所指出的："美国对高等教育的贡献是拆除了大学校园的围墙。当威斯康星大学的范海斯校长说校园的边界就是国家的边界时，他是在用语言来描述大学演变过程中的一个罕见的改革创举。历史已说明这是一次正确的改革，其他国家现在已开始纷纷仿效这种美国模式。"①

（崔高鹏）

---

① 博克. 走出象牙塔：现代大学的社会责任［M］. 徐小洲，陈军，译. 杭州：浙江教育出版社，2001：73.

第二章　利益博弈与教育改革：1917 年《史密斯-休斯法》

《史密斯-休斯法》是 20 世纪美国最为重要的职业教育法之一，它不仅开创了联邦政府拨款资助包括农业、职业、工业和家政在内的职业教育的先例，建立了美国现代职业教育制度，而且为之后美国制定的一系列职业教育法奠定了基础，称得上是美国职业教育中的母法。尽管如此，这样一部具有深远意义的重要法律从最初“创意”到最终通过，经历了西奥多·罗斯福（Theodore Roosevelt）、威廉·霍华德·塔夫脱（William Howard Taft）和托马斯·伍德罗·威尔逊（Thomas Woodrow Wilson）三任美国总统，前后达 10 年之久，历经艰难。在这个过程中，究竟发生了什么？是哪些因素导致《史密斯-休斯法》经历了漫长的创制过程？《史密斯-休斯法》出现了哪些变化？厘清这个过程，不仅有助于认识这部法律的内涵和意义，也有利于理解美国联邦的教育立法机制，从而深化对美国教育的认识。

对于《史密斯-休斯法》的探究，从宏观的角度出发，可以 1862 年《赠地学院法案》为起点，系统考察 1862—1917 年美国各界和国会在推进职业教育立法中的持续努力。这种视角将中等职业教育与高等职业教育、农业职业教育与工业职业教育等有机结合，便于从整体的观念探索美国职业教育立法的变迁。不利之处则在于难以具体和深入地把握中等职业教育、高等职业教育、农业职业教育、工业职业教育等不同层次和不同方面的职业教育立法的演变过程。从微观的角度看，一是以 1914 年 1 月 20 日第 63 届国会通过授权威尔逊总统成立一个委员会、专门研究美国职业教育问题的第 16 号决议为起点；二是以 1914 年 4 月 2 日全国援助职业教育委员会（Commission on National Aid to Vocational Education）的成立或 1914 年 6 月 1 日该委员会向国会提交报告为开端；三是以 1915 年 12 月参议员霍克·史密斯（Hoke Smith）和众议员达德利·M. 休斯（Dudley M. Hughes）先后向参众两院提交《史密斯-休斯议案》（*Smith-Hughes Bill of 1915*）为起点。这三种视角的共同益处是可以聚焦于《史密斯-休斯法》本身从酝酿到在参众两院的分别审议、修改，再到最终通过的这个具体过程。从中观的角度出发，也可以《戴维斯议案》（*Davis Bill of 1907*）和《洛奇议案》（*Lodge Bill of 1908*，*S-7005*）为开端，梳理从最初提出联邦资助包括工业教育在内的职业教育的动议和议案，到议案最终成为法律的过程。

在《史密斯-休斯法》之前，美国国会通过的与职业教育相关的法律主要有两个特点。第一，主要与农业教育、农业科学研究和农业技术推广相关，如《哈奇法案》（*Hatch Act of 1887*）、《亚当斯法案》（*Adams Act*，*1906*）等。第二，主要涉及高等教育层次，如 1862 年《赠地学院法案》、1890 年《赠地学院法案》等。《史密斯-休斯法》则是一部主要涉及中等层次的职业教育，并且包含了农业、工业、职业和家政等多个领域职业教育的法律，是一部完整意义上的职业教育法。而最初提出与该法内容相同或相近的立法动议的正是《戴维斯议案》和《洛奇议案》。因此，可以将这两个议案中间经过《佩奇议案》（*Page Bill*）、《史密斯-利弗法案》，最终到《史密斯-休斯法》，看作是一个完整的联邦职业教育法的创制过程。在这个过程中，美国社会不同利益集团、国会两党围绕着联邦资助包括工业教育在内的职业教育而展开各种形式的博弈。换句话，可以将《戴维斯议案》《洛奇议案》《佩奇议案》和《史密斯-利弗法案》看作是《史密斯-休斯法》创制的

“史前史”，而《史密斯-休斯法》则标志着美国职业教育立法史的肇端。从这个视角探讨《史密斯-休斯法》的创制史，虽然也可能存在某些不足（例如不能充分聚焦于某一项议案或法律），但有利于将《史密斯-休斯法》看作是一个完整过程的结果，从而既有助于全面把握该法案的背景，也不会因视角过于宏观而忽略立法过程的细节。

第一节　从《戴维斯议案》到《佩奇议案》

1890年，美国基本完成了工业化。工业生产从根本上改变着美国社会的面貌、结构和特征。约翰·杜威（John Dewey）敏锐地指出美国正经历着一场空前未有的巨大变革，首先引人注意的那个笼罩一切，甚至支配一切的变化便是“工业”的变化——科学的应用推动产生了大规模廉价地使用各种自然力的重大发明；面向世界市场的产品与日俱增，大型制造业蓬勃发展，交通便捷实惠。人们难以相信在历史上竟有这样迅速、广泛、彻底的革命。① 尽管如此，在19世纪末20世纪初，真正清晰深刻地意识到工业化正在对美国学校教育产生意义深远的冲击和影响的人士却寥若晨星。

20世纪初期，美国国会教育立法的重心仍然是农业教育。1906年，来自内布拉斯加州的参议员埃尔默·J.伯克特（Elmer J. Burkett）和众议员欧内斯特·M.波拉德（Earnest M. Pollard）分别在参众两院提出议案，要求联邦拨款资助各州开展职业科目教师培训的师范学校，以发展中等农业、机械和家政等职业教育。具体要求为：每年拨款100万美元，一半的资金平均拨付给各州，余下的一半根据服务时间长短和学生数分配给师范学校。《伯克特-波拉德议案》虽然在国会先后经历

① DEWEY J. The school and society[M]. Chicago：University of Chicago Press，1900：21-22.

了 5 年时间（1906—1911 年）的反复审议、修改，并得到全国教育协会和师范学校组织的支持，但因法案将教师培训的经费分配给师范学校而非赠地学院，故遭到代表美国农业学院与实验站协会（Association of American Agricultural Colleges and Experiment Stations）利益的国会议员的反对，最终仍未获通过。同年，来自佐治亚州的众议员列奥尼达斯·费利克斯·利文斯顿（Leonidas Felix Livingston）向国会提交议案（即《利文斯顿议案》*Livingston Bill of 1906*），议案的主要内容包括：第一，在全国范围内的每个国会区（Congressional District）建立中等农业学校。第二，每所学校每年获得 1 万美元的拨款。① 但该议案也未能在国会通过。

包括工业教育在内的职业教育立法进程首先是从美国各州开始的。继 1906 年马萨诸塞州率先开始职业教育立法之后，部分州先后制定了相关法律，以推进工业教育和职业教育的开展。全国工业教育促进会（National Society for the Promotion of Industrial Education，简称"工促会"）与美国劳工立法协会（American Association for Labor Legislation）1910 年合作开展的调查表明，截至 1910 年 11 月，当时全美 48 个州中，尚未就实践培训（practical training）进行立法的州为 19 个，已有相关立法的州为 29 个。在这 29 个州中，不同的州对不同的项目提供了资助（见表 2-1-1）。

① BLAUCH L E. Federal cooperation in agricultural extension work, vocational education and vocational rehabilitation[M]. Washington, D. C.: Government Printing Office, 1935: 52-53.

表 2-1-1　截至 1910 年 11 月 29 个州对职业教育不同项目的资助数量①

单位：个

资助项目	技术中学	手工训练	家政训练	农业训练	工业和职业训练	所有实践活动
州	10	18	11	19	11	3

由表 2-1-1 可见，全美有 60％的州已开展多种形式的实践活动，20％的州已提供对技术中学的资助，37％资助手工训练，23％资助家政训练，39％资助农业训练，23％资助工业和职业训练，6％资助各种实践活动。在为实践活动已立法的 29 个州中，34％为技术中学提供资助，62％为手工训练提供资助，38％资助家政训练，66％资助农业训练，38％资助工业和职业训练，10％对各种实践活动提供资助。值得注意的是，上述进行相关立法工作的 29 个州中，有 25 个州从 1900 年就开始相关工作，有 11 个州是从 1902 年开始相关立法工作的。正如“工促会”在第 12 期公报中所指出的那样，没有哪个需要大量经费和涉及课程和方法全面变化的教育运动会像实践训练和职业培训的要求那样，获得如此迅速的立法认可。②

州的立法不仅直接推动了职业教育在各地的发展，而且为职业教育运动在全国的开展、推动联邦的职业教育立法创造了极为重要的条件。从 1907 年开始，在“工促会”等相关利益集团的影响下，部分国会议员开始向国会提交职业教育议案，由此开启了美国联邦职业教育立法的历史进程。

1907 年，来自明尼苏达州的众议员查尔斯 · R. 戴维斯（Charles

① National Society for the Promotion of Industrial Education. Bulletin, No. 12, Nov. [Z]. 1910:25-26.

② ELLIOTT E C, PROSSER C A. National society for the promotion of industrial education[J]. Legislation upon industrial education in the United States, 1910:25.

R. Davis）在总结此前提交的议案的基础上，向众议院提交了《戴维斯议案》。1908 年 11 月 20 日，在“工促会”第 2 次年会上，戴维斯发表了《联邦政府和工业教育》的演讲。在演讲中，戴维斯阐明了工业教育的必要性和联邦资助工业教育的重要性，并着重阐明了提出《戴维斯议案》的理由。他指出：“我们不仅需要联邦的激励和资助，也需要联邦政府对工业教育运动的支持，以赋予其特征、引导其方向并使之走向统一。这是因为，在其特征和重要性上，工业教育的组织和指导都具有全国性，如果没有联邦政府的资助和激励，各州的尝试将会孤立地、间歇性地开展。”① 这是较早明确提出联邦资助工业教育的设想和法律动议。

《戴维斯议案》的主要内容包括：第一，联邦政府拨款资助中等农业学校的农业和家政学教学。第二，联邦政府拨款资助城市中等学校中的机械艺术和家政科目的教学。第三，由农业部长负责实施。该议案得到全国农民组织格兰奇、全国农民代表大会（Farmers' National Congress）和南部教育协会（Southern Education Association）的支持，但也遭到联邦教育专员（U. S. Commissioner of Education）、全国教育协会的坚决反对，认为《戴维斯议案》起草仓促，应在立法之前对全国的职业教育需求进行全面的调查。1907—1910 年，该议案虽由国会多次审议，但最终还是“胎死腹中”。② 1910 年，《戴维斯议案》经修改后，由来自艾奥瓦州的参议员乔纳森·P. 多利弗（Jonathan P. Dolliver）向参议院提交议案（即《多利弗-戴维斯议案》），但最终仍未得到通过。1908 年 5 月 7 日，来自马萨诸塞州的参议员亨利·卡博特·洛奇（Henry Cabot Lodge）向参议院提交议案，议案采纳“工促

---

① National Society for the Promotion of Industrial Education. Bulletin No. 9: proceedings of second annual meeting, Atlanta[Z]. 1909: 101-112.

② BENNETT C A. History of manual and industrial education 1870 to 1917[M]. Peoria, Illinois: The Manual Arts Press, 1937: 543-544.

会”的建议，要求联邦政府拨款资助中等学校开展工业教育。议案虽然没有得到通过，但参议院开始意识到劳工界、工商业界和教育界对联邦政府资助开展职业教育的需求。①

与此前的议案相比，《佩奇议案》是《史密斯-休斯法》之前最接近于成功的职业教育议案。1911 年春，以完成多利弗（于 1910 年 10 月去世）未竟事业为己任的卡罗尔·斯莫利·佩奇（Carroll Smalley Page）向国会提交“参议院第 3 号议案”，即《佩奇议案》。与此同时，来自宾夕法尼亚州的众议员威廉·B. 威尔逊（William B. Wilson）也向众议院提交与《佩奇议案》内容相似的《威尔逊议案》（后与《佩奇议案》合并为《佩奇-威尔逊议案》）。②《佩奇-威尔逊议案》的主要内容包括：第一，联邦每年对开展职业教育的公立中学拨款 500 万美元。第二，为各州农业高中提供 400 万美元的拨款。第三，向培训教师的师范学校提供 100 万拨款。第四，对开展农业推广工作的赠地学院和农业实验站增加拨款，等等。该议案提交后，经过广泛征求各相关方面的意见和反复修改，③ 于 1912 年 12 月在参议院宣读。

议案得到了美国劳工联盟（American Federation of Labor）、全国工业教育促进会、制造商协会、全国农民协进会和农民全国代表大会等多方面的支持，但也遭到了一些利益集团，特别是赠地学院组织的强烈抵制。④ 恰在此时，与《佩奇-威尔逊议案》内容相近、涉及农业

---

① HAWKINS L S, PROSSER C A, WRIGHT J C. Development of vocational education [M]. Chicago: American Technical Society, 1951: 393.

② BENNETT C A. History of manual and industrial education 1870 to 1917[M]. Peoria, Illinois: The Manual Arts Press, 1937: 546.

③ PAGE C S. Vocational education: speech of Hon. Carroll S. Page delivered in the Senate of the United States Junes 5, 1912[M]. Washington, D. C.: Government Printing Office, 1912: 5.

④ MCCLURE A F, CHRISMAN J R, MOCK P. Education for work: the historical evolution of vocational and distributive education in America[M]. Dickinson: Fairleigh Dickinson University Press, 1985: 57-58.

推广工作的《史密斯-利弗议案》（*Smith-Lever Bill*）也已向国会提交。在参众两院审议过程中，民主党占优势的众议院不愿支持《佩奇-威尔逊议案》，而共和党占多数的参议院则反对《史密斯-利弗议案》。[①] 最终的结果是两项议案均未在第 62 届国会上获得通过。

1914 年，国会通过的《史密斯-利弗法案》可以说是民主党的一大战果。该议案的两位提案者同为来自严重依赖农业经济的南方议员——南卡罗来纳州的众议员阿斯伯里·弗兰克·利弗（Asbury Frank Lever）和佐治亚州的参议员史密斯。二人深感所在选区的农业经济面临严重问题，于 1913 年 9 月共同向国会提交该议案，以期改善所在选区的农业经济，进而为各自在国会中的连任奠定基础。经过长达 5 年的论辩，国会终于在农业推广工作上达成妥协，于 1914 年 5 月通过《史密斯-利弗法案》。该法案规定：第一，联邦和各州共同承担农业推广工作所需经费。第二，联邦第一年拨款 60 万美元，在接下来 7 年中，每年增加 50 万美元，直至每年固定拨款 410 万美元。第三，基于各州乡村人口分配经费。第四，该拨款在原有的 48 万美元拨款（每州获得 1 万美元）的基础上叠加进行。第五，每个获得超过 1 万美元联邦拨款的州应从其财政中划拨出同等的资金。[②]根据这项法案，家庭农业示范项目和农业俱乐部将成为农业推广服务的组成部分。《史密斯-利弗法案》的重大意义在于建立起联邦和赠地学院之间的合作推广服务

① 在 1911 年 4 月 4 日至 1913 年 3 月 4 日的第 62 届国会上，众议院民主党与共和党的席位分别为 230 个、162 个；参议院中民主党与共和党的席位分别为 44 个、52 个。United States House of Representatives. Congress Profiles[EB/OL]. [2014-12-04]. https://history. house. gov/Congressional-Overview/Profiles/62nd/; United States Senate. Party division [EB/OL]. [2014-12-04]. https://www. senate. gov/pagelayout/history/one_item_and_teasers/partydiv. htm.

② Congressional Record, Vol. 51: 7309, 7645-7646; MCCLURE A F, CHRISMAN J R, MOCK P. Education for work: the historical evolution of vocational and distributive education in America[M]. Dickinson: Fairleigh Dickinson University Press, 1985: 93.

制度，通过这种服务，帮助农民了解农业经济和公共政策，掌握新的农业技术。

《史密斯-利弗法案》虽然仍以资助农业领域的职业教育和技术推广为主，但也为全国援助职业教育委员会的成立和日后《史密斯-休斯法》的通过提供了良好的条件。这是因为，《史密斯-利弗法案》主要反映了来自南方的利益诉求，因而受到代表北方利益的国会议员的掣肘。只是在经过了复杂的利益磨合和相互妥协之后，来自南方和北方地区的议员才达成一致，最终导致《史密斯-利弗法案》的通过。这其中的一项重要利益“交易”就是时任参议院教育与劳工委员会（Senate Committee on Education and Labor ）主席的史密斯明确表态支持由“工促会”等利益团体所倡导的联邦资助职业教育的构想，并积极推动全国援助职业教育委员会的成立。

第二节 《史密斯-休斯法》的立法过程

1913 年 4 月，正当《史密斯-利弗议案》在参众两院审议之时，参议员史密斯提议参众两院通过一项关于“由总统指定成立一个委员会，以探讨关于联邦帮助农业学校、工业学校发展的问题”的共同决议案。这个决议案虽然在参议院顺利获得通过，但直到 1914 年 1 月 13 日，经由休斯提议，众议院才对这项参议院第 5 号决议进行表决。在对参议院决议做了细微修改（例如删除了参议院决议第 1 页第 5—6 行中提到的委员会将由 9 名男性组成中的“男性”一词，并增加了“条件可行的话，越快越好”等表述①）后获得通过。次日，参议院对众议院的修订

① U. S. Congress. Congressional record: containing the proceedings and debates of the 2nd session of the 63th Congress of the United States of America[G]. Vol. 51. Washington, D. C. : Government Printing Office, 1914: 1609-1616.

本进行简要讨论并予以通过。①

作为来自南方的民主党人士，史密斯是农民利益的坚决支持者。他曾担任律师，1887 年收购《亚特兰大夜刊》(*Atlanta Evening Journal*)，并一直担任编辑和出版商至 1900 年。1893—1896 年，他曾担任克利夫兰政府的内政部长，1907—1909 年担任佐治亚州州长，并于 1911 年再度短暂地担任州长。1911—1921 年，史密斯成为代表佐治亚州的参议员。② 作为一名活跃的政治家、成功的出版商和具有远见的教育改革家，史密斯是对其所处时代美国南方政治的标志性人物。然而，同样来自佐治亚州的众议员休斯则与史密斯的经历有所不同。他长期接触农业生产，与农村有着紧密的联系，后以支持农业教育而著名。出任议员之前，休斯发起成立了梅肯-都柏林-萨凡纳铁路公司（Macon, Dublin and Savannah Railroad），并成为该公司的总裁和管理委员会成员。此外，休斯还多次成为州立师范学院、佐治亚州技术研究院和佐治亚大学的信托委员会成员。1909—1917 年，休斯连续当选为众议员，并任众议院教育委员会（House Committee on Education）主席。③ 由两位来自南方的民主党议员联袂发起成立了一个联邦委员会，研究职业教育问题，对于日后美国职业教育的走向产生了重要的影响。

---

① U. S. Congress. Congressional record: containing the proceedings and debates of the 2nd session of the 63th Congress of the United States of America[G]. Vol. 51. Washington, D. C.: Government Printing Office, 1914: 1624.

② MCCLURE A F, CHRISMAN J R, MOCK P. Education for work: the historical evolution of vocational and distributive education in America[M]. Dickinson: Fairleigh Dickinson University Press, 1985: 61.

③ GRANTHAM D W. Hoke Smith and the politics of the New South[M]. Baton Rouge: Louisiana State University Press, 1958: 61.

1914 年 1 月 20 日，威尔逊总统签署参众两院通过的共同决议案，① 决定成立全国援助职业教育委员会，该委员会的职责为研究联邦政府是否需要资助职业教育，并在当年 6 月 1 日前向国会提交报告。

全国援助职业教育委员会由 9 人组成，其成员包括：参议员史密斯（主席）、参议员佩奇、众议员休斯、众议员西蒙·戴维森·费斯（Simon Davision Fess）、印第安纳立法信息局主任约翰·A. 拉普（John A. Lapp）、纽约市曼哈顿职业学校校长弗洛伦斯·M. 马歇尔（Florence M. Marshall）、芝加哥市国际手套工人联合主席艾格尼丝·尼特（Agnes Neator）、"工促会"秘书查理斯·普罗泽（Charles Prosser）、华盛顿特区劳工数据统计局特别代理查理斯·温斯洛（Charles Winslow）。② 值得注意的是，这 9 人中，4 位国会议员之外的 5 人均与"工促会"有密切联系。

1914 年 4 月 2 日，全国援助职业教育委员会正式成立并开展工作。根据国会的决议，全国援助职业教育委员会确定了六个方面的主要问题开展调查和研究。这六个问题是：第一，美国在多大程度上需要职业教育？第二，是否需要联邦拨款以刺激和鼓励州开展职业教育？第三，联邦拨款应鼓励何种形式的职业教育？第四，联邦政府能在多大程度上通过专业知识性援助各州的职业教育？第五，联邦政府通过国家拨款能在多大程度上帮助州发展职业教育？第六，联邦政府在何种条件下对州职业教育进行拨款？通过向数以百计的教师、104 个全国性工会组织和 70 个工商业组织发放调查问卷和举行听证会等途径，该委员会完成了题为《职业教育的需要》的报告，并于 1914 年 6 月 1 日按

---

① U. S. Congress. Congressional record: containing the proceedings and debates of the 2nd session of the 63th Congress of the United States of America[G]. Vol. 51. Washington, D. C.: Government Printing Office, 1914: 2016.

② United States. Report of Commission on the National Aid to Vocational Education [R]. Washington, D. C.: Government Printing Office, 1914: 9.

时向国会提交了该报告。

《职业教育的需要》报告指出，职业教育对国家的福祉来说是必需的。美国各地都存在着对职业教育的强烈需求，这些需求包括保护和开发资源、提高农业产量与促进农业的繁荣发展、减少人力资源的浪费、为学徒制提供补充、提高产业工人获得薪酬的能力、满足工人和熟练工人培训的需要、缓解生活支出的增长。报告认为，职业教育事关美国的繁荣与福利，关系到美国在国际经济竞争中的胜负。资助职业教育是美国的一项精明的投资。①

在此基础上，委员会建议通过立法资助各州开展职业教育，培养有效的教师并支付其薪水。委员会的建议包括：第一，拨款范围为农业、职业和工业领域的职业教育。第二，资助经费主要用于支付教授农业科目的教师、监督者和指导者的工资，支付教授职业和工业科目教师的工资，支付农业科目、职业科目、工业科目及家政科目教师的培养支出，支付联邦职业教育委员会（Federal Board for Vocational Education）的工作开支。第三，拨款资助夜校、业余学校和全日制学校。第四，建立联邦职业教育委员会，与州职业教育委员会开展合作，等等。委员会的建议与“工促会”在此之前提出的主张几乎完全一致。

全国援助职业教育委员会的工作为《史密斯-休斯议案》奠定了基础，其报告实际上就是《史密斯-休斯议案》的蓝本。1916 年 4 月 20 日，史密斯在提请参议院讨论通过《史密斯-休斯议案》时就曾指出，“该议案是由参议院首倡、由总统批准成立的委员会（全国援助职业教育委员会）准备的，该委员会对全国的职业教育问题进行了研究，起

① United States. Report of Commission on the National Aid to Vocational Education [R]. Washington, D. C. : Government Printing Office, 1914: 12.

草该议案并建议通过”①。

1915年12月6日，即第64届国会召开的第一天，休斯向众议院提交了职业教育议案，即众议院457号议案（H. R. 457）②。次日，史密斯向参议院提交职业教育议案（S. 703）。在得到临时主席（the president pro tempore）批准后，史密斯宣读了议案：

> 本议案是一项规定推广职业教育的议案；一项规定与州合作，推广农业、职业和工业领域中教育发展的议案；一项规定与州合作，培养职业科目教师的议案；一项拨款并规定其使用的议案。
>
> 经授权，在此进行年度划拨资金，除因财政部/国库亏空不进行拨款外，条款2、3、4中规定拨款的总额，将分拨给各州，用于与州合作，支付农业科目教师、监督者、指导者的工资，支付职业科目和工业科目教师的工资，以及培养农业科目、职业科目、工业科目及家政学教师；条款7中对联邦职业教育委员会的拨款，用于实施该法以及研究、调查和报告，以促进职业教育的组织、开展。
>
> 第18款，联邦职业教育委员会每年应在12月1日或之前向国会提交关于该法案实施的年度报告。报告应包括各州委员会对该法案管理的相关说明以及划拨给各州资金的使用情况。③

尽管议案分别在参众两院进入立法程序，但随后经历的曲折或许

---

① U. S. Congress. Congressional record: containing the proceedings and debates of the 1st session of the 64th Congress of the United States of America[G]. Vol. 53. Washington, D. C.: Government Printing Office, 1916: 6480.

② Congressional record, Vol. 53: 24. H. R. 457 与后来的 H. R. 11250（新编号）为同一议案。

③ Congressional record, Vol. 53: 92-93.

是史密斯和休斯所始料未及的。1916 年 1 月 31 日，史密斯任主席的参议院教育与劳工委员会提交了对 S. 703 议案的支持性报告，即第 97 号报告。[①] 1916 年 2 月 12 日，由休斯任主席的众议院教育委员会(Committee on Education）向众议院提交了 457 号议案。[②] 至此，《史密斯-休斯议案》已分别在参众两院宣读，完成其在国会上“三读”程序（three readings）中的“一读”。

1916 年 4 月 20 日，史密斯再次提请参议院审议 S. 703 议案：“我希望简要提及该议案，并尽早讨论其细节问题……我希望参议院关注到该议案的主要特征……并在接下来的 30 天里通过，然后送到众议院表决。”他指出，这项议案包括三个方面的主要内容：第一，与州合作拨款支付农业领域的职业科目教师工资。第二，与州合作拨款支付机械艺术领域职业科目教师工资。第三，与州合作拨款培养这些职业科目教师。联邦与州应支付同等数量的经费。随后，参议院对该议案进行了简短的讨论。[③]

1916 年 6 月 3 日，史密斯又一次提请参议院仔细考虑《史密斯-休斯议案》，并认为不会有人反对这项议案。来自华盛顿州的参议员韦斯利·利夫西·琼斯（Wesley Livsey Jones）虽表示不反对这个议案，但认为应先处理一下地方，然后再考虑这个议案。对此，史密斯回应说认为可以对该议案进行一定的讨论，以使各位在场的参议员明了该议案。虽然史密斯极力争取对该议案进行审议，但琼斯等参议员坚持认为议案会引起大量的讨论，难以在今天通过。之后，参议院宣布将该议案暂时搁置。[④]

1916 年 7 月 19 日，史密斯就 S. 703 议案所进行的修改向参议院汇

---

① Congressional record, Vol. 53:1781.

② Congressional record, Vol. 53:2440.

③ Congressional record, Vol. 53:6479-6480.

④ Congressional record, Vol. 53:9223-9224.

报，并要求印发最新版本的议案。他的请求得到批准。[①] 1916 年 7 月 31 日，史密斯又一次提请对议案做完整陈述，并进行全院投票。他指出这一会期参议院把大量的时间用于备战问题，应在和平以及男孩、女孩未来生计的准备上给予一些关注。即便是处于战争期间，很多人前往一线，但更多的男女是留在国内生产武器以及士兵所需的食物和衣服。他们应该为其所承担的战争与和平中的职责而做好准备。[②]

紧接着，史密斯对该职业教育议案进行详细陈述。他尤其对其中的关键部分即拨款问题做了详细说明。他指出，经费将主要用于四个主要方面：第一，支付农业科目教师、监督者、指导者的工资。第二，支付职业科目、工业科目教师的工资。第三，培养农业科目、职业科目、工业科目及家政科目教师。第四，支付联邦职业教育委员会的工作经费。[③] 史密斯还就议案的修改进行了说明：其一，时间。由于时间的拖延，议案中提出的实施时间相应后推一年。其二，与其他部门的关系。将议案原先的表述"只要是关于农业教育方面的研究、调查和报告，都应与农业部合作"改为"当委员会认为可行时，关于农业教育的研究、调查和报告可以与农业部合作进行"。其三，联邦职业教育委员会在其助理中挑选一位职业教育专家，作为职业教育工作的总指导，每年为其支付 7500 美元工资。[④]

在参议院审议过程中，来自新罕布什尔州的参议员雅各布·哈罗德·盖林格（Jacob Harold Gallinger）曾质疑议案中对家政科教师的拨款比其他教师低，并认为过低的工资将难以聘请到合适的教师。对此，史密斯答复道每个有能力的家政科教师可以拿到 5000 美元的年薪，这是他们所能拿到最高的。盖林格反驳认为其他科教师的工资是 7000 美

① Congressional record, Vol. 53:11275.

② Congressional record, Vol. 53:11873.

③ Congressional record, Vol. 53:11873.

④ Congressional record, Vol. 53:11874.

元和 7500 美元。史密斯回应曾建议家政科目教师应拿到最高的工资，但家政学一直是一种报酬低的工作，议案已尽所能给予其最高待遇。在进行一系列解释和讨论后，议案经“三读”后在参议院获得通过。①

虽然职业教育的议案在参议院有惊无险地通过了，但在众议院的审议却因为 1916 年 11 月的大选而耽搁了近半年时间。直到 1916 年 12 月 22 日，休斯才得以向众议院提请对 H. R. 11250 议案进行表决。为了加快立法的进程，休斯请求直接由众议院全院委员会（Committee of the Whole House on the State of the Union）② 对参议院通过的议案进行审议。③

在没有遭遇反对的情况下，众议院审议进入全院委员会辩论阶段，由主席佩奇主持。在会议上，休斯指出，教育委员会已在职业教育议案上夜以继日地辛勤工作，参议院已经通过一项职业教育议案，且该议案与众议院的职业教育议案仅有几处存在差异。休斯向全院委员会主席佩奇请求由来自艾奥瓦州的众议员霍勒斯·曼·陶纳（Horace Mann Towner）向全院进行报告。该请求得到允许。陶纳首先从历史的角度梳理了从《莫雷尔法案》到《史密斯-休斯议案》的变迁，说明《史密斯议案》与《休斯议案》在联邦职业教育委员会成员构成上存在的差异。④ 随后，陶纳分析了对职业教育进行资助对美国的重要性，并分别从全国管理、农业培训、工业和职业、家政学等方面进行了详细的说明。在职业教育的管理方面，他指出，《休斯议案》建立的目的并不是取代由各州成功进行的教育实践，而是为适应职业教育的需要，由联邦协助这项工作的开展，而监管、教学和管理的全部工作将仍由

---

① Congressional record, Vol. 53:11874-11878.

② 全院委员会由众议院的全院议员组成，实际上就是众议院本身。众议院被视为一个大的国会委员会，其主席由众议长担任。

③ Congressional record, Vol. 54:714.

④ Congressional record, Vol. 54:715-716.

各州负责。在家政学上，陶纳指出，90%的女孩在7—8年级辍学，除了通过观察学到的家庭生活技能外，她们对实际生活事务一无所知。在这种情况下，她们很难成为良好的母亲和家庭主妇，而母亲和家庭主妇是家庭最为稳定的保障和幸福的来源，每个女孩都应学习成为好的母亲和家庭主妇。他还对来自不同议员的提问进行了解答。例如，当密苏里州的议员威廉·帕特森·博兰（William Patterson Borland）提出向各州赠地、拨款发展教育与建立指导性委员会监管相关方面的教育有什么区别这一问题时，陶纳回应该议案并没有建立具有监管职能的指导性委员会。该议案并没有做出硬性要求，只是建立了各州应根据其配额所接受的标准而已。在资金使用上，来自俄亥俄州的议员费斯和来自密苏里州的议员约瑟夫·詹姆斯·罗素（Joseph James Russell）询问一些大学（如农业大学）是否可以获得资助，陶纳回应除非是在学院级别下的，否则不会得到该议案的拨款。等等。[①]

在陶纳对议案进行详细阐述后，来自肯塔基州的众议员迦勒·鲍尔斯（Caleb Powers）对议案逐条进行解读，如资金划拨、具体使用等细节，并回答了不同议员的质询。例如，在资金划拨和使用上，来自印第安纳州的众议员威廉·以利亚·考克斯（William Elijah Cox）质疑联邦的拨款是否由各州的教育委员会负责支配，对此，鲍尔斯的解释是州委员会只是个代理机构而已，所拨资金由各州的司库负责。来自俄亥俄州的众议员艾萨克·舍伍德（Isaac R. Sherwood）提出，该议案是不是该建立一个统一的制度，而不是将权力下放到各州？鲍尔斯回应道，委员会认为各州的不同利益较为多元化，难以形成一个可以涵盖各州的议案。[②] 众议院对议案的不同方面也进行了详细的讨论，如在议案的表述上，将第8页条款6的第17—25行删除，并插入以下内

---

① Congressional record, Vol. 54:716-717.

② Congressional record, Vol. 54:719.

容：联邦职业教育委员会在此成立，由 5 名美国公民组成，其中 4 名应由美国总统指定；以及在第 10 页第 19 行后添加一条新的条款，内容为：联邦职业教育委员会必须指定成立指导委员会（advisory committee），由工业、商业、劳工、农业、家政、普通教育或职业教育的代表组成，以（帮助联邦职业教育委员会）管理该法案；联邦委员会在此方面花费的资金不应超过 5 万美元等。①

在众议院审议过程中，一些议员先后发表了关于职业教育的见解。来自马萨诸塞州的众议员弗雷德里克·威廉·达林格（Frederick William Dallinger）认为家政学对培养良好的母亲和家庭主妇、降低离婚率、减少家庭经济开支等具有重要贡献。② 来自亚拉巴马州的众议员乔治·赫德尔斯顿（George Huddleston）则强调，对职业教育的资助要注意保持公共学校的民主性，那些以获取职业岗位为目的的学生不应与接受自由教育的学生相隔离。职业教育不是教授机械、职业，以使学生获得职业岗位，而应是广泛的、基础性的培训。③

最后，经主席许可，众议院执事宣读议案。在休会之前，休斯又重申将众议院议案（即对参议院议案修正后形成的议案）替代参议院议案。该提议被采纳，并由主席佩奇向全院委员会宣布，委员会已经对 S. 703 进行了深入的探讨，但还未达成一致决议，并将其列入众议院结束休会后第一天（即 1917 年 1 月 2 日）会议的议程。④

1917 年 1 月 2 日，众议院继续审议 S. 703，并对很多细节提出修正方案。例如，罗素提出在第 1 条款后增加“各州所获拨款应在各州委员会管理下，平均分布到各个地区、部门，前提是在该法案下具有可行

① Congressional record, Vol. 54: 720.

② Congressional record, Vol. 54: 722.

③ Congressional record, Vol. 54: 723-724.

④ Congressional record, Vol. 54: 725.

性”[①]。对此，很多人反对这种修正方案，提出不应采纳。来自纽约州的众议员埃德蒙·普拉特（Edmund Platt）提出，“在第 1 页第 9 行‘职业’一词后删除‘家政学’，第 2 页第 1 行删掉‘和家政学’”[②]。来自威斯康星州的众议员欧文·路德·伦鲁特（Irvine Luther Lenroot）提出议案中日期的问题，因为该议案是一年前（1916 年 2 月 12 日）提交的，如今需要将日期往后推迟一年。这一提议得到了休斯的赞同。[③]在充分审议之后，休斯建议终止对第 6 条款的辩论，并请求予以通过，但并未形成一致性决议。[④]

1917 年 1 月 9 日，休斯再次向众议院议长提议讨论职业教育议案 S. 703。在进行了较长时间的讨论后，众议院对议案进行“三读”，并以口头表决（voice vote）的方式通过该议案。[⑤]

由于参众两院的议案存在不同之处，1917 年 1 月 11 日，史密斯向参议院提议建立“会议委员会”（Conference Committee）审查参众两院通过的两个职业教育议案，进行协商谈判，以使两院达成共识。随后，参议院议长宣布批准成立会议委员会。[⑥] 1917 年 1 月 13 日上午 11 点，休斯提议建立职业教育议案的会议委员会，全院没有反对，议长遂宣布由休斯、鲍尔斯和来自密苏里州的众议员威廉·沃勒·拉克（William Waller Rucker）三人代表众议院担任会议委员会委员。[⑦]

由参众两院议员组成会议委员会对参众两院分别通过的议案进行协商，对两个议案中存在的 137 个不同之处进行讨论和协商。这些不同

---

① Congressional record, Vol. 54:749.

② Congressional record, Vol. 54:757.

③ Congressional record, Vol. 54:758.

④ Congressional record, Vol. 54:749-782.

⑤ Congressional record, Vol. 54:1071-1084.

⑥ Congressional record, Vol. 54:1189.

⑦ Congressional record, Vol. 54:1332.

之处小到文字表达甚至标点符号的使用，大到议案条款的规定。其中较大的分歧则在于：第一，家政学是否应当与工业和职业科目一样得到联邦资助。第二，联邦职业教育委员会成员的构成除农业部部长、商务部部长、劳工部部长、教育专员以及制造业代表和商业利益的代表之外，是否应增加劳工代表和农民利益的代表。第三，对接受资助的各州要求。经过长达 4 周的协商，参议院在 104 处做出让步，而众议院则在 33 处做出妥协，终于达成一致。

1917 年 2 月 14 日，史密斯向参议院提交会议报告，并要求打印发放给全体参议员，以使全体议员更好地了解议案前后的变化。该请求获得准许。①

1917 年 2 月 16 日，休斯向众议院议长提出审议 S. 703 议案。执事向众议院宣读了会议委员会报告，即后来的《史密斯-休斯法》原文。其间，尽管来自威斯康星州的众议员威廉·亨利·斯塔福德（William Henry Stafford）等仍存有歧见，但报告最终顺利通过。②

1917 年 2 月 17 日，史密斯向参议院请求通过已在众议院获得通过的议案 S. 703。史密斯向议员们解释了议案发生的变化，包括执行推后一年以及联邦职业教育委员会构成的变化等，随即议案获得通过。③ 1917 年 2 月 23 日，威尔逊总统签署该法案，标志着《史密斯-休斯法》正式颁布。

《史密斯-休斯法》是一项资助发展职业教育的法律，其目的是通过联邦与州的合作，推动农业、职业和工业领域中职业教育的开展。该法案的主要内容包括：第一，联邦政府与各州合作，提供农业、工业、商业和家政等方面教育的师资培训，对职业教育师资培训机构给予资助。州职业教育委员会监督实施职业教育师资培训计划。职业学校和

---

① Congressional record, Vol. 54: 3262-3265.

② Congressional record, Vol. 54: 3423-3429.

③ Congressional record, Vol. 54: 3482-3483.

职业科目的任课教师、督学和教长应当达到州职业教育委员会的要求。第二，联邦政府每年提供 50 万到 300 万美元的补助金，支付从事工业教育教师的工资，4 年中拨款 50 万至 100 万美元培养工业和农业教育的教师；同时，各州接受联邦资助须提供 1∶1 的配套经费。第三，成立联邦职业教育委员会，开展调查研究，对法律的实施和经费分配进行监督、调查等，利用这些研究结果帮助州政府开办职业学校和职业班，对学生进行农业、工业、商业和家政等方面的训练。各州成立州职业教育委员会，负责分配各州的职业教育经费、制定职业教育计划并监督本州职业教育计划的实施。第四，在公共中学开设职业科目，设置供学生选修的职业课程，把传统的专为升学准备的普通中学改为兼具升学和就业双重目的的综合中学。①

第三节　《史密斯-休斯法》背后的利益博弈

为什么《史密斯-休斯法》这样一部具有重要历史意义的法律会经历如此艰难曲折的创制过程？毋庸置疑，客观的因素（主要包括美国国会复杂的立法程序、美国加入第一次世界大战以及 1916 年的大选）确实在一定程度上延缓了《史密斯-休斯法》在参众两院的审议进程。但这只能解释从《史密斯-休斯议案》到《史密斯-休斯法》的过程，而无法充分说明从《戴维斯议案》《佩奇议案》到《史密斯-休斯法》的曲折历程。

从 1907 年《戴维斯议案》提出到 1917 年《史密斯-休斯法》通过，这 10 年中究竟发生了什么，从而导致联邦资助包括工业教育在内的职业教育的构想和立法一波三折、历经坎坷？

---

① Smith-hughes Act or vocational education of 1917. S. 703; PL 64-347/ Public, No. 347. 64th Congress, session 2. [Z]. 1917.

1907 年后，随着“工促会”的影响逐渐扩大，包括美国劳工联盟在内的劳工组织逐渐改变了原有反对工业教育的主张，在美国似乎已经形成了一个代表广泛利益的职业教育联盟。但事实上，在一系列具体问题的主张上，美国商会（Chamber of Commerce）、全国金属贸易协会（the National Metal Trades Association）、全国制造商协会（National Association of Manufacturers）、美国劳工联盟、全国教育协会，以及农业和农业教育组织、赠地学院组织、师范学校组织和部分地方教育管理机构都存在着严重的分歧。这些问题包括联邦资助是否仅限于工业教育？是否应当建立与公立学校制度相平行的、独立的职业学校制度？职业教育机构应当是公立的还是私立的？职业教育应当主要在何种机构中进行？职业科目教师的培训究竟应当由师范学校承担还是由赠地学院承担？甚至包括议案究竟应当由国会的教育委员会负责审议还是农业委员会负责审议？等等。[①] 简言之，除了在赞同联邦资助开展职业教育这一点外，不同的利益集团几乎在每一个问题上都存在着分歧和争论。当国会议员们将这些反映不同利益集团利益诉求的争论和分歧带到国会的会议上，就必然增加议案的审议、修改、再审议、再修改的频率，加大议案通过的难度，从而延缓议案通过的进程。《戴维斯议案》《洛奇议案》《佩奇议案》等一再受挫，《史密斯-休斯法》的创制之所以步履艰难，关键在于利益集团之间的利益较量，妥协，最终达成平衡的这个过程的长期性和复杂性。

较早倡导发展工业教育的组织是全国制造商协会。自 1896 年成立后，出于对熟练工人的迫切需求，全国制造商协会一直致力于推动工艺和技术教育，大力倡导建立私立的中等职业学校，以培养工商企业所需人才，提高工业生产效率，增强美国工业的国际竞争力。1905 年，该协会成立工业教育委员会，就工业教育问题开展专题研究。尽管全

① Congressional record, Vol. 53: 1546.

国制造商协会及其工业教育委员会的活动和研究未能产生广泛的影响，但它们的要求在“工促会”日后的一系列活动中得到充分体现。

根据协会章程，“工促会”的目的是促使公众意识到工业教育对美国工业发展的重要性，提供机会讨论和研究工业教育的各种问题，推动国内外工业教育经验的应用推广，促进工业训练机构的建立。[①] 在“工促会”第1届28名官员中，来自工商企业界13人（其中包括9位总裁、副总裁）、大学2人、中学3人、社会教育机构3人、劳工界5人、杂志主编1人、大学董事会1人。从地域分布看，“工促会”领导成员主要来自美国东部和中西部工业发达的大城市，包括马萨诸塞州7人（其中5人来自波士顿）、纽约市9人、费城3人、芝加哥2人，其余分别来自宾夕法尼亚、威斯康星、弗吉尼亚等地。这种格局虽然在此后有所变化，管理委员会成员的职业和地域分布逐渐广泛，但基本性质并没有因此根本改变。由于这个原因，“工促会”难免被认为是工商业界利益的代言人，它所倡导的工业教育运动自然也容易被认为是为工商业界的利益服务。虽然自1912年后，“工促会”通过调整协会政策，力图兼顾更大范围的利益需要，但这并不能从根本上改变它主要是工商业界利益代言人这个事实。[②]

由于严重的劳资对立，从一开始，以美国劳工联盟为代表的工会组织就坚决反对工商业界的主张，反对除学徒制之外的一切形式的职业教育，认为职业教育无非是工商业主训练驯服熟练工人的工具，其目的是破坏工会组织和劳工运动。美国劳工联盟1907年年会的决议上就曾明确指出，那些私立的或由工商业主开办的中等职业学校无非是

---

① National Society for the Promotion of Industrial Education. Bulletin No. 1：proceedings of the organization meetings，Atlanta[Z]. 1907：10.

② 关于“工促会”的历史，可参见张斌贤，高玲．从信息中心到院外集团：美国全国工业教育促进协会史［J］．社会科学战线，2015（2）．

抵制工会运动的武器。① 1910年后，随着学徒制的日益衰落，工会组织放弃了原有的立场，转而支持发展职业教育，但仍反对私立的职业教育机构，认为任何私人控制公共教育制度或私营机构选择学生的计划都应当受到谴责。② 工会组织主张，为避免职业教育落入工商业主的控制，职业教育应当成为公共教育的一部分，并由公共财政维持，由教育家管理。③

除了劳资双方存在的严重分歧之外，在如何实施职业教育、如何建立一个有效的职业教育制度等问题上，来自不同界别人士的认识同样存在着分歧。有人要求建立"中等工业学校"或"初等工业中学"作为主要的职业教育机构，有人主张加强"夜校"等补习教育机构，有人则希望在小学的高年级（7—8年级）开设职业课程或选修课程，等等。④ 这些分歧实际上涉及一个更为关键的问题，即究竟是建立单轨的教育制度，还是实行双轨的教育制度。

鉴于德国职业教育制度所取得的巨大成功，包括工商业界和诸如时任马萨诸塞州职业教育委员会专员的大卫·斯内登（David Snedden）、曾任"工促会"秘书的普罗泽在内的职业教育家都主张仿效德国的模式，建立与公立学校相平行的、独立的职业教育体系。普罗泽认为，为了给有效的工业教育留下空间，工业教育最好独立于公立学校、在独立的职业学校进行，而不是作为公立学校的一部分；在

---

① American Federation of Labor. Report of the proceedings of the twenty-seven annual convention of the American Federation of Labor[R]. 1907:173.

② 克雷明. 学校的变革［M］. 单中惠，马晓斌，译. 济南：山东教育出版社，2009：36.

③ National Society for the Promotion of Industrial Education. A symposium on industrial education[C]. 1907:3.

④ JOHNSON B W. Industrial education in the elementary school[J]. NEA journal of proceedings and addresses, 1910: 253-260; DRAPER A S. The adaptation of the schools to industry and efficiency[J]. NEA journal of proceedings and addresses, 1908: 76-77.

管理上，职业学校和课程不应由现存的普通教育委员会管理，而是由新建立的、独立的职业教育委员会管理。①

包括全国劳工联盟在内的组织以及以杜威为代表的教育界人士则出于不同的原因，反对建立双轨的教育制度。1913—1917 年，杜威陆续发表了《当前工业教育运动中的危险》(1913 年)、《密歇根州应当拥有"单一"还是"双重"的职业教育控制?》(1913 年)、《职业教育政策》(1914 年)、《一种错误的工业教育》(1914 年)、《学校制度的分裂》(1915 年)、《教育与行业培训——对大卫·斯内登的答复》(1915 年)、《工业民主中工业教育的要求》(1916 年)、《职业教育》(1916 年)和《学会谋生——职业教育在综合公共教育中的地位》(1917 年)等一系列论文，对斯内登等人的主张进行批评。他认为，从普通教育分离出来独立的职业教育意在培养学生为工作和职业做准备，这样造成的结果是职业学校将延续现存的社会阶层结构和社会秩序，加深社会的分化，因为职业学校的学生通常来自社会下层，必须养活自己，去从事某种不论他们是否喜欢的职业，而学术性科目则迎合了那些拥有巨额财富和可以随心所欲满足各方面爱好的人的需要。因此，他主张"应在传统学术性学校和行业预备学校两者间，找到关于学生的学校管理、学习课程、教学方式和人际交往等方面的平衡点"②，即对现有学校制度进行调整。但从长远的角度看，杜威认为，最好的方式就是拓展现行的学校制度。③ 这不仅意味着将青少年置于更长时间的教育

① PROSSER C A. Why federal aid for vocational education[M]. New York: Press of C. S. Nathan, 1912: 9.

② BOYDSTON J A. The middle works, 1899-1924[M]. Vol. 8. Carbondale: South Illinois University Press, 2008: 125.

③ BOYDSTON J A. The middle works, 1899-1924[M]. Vol. 7. Carbondale: South Illinois University Press, 2008: 102.

影响下，更意味着要提高工业智慧的效率，而非技术行业的效率。[①] 1917 年，杜威在公共教育协会（Public Education Association）发表演说，批评将学术从职业教育中分离出来的倾向。他承认多数学校应该在课程计划中加入一些种类的职业教育，但他警告，如果教育者将职业成分全部转移到独立的职业学校，那么将会导致五种不良的趋势。第一，为了区别普通教育和职业教育，管理者将在职业学校中设置一个狭隘的职业技能范围来标明他们正在让儿童为特定的职业做准备。第二，这一倾向将使人们认为教育应该为特定的任务做准备，而不是发展人的全面能力。第三，职业教育将忽视历史和公民方面的主题，而这些将帮助工人成为理智的公民。第四，为了保证学生精通所需技能，职业学校中的教学方法将是操练和重复。第五，这一计划将把指导视为一种工作安排，而不是培养学生提供为自己和社会服务的机会。

除了上述几个方面的分歧之外，来自农村和农业教育组织的异议也对《戴维斯议案》《佩奇议案》等相关议案的进程产生了直接的影响。20 世纪初，尽管美国已经基本实现了工业化，在工业生产部门就业的人口快速增长，但三分之二的美国人仍然生活在农场。[②] 农村和农场主对全国的影响不可小觑，这多少有助于理解为什么与农业职业教育相关的《史密斯-利弗法案》等法律尽管经历了较为曲折的过程但最终还是顺利通过，而《戴维斯议案》《佩奇议案》等有关工业教育的议案则一再夭折。美国的职业教育起源于农业教育，联邦政府对职业教育的资助（即《莫雷尔法案》）也是从农业教育开始推行的。因此，当工商业界主张大力发展工业教育、商业教育之际，难免不引起农场主组织的警惕。作为回应，美国农民联盟（Farmers' Union）、美国权

---

① BOYDSTON J A. The middle works, 1899-1924[M]. Vol 7. Carbondale: South Illinois University, 2008: 96.

② DANBOM D B. The resisted revolution: urban America and the industrialization of agriculture, 1900-1930[M]. Ames: Iowa State University Press, 1976: 3.

益协会（American Society of Equity）、全国农民组织格兰奇和全国农民议会从20世纪初就大力倡导在公立学校加强农业和工业教育，呼吁建立农业中学。与此同时，农业教育机构也通过加强联合、成立美国农业学院与实验站协会、美国农学院工作者协会（American Association of Farmers' Institute Workers）等组织，积极开展各种形式的活动，向社会表明自己的意愿和诉求。① 与此相联系的是，赠地学院等农业教育组织对任何有可能侵害其利益的议案始终采取了强有力的反制行动。《戴维斯议案》《佩奇议案》等议案曾提议由师范学校而非赠地学院承担职业教师的培训，就遭到了美国农学院与实验站协会等组织的坚决反对。这些议案之所以无果而终，与这些组织的态度具有不同程度的关系。

这些有着不同意愿、诉求和目的的利益集团之间具有的唯一共同之处就是通过游说、请愿等方式，在国会中寻找自己的利益代言人，向国会议员们施加自己的影响，以便使自己的利益在联邦立法中得到满足。所有的争论、较量和博弈最终都汇聚到参众两院的立法过程。

根据美国宪法，由参议院和众议院组成的国会是立法机关，而两院事实上又是由来自民主党和共和党两党议员组成的。因此，国会实际上就成了民主党和共和党两党政治博弈的大舞台。这种政治博弈往往又涉及不同政党所代表的社会利益、集团利益和选民利益。在这种情况下，法律的创制实际上就是两党政治博弈的过程，是不同利益集团之间利益较量的过程。

根据美国国会的议事规则，议案的表决主要采取多数同意原则。在这种情况下，一个政党在国会占据的席位将会直接影响法律的创制、创制进程以及结果。从1915年12月参议员史密斯和众议员休斯先后向

---

① 克雷明. 学校的变革［M］. 单中惠，马晓斌，译. 济南：山东教育出版社，2009：37-44.

参众两院提交《史密斯-休斯议案》到 1917 年 2 月议案获得通过，正处在美国第 64 届国会的任期之内（1915 年 3 月 4 日至 1917 年 3 月 4 日）。在这届国会中，民主党和共和党在参众两院占据的议席较第 63 届国会发生了明显的变化。民主党虽然在众议院的席位从 291 席降至 230 席（共和党的席位则从 134 席增至 196 席），但在参议院所占的席位具有一定的优势（民主党占 56 个席位，共和党占 40 席）。表 2-3-1 为第 64 届国会的党派构成。

表 2-3-1　美国第 64 届国会参众两院的党派构成①　　单位：人

党派	民主党	共和党	进步党	独立人士	禁酒主义者	社会主义者
众议院（435）	230	196	6	1	1	1
参议院（96）	56	40	0	0	0	0

代表南方和农民利益的民主党人在国会所占据的优势无疑是《史密斯-休斯法》虽几经曲折但最终"有惊无险"顺利通过的重要条件，而时任美国总统的民主党人威尔逊对职业教育立法的强势推进也是一个重要因素。在国会审议《史密斯-休斯议案》期间，威尔逊曾先后两次发表演讲，向国会明确传递其对职业教育立法的关注。他要求国会审议通过《史密斯-休斯议案》，并指出职业教育对国家来说至关重要，它关注了长期以来被忽视的问题，即将到来的经济快速发展将强烈地要求整个国家做好工业准备。如果美国被迫卷入战争的话，职业教育

① United States House Representatives: history, art, & archives. Congress profiles [EB/OL]. (2014-04-23) [2021-05-23]. http://history.house.gov/Congressional-Overview/Profiles/64th/; United States Senate [EB/OL]. (2014-04-23) [2021-05-23]. http://www.senate.gov/pagelayout/history/one_item_and_teasers/partydiv.htm.

将在很大程度上加强全国工农业生产。① 正如威尔逊此前对国会在关税改革、银行改革、反托拉斯等方面立法的卓有成效的影响一样，他对联邦资助职业教育立法的影响也取得了成功。

第四节 利益平衡下的《史密斯-休斯法》

从对《史密斯-休斯法》创制史的回顾中可以清晰地看到，这部在以后数十年间持续发挥重要作用的美国职业教育的“母法”，与最早的倡议者的初衷之间存在着巨大的差距。“工促会”及其所代表的利益集团原本希望借由各州的工业教育立法推动联邦政府对工业教育的资助，只是在遭到来自代表南方和农业利益集团的强有力抵制之后，才逐渐将协会一直关注的工业教育扩大到包括工业教育、农业教育、商业教育和家政教育在内的“职业教育”。这突出地表现在“工促会”于1912年第6届年会上形成的关于“州职业教育立法中应秉持的原则和政策”(Principles and Policies that Should Underly State Legislation for a State System of Vocational Education)的决议。该决议开篇就是关于“术语的定义”——职业教育包含各种形式的专门的教育，其主要是为了有效就业。职业教育涵盖工业教育、农业教育、商业教育和家政教育等领域，其中，工业教育是为了满足在职业、工业以及家庭中工作的体力或手工劳动者的需求而设的一种职业教育形式；农业教育是适应与耕地、照顾家圈、林业和其他农田上的劳动职业相关的一种职业教育形式；商业教育是为了满足在管理书籍、速记、打字、文员工作、售货员这样的商务和商业领域的劳动者的需要而进行的一种职业教育形

① President Woodrow Wilson. “Peace without victory” speech in the Senate Chamber on January 22[EB/OL]. (2014-05-09)[2021-05-23]. http://www.senate.gov/pagelayout/history/one_item_and_teasers/chronology.htm#chronology=y1900_1920.

式；家政教育是面向不以挣钱为目的、与家政相关的一种职业教育形式。①

正是因为这样的重要变化以及不同利益集团在《史密斯-利弗法案》创制过程中达成的妥协，“工促会”才逐渐从城市-工业利益集团的代言人成为更大利益集团联盟的代言人，工业教育运动从此转变成为职业教育运动。南方和北方、农业利益集团和工业利益集团、民主党和共和党，在不同利益的冲突、博弈、交易的过程中最终达成利益的平衡。这具体反映在《史密斯-休斯法》中关于联邦拨款的相关规定。根据《史密斯-休斯法》，联邦政府对各州职业教育的资助金额按照不同的办法进行分配。对职业科目的拨款按照 1910 年人口统计进行分配，对农业科教师、监督者、指导者工资的拨款根据农村人口所占比例进行分配，而对工业科教师工资的拨款则根据城市人口所占比例进行分配。如此，不同区域、产业、行业和集团的利益达到了基本的平衡。

第五节　难以定论的《史密斯-休斯法》

《史密斯-休斯法》是美国 20 世纪初职业教育运动最为重要的成果，但对于该法案在美国教育（特别是职业教育）发展中的实际作用和影响，评价是非常多样化的。最早对《史密斯-休斯法》进行研究和阐释的无疑是普罗泽。该法案颁布后不久，普罗泽等人就曾在“工促会”公报中对该法案进行解读阐释。② 1917 年 4 月 5 日，《教育杂志》也刊

---

① BAWDEN W T. National society for the promotion of industrial education[J]. Proceedings of sixth annual meeting,1913,16:292.

② National Society for the Promotion of Industrial Education. What is Smith-Hughes Bill,providing federal grants to vocational education and what must a state do to take advantage of the federal vocational law? [Z]. 1917:3.

发了关于《史密斯-休斯法》中关于拨款部分的简要阐述。[①]

1918年7月，普罗泽又发表了《〈史密斯-休斯法〉下的职业教育》一文。在文中普罗泽指出，该法案的重要目的是帮助那些辍学的孩子习得公民智慧和职业智慧，使他们更好地利用时间和选择职业。[②] 在《职业教育的发展》中，普罗泽等人从参与者的角度对《史密斯-休斯法》进行分析。他们认为，《史密斯-休斯法》充分实现了全国援助职业教育委员会提出的三个目标：第一，促进各州与联邦政府合作开展新的教育形式。第二，联邦向各州和社区提供新的教育形式的费用。第三，各州确立最低标准，以确保联邦拨款的使用效率。[③]

由于《史密斯-休斯法》涉及职业教育的不同方面，因此对该法案及其实施结果的研究呈现出明显的多样性。在农业教育方面，加里·E. 莫尔（Gary E. Moore）指出，许多人误以为农业教育始于1917年颁布的《史密斯-休斯法》，但该法案只不过是直接向各州开展农业教育的中学提供联邦资助，建立起严格的指导原则，使得农业教育更加职业化。是《哈奇法案》开启了中学的农业教育，《史密斯-休斯法》仅仅是推进了这项工作。[④] 格拉迪斯·阿丽·布兰尼根（Gladys Alee Branegan）的《〈史密斯-休斯法〉下家政学教师的培训：1917—1927》在对联邦职业教育委员会办公室发布的官方报告进行深入研究的基础上，分析了《史密斯-休斯法》与职业性家政教育发展的关系。他指出，在推动家政教育的项目设计、课程、学生人数、设备和拨款的增长以

① Smith-hughes Act[J]. The journal of education, 1917, 85(14): 375-376.

② PROSSER C A. Vocational education under the Smith-Hughes Act[J]. The journal of education, 1918, 88(4): 96.

③ HAWKINS L S, PROSSER C A, WRIGHT J C. Development of vocational education [M]. Chicago: American Technical Society, 1951: 121-122.

④ MOORE G E. The involvement of experiment stations in secondary agricultural education, 1887-1917[J]. Agricultural history, 1988, 62(2): 176.

及提高教师资格标准等方面，《史密斯-休斯法》发挥了突出的作用。[①] 内莉·巴基（Nellie Buckey）等人也认为，《史密斯-利弗法案》和《史密斯-休斯法》对促进职业性家政教育的发展发挥了重要的作用。[②] 在职业教育师资培训方面，麦克·罗斯（Mike Rose）认为，职业教育运动通过 1917 年《史密斯-休斯法》的颁布而获得全国合法性。由于该法在本质上要求建立独立的管理委员会、资助渠道和教学计划，促使学术和职业教育在管理和教学层面的分离，从而极大地促进了职业教师和管理者的专业化，并促进了职业教育领域中教师培训项目的增加。[③] 卡桑德里亚·多齐（Cassandria Dortch）在回顾美国联邦职业教育立法史之后认为，《史密斯-休斯法》的意义在于减少对国外职业学校所培训的劳动力的依赖、减少失业以及确保国家安全。[④] 而全国就业政策委员会在 1981 年出版的《联邦在职业教育中扮演的角色》中则强调，《史密斯-休斯法》通过向各州拨款鼓励学校开展更为实用的职业性岗位培训，避免较为狭窄的学术课程，从而推动职业教育在各州的发展。[⑤]

尽管《史密斯-休斯法》的历史意义重大，但正如约瑟夫·沃特拉斯所说，要真正评价《史密斯-休斯法》的影响是非常困难的，这是因为该法案所建立起来的各种职业教育项目在短期内急速增加，但其效果却难以评估。尽管如此，他认为《史密斯-休斯法》的颁布至少引发

---

① BRANEGAN G A. Home economics teacher training under the Smith-Hughes Act, 1917 to 1927[M]. New York: Teachers College, Columbia University, 1929.

② BUCKEY N, BREARLEY H C. The community and the home economics teacher [J]. Peabody journal of education, 1941, 18(5): 283.

③ ROSE M. Intelligence, knowledge, and the hand/brain divide[J]. The phi delta kappan, 2008, 89(9): 634.

④ DORTCH C. Carl D. Perkins career and technical education act of 2006: background and performance[R]. CRS Report for Congress, 2012: 2.

⑤ National commission for employment policy. The federal role in vocational education [R]. Washington, D. C.: The Commission, 1981: 7.

了社会各界对职业教育的更多思考。[①] 并且由于《史密斯-休斯法》本身并不具有强制的作用，不同的州和地方在法律的执行方面或者职业教育的开展方面，往往存在着明显的差异。而这些差异又往往反过来影响后人对《史密斯-休斯法》的实施和职业教育运动实际成效的评价，因此，缺乏对各州、地方职业教育的推进情况的微观研究，客观上不利于真正深入和全面地把握职业教育运动的实际状况，这也导致我们很难对它的影响和意义有一个明确的定论。《史密斯-休斯法》依然是一个值得继续探讨的话题。

（张斌贤　高玲）

① 沃特拉斯．20世纪美国教育中的哲学冲突［M］．王璞，於荣，译．合肥：安徽教育出版社，2011：38.

第三章　老兵的高等教育：1944 年《退伍军人权利法案》

20 世纪中期以来，美国高等教育发展呈现出的最重要变化之一就是高等教育的大众化。纵观各发达国家高等教育的发展历程，大众化是高等教育发展的必经阶段，然而各国进入大众化阶段的时间和因缘又各不相同。美国高等教育大众化的重要契机得益于联邦政府为二战退伍军人颁布的一部法案——1944 年《退伍军人权利法案》（*Servicemen's Readjustment Act of 1944*，通称为 *G. I. Bill of 1944*）。1944 年 6 月 22 日，第二次世界大战尚未结束，富兰克林·罗斯福（Franklin Delano Roosevelt）总统就签署了一部为解决美国二战退伍军人战后安置问题的法案——《退伍军人权利法案》。然而，这样一部初衷只是安置退伍军人的法案，却“无心插柳柳成荫”地在美国高等教育史上名留青史。这也许正如英国兰开斯特大学（Lancaster University）社会研究中心主任哈罗德·J. 珀金（Harold J. Perkin）所说：“历史表明，过去的一些偶然事件的决定与选择比有意识的计划和决策带来的影响更大。”①

---

① 克拉克. 高等教育新论：多学科的研究［M］. 王承绪，徐辉，郑继伟，等译. 杭州：浙江教育出版社，2001：49.

第一节 《退伍军人权利法案》颁布的历史背景

作为一部为解决退伍军人安置问题而设的法案，《退伍军人权利法案》的颁布更多地是基于当时的政治和军事背景。而这一次，历史的教训和现实的情况使得传统的安置手段无法在短时间内完成安置大批退伍军人的任务，一些有识之士就将目光投向了在战争中困顿已久的教育领域。

一、二战退伍军人安置的严峻形势

1941 年 12 月 8 日，日本军队偷袭珍珠港迫使美国全面卷入了第二次世界大战。为了赢得战争胜利，美国数百上千万人参军，奔赴世界各地参加反法西斯战斗。1943 年以来，随着战争形势的逐渐明朗，法西斯败局已定，而此时陆陆续续已有军人复员回家，二战退伍军人的安置问题开始显现出来。

二战军人的退伍安置工作与以往相比最突出的困难是退伍人数庞大。1939 年欧战爆发之前，美国常备军规模非常小，正规陆军的官兵数量只有 19 万人。空前规模的第二次世界大战使得美国军队总人数膨胀到史无前例的程度，达到历史之最，尽管不同研究文献中的统计数字有差异，但统合来看，美国二战军人的总数应该在 1500 万至 1600 万之间。① 除了总人数之外，还要考虑到的情况是，战争一旦结束，庞大的军队立即就失去了存在的意义，这些战时军人战后将在一个相对迫切、短暂的时间段内集中退伍，他们将如潮水般涌回社会，这就使得

---

① 林克，卡顿. 一九〇〇年以来的美国史：中 [M]. 刘绪贻，李存训 ，李世洞，译. 北京：中国社会科学出版社，1983：188.

本来就困难重重的安置工作显得更加棘手。关于美国二战军人退伍情况的历史数据统计可以较为清晰地反映美国政府当时面临的情况。

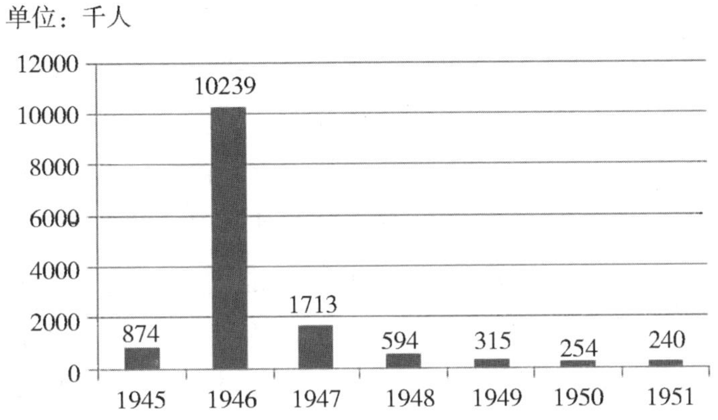

图 3-1-1 美国二战军人退伍人数年度分布柱状图①

上图中的数据来源于 20 世纪 70 年代的一份官方统计文件，从中可知，1945—1951 年，美国二战退伍军人的总数为 1400 多万，其分布又不均衡，1945 年二战军人的退伍人数就已经达到 87 万多，而最突出的 1946 年，仅一年时间内就有 1000 多万老兵退伍回家，1947 年也有 170 多万。二战结束后的最初 3 年是军人退伍最集中的时间，退伍人数达到二战全部退伍军人的九成以上。这些虽然都是后话，但是当时的美国政府不可能不对此情况有一个大致的预计，短时间内数量如此庞大的退伍军人涌入社会，必然会对社会各方面产生冲击，对政治与社会稳定构成威胁，退伍军人安置成为战后美国面临的最迫切问题。

造成二战退伍军人安置形势严峻的原因，除了上述退伍军人本身

① Educational Testing Service. Final report on educational assistance to veterans: a comparative study of three G. I. Bills[R]. Washington, D. C.: Government Printing Office, 1973:151.

的因素以外，还与当时美国社会的实际状况密切相关。20 世纪 20 年代末 30 年代初，美国经历了史上最严重的一次经济危机，出现了大萧条，在这场大萧条中，美国经济和人民遭受的普遍经济灾难空前绝后，银行倒闭，大量工商企业破产，工人因此大量失业，人民生活水平大幅下降，更无力去市场购买商品，美国经济由此开始进入恶性循环。大萧条的影响比历史上的任何一次经济衰退都来得深远，虽然后来的罗斯福新政在一定程度上减轻了经济危机对美国社会的严重破坏，但是创伤已经形成，1939 年美国的失业人口依然高达 1000 万，直至参加二战，美国也没有完全从经济危机的阴影中走出来。二战期间，美国国内用于支持战争的生产力占到国内生产力总量的 60%，战后军事订货的普遍缩减使得大批军事工业工人失业，从战时经济到和平时期经济的转变需要一段过渡时间，就业形势更加严峻。大规模的军人退伍还将使美国国内本已紧张的住房更为缺乏。住房不足的问题在战前就长期存在，战时建筑材料和劳动力都用在了战争上，住房建设实际上停滞了 4 年。战后，大量退伍军人回国，他们中绝大多数为年轻人，这些年轻人退伍回国后落户、结婚，都要面临住房问题。

二、传统退伍军人安置手段的局限性

美国历史上就有安置退伍军人的传统。退伍军人在美国是一个特殊的利益集团，他们的安置问题不仅涉及一个利益集团的社会保障，而且涉及整个国家政治、经济和社会的稳定。尽管各州对退伍军人的安置不尽相同，但是综合来看，1944 年之前，美国联邦政府安置退伍军人的主要方式有军功授予土地（military bounty land）、文官录用优待（veterans preference in the civil service recruitment）、货币经济补偿。①

军功授予土地是指为了奖励或补偿军人为国家提供军事服务而无偿授予土地的做法。早在美国立国之前，通过军功授地奖励从军将士在英属北美殖民地就有着悠久的历史。北美殖民地地广人稀、沃野千里，土地远远多于金钱，用土地作为奖赏手段是再合适不过的事情。在美国独立战争中，大陆会议也曾运用军功授地作为奖励来瓦解敌军和招募士兵，并且在战后向退伍军人以及在战争中牺牲的军人家属发放了一定数额的土地证券和有价票券，他们用这些土地证券可获得一定数额的土地，并可凭退伍证书向联邦政府赊购一定数量的土地，用联邦政府发给的有价证券顶替所交的税额。19 世纪上半叶，美国政府为扩军备战又实行了两次大规模的、极为慷慨的军功授地。1862 年《宅地法案》通过后，不必参军服兵役，任何人只要申请都可以免费获得 160 英亩的国家土地。在这种情况下，军功授地作为安置退伍军人的手段，已经完成了它的历史使命。

军功授地的方法在实施过程中存在很多问题。例如，军功授地往往是作为吸引人们参军的一种手段，因而是提前做出赠地承诺，短时间内难以兑现。而且，这种慷慨的赠地严重冲击着土地市场，军功授地券贬值，对退伍军人的实际资助作用有限，有时还会诱发新的社会问题，如占地风潮、地权纠纷、拖欠税款、军功授地券买卖冲突等。还需注意的是，军功授地作为安置退伍军人的一种相对古老的手段，它需要以大量广阔的、待分配的土地资源为后盾，这在 20 世纪中期的美国已经是不可能的事情了。

安置退伍军人的另一种措施是文官录用优待。文官是指与军人相

---

① 王书峰. 美国退役军人教育资助政策形成与变迁研究［M］. 广州：广东高等教育出版社，2009：27.

区别的政府雇佣的文职人员，他们一般需经过公开考试而被政府择优录用。文官录用优待是指美国联邦政府在文官录用中，对符合条件的退伍军人或其家属，在考分和投档等方面给予优先的考虑与照顾。美国联邦政府文官录用中对退伍军人的优待政策最早可以追溯到18世纪末在一些官员职位任命时优先考虑退伍军人的做法，但是那时的做法属于非制度性和非政策性的。直到1865年3月，国会通过了《第1754款修改法令》(*Section 1754 of the Revised Statutes*)，规定联邦政府在文官录用中应该对那些在服役期间负伤和染病的荣誉退伍军人实行照顾政策，但是对他们如何照顾以及照顾到什么程度都没有统一标准，且当时美国仍没有建立统一的文官制度。但是，在文官录用上对退伍军人的照顾政策从一开始就在美国存在着争议。因此，在第一次世界大战以前，每年文官委员会批准的由退伍军人优待政策所录用的文官只占录用总数的很小一部分。一战之后，退伍军人在美国人口中所占比例急剧增加，这给美国实行退伍军人优待政策带来了契机，联邦政府在文官录用方面对退伍军人的优待的适用范围和方式方法上都有了很大的发展，对退伍军人及其家属申请文官录用时在年龄、身体条件等方面放宽了要求，允许退伍军人申请需要一定文化考试成绩的高级文官职位，还降低或取消了对退伍军人在重新恢复原有职务上的许多限制，因而大量退伍军人进入了文官队伍。文官录用优待政策较好地帮助了许多退伍军人回归社会，然而，只要优待政策存在，文官录用就很难实现公正与公平，“把公职作为一种报酬手段来酬谢退伍军人，未必是明确之举，而且它还是以牺牲文官的素质和行政工作效率为代价的”①。

与前面两种安置退伍军人的方式相比，货币经济补偿是一种更为

① MOSHER F C. Democracy and the public service[M]. New York：Oxford University Press，1982：219.

普遍、直接有效的手段，然而其在实行过程中也出现了不少问题。美国独立战争中，大陆会议曾做出一项关于伤残者退休金的决定，向那些在战争中被截肢或因其他伤残而失去谋生能力的军人提供终生（或伤残期）一半薪水的资助，大陆军的领导者们也曾许诺在战后给所有军官终生半薪的退休金。然而战争结束之后，大陆会议的议员和军官们都认识到根本就没有这么多钱兑现承诺。1783 年 3 月，驻扎在纽约纽堡的军官们起草了“纽堡请愿书”，要求战后按惯例享受一半工资的终生补助金，而且要求按总金额一次性付清。6 月，军队甚至发生哗变，并占领了联邦议会。美国内战之后，经济补偿成为退伍军人安置的主要方式，然而美国内战退伍军人的安置却存在着北方、南方两个不同的安置救济体系，且两者之间在很长一段时间内互相排斥。及至第一次世界大战，鉴于内战退伍军人补助金的沉重负担，美国政府深感在一战退伍军人安置问题上不能重走直接给退伍军人补助金的老路，将保险制度引入退伍军人安置的政策就在这个大背景下出台了。1924 年 5 月，美国国会通过了《重订补偿法案》（*The Soldiers' Adjusted Compensation Act*），规定：每个退伍士兵可以领取一份 20 年的养老保险单，这些保险单在 20 年后或退伍军人死亡时到期；保险单是不流通的，但具有固定的等级贷款价值；保险单的票面价格按照服役天数来计算。该法案虽然为退伍军人提供了补偿，但是要到 20 年之后的 1945 年才能完全兑现。然而随之而来的大萧条使得许多退伍军人的生活陷入困境，他们要求立即发给约 500 美元的退伍军人补偿金，却遭到了拒绝。1932 年，大批一战失业退伍军人组成退役金远征军，到首都华盛顿请愿游行，遭到胡佛政府军警的镇压，酿成惨剧。这一事件突出显示了经济补偿方式的局限性。

三、高等教育与退伍军人安置的因缘际会

教育作为安置退伍军人的一种辅助手段在二战之前就已存在。联邦政府在一战退伍军人的安置工作中就有过为退伍士兵提供职业训练的做法。然而，高等教育与退伍军人安置工作产生关联却是从二战之后开始的，这与高等教育在 20 世纪三四十年代的发展状况以及二战前和战争期间与军队之间建立起的初步联系是密切相关的。

1929—1933 年的经济危机对美国社会各个方面都产生了巨大冲击，教育领域也难以幸免。虽然与初、中等教育大量儿童失学、营养不良等突出状况相比，高等教育所受的冲击要轻微得多，但是高等教育在教育经费和学生人数上受到的影响也不可小觑。大萧条期间公、私立高等学校的预算都有所减少，其中州立高校受打击更为严重，州政府的拨款减少了 31%，而私立大学所得的捐款也减少了 19%。[①]在学校财政支出方面，1930—1934 年全国范围内，大学的开支减少了 18%，有 9 个州减少了 30%以上，而其中的密西西比州更是令人震惊地减少了 81%。[②]高等学校面临的更严重问题是学生入学人数的减少，许多中学毕业生上不起大学，1931—1934 年，全国高等学校入学总人数减少了 8.5%。[③] 各高等学校的学生中间也大都有严重贫困问题，影响学生身体健康和学习。

紧随其后，二战对高等教育的影响就更为突出，不仅表现为高等

---

① 王书峰. 美国退役军人教育资助政策形成与变迁研究 [M]. 广州：广东高等教育出版社，2009：61.

② 韦布. 美国教育史：一场伟大的美国实验 [M]. 陈露茜，李朝阳，译. 合肥：安徽教育出版社，2010：291.

③ 王书峰. 美国退役军人教育资助政策形成与变迁研究 [M]. 广州：广东高等教育出版社，2009：61.

学校学生人数和教师人数的骤减，也表现在学校培养模式的改变。二战爆发之初，美国隔岸观火，发展军事工业向战争双方出售军火武器赚取利益，大有扭转经济萧条之势。然而“珍珠港事件”之后，美国参战，大规模地征兵和大量为战争服务的工作吸引了成千上万的青年，导致高等学校在校学生骤然减少，造成严重的“学生荒”，甚至导致一些学科无学生入学。与 1940—1941 学年相比，1941—1942 学年的高校学生减少了约四分之一，到 1943—1944 学年，高等学校中与军队无关的平民学生仅为 1939—1940 高峰年的 59%。① 同时，教学人员数量也在严重减少，他们要么像学生一样离开学校去服兵役，要么从事与战备相关的研究，或是进入外交部门，或是在把和平时期的工业转变为战时工业这一艰巨的任务中提供专门的知识和服务。②高等学校为了适应战时情况也被迫调整教育计划，许多学校陆续开始招收 18 岁以下不能服役的男青年以及各类妇女入学，广泛采用速成教育计划和速成课程，想方设法为那些不能参加正规学习的学生提供各种补习课程，大力鼓励人们修习院外学分。

高等教育在战前和战时的不良状况使得他们在战后迫切地需要获得发展，然而这还不是联邦政府资助退伍军人入学的充足理由，这还跟高等教育与军队之间已经建立起来的初步联系密切有关。高等教育与军队在美国都有着悠久的历史，它们甚至比美国国家的历史还要长，然而在相当长的时间里两者之间几乎没有什么联系。从 1636 年美国第一所高等教育机构哈佛学院的建立到美国参加二战，高等教育经过 300 多年的发展，无论是在教育机构的数量上，还是学生的规模上，都今非昔比，取得了很大成就。与此同时，高等教育机构也从最初的向社会提供强调思想戒律、信仰虔诚和严格管理学生行为规范的大学教育

① 黄福涛．外国高等教育史［M］．上海：上海教育出版社，2003：236．

② 韦布．美国教育史：一场伟大的美国实验［M］．陈露茜，李朝阳，译．合肥：安徽教育出版社，2010：306．

的“象牙塔”，发展成为与社会建立起丰富联系的多功能机构，除了培养人才、开展科研之外，还具有了服务社会的功能。

在这样的背景下，高等教育与军队在二战期间建立起了密切的联系，高等教育在兵役、军事科研以及至关重要的大后方的人员准备中发挥了重要作用。高等学校的师生参军参战前文已经提及，这里不再赘述。关于科研，二战之前，在大学里科研仍然只是小部分人从事的小规模活动，经费十分有限。联邦政府所资助的科研除了农业科研外，几乎全部都是在联邦政府支持下的实验室中进行，联邦的整个科研开发支出仅为 7400 万美元。二战期间，科研经费激增，平均每年的科研经费达 15 亿美元。大学科研经费规模增大，成果迭出，原子弹、雷达和青霉素等都是从大学的实验室里产生的，大学科研为美国赢得这场战争起到了重大的作用。此外，战时高等教育为军队提供了大量的培训计划。战争初始，联邦政府并没有利用高等学校为战争服务的全国性计划，但随着战争的推进，联邦政府和军事部门不仅意识到要使用高等学校的巨大科研能力，而且要利用高等学校为军队培养急需的各种指挥人员和技术人才。1943 年秋，联邦政府的战时高等教育计划得以确立。在这项计划下，大约有 660 余所高等学校与政府签订各种培训军事人员的合同。仅在 1943—1944 的高峰年，在高校注册学习的军事人员就达 31 万余人。此外，高等学校还签订了为政府其他部门提供专门培训的各种合同，甚至包括培训民航驾驶员的计划。其中规模最大也是最成功的计划之一，是在工程、科技和管理等领域培训国防急需的技术工人、管理人员和专家。自 1940 年至 1945 年，大约有 180 万人接受了这方面的培训。①

战后高等教育迫切需要恢复元气、谋求发展，需要资金和人员的支持，而其与军队在战时的密切合作也为退伍军人入学铺平了道路，

① 黄福涛. 外国高等教育史［M］. 上海：上海教育出版社，2003：237-238.

在这种情况下，联邦政府将高等教育纳入战后退伍军人安置规划当中也就不足为奇了。

第二节　《退伍军人权利法案》的出台过程

1941 年 12 月“珍珠港事件”之后，美国正式参加第二次世界大战，也是从那时开始，美国政府、国会、退伍军人协会等开始关心退伍军人的战后安置问题。从那时到《退伍军人权利法案》最终出台的两年时间里，相关组织及人员付出了不懈努力，其间一度出现多个安置方案并存“争锋”的现象，经过多次的修改、借鉴、糅合，才呈现出我们最终所看到的样态。

一、战后人力统筹会与《复员与安置》

美国政府着手策划二战退伍军人安置工作最早可追溯到 1942 年。当时，美国联邦体制中负责退伍军人问题讨论的机构主要是国家资源规划局（National Resources Planning Board），该局局长弗雷德里克·A. 德拉诺（Frederick A. Delano）在“珍珠港事件”6 个月之后就向罗斯福总统建议在国家资源规划局内部成立一个小型的计划委员会来考虑包括退伍军人安置问题在内的战后重建问题。但是，罗斯福认为还不到公开讨论这些问题的时候，因为这样会“存在将注意力从这个冬天的战争中转移出去的危险”①，不过他建议可以让四五个人在业余时间研究，以便他们可以为以后的官方研究、报告和建议做准备。于是，德拉诺成立了一个由 12 名成员组成的非官方组织——战后平民与军人

① 王书峰. 美国退役军人教育资助政策形成与变迁研究 [M]. 广州：广东高等教育出版社，2009：76.

安置统筹会（Conference on Post-war Readjustment of Civilian and Military Personnel），简称为战后人力统筹会（Postwar Manpower Conference），并于1942年7月17日举行了第一次会议。

战后人力统筹会是美国最早对二战退伍军人复员问题进行讨论和研究的机构，成为当时有关退伍军人安置问题各种思想和信息的交换地。从1942年7月至1943年4月，由国家资源规划局的顾问之一弗洛伊·W. 里夫斯（Floy W. Reeves）教授主持，前前后后共举行了27次会议，就军队复员与就业机会、管理复员计划的最合适机构、战后美国的经济和人力需求、劳动力的教育需求等问题进行了讨论。与会成员当中有退伍军人管理局的负责人弗兰克·T. 海因斯（Frank T. Hines），劳工部人力统计局局长A. F. 欣里西斯（A. F. Hinrichs），美国教育理事会（American Council on Education）成员、陆海军福利事务联合委员会教育顾问弗兰西斯·J. 布朗（Francis J. Brown），陆军部特殊服役部门教育处处长、哈佛大学教育研究生院前院长弗兰西斯·T. 斯波尔丁（Francis T. Spaulding）等。由于缺乏人手、时间及授权，同时还要兼管其他事务，战后人力统筹会主要从其成员各自所在的机构（特别是国家资源规划局）获取相关信息，依靠成员的一战经验及参考加拿大的复员计划来开展工作。

过去的经历和经验为战后人力统筹会提供了指导。海因斯将军回忆，一战停战时发现国家并没有做好复员准备，因此统筹会的工作是“仅次于赢得战争的第二重要的事情”[①]。参与安置一战老兵的成员还援引1919年一战后的安置法案向接受职业与专业训练的残疾退伍军人提供学费、杂费、课本以及每月90—145美元补贴的做法。1942年7月31日，一个经常与海因斯将军一起参加会议的爱德华·A. 菲茨帕特里

① 王书峰. 美国退役军人教育资助政策形成与变迁研究［M］. 广州：广东高等教育出版社，2009：77.

克（Edward A. Fitzpatrick）中校分发了一份题为《1919 年威斯康星州教育奖励法案》（*The Wisconsin Educational Bonus Law of 1919*）的 8 页秘密报告，规定为 1918 年 11 月 1 日前在军队服役 3 个月以上的本州居民提供 4 个学年的每月 30 美元补贴，资助他们到该州非营利性的小学、中学、技术学校或大学学习；如果该州没有退伍军人想要的教育项目，他们可以在其他州选择一所学校；州教育委员会负责管理该计划。[①] 这份报告成为战后人力统筹会的重要参考，其最后所提交报告中的教育条款与此教育计划非常相似。

1942 年 10 月，国家资源规划局发表了一份名为《加拿大退伍军人复员与安置准备》（*Canadian Preparations for Veterans' Demobilization and Rehabilitation*）共 6 页的小册子，其中就服装津贴、失业保险、安家置地、教育福利、职业援助等进行了描述。在安置计划中，对那些战争中中断学习的退伍军人提供学费和每月生活费用补贴，从最低的单身军人每月 60 美元到有家室的最高为每月 138 美元；资助时间长短取决于他们的服役时间。[②] 这项于 1941 年 10 月获得通过的法律又为统筹会提供了重要参考。为了学习加拿大的经验，1943 年 3 月，国家资源规划局的几名成员到加拿大的蒙特利尔会见了加拿大与美国联合经济部的有关官员，讨论战后计划。一个月后，国家资源规划局将加拿大复员与安置委员会主席 H. F. 麦克唐纳（H. F. McDonald）请到华盛顿参加会议并向战后人力统筹会提供建议。

1943 年 6 月，战后人力统筹会成员一致签署了最后报告《复员与安置》（"Demobilization and Readjustment"），又称为《战后平民与军人安置统筹会报告》（"Report of the Conference on Postwar Readjustment

---

① OLSON K W. The G. I. Bill, the veterans, and the colleges[M]. Lexington: The University Press of Kentucky, 1974: 7.

② OLSON K W. The G. I. Bill, the veterans, and the colleges[M]. Lexington: The University Press of Kentucky, 1974: 7.

of Civilian and Military Personnel”）。该报告包含了 96 项提议，这些提议的核心是教育、培训以及它们与就业之间的关系。报告勾勒了关于退伍军人教育培训的两个计划：主体计划是对全体退伍军人提供多层次的一年学校学习，以便让他们为重操旧业或是寻找新的工作更新知识和技能；一个补充计划是挑选那些学业被战争打断或是有明显进步、表现出特殊能力的人再进行 3 年的学习。[①] 两个计划都在为退伍军人提供学费的同时提供生活补贴，补贴数量并没有指明。在没有严格论证的前提下，报告建议指派国家教育办公室（United States Office of Education）来管理该计划。该报告还论述了对由于战争结束而可能失业的工人进行职业训练的计划。如果报告中所有计划都被实施，预计可能需要 35 亿至 70 亿美元。

二、奥斯本委员会与《初步报告》

罗斯福把战后人力统筹会的工作只看成是预备性的和试验性的，战后人力统筹会曾多次向罗斯福施压要求其签署一份关于战后人力复员与安置的正式的公开声明，均遭到了拒绝。然而，1942 年 11 月，当罗斯福将征兵年龄降到 18 岁时，他同时宣布要成立一个委员会专门研究那些因参军而中断学业的退伍军人的教育问题，通过努力，服役人员战后教育机会军方委员会（The Armed Forces Committee on Post-War Educational Opportunities for Service Personnel）终于成立，由陆军准将弗雷德里克・H. 奥斯本（Frederick H. Osborn）领导，因此又被称为“奥斯本委员会”。该委员会的主要成员包括海军人事局的科特兰・C. 鲍曼（Cortlandt C. Baughman）、杜兰大学校长鲁弗斯・C. 哈里

① OLSON K W. The G. I. Bill, the veterans, and the colleges[M]. Lexington: The University Press of Kentucky, 1974: 8.

斯（Rufus C. Harris）、物价管理局的副局长德克斯特·M. 基泽（Dexter M. Keezer）、哥伦比亚大学法学院院长扬·B. 史密斯（Young B. Smith）以及联邦教育专员约翰·W. 史蒂倍克（John W. Studebaker）。

罗斯福并不想让奥斯本委员会重复战后人力统筹会的工作，而是希望两个机构能够通力合作。奥斯本委员会的秘书长由战后人力统筹会下设的教育委员会主席斯波尔丁担任，鲍曼的助手也同样是战后人力统筹会的成员，统筹会主席里夫斯也来参加奥斯本委员会的会议。

然而与战后人力统筹会不同，奥斯本委员会将其注意力全部投入到退伍军人的教育问题上。哈里斯和史密斯担任了高等教育的官方发言人，史蒂倍克代表了国家教育办公室。1943 年 7 月，奥斯本委员会提交了《服役人员战后教育机会军方委员会提交美国总统的初步报告》（"Preliminary Report to the President of the United States from the Armed Forces Committee on Post-War Educational Opportunities for Service Personnel"），可以想见，由于两机构合作亲密，奥斯本委员会的报告与战后人力统筹会的建议大同小异，只是在细节上有所不同。关于享受福利的人员服役标准，统筹会建议是 3 个月以上，委员会报告则定为 6 个月以上；与统筹会不同，奥斯本委员会具体规定了每月生活补助的数额（单身退伍军人发放 50 美元，已婚退伍军人每月发放 75 美元）并且为那些需要的退伍军人提供学费贷款；统筹会建议享受教育福利的退伍人员必须在退伍 6 个月之内开始学习，奥斯本委员会则将这一期限延长到一年；在选拔学生享受额外教育的问题上，统筹会希望候选人在全国范围内竞争，奥斯本委员会则建议实行各州配额制度。报告中，奥斯本委员会还特别表明，该建议所涉及的教育利益并不是针对某一位退伍军人个体，而是从战争造成的整个国家教育不足的角度来考虑的，委员会预计整个计划需要 10 亿美元。

三、美国教育理事会的建议与美国退伍军人协会的方案

在《退伍军人权利法案》的制定过程中，有两个组织发挥了重要作用，教育方面是美国教育理事会，退伍军人方面是美国退伍军人协会（American Legion）。

美国教育理事会成立于1919年，是美国教育领域权威性的非营利性组织，其与美国联邦机构的合作始于20世纪30年代，乔治·F.祖克（George F. Zook）主席及其主要成员之一的布朗博士都曾为国家资源规划局的前身——国家资源委员会（National Resource Commission）准备过教育方面的报告；另一核心成员里夫斯，担任国家资源规划局战后教育计划方面的顾问，他同时又是战后人力统筹会的主席，并与奥斯本委员会保持密切的合作。

第二次世界大战美国参战伊始，美国教育理事会就开始关注战后退伍军人的教育问题。1942年1月，美国教育理事会与国家资源规划局下设的教育委员会合作，对1800多所学院和大学进行了有关职业教育不足方面的问卷调查。同时，它还与战后人力统筹会和奥斯本委员会保持密切合作。1943年夏天，美国教育理事会对其成员——600多所学院和大学、几乎全部全国性的专业教育组织进行了调查，征求他们对退伍军人教育计划的意见。1943年8月16日，美国教育理事会向每一位国会议员呈交了一份调查概要。两个月之后，祖克主席将一份两页纸的建议报告交给总统演讲的主要撰稿人萨缪尔·I.罗森曼（Samuel I. Rosenman）。这份报告出自其下设的高等教育与联邦政府关系委员会，其成员都是高等教育领域的著名人士，包括加利福尼亚大学、印第安纳大学、哈佛大学、杜兰大学、康奈尔大学、威斯康星大学等大学的校长。与奥斯本委员会报告不同的是，美国教育理事会并没有明确表示自己建议的教育计划是对退伍军人荣誉的一种回报，还

是对国家受教育人力资源不足的一种补充措施，还是防止大规模失业的一种措施，抑或是帮助教育机构的具体行动。

如果说美国教育理事会更多的是从教育角度出发关注法案制定，美国退伍军人协会考虑更多的则是退伍军人的切身利益。美国退伍军人协会成立于 1919 年，是一个以一战退伍军人为主要成员的组织，到 20 世纪 40 年代中期，它已经发展成为拥有 300 万成员、基层机构遍布全美的退伍军人组织。1943 年秋天，退伍军人协会发起要制定一个更具竞争力的、更加全面的安置法案。1943 年 9 月 23 日，在其第 25 届全国大会上，协会指示其全国委员会任命一个特别机构来为退伍军人起草安置计划，并认为医疗保障、失业保险、教育和职业训练、住房和农业贷款都应该包括在内，并要使之成为一个帮助退伍军人重归社会生活的有机体系。此后，协会主席沃伦·H. 阿瑟顿（Warren H. Atherton）主持召开了几次会议，对如何贯彻执行全国大会的决议进行了讨论。11 月 30 日，阿瑟顿委派约翰·斯特尔（John Stelle）组织一个委员会，负责起草工作。

1943 年 12 月 15 日，斯特尔委员会在华盛顿召开了首次会议。在与劳工、商业、教育、政府、军队等方面的主管人员进行讨论后，委员会起草了一份包含医疗、就业、失业、住房与农业贷款、商业贷款、教育、实施程序等条款在内的较为全面的法案。美国退伍军人协会公关部门执行主任杰克·采纳尔（Jack Cejnar）在读到法案草稿时，将其命名为《退伍军人权利法案》。1944 年 1 月 6 日，美国退伍军人协会向新闻界公开了此法案。

在随后的 6 个月时间里，美国退伍军人协会利用其遍布全国的机构和公关部门，为退伍军人权利法案进行呼吁。该组织通过在报纸杂志上撰写文章、刊发图片，在广播电台发表演说，给国会议员写信、发电报等多种方式，对法案进行宣传。士兵们的亲属也被发动起来，退伍军人权利法案很快就获得了广泛的支持，其知名度和支持度都远远高于罗斯福领导的战后人力统筹会和奥斯本委员会提出的建议。

四、最终法案的出台

1943年年中，经过一年半的战争，已经有退伍军人返回家乡，人们对退伍军人问题的讨论也越来越多，罗斯福总统也需要公开表明自己的战后计划了。1943年7月28日，在“炉边谈话”中，罗斯福总统第一次公开对退伍军人问题发表声明。他说：“我们一定要把退伍军人安置好，绝不能让这些勇敢而优秀的年轻人一离开军队就沦为失业者，或者只能在街角卖苹果。”① 他呼吁国会应该为避免出现此种状况而负起责任，同时提出退伍军人应享有的最低福利：第一，发给退役金，退役金额必须足以维持从退役到找到新的工作的一段合理的时间。第二，在经过努力未能找到工作的情况下，如本人向美国职业介绍所登记，应发给失业保险金。第三，提供由政府出资接受进一步教育或职业训练的机会。第四，发放服役期间的贷款，他们的待遇应同在私营企业中继续供职一样。第五，改善并放宽对武装部队与商船队残废人员住院、休养和医疗等方面的规定。第六，对残废军人发放充分的抚恤金。② 并表示，具体计划将在几周内确定出台。

然而，罗斯福总统几周内拿出具体方案的计划并没有实现。此时，由于战争费用的增加，加之总统选举年的到来，总统与国会的关系出现了一些紧张。此前的1942年6月，国会曾否决了国家资源规划局的预算，以至于1943年8月，也就是“炉边谈话”一个月之后，国家资源规划局被迫解散，战后人力统筹会也随之不复存在；而考虑到经济因素，国会又禁止将其功能职责转交给其他机构。因此，总统缺乏一

---

① 王书峰. 美国退役军人教育资助政策形成与变迁研究［M］. 广州：广东高等教育出版社，2009：81.

② 罗斯福. 罗斯福选集［M］. 关在汉，编译. 北京：商务印书馆，1982：424-425.

个机构来将其意见具体化、系统化，“炉边谈话”3 个月之后，仍没有出台具体的文件。罗斯福总统别无选择地将奥斯本委员会 7 月份提交的最后报告送交国会，希望国会给予立法支持。一个月后，总统又将战后人力统筹会先前的几份建议提交国会，并建议国会采取切实措施推动退役补贴、失业保险、社会救济等。

1943 年 11 月 3 日，国会议员埃尔伯特・D. 托马斯（Elbert D. Thomas）将罗斯福总统的建议和奥斯本委员会的报告综合之后提交了一个议案，参议员将这个议案交由托马斯领导的教育与劳工委员会（Committee on Education and Labor）。12 月 13 日至 15 日，托马斯主持进行了听证。1944 年新年伊始重新开会时，众议院一位民主党议员约翰・兰金（John Rankin）对美国退伍军人协会起草的《退伍军人权利法案》进行了介绍，第二天来自密苏里州的国会参议员乔尔・贝内特・克拉克（Joel Bennett Clark）和其他 9 名参议员，代表两党在参议院提出议案。

1944 年 1 月 14 日至 3 月 10 日，参议院财政委员会（United States Senate Committee on Finance）下设的退伍军人立法委员会（Subcommittee on Veteran's Legislation）对克拉克提出的议案进行了前前后后共 9 天的听证。3 月 13 日，克拉克以美国退伍军人协会的法案为主要蓝本，吸取了托马斯议案的有关建议，提出了一个新法案，有 81 位参议员成为这个新法案的发起人，空前众多的发起人保证了该法案在参议院的顺利通过。3 月 18 日，财政委员会一致同意将此新法案上报参议院。6 天后，参议院全票通过将其提交众议院。

法案送至众议院后，有关教育部分的内容引发了争论，争论主要来自与托马斯议案的比较。两个议案的区别之处在于：

第一，管理机构不同。托马斯议案建议由联邦教育署（U. S. Office of Education）来管理退伍军人的教育计划，克拉克的方案提议由退伍军人管理局（Veterans Administration）来管理该计划。

第二，适用范围不同。托马斯议案将美国运输商船队（United States Merchant Marine）的成员纳入资助范围，而克拉克方案中没有这一点。

第三，学费资助标准不同。托马斯议案提供全部杂费与学费，克拉克方案规定每年杂费与学费的资助标准不超过300美元。

第四，补助标准不同。托马斯议案中退伍军人每个需要抚养的孩子每月可以领取10美元的生活补助，而克拉克方案中则没有。

第五，服役期限要求不同。托马斯议案规定服役6个月以上者才有资格获得资助，而克拉克方案的服役时长最低标准则为90天。

第六，教育方案不同。托马斯议案为全体退伍军人提供一年时间的教育，并允许一小部分退伍军人进行另外3年的教育；克拉克方案认为只能为那些因战争而中断学业的退伍军人提供教育资助，但这些人员的教育期限都是4年。

克拉克方案到了众议院之后在兰金手中被搁置。1月到3月，兰金曾在自己的委员会内部对其进行过13天的听证。在该方案得到参议会的认可之后，兰金所在的委员会又对克拉克方案进行了多处补充和修改，最后于5月3日向众议院作了同意建议。经过几天的争论之后，5月18日，众议院全票一致通过了经兰金更改后的法案。参众议院协调委员会（Joint Senate-House Conference Committee）对两院议案的不同之处进行了协调，在6月12日提出了一个折中版本，并于次日在两院获得通过。1944年6月22日，罗斯福总统签署了该法案。

第三节 《退伍军人权利法案》的主要内容及实施情况

罗斯福总统正式签署的法案全称是《二战退伍军人平民安置联邦政府资助法案》（*An Act to Provide Federal Government Aid for the Readjustment in Civilian Life of Returning World War Ⅱ Veterans*），

可以被简称为《1944 年退伍军人安置法案》（*Servicemen's Readjustment Act of 1944*）。在美国，学者和民众更喜欢将其称为《退伍军人权利法案》。法案共有 6 章 15 节，涉及退伍军人安置的教育、住房、就业、贷款、医疗、保险等多个方面，主要内容有：其一，向退伍军人提供接受教育、复习进修或重新学习的机会，不仅可以得到每年最高 500 美元学费的资助，而且在学习期间还可以每月领取生活补助。其二，由联邦政府担保，向退伍军人提供贷款，用以帮助他们购买或建造家宅、农场以及开办企业所需房地产。其三，联邦政府在各州建立健全就业咨询机构，向退伍军人提供有效的就业信息并妥善安排就业。其四，对不能马上就业的退伍军人提供合理的失业救济，按周支付，最长不超过一年。其五，联邦政府可在各州增建一切必要的医疗设施，确保退伍军人得到充足的医疗卫生服务。其六，增强退伍军人事务管理局的职权，使之及时有效地执行各项退伍军人保障政策。

法案第 2 章专门论述了退伍军人的战后教育问题，政府将为退伍军人接受各级各类教育提供慷慨资助，其具体规定为：凡是 1940 年 9 月 16 日以后在美国军队中服现役 90 天以上的退伍军人都可以接受最长不超过 4 年的教育或训练；其间，退伍军人不仅可以得到每年最高 500 美元学费的资助，而且在学习期间还可以每月领取生活费 50 美元，有家室者可领 75 美元（根据社会经济状况，这一资助标准后来在执行过程中两次得到修订提高）；教育资助适用的机构包括小学、中学、大学、专业院校、职业院校等各级各类得到批准的教育或训练机构。

然而，这部后来被誉为是美国有史以来政府所做出的最好决策的《退伍军人权利法案》在颁布之初却备受冷落。1944 年 6 月 22 日罗斯福总统签署法案之时，二战尚未结束，而距离著名的诺曼底登陆也仅仅半月之遥。战争的硝烟吸引了大众的眼球，法案颁布得悄无声息。当时，《纽约时报》（*The New York Times*）、《华盛顿邮报》（*The Washington Post*）、《巴尔的摩太阳报》（*The Baltimore Sun*）、《芝加哥日报》(*Chicago Tribune*)、《洛杉矶时报》(*Los Angeles Times*)等都没有对法案的内容做详细的报道，有的只是刊发了一则简短消息，有的刊载了一张总统签署法案的照片。1944 年 10 月，在对驻扎在美国本土的白人军人进行的一项调查中发现他们对法案的教育资助条款所知甚少，驻扎海外的军人就更不必说。而几乎也就在同时，《新共和》(*The New Republic*)杂志才感觉应将该法案的核心内容做出阐释和报道。[①] 自此之后的 1944 年至 1946 年，各界人士纷纷出书关注退伍军人及其安置问题，他们在法案教育条款及其潜在价值的问题上也是见解不一：教育资助条款能否吸引退伍军人入学接受教育？这些年龄偏大、背景参差不齐、有着战争经历的老兵能否适应学校生活？退伍军人入学对军人自身和教育领域分别会有什么影响？

《退伍军人权利法案》的教育条款以服役时间为唯一条件，不分军衔、种族、性别等因素全面资助退伍军人入学，这还是历史上的第一次。从政府角度来讲，这样做一方面是为了补偿和犒赏二战军人们为平息战争、赢得和平做出的牺牲和贡献，另一方面也是为了避免战后短时期内大量退伍军人涌入平民社会造成就业恐慌和社会动荡，给他们一个“不在街角卖苹果”[②] 的允诺。从高等教育角度来讲，政府的此项举措不啻为一把“双刃剑”。一方面，就像哈佛大学校长詹姆斯·B. 科南特（James B. Conant）和芝加哥大学校长罗伯特·梅纳德·哈钦斯（Robert Maynard Hutchins）所担心的，法案不加甄别地将许多不合格者送入大学会降低大学的水平和标准，这对高等教育构成了威胁；另一方面，战时受到重创的高等教育久旱逢甘霖，迫切需要利用政府

---

① OLSON K W. The G. I. Bill, the veterans, and the colleges[M]. Lexington: The University Press of Kentucky, 1974: 7.

② 1930 年秋，国际苹果托运人协会设计了一套处理过剩产品的方案，建议把苹果以每个 5 美分的低价赊销给失业者，于是 11 月初，6000 个苹果销售员就站在了纽约大街的人行道上。“站在街角卖苹果”就成为大萧条时期最为人熟知的象征。

的慷慨资助来一场“复兴”。面对这些为了捍卫和平与正义而在战争中度过了本该是最好年华的老兵们，无论是传统型的学院、大学还是州立大学、赠地学院和社区学院，最终都愿意为他们入学打开方便之门，他们从很多方面入手调整了学术计划以适应这批与众不同的学生，如入学时间及要求、课程与学分设置、就业咨询与生涯规划等。

正是由于政府方面的推动和教育领域的积极配合，教育资助条款的实施才最终获得成功。法案从 1944 年颁布开始实施，规定最晚截止入学日期为 1951 年 7 月 25 日；已经注册学籍的退伍军人理论上时间放宽到最晚 1956 年 7 月 25 日完成他们的学业。在此期间，大约有 780 万名退伍军人接受了各种级别和形式的教育，占二战退伍军人总数的一半以上。其中，接受高等教育的退伍军人总数为 223 万人，占二战退伍军人总数的 14.4％。[①]这一总数和比例大大超过了所有官方和学者对老兵入学人数的最初预计，223 万老兵进入了约 2000 所高等教育机构学习，总花费达 55 亿美元。[②] 关于这 10 多年间二战老兵接受的具体教育形式及人数、比例，请参见表 3-3-1。

表 3-3-1　1944 年《退伍军人权利法案》所资助的教育与训练项目分布情况[③]

教育与训练项目	参与人数	占比（%）
农业培训	700000	9
大学以下各级各类教育	3500000	44

① Office of Information Management and Statistics. Historical data on the usage of education benefits 1944-1983[R]. Washington, D. C.: Statistic Review and Analysis Division, Veterans Administration, 1984: 1.

② OLSON K W. The G. I. Bill, the veterans, and the colleges[M]. Lexington: The University Press of Kentucky, 1974: 59.

③ OLSON K W. The G. I. Bill, the veterans, and the colleges[M]. Lexington: The University Press of Kentucky, 1974: 76.

续表

教育与训练项目	参与人数	占比（%）
在职培训	1400000	18
大学教育	2230000	29
各级各类教育与培训项目总和	7830000	100

接受高等教育的这 223 万名退伍军人的入学并不是平均地分配到每一年中，其间有明显的入学高峰，这跟整个战后美国军人的退伍安置工作是紧密联系在一起的。1945 年二战一结束，美国军人的退伍安置工作就立马展开，并在最初 3 年取得显著成果，完成了 9 成以上的军人退伍安置工作。其中最突出的是 1946 年，仅一年时间，就有 1000 多万老兵退伍回家。二战军人退伍的高峰期集中在 1945 年、1946 年、1947 年战后最初的 3 年中，如此庞大的老兵群体进入平民社会，必然对美国社会的各方面产生重要影响，也必然会关系到权利法案各项福利的使用，其中就包括退伍军人接受教育资助注册进入高等教育机构学习的情况。下面是 1945 年至 1957 年二战退伍军人大学入学人数年度分布柱状图。

从图 3-3-1 中我们可以看到，1945 年二战退伍军人大学入学人数还是非常少的；而 1946 年和 1947 年，退伍军人的入学情况发生了两次骤变，1946 年人数猛增到 535 000 人，1947 年继而又突增至 1 664 000 人，达到老兵年度入学人数的最高峰。此后连续的五六年中，老兵的入学人数缓慢递减，但依然保持在相当高的水平。1946 年的军人退伍高峰是 1946 年的老兵大学入学高峰的关键推动因素，而且这一退伍高峰还持续推动了接下来几年老兵大学注册人数的增长和保持。

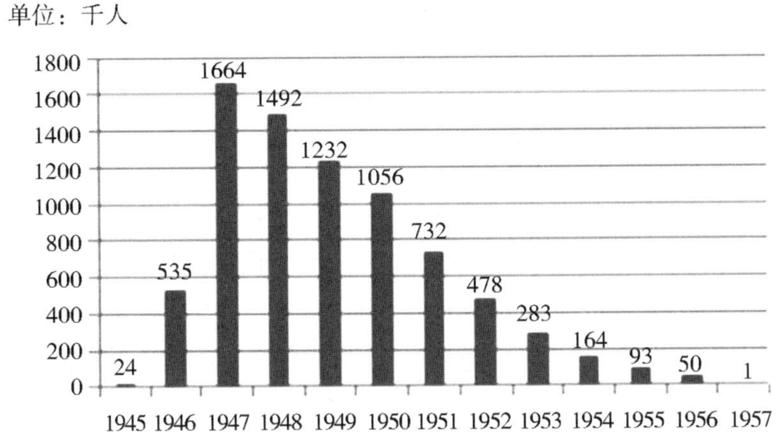

图 3-3-1 二战退伍军人大学入学人数年度分布柱状图①

退伍军人入学的学校分布并没有什么特定的规律，因为他们的入学选择基本都是其个人自主选择的结果。按照退伍军人安置法案的规定，由退伍军人管理局来决定一名退伍军人是否符合享受教育资助的条件，而退伍军人可以自行决定到哪一所大学学习，大学通过评估他们的条件来决定是否予以录取。这也就使得退伍军人的流向完全成为一种自觉行为，不同高等教育机构之间就会形成老兵入学的选择差异，这种差异有时还是非常明显的。由于上大学接受高等教育的学费完全由政府来负担，退伍军人理所当然地选择进入他们所能够进入的最好的学校。1946 年春季学期，退伍军人学生中 41%的人在 38 所院校中注册入学，剩下的 59%则分散在其他 712 所院校中。② 1948 年秋，大部分的退伍军人进入私立高校，而非退伍军人高中毕业生则大多进入公

① Office of Information Management and Statistics. Historical data on the usage of education benefits 1944-1983[R]. Washington, D. C.: Statistic Review and Analysis Division, Veterans Administration, 1984: 2.

② OLSON K W. The G. I. Bill and higher education: success and surprise[J]. American quarterly, 1973, 25(5): 606.

立高校。但就 10 多年后的最终结果来看，退伍军人学生更多地还是进入了公立院校：在公立大学中，退伍军人学生占学生总数的 50.2%，私立大学中占 48.8%。与后来两次战争的退伍军人相比，二战老兵进入私立大学的比例还是相当高的，朝鲜战争退伍军人学生中只有 36% 进入私立高等教育机构，越战老兵中只有 21%。究其原因，是联邦政府为二战老兵提供的极为慷慨的每年 500 美元的教育资助使他们能够负担得起私立学校的花费。1949 年，只有 11.7%的教育机构的一学年花费超过 500 美元；83%的大学和学院学费都不会超过 500 美元。① 退伍军人集中选择常春藤大学、州立大学以及比较好的文理学院和技术学院，而初级学院、教师学院以及不知名的小型文理学院则是他们最不得已的选择。

二战退伍军人学生成为美国高等教育史上最特殊的学生群体，他们数量庞大、背景悬殊、能力各异，但都共同经历了战争的洗礼，战争教给他们热忱、纪律、责任与义务、荣誉与信条，也使得他们更珍惜和平时代的生活和学习机会，战后他们带着这份礼物和对生活的崭新期待进入大学，最终以卓越的表现赢得了人们的认可。《财富》(*Fortune*) 杂志称他们是美国有史以来大学校园里最好、最成熟、最有责任感、最自律的学生。《生活》(*Life*) 杂志称，"从严肃性、洞察力、稳定性等大学生美德的角度看"，他们是"哈佛历史上最棒的学生"。② 甚至哈佛大学校长科南特也一改之前的态度，称赞退伍军人学生为哈佛所拥有过的最成熟、最有前途的学生。③ 等到 1956 年退伍军

---

① Educational Testing Service. Final report on educational assistance to veterans: a comparative study of three G. I. Bills[R]. Washington, D. C.: Government Printing Office, 1973:150,157.

② OLSON K W. The G. I. Bill, the veterans, and the colleges[M]. Lexington: University Press of Kentucky, 1974:49.

③ HENRY D D. Challenges past, challenges present: an analysis of American higher education since 1930[M]. San Francisco: Jossey-Publisher, 1975:63.

人法案实施到期时，美国新增添了 23.8 万名教师、9.1 万名科学家、6.7 万名医生、45 万名工程师、24 万名会计师，还有上百万受过良好教育的律师、护士、商人、艺术家、演员、作家，他们成为 20 世纪 60 年代美国政治、经济、文化、教育等诸多领域的骨干，这其中还孕育了多名未来的总统、最高法院法官、参议员、诺贝尔奖获得者以及普利策奖获得者。① 这些事实足以证明，资助二战老兵入学是美国政府制定的一项非常有远见的举措。

第四节　《退伍军人权利法案》对高等教育的影响

《退伍军人权利法案》就退伍军人复员后面临的各种问题进行了全面的保障，使退伍军人顺利回归平民生活、得到妥善的安置，也使得战后美国实现了经济和社会的持续发展与繁荣。法案最值得称道之处，是极具开创性地运用教育手段解决军人的退伍安置问题，把教育作为了退伍安置的"中转站"和"蓄水池"，尤其是在高等教育领域。殊不知，正是这"无心插柳"的教育资助条款对美国当时的高等教育及其之后的发展产生了重要影响，并使得这部法案在美国高等教育史上名留青史。正是在这一法案的资助下，战后 10 年间，700 多万二战退伍老兵进入各类大学、学院、专业学校接受高等教育。数量如此庞大的退伍军人大学生，他们成为在高等教育方面比以往任何一个社会都要大的投资的一部分，这是一个心怀感激的国家给予他们的慷慨回报。"为退伍老兵提供学费和为教育提供经费的《退伍军人权利法案》是这个国家对未来的一个辉煌、永久的承诺。学校教室和宿舍里拥满了 25 岁左右的年轻人，他们中的许多人过去从未想过能接受大学教育。他

---

① HUMES E. Over here: how the G. I. Bill transformed the American dream[M]. Boston: Houghton Mifflin Harcourt, 2006: 6.

们拿到学位后毕业离校，决心弥补失去的光阴。他们现在组成一支新军队，在工业、科学、艺术、公共政策等美国生活的所有领域，带去了曾在战争中发挥了巨大作用的那种热忱和纪律。”①

具体来说，法案对高等教育的影响主要可以从以下几点来把握。

第一，大批退伍军人入学，促进了美国高等教育的民主化、大众化发展。在20世纪初期的美国，高等教育还是带有贵族性质的少数人的专属领地。美国参加二战之前，美国接受高等教育的学生数量并不多，全国每年大学注册学生数最多仅达到150万（1940年）。二战期间，美国高等教育更是进入了发展的低谷期，大批学生走上前线或是从事战争服务工作，许多学校出现了严重的“学生荒”。而战争结束后，在《退伍军人权利法案》的推动下，大批退伍军人涌入大学校园，使高等教育领域内的学生群体急速膨胀，大学里的人数突然间翻了两倍甚至三倍。以下是1945年至1953年高等教育机构的学生构成情况。

表3-4-1 1945—1953年高等教育机构在学学生总数及法案资助下接受高等教育的在学退伍军人数②

年	全体学生秋季注册		二战退伍军人		
	总数（单位：人）	男生数（单位：人）	在学人数（单位：人）	占全体学生百分比（%）	
				总数	男生数
1945	1676851	927662	88000	5.2	9.5
1946	2078095	1417595	1013000	48.7	71.5
1947	2338226	1659249	1150000	49.2	69.3
1948	2403396	1709367	975000	40.5	56.9

① 布罗考. 美国最伟大的一代［M］. 王波，司艳，王一多，译. 南京：译林出版社，2004：3.

② OLSON K W. The G. I. Bill, the veterans, and the colleges［M］. Lexington: The University Press of Kentucky, 1974:44.

续表

年	全体学生秋季注册		二战退伍军人		
	总数（单位：人）	男生数（单位：人）	在学人数（单位：人）	占全体学生百分比（%）	
				总数	男生数
1949	2444900	1721527	844000	34.4	48.8
1950	2281298	1560392	581000	25.2	37.0
1951	2101962	1390740	396000	18.7	28.3
1952	2134242	1380357	232000	10.8	16.7
1953	2231054	1422598	138000	6.1	9.6

由表 3-4-1 可以看出，从 1946 年开始至 1949 年的 4 年间，退伍军人学生在整个高等教育机构学生群体中占了相当大的比例。1946 年下半年，美国高等院校注册的大学生数量就已经超过 200 万，其中退伍军人占了 48.7%；1947 年注册学生数则超过 233 万，其中退伍军人有 115 万，占了学生总数的 49.2%；而其在男生中的比例则高达 70%左右。退伍军人入学对高等教育学生数增长的推动作用是显而易见的，而且大学校园逐渐被老兵“占据”，高等教育的整体面貌必然会为之有所改变。

高等教育领域学生数量的激增使得高等教育机构的校舍、场地、设备等方面出现了严重的不足状况，许多大学在政府及各界的协助之下形成了新一轮的“扩建”热潮。一些大学为了容纳大量退伍军人学生而临时得到校外场所，有的变成了新建大学的开端，有的成了新建社区学院的基础或成了永久性的大学分校的所在地，并为此后在一些州形成的公立大学体系、多校园大学、学院群和开放大学创造了条件。这些也都为高等教育的大众化发展打下了坚实的基础。

第二，《退伍军人权利法案》促使战后高等教育在管理制度、课程安排、学术计划等方面发生了诸多变化，向着更加灵活、实用、高效、丰富的方向发展。为了应对二战退伍军人入学，并使他们更好地适应大学生活，高等教育机构在入学要求与入学时间、课程设置与学分授予、学业加速计划、咨询与指导服务、规章制度等方面采取了灵活的措施。面对退伍老兵，几乎所有的大学和学院都放宽了入学政策，① 没有高中文凭的退伍军人通过参加相应的达标考试或者提供能够证明他们具备大学学习能力的相关材料即可被录取，有的大学甚至允许那些学习实在有困难的退伍军人一边上大学一边完成高中教育的课程。与此同时，为方便退伍老兵及时和随时入学，几乎所有的高校都安排了灵活的入学时间，二战退伍军人可以在每个月、每星期以至随时进入大学学习。大学在课程方面也进行了调整、革新和补充，加强职业课程，提供一系列选修课，并且打破不同院系间的选课屏障，允许对主修专业不感兴趣的老兵跨专业选课。大学还为退伍军人开设了高中课程、初级学院课程、复习进修课、非学分课程等各种各样的“特殊课程”。考虑到退伍军人的年龄和早日学成毕业的需求，大学实行学业加速计划，通过给军事培训折算学分、挤占假期、加大学习强度等方式缩短大学学习时间。针对退伍军人在大学面临的种种问题，大学还设立了为退伍军人提供咨询与指导服务的相应机构。

高等学校为了适应退伍军人学生的需要而进行的许多尝试、政策和服务工作后来演变成了长久的做法。招生方面的灵活性得以继续，函授教育、各种短期课程、个别指导、补习课程等得以扩展，从专业人员中聘请兼职教师成了许多大学的惯例。学生生活在许多方面呈现出成人化的趋势。

第三，高等教育与政府和军队的关系发生变化，承担起更多的社

---

① TURUS H. G. I. Joe and the colleges[J]. Journal of higher education, 1945, 16(6): 285.

会责任。美国宪法没有将教育权力赋予联邦政府，而是保留给各州行使。从绝对意义上讲，联邦政府不应干预教育事务。但是，从华盛顿争取建立国立大学，到《莫雷尔法案》的实施，再到大萧条期间罗斯福新政的一系列举措，联邦政府对高等教育的干预几乎没有停止过，并在很大程度上促进和推动了美国高等教育的发展。《退伍军人权利法案》资助退伍军人入学开创了联邦资助的先例，为政府大规模地介入和资助高等教育奠定了基础，拨款资助成为联邦政府干预高等教育事务的有效手段。自此，政府与高校关系发生了微妙变化，高等教育与政治、军事结成了紧密的关系，其不再是一块“自在自得”的领地，而是成为实现国家目标的重要工具，为国家和社会承担起了更多的责任。

第四，大量退伍老兵进入高等教育领域，对传统的高等教育校园文化带来了冲击和新的发展。在之前的美国大学中，学习只构成校园生活的一小部分而已，从来都不是主流校园文化优先考虑的事情，学生们或许会对课程的期末考试漠不关心，但是他们却会重视兄弟会与姐妹会庄严的“入会日”。学生们乐于在正规课程以外的活动中去展示自我，过着这种独特的“学院生活”并引以为荣。这样的校园生活伴随着退伍老兵的到来几乎在一夜之间发生了变化，学习在忽然之间成了大学生活的主基调。比起普通学生，老兵们不仅仅是在年龄上偏大，他们远离家乡南征北战、饱尝战争的残酷，他们更加成熟，更急切地希望弥补流逝的时间，他们非常明确上大学的目的，希望尽快完成学业，因而对传统本科生的种种奢华轻浮、无聊透顶的活动根本不感兴趣；老兵们到大学里来主要是看重大学对于学术和就业的作用，学习才是他们校园生活的中心和重心。“他们所关心的只有学业。他们是书呆子，每一个都是。永远都是书、书、书。”①

然而恰恰是这种崭新的学习风气深深地影响了之后的美国大学与学院。老兵们还是个“苛刻”的群体，他们对大学的教学环节存在诸多不满，提出了很多批评和建议。他们抗议甚至反叛那些在入学、课程、考试、评价等诸多方面的硬性规章制度以及其他各种繁文缛节（“red tape”）。但与此同时，老兵们在课余活动中也有杰出表现。他们积极参加各种协会社团，甚至还创办了自己的组织，积极对社会事务发表观念、表达自己的愿望和主张。罗格斯大学的一名教授还认为战后大学的体育运动进入了“黄金时代”，因为有那么多成熟的、充满热情的、身体素质条件又好的老兵们的到来。②

第五，退伍军人入学给高等教育带来了很多观念性的改变。如前所述，退伍军人入学对美国高等教育产生了诸多客观实际上的影响，但这些影响大多是即时性的、“短命的”：高等教育机构的具体应对措施只是特殊情况下的权宜之策，退伍军人群体并没有要求大学在价值追求、管理组织或是学术进程方面做出根本性的改变，在他们退出校园之后，一切又恢复常态。然而，这并非意味着老兵们在20世纪50年代初退出校园之后就退得不留痕迹；有些思想观念上的影响是绵延长存、不易消逝的，它们以某种不显见的方式牵引着高等教育未来的发展方向，它们是老兵们留给高等教育的宝贵“遗产”。首先，老兵入学事件本身极大地改变了人们对高等教育的态度，上百万平民出身的退伍军人进入大学而且有着优秀的表现，平民青年很快意识到要把高等教育作为他们新的优先选择的目标，高等教育可以拓宽未来职业选择的渠道，高等教育不再是少数人的特权，高等教育领域的民主观念开

---

① EDITH E. The two Joes Meet-Joe College, Joe Veteran[J]. New York times magazine, 1946:21.

② LEE C B T. The campus scene, 1900-1970: changing styles in undergraduate life [M]. New York: David McKay Company, Inc., 1970:83.

始深入人心，为高等教育大众化提供良好的心理基础。其次，已婚者上大学的观念开始得到广泛接受。由于退伍老兵中有相当比例的学生已经结婚甚至育有子女，这改变了之前已婚男女不能上大学的观念，婚姻不再意味着学业的终结，高等教育为已婚男女敞开大门。再次，老兵们席卷校园，在学术的战场上证明自己，他们的表现暗示着在美国的年轻人中有相当比例的人有才华接受高等教育却苦于经济上的困难，这提醒了政府在这方面可以大有作为。从次，退伍军人学生的优秀表现改变了长久以来大学生在公众心中的形象，公众把退伍军人作为可靠的、成熟的和有良好动机的优秀学生的印象逐步转变成对大学学生的普遍评价，这种认识一直持续到 20 世纪 60 年代中期。最后，老兵学生对庞大校园、庞大课堂的接受可以说是 20 世纪六七十年代人们对高等教育之庞大（“largeness”）的接受的最重要的心理基础。1948 年超过 2 万人的大学有 10 所，1967 年则有 55 所。同时期，有 60 多所大学的注册人数超过万人大关。①美国的高等教育大踏步地跨入大众化进程。

（张潇方）

① OLSON K W. The G. I. Bill and higher education：success and surprise[J]. American quarterly，1973，25(5)：608.

第四章　国家安全与教育危机：1958 年《国防教育法》

第二次世界大战对美国教育发展的影响是深刻且深远的，在战争时期，大量的教育资源都用来促进战备，教学期限和教学质量都受到不同程度的影响；战争结束后，1944 年通过的《退伍军人权利法案》为二战中 780 万退伍军人提供了接受高等教育的便利，大大推动了美国高等教育的大众化进程，而“当归来的军人填满了战后的学院和大学教室时，战后的‘婴儿潮’（baby boom）也在 10 年间冲击着公立学校。1946—1956 年，幼儿园和小学的入学人数增长了 37%，从 1770 万增至 2430 万”①。各级学校入学人数的增加，对公立学校和高等教育也提出了新的要求。然而与此同时，全世界笼罩在冷战的背景之下，意识形态对抗和军备竞赛也对美国的教育提出了更高的期望和要求，希望教育可以成为赢得这场没有硝烟的战争的有力武器，教育也因此成为国家安全的重要保障。正是在这样的背景下，20 世纪 50 年代，美国的教育发展又一次来到了改革的十字路口，在苏联卫星事件的刺激之下，美国社会各界的教育危机意识剧增，一颗人造卫星也成了又一次教育改革的催化剂。

---

① 韦布．美国教育史：一场伟大的美国实验［M］．陈露茜，李朝阳，译．合肥：安徽教育出版社，2010：309.

第一节　“国防”政策还是“教育”改革？

1958 年《国防教育法》（*National Defense Education Act of 1958*）是美国 20 世纪中期颁布的一份重要的教育法案，该法案对二战后美国教育的改革和发展有着重要的影响，同时也因其所处的冷战时代背景而受到研究者们更多的瞩目。在国内外的研究者的视野中，由于《国防教育法》颁布的冷战背景以及法案名称中的“国防”字样，该法案给我们造成了它是冷战产物的普遍印象，甚至正如其名称所显示的那样，它“是美国艰难时期应对国内外危机、维护美国国家安全的教育大宪章”①，是美国政府首次“以法律形式把教育置之于事关国家安全的重要战略地位”②。美国科学教育史研究者约翰·L. 鲁道夫（John L. Rudolph）更是直截了当地指出，在 20 世纪 50 年代，“科学教育已变成冷战兵工厂里的另一种工具了”③！历史学者荷马·D. 巴比奇（Homer D. Babbidge）在 1962 年就指出：“在冷战外交中，教育已成为一件重要的武器。高等教育已成为美国外交政策的一个工具。”④ 在很大程度上来说，《国防教育法》及其所带来的教育改革成了美国冷战期间国防政策的附庸，或者其本身就是一份国防政策，一份“关系国家

---

① 曹晓飞.《国防教育法》对美国高等教育发展的影响及启示 [J]. 当代教育理论和实践，2014 (2)：22-24；高英彤，陈昕.《国防教育法》对美国高等教育发展的影响与启示 [J]. 河北师范大学学报（教育科学版），2016 (3)，42-46.

② 王英杰. 美国高等教育的发展与改革 [M]. 北京：人民教育出版社，2002：36.

③ RUDOLPH J L. Scientists in the classroom: the Cold War reconstruction of American science education[M]. New York: Palgrave Publisher, 2002: 63.

④ BABBIDGE H D, Jr, ROSENZWEIG R M . The federal interest in higher education [M]. New York: McGraw-Hill Book Company, Inc. , 1962: 39.

安全发展的重要国策”①。

虽然不可否认该法案的冷战背景，但是这类观点依然会带来一些认识上的偏差，不利于我们正确地认识《国防教育法》的教育意义。首先，把法案完全看成是美苏冷战对抗的产物，法案对教育提出的新要求也只是为了追赶苏联，② 法案背后所代表的教育改革反倒成了“副产品”或者冷战的工具；其次，把《国防教育法》前后美国教育改革的动力和原因简单化为冷战压力，③ 由此也把法案和这场教育改革的目标和主旨简单归结为适应冷战期间国际竞争的需要；④ 最后，对法案内容的认识也过于片面化，局限于自然科学教育、数学教育、现代外语教育、天才教育、职业教育以及对低收入家庭的儿童的资助方面，⑤ 对这些内容的片面关注也是与简单的冷战归因和归旨相对应的，构成了一种逻辑上的自证，以至于有学者认为《国防教育法》是一个明显“零碎的”教育法案，⑥ 或者认为法案的内容“几乎条条都和国家安全紧密相关”⑦。造成这些偏差的根本原因在于，研究者们完全以“国防政策”来衡量和考察这一法案，并不是把它当作美国联邦政府所制定的一个系统全面的教育改革和发展方案。

自 20 世纪末期以来，已有学者开始逐渐纠正这些认识偏差，更加倾向于以“教育改革”的视角和长远的历史眼光来认识《国防教育

① 杨克瑞. 战后美国联邦政府大学生资助政策研究 [M]. 北京：北京师范大学出版社，2008：56.

② 王英杰，等. 美国教育 [M]. 长春：吉林教育出版社，2000：133；张斌贤. 外国教育史 [M]. 北京：教育科学出版社，2008：464.

③ 贺国庆. 战后美国教育史 [M]. 上海：上海交通大学出版社，2014：7.

④ 朱利霞. 国家观念市场逻辑与公共教育：转型期西方公共教育改革研究 [M]. 济南：山东教育出版社，2010：147.

⑤ 张斌贤. 外国教育史 [M]. 北京：教育科学出版社，2008：464.

⑥ 陈学飞. 美国高等教育发展史 [M]. 成都：四川大学出版社，1989：156.

⑦ 王英杰，等. 美国教育 [M]. 长春：吉林教育出版社，2000：134.

法》。卡尔·F. 克斯特尔（Carl F. Kaestle）和马歇尔·S. 史密斯（Marshall S. Smith）就明确指出，完全以冷战和意识形态对抗的逻辑来看待《国防教育法》只会呈现一种“神话”，该法案所体现的是美国教育发展中长久以来关于学校教育是培养社交能力还是卓越心智的争论以及联邦政府干预教育所存在危险的担忧。① 李·W. 安德森（Lee W. Anderson）则看到了《国防教育法》中所展现的历史连续性：“它继承并拓展了早期联邦资助教育的传统同时尊重了地方控制的理论和实践。”② 看待该法案不应该局限于冷战背景，而是要将之放在长远的历史背景中考察，将之视为联邦干预全国教育事业的一次成功尝试，这一成功与冷战并无必然联系，也因此导致了以“国家安全”为名的法案中存在很多与国家安全无关的条款。③ 乔尔·斯普林（Joel Spring）也提醒我们，20 世纪 50 年代末之前美国社会对于公立学校的批评才是这一著名教育法案通过的真正基础。④ 总之，“冷战的意识形态总是带有一些错觉或者使人们相信一些不证自明的错误观念”⑤，《国防教育法》就是一个典型的例子，不管是对于当时的美国人还是后来的研究者们，该法案所带来的明显错误观念是“夸大教育作为国家安全工具的作用”⑥，在这一误导之下，《国防教育法》作为一场“教育改革”的

---

① KAESTLE C F，SMITH M S. The federal role in elementary and secondary education，1940-1980[J]. Harvard educational review，1982，52(4)：392-393.

② ANDERSON L W. Congress and the classroom：from the Cold War to “no child left behind”[M]. Pennsylvania：The Pennsylvania State Press，1992：39.

③ ANDERSON L W. Congress and the classroom：from the Cold War to “no child left behind”[M]. Pennsylvania：The Pennsylvania State Press，1992：57.

④ 斯普林. 美国学校：教育传统与变革［M］. 史静寰，等译. 北京：人民教育出版社，2010：530.

⑤ CLOWSE B B. Brainpower for the Cold War：the Sputnik crisis and National Defense Education Act of 1958[M]. Westport：Greenwood Press，1981：13.

⑥ CLOWSE B B. Brainpower for the Cold War：the Sputnik crisis and National Defense Education Act of 1958[M]. Westport：Greenwood Press，1981：19.

真正面目也被它名称中的“国防政策”所遮蔽，研究者们甚至把国家安全看作是这场教育改革的真正意义所在，从而忽略了法案所关联和聚焦的教育主题。

因此，本章将通过重新发掘和分析更多的史料文献，首先重新评估作为冷战背景代表的苏联卫星事件对于《国防教育法》的神话意义，把“教育改革”从“国防政策”的笼罩下解放出来；其次聚焦《国防教育法》的立法辩论过程所关注的核心问题，整个过程都是对联邦如何干预教育这个历史性话题的再讨论，冷战其实并不是重要的主题；最后在法案通过后，《国防教育法》除了带来了全面的教育资助外，还引发了一场长达4年的关于学术自由的讨论，它也由此招致最广泛的批评。通过以上的检视，本章试图还原作为一场教育改革的《国防教育法》，检讨和反思在认识教育事件过程中的“刺激—反应”模式的局限性。

第二节　立法背景：对进步主义教育的苦恼

自19世纪末以来，美国掀起了一场主要以实用主义哲学为指导的进步主义教育运动，对传统的教育哲学和教学理念进行批判，并以各种教育实验大胆实践新的教育哲学，对美国乃至全世界的教育发展都产生了非常重要和深远的影响。然而，在这个过程中，进步主义教育理念和实践的弊端也开始逐渐暴露出来，对进步主义教育的总结、批判与反思也为20世纪50年代的教育变革提供了一定的基础。

进步主义教育经过近半个世纪的发展，至20世纪30年代末达到了顶峰，在整个美国教育界和美国社会都获得了广泛的支持。1940年的盖洛普民意测验显示，美国的一般民众都支持学校中正在进行的教育活动及其所采取的教育方式方法；1944年二战结束前夕，全国舆论研究中心（National Opinion Research Center）的调查研究显示，80%的人们对孩子在学校中得到的教育表示满意，只有 15％的人明确表示不满意，另外有 57％的人们认为学校中的现状不需要有什么变化，在那些认为要变化的人之中，44％的人明确认为应该彻底改变进步主义教育的模式。[①] 这些调查和数据既说明了进步主义教育所取得的社会认可度，也反映了进步主义存在的危机。进步主义教育对传统的主智教育进行了深刻的批判，强调教育与生活、实践和职业的关系，打破传统的教育组织模式，强调以儿童为中心，强调儿童的兴趣、当前的需要和个人的经验，在学校教育中强调活动和游戏的作用，确实完全转变了传统教育和传统学校的面貌。但是，随着进步主义教育运动的广泛开展，其中的弊端也开始暴露，这种新颖的教育理念和教学方式所带来的最大问题之一就是对学习的系统性和稳定性的忽视，对学校教育中知识传授的忽视，正如美国教育史学者罗伯特·丘奇（Robert Church）所指出的："进步主义的改革太强调适应，强调鼓励孩子追求他们自己的兴趣，强调社会活动、个性发展以及降低了基本的学术或训练技能的设计教学法。简言之学校变得不够严格，因为学校忽视了重要的、学术的、用脑筋的和困难的学科。"[②] 此外，对传统学校教育组织模式和师生关系的打破也冲击了美国学校教育的秩序乃至社会的秩序，学校也成了人们口中的"马戏场"。这些是美国社会民众所不愿看到的，更是美国政府所不愿看到的。因此，当进步主义教育在 20 世纪 30 年代走向顶峰的同时，对进步主义教育的批评也开始爆发，而且最严肃的批评者正是来自原来的进步主义教育阵营内部。

1932 年的进步主义教育协会大会上，来自哥伦比亚大学的乔治·康茨（George Counts）教授发表题为《学校敢于建立一种新的社会秩序吗?》的演说，抨击进步主义教育一直主张的儿童中心论，呼吁教育

---

① 克雷明. 学校的变革［M］. 单中惠，马晓斌，译. 济南：山东教育出版社，2013：287.

② 瞿葆奎，马骥雄. 美国教育改革［M］. 北京：人民教育出版社，1990：402.

要关心儿童，多关注社会问题。康茨认为进步主义教育走向了极端，导致了无政府状态和极端的个人主义，进步主义学校使教育也变得愈发狭隘。他认为："进步主义教育不能把它的信任寄托在一个以儿童为中心的学校上……如果进步主义教育想要成为真正进步的教育，它必须真正地、勇敢地面对每一个社会问题，对付生活中各种严峻的现实，与社会建立一种有机的联系。"① 在改造主义者看来，进步主义教育的理论和实践的发展已经走向了自己的对立面，导致教育越来越跟社会生活相脱节。学校是不可或缺的社会机构，学校要勇敢地置身于社会的变革中，学校也是个体社会化的专业机构，必须培养儿童掌握社会所需要的知识、技能和价值观，只有如此，教育才能真正地成为社会改造的发动机。

哥伦比亚大学的另一位教授威廉·巴格莱（William Bagley）则于1938年正式提出了要素主义者的主张，组织了一个叫作要素主义者促进美国教育委员会（Essentialist Committee for the Advancement of American Education）的团体。相较于康茨重视教育与社会的紧密联系以及教育的社会改造功能，巴格莱更加重视学校的文化传递功能，但他同样是站在批判进步主义教育的立场上，巴格莱反对进步主义学校中以儿童为中心、以兴趣为中心、打破传统的教育组织、放弃教材、"从做中学"等措施，这种教育极大地破坏了知识学习的系统性，造成知识学习质量下降，否定了人类文化和教育中的共同要素。巴格莱尖锐地指出，进步主义教育理论正在从根本上对教育本身起着削弱的作用，因为它主张在学校中对学生放宽标准、降低要求，轻视知识的价值及其系统性，把活动本身当成了教育的目的，因此进步主义教育完全是"建立在沙滩上的一座完美而华丽的大厦"，这导致了一种非常悲

① 韦布．美国教育史：一部伟大的美国实验［M］．陈露茜，李朝阳，译．合肥：安徽教育出版社，2010：322.

哀的不幸："正当国内外情况处于非常危急的关头，美国教育竟然意外地软弱无能。"[①] 要素主义者重新强调被进步主义教育所摒弃的系统知识传授的重要性，要求严格科目的学习，把教材作为教育过程的核心，对学生学业进行严格考核，教育过程中的权威因素和强制手段是必需的和必要的。对知识的灌输曾是被进步主义教育批判和抛弃的，现在又重新被要素主义者们拾起来，兴趣和活动在美国教育和社会中造成的无序状态使得人们又开始对权威、纪律和系统知识的传授产生了好感，尤其到二战之后受到越来越多人的欢迎，"所有人都要求回到基础训练——更多的语法、更多的数学，三角和代数课上要有更多的作业，对古典文学要有更多的阅读，更多的语言作业、更多的历史"[②]。除了思想界的反思，美国政府也在进一步考虑教育如何更好地与生活和实践联系，如何在中等教育领域进一步地实践进步主义教育理念。1944年1月，第二次世界大战进行到了关键时刻，美国教育署开展了一项名为"未来几年内的职业教育"（Vocational Education in the Years Ahead）的研究，并成立了一个十人委员会，1945年5月底，该项目的最后一次会议在华盛顿召开，在这次会议上，第一次正式引入了"生活适应教育"（Life Adjustment Education）的概念，主张为无升学准备的青年人提供更加现实和实际的教育计划，"更好地使所有青年过上称心的民主生活并成为有益于社会的家庭成员、工作者和公民做准备"[③]。但是，"生活适应教育"强调实用目标这一倾向却让人们看到了它把进步主义教育所带来的对知识教育的忽视发展到了极致："它包含着大量的口号、术语和愚蠢的反理智主义；它把当下的进步主义的功利主义和

---

① 王承绪，赵祥麟．西方现代教育论著选［M］．北京：人民教育出版社，2001：159-160.

② 瞿葆奎，马骥雄．美国教育改革［M］．北京：人民教育出版社，1990：402.

③ 瞿葆奎，马骥雄．美国教育改革［M］．北京：人民教育出版社，1990：77.

集体因循守旧的态度带进了终极的平庸化。”① 因此，“生活适应教育”运动从一开始就受到严肃的批评，并在20世纪50年代初达到高潮，批评主要集中在其对知识传授的漠视上面，知识的民主化在工具主义和功利主义的强烈催促下却导致了学校教育的平庸化。改造主义、要素主义、永恒主义等不同的教育思潮都对此表示强烈不满。“生活适应教育”运动像是进步主义教育的一次回光返照，它接受到的批评也更像是对进步主义教育的最后攻击。“生活适应教育”运动很快于1954年走向了终结，也正是在对“生活适应教育”全面批判的时候，进步主义教育迅速走向衰落和瓦解，但如何面对和解决进步主义教育在过去半个多世纪的时间里留下来的教育问题，美国社会和教育界依然没有找到合适的对策，但不可否认的是，学者和公众越来越认识到“对学生进行彻底的知识训练是教育的一个目的，用最直接最直率的方式提供这种训练是每个学校的首要责任”②。

进步主义教育自身并没有充分重视20世纪30—50年代教育所面临的关键问题，冷战开始后，美苏在军事和科技领域开始竞争，“面对国家对智力突然关注和不断增长的对科学和数学技能的需求，进步主义教育似乎已经过时了”③。美国的教育变革已经来到了关键时刻，但还需等待一个适当的契机，正在此时，美国最大的对手苏联为这一场酝酿中的变革给予了最后的刺激力量。

---

① RAVITCH D. The troubled crusade：American education，1945-1980[M]. New York：Basic Books，Inc.，1983：70.

② 瞿葆奎，马骥雄. 美国教育改革［M］. 北京：人民教育出版社，1990：99.

③ 韦布. 美国教育史：一部伟大的美国实验［M］. 陈露茜，李朝阳，译. 合肥：安徽教育出版社，2010：312.

第三节　误解的起点：作为借口的苏联卫星事件

1957 年 10 月 4 日苏联成功发射了第一颗人造卫星，这一事件往往成为研究者们谈及《国防教育法》的起点。不可否认的是，该事件对于当时美国社会的冲击是巨大的，时隔 40 年后美国学者在回顾美国历史上的教育危机的时候，仍然把苏联卫星事件的冲击放在第一位，“回顾当时的情形，人们不禁会嘲笑我们那时的集体歇斯底里，对 40 年前学校为‘赶上俄国人’所做的努力感到可笑。但在当时，这可不是玩笑”①。美国教育史学者 L. 迪安 · 韦布（L. Dean Webb）也认为：“在历史上，没有哪一个事件能像 1957 年 10 月苏联人造卫星上天那样给教育带来如此强烈的冲击。”② 甚至认为《国防教育法》就是对苏联卫星事件的直接回应。③ 国内研究者们也几乎步调一致地认为，为了应对苏联卫星事件的压力和冷战科技竞争的需要，美国政府在社会的强大压力下“痛定思痛”，最终通过了《国防教育法》。④ 甚至还有观点带着较浓的想象色彩，认为卫星事件扮演的是按钮的角色，“使美国教育改革一触即发”⑤，在苏联卫星的冲击下，“美国迅速地检讨了教育政策，政

---

① 理查森. 美国学校何去何从：下 [J]. 刘鹏，译. 世界教育信息，1996（11）：21.

② 韦布. 美国教育史：一部伟大的美国实验 [M]. 陈露茜，李朝阳，译. 合肥：安徽教育出版社，2010：312.

③ HEROLD J. Sputnik in American education: a history and reappraisal[J]. McGill journal of education, 1974, 9(2): 157.

④ 姚运标. 美国教科书中的宗教与科学之争：以斯科普斯案和《国防教育法》为例 [J]. 合肥师范学院学报，2009（4）：39；贺国庆. 战后美国教育史 [M]. 上海：上海交通大学出版社，2014：14；杨克瑞. 战后美国联邦政府大学生资助政策研究 [M]. 北京：北京师范大学出版社，2008：51.

⑤ 傅林. 当代美国教育改革的社会机制研究：20 世纪 60 年代美国教育改革运动的形成 [M]. 北京：教育科学出版社，2006：34.

府以非常时期的决策速度，通过了具有重大战略意义的《国防教育法》"[①]。如果从卫星事件算起至《国防教育法》通过，前后不足一年，对于美国联邦政府的立法来说确实算是"高效"了，这造成的普遍印象是美国政府在苏联卫星事件的刺激之下匆匆忙忙地通过了《国防教育法》以应对冷战中的科技军事竞争，但是在这种研究表述中，我们关注的不是美国教育如何改革，而是苏联卫星事件有多大的影响力。罗杰·盖格（Roger L. Geiger）就曾明确指出，"人造卫星并没有在美国的教育中造成危机"[②]，当时美国教育中的危机是多种因素造成的，卫星事件只是对联邦政府着手解决这些危机起到了一定的推动作用。不论如何，若想正确地理解《国防教育法》，就必须先厘清该法案与苏联卫星事件之间的关系，以确定苏联卫星事件对于《国防教育法》的立法来说是否是激发性因素。

第一，必须要指出的是，《国防教育法》本质上是美国联邦政府推行的一场针对全国范围内教育事业的改革，而早在苏联卫星事件之前，美国教育领域的"危机感"已成为社会话题，美国联邦政府已经对当时国内教育的危机有了审慎的认识，并已着手推动这场教育改革，也开始推动《国防教育法》的立法进程。

进步主义教育运动末期以来，尤其是20世纪四五十年代，美国政府和社会对教育的反思和批评一直没有停止。早在1947年《纽约时报》的教育编辑本杰明·法恩（Benjamin Fine）就出版了《我们的孩子被骗了：美国教育中的危机》全面性地对美国的"教育危机"进行了揭露："在很多方面，我的发现都是令人震惊的。很多学校系统崩溃了，教育正面临着一系列的危机……我们当前对教育的忽视必将令我们自

① 王英杰．美国高等教育的发展与改革［M］．北京：人民教育出版社，2002：35；王英杰，等．美国教育［M］．长春：吉林教育出版社，2000：134.

② 盖格．研究与相关知识：第二次世界大战以来的美国研究型大学［M］．张斌贤，孙益，王国新，译．保定：河北大学出版社，2008：179.

食其果。”[①] 他在谈到美国教育中联邦资助的不足和困难的时候也明确指出：“如果没有联邦支持，解决教育危机几乎是不可能的。”[②] 至 20 世纪 50 年代初，教育问题已然成为国会关注的重点，全国教育协会也在 1951 年宣称“教育处在危机中”[③]。鉴于此，联邦教育专员萨缪尔·M. 布劳内尔（Samuel M. Brownell）希望通过举办一次全国性会议来寻求美国的教育出路。1954 年 1 月 7 日，德怀特·戴维·艾森豪威尔（Dwight D. Eisenhower）总统在国情咨文中向参众两院表达了召开各州教育会议和联邦教育会议的期待，7 月 26 日，国会同意授权并资助总统举办白宫教育会议（White House Conference on Education），在全国范围内召集教育专家和对教育感兴趣的人士以“讨论当前教育领域中重要而紧急的问题”[④]。1955 年 11 月 28 日至 12 月 1 日，来自全国的 1800 名会议代表齐聚华盛顿共同商议如何教育美国的年轻人，主要涉及学校体系资助、建设、组织、目标、出路等，而在此之前，全国各地也已经召开了 3500 多次地方教育会议。这次白宫教育会议系统地审视了美国学校教育所面临的危机与困境，指出“长期以来，教育的重要性已经被危险地低估了”，该会议必须承担起责任对美国的教育做出“最全面、最广泛和最通力的研究”。[⑤] 因此，全国范围内的教育改革和

---

① FINE B. Our children are cheated: the crisis in American education[M]. New York: Henry Holt and Company, 1947: foreword Ⅹ.

② FINE B. Our children are cheated: The crisis in American education[M]. New York: Henry Holt and Company, 1947: 211.

③ JENNINGS F G. The revolution in education: it didn't start with Sputnik[J]. The saturday review, 1967(9): 95.

④ United States Congress. United States Statutes at large, containing the laws and concurrent resolutions enacted during the second session of the eighty-third congress of the United States of America, 1954, Volume 68, Part 1[G]. Washington, D. C.: Government Printing Office, 1955: 532.

⑤ The Committee for the White House Conference on Education. A report to the President: summary statement[M]. Washington, D. C.: Government Printing Office, 1956: 3-4.

重建将刻不容缓。《纽约时报》的专栏文章也称，这场大会使得“每个人都应该感觉得到，为了学校的战斗将要来临”①。同时与会的500名记者将会议的进程和内容向全美人民通报，美国教育领域中的问题从未受到过如此广泛的关注，这次酝酿了一年多的全国性教育会议可以看作是20世纪50年代美国教育改革的全国动员，初中等教育中的危机已经充分暴露在美国社会面前，也证明了联邦政府已经以实际行动广泛地参与到美国教育的大变革中来。随后，1956年春，总统又组建了一个高中后教育委员会（Committee on Education Beyond the High School）以“呈现高中后教育中的所有问题，并对这些问题进行有效而系统的批判，进而通过研究和会议对高中后教育的发展提出建议”②。该委员会分别于1956年11月和1957年7月提交了两份报告，指出了未来10—15年内美国高中后教育发展的方向、重点和关键，尤其是指出，美国教育正面临着革命性的变革，而联邦政府在这一领域中的角色和作用必须予以确定，它的重要义务和责任是毫无疑问的。③ 委员会还建议联邦教育办公室（Office of Education）和联邦政府卫生、教育与福利部（Department of Health，Education and Welfare）向国会提交相应的提案以落实委员会报告中所提及的政府职责。

其实，在高中后教育委员会提交报告前夕，1957年6月20日，联邦政府卫生、教育与福利部在副秘书约翰·A. 珀金斯（John A. Perkins）的领导下已经成立了一个工作小组，准备推动相关的教育立法工作。7月至10月，这个工作小组召开了多次会议，把教育立法主

---

① LEONARD J P. The White House conference on education, november/december 1955[J]. International review of education, 1956, 2(3): 363.

② The President's Committee on Education Beyond the High School. Second report to the President[R]. Washington, D. C.: Government Printing Office, 1957: preface ⅸ.

③ The President's Committee on Education Beyond the High School. Second report to the President[R]. Washington, D. C.: Government Printing Office, 1957: 14.

要放在了高等教育领域，尤其是研究生教育。在这期间，自 8 月 12 号起，国会众议院教育与劳工委员会下设的教育特别委员会（Special Subcommittee on Education）开始就联邦的奖学金项目、助学贷款项目以及联邦对教育进行资助的问题在华盛顿举行听证会。教育特别委员会主席卡尔·埃利奥特（Carl Elliott）在听证会上表示："在接下来的 50 年中，不论美国的教室里发生什么都必将影响到美国。"① 10 月 28 日至 11 月 4 日，听证会分别在威斯康星州、南达科他州、犹他州、俄勒冈州举行以充分听取不同地区的民意。10 月 4 日的苏联卫星事件在后 4 场听证会中已经开始被提及，然而值得注意的是，卫星事件并没有被当作是推动立法的工具和理由，大多数人谈及它时都表现出一种不以为然，甚至不屑一顾，认为卫星事件根本代表不了什么。国会议员伊迪丝·格林（Edith Green）就警告说，盲目地以苏联为参照目标并不是明智之举，出版商约翰·A. 肯尼迪（John A. Kennedy）也提醒说："卫星事件会让我们误以为苏联的一切都是好的，而事实上，他们在很多方面都是落后的。"② 苏联卫星事件对于这场正常进行中的听证会并没有造成冲击，大家清楚地认识到，它并不意味着美国在技术上的落后。犹他大学校长 A. 雷·奥尔平（A. Ray Olpin）更是指出，卫星事件会误导联邦政府只资助科学技术，但事实上，联邦的资助应该是全面性的。③ 此时关注的焦点仍然是联邦政府以奖学金和助学贷款的

---

① United States Congress. Scholarship and loan program: hearings before a subcommittee of the committee on education and labor Part 1[M]. Washington, D. C.: Government Printing Office, 1958: 1.

② United States Congress. Scholarship and loan program: hearings before a subcommittee of the committee on education and labor Part 1[M]. Washington, D. C.: Government Printing Office, 1958: 305.

③ United States Congress. Scholarship and loan program: hearings before a subcommittee of the committee on education and labor Part 1[M]. Washington, D. C.: Government Printing Office, 1958: 400.

方式资助教育的必要性和可行性。1958 年 1 月 30 日，在听证的基础上，埃利奥特正式向众议院提交了名为《国防教育法》（National Defense Education Bill）的提案。

由此可以看出，早在苏联卫星成功发射之前，美国联邦政府以及整个社会都已经充分意识到美国教育的危机性问题，而且这种教育危机是综合的、全面的，并不只是科学教育一个方面，危机的根源也不在于冷战，而在于整个学校体系已经无法适应社会的发展。在深刻的危机感基础上，联邦政府为将要到来的教育改革已经做了充分的酝酿，并已开始了立法程序。这充分说明，后来的《国防教育法》根本不是在苏联卫星事件的刺激下美国政府“痛定思痛”的“仓促”之举，而是联邦政府和美国社会各界人士深思熟虑后在充分调查和研究的基础上所做出的改革决策和立法动议，联邦政府对全国教育体系的系统全面干预已变得刻不容缓并将成为这场教育立法和改革的中心议题。

第二，苏联卫星事件确实给美国社会和朝野带来了很多冲击，政界人士也流露出某种“恐慌”，作为总统的艾森豪威尔也在卫星事件一个多月后不得不发表了《国家安全中的科学》（“Science in National Security”）的演说以安定人心，该演说也成为很多研究者认为总统在卫星事件刺激下讨伐美国教育的证据。然而，总统演说背后的真实意图是什么？总统为什么把苏联抢先成功发射卫星归结于教育落后？这是总统以及联邦政府决策层的真实态度吗？

艾森豪威尔对于苏联卫星事件确实也感到了震惊，只不过令他吃惊的是“公众关心的强烈程度”，他面对批评者们质问美国落后的原因时，引用了他的首席导弹专家沃纳·冯·布劳恩（Wernher von Braun）的解答作为回应：“美国在 1945 年至 1951 年没有值得一提的弹道导弹计划。在这 6 年间，俄国人显然为了他们的巨大的火箭计划奠定了基础，这 6 年是不可挽回的损失……目前的困境不是由于我们现在努力不够，而是我们在战后的最初 6 年或 10 年里努力不够。"[①] 显然，艾森豪威尔从一开始就没有把美国在发射卫星上的落后归因为技术或者教育的落后，而是归于政策，是美国导弹和卫星计划的失策，尤其是国会近年来一直削减相关的经费所导致的。因此，艾森豪威尔和他的军事顾问及科学顾问于 1957 年 10 月 8 日就迅速地对苏联卫星事件做出了反应，即着手调整美国的卫星发展计划和政策，而且，总统和他的智囊们的态度非常冷静，相关政策可以调整但无需刻意改变，"不能为了对俄国人所作的每件事情做出反应而不断改变我们的计划"[②]。10 月 9 号上午的记者招待会上，艾森豪威尔也告诉记者们"从安全角度来说，这个新的人造卫星并没有引起我们的忧虑"[③]，美国也有能力迅速地发射人造卫星，但是贸然为此改变既定政策对于美国的科学和军事发展将是不利的。

然而，艾森豪威尔确实有他需要担忧的事情，他预见到苏联卫星事件会给国会和公众新的理由批评他的国家管理，[④] 而此时，蠢蠢欲动的民主党也确实想把苏联卫星事件当作是削弱艾森豪威尔这位共和党总统的民众威望的一个好机会，[⑤] 殊不知，此前也正是这些民主党议员们反对总统增加国防科技拨款，他们的立场与冷战、教育等问题无关，只因他们在政治权力中所处的位置。因此，对于此时此刻的艾森豪威

---

① 艾森豪威尔. 艾森豪威尔回忆录：3 [M]. 樊迪，静海，等译. 北京：东方出版社，2007：437-438.

② 艾森豪威尔. 艾森豪威尔回忆录：3 [M]. 樊迪，静海，等译. 北京：东方出版社，2007：443.

③ 艾森豪威尔. 艾森豪威尔回忆录：3 [M]. 樊迪，静海，等译. 北京：东方出版社，2007：443.

④ CLOWSE B B. Brainpower for the Cold War: the Sputnik crisis and National Defense Education Act of 1958[M]. Westport: Greenwood Press, 1981: 9.

⑤ HARTMAN A. Education and Cold War: the battle for the American school[M]. New York: Palgrave McMillan, 2008: 176.

尔来说，比卫星危机更重要的是他的政治危机，当1957年11月3日苏联又成功发射了第二颗人造卫星的时候，总统的支持率也降到了最低点，他必须适当地回应公众和民主党对他的批评，但是他在回应中又绝不能承认美国的军事和技术的落后，因为这等于是承认了自己管理国家的失败，所以，对于总统来说，“眼下的问题，是要设法让我国人民看到远景，以俾消除当前那一阵半歇斯底里的浪潮”①。

11月7日，艾森豪威尔在他的总统办公室向全体美国民众发表了题为《国家安全中的科学》的演说以正式回应两次苏联卫星事件。在演说中，他向民众介绍了美国的科技和军事近几年来所取得的进步，并指出苏联卫星不会对美国的国家安全造成直接影响，他委婉而公开地拒绝了美国落后苏联的指控，反驳了此前他和联邦政府所受到的指责。紧接着，总统明确指出，在这场技术竞争中美国暂时落败的最深刻原因在于“我们没有把科学教育置于足够优先的地位”②，因此，教育是这场技术竞争失败的最根本原因，而教育的改变则需要“时间、鼓励和有技能的教师”③。他虽然没有更多地谈及教育，但是很显然，他已经把这场科技竞争失败的账算到美国教育的头上，他要告诉民众和民主党人：“美国确实存在一个问题，只不过……这个问题是教育而不是军事。”④

---

① 艾森豪威尔. 艾森豪威尔回忆录：3［M］. 樊迪，静海，等译. 北京：东方出版社，2007：443.

② EISENHOWER D D. Radio and television address to the American people on science in national security[EB/OL]. (1957-11-7)[2018-4-15]. http://www. presidency. ucsb. edu/ws/? pid=10946.

③ EISENHOWER D D. Radio and television address to the American people on science in national security[EB/OL]. (1957-11-7)[2018-4-15]. http://www. presidency. ucsb. edu/ws/? pid=10946.

④ CLOWSE B B. Brainpower for the Cold War: the Sputnik crisis and National Defense Education Act of 1958[M]. Westport: Greenwood Press, 1981: 13-14.

美国教育史学者韦恩·J. 厄本（Wayne J. Urban）对总统的回应做出了精辟的概括："总统对教育，尤其是科学教育的诉求，使他对苏联的挑战做出了回应，但是他把回应引到了教育领域，而使之不要成为一个国防问题。"① 这可以说是艾森豪威尔总统面对苏联技术挑战和国内政治危机时所采用的精妙回应和两全之策，把苏联卫星事件归咎于教育落后也是两党政治下的一种政治策略安排，总统的抉择也预示着已经进入立法程序的《国防教育法》也沾染了两党政治的色彩，法案的成立过程将会揭示，它是共和党对自己长期以来政治保守主义的一次检讨，也是两党合作重新探讨联邦政府应该在教育及其他社会领域扮演何种角色的一次成功努力。

不仅如此，总统也没有把《国防教育法》当作是一项应急性的教育对策，1958 年 7 月 7 日，艾森豪威尔在给来自纽约州的国会众议员施托伊弗桑特·温赖特（Stuyvesant Wainwright）的信中透露了对《国防教育法》提案的喜悦与支持，同时，总统也对奖学金资助表达了自己的看法，他认为，奖学金"不应局限于那些表现出杰出能力的学生，还要针对那些需要一定的财政资助来完成学院教育的学生"②。所以对总统来说，《国防教育法》不应只是为了国防、为了所谓的"天才教育"，更应当是一份兼顾公平的全面性教育资助法案，不管被冠以什么名称，它所代表的将是联邦政府以自身的力量推动美国教育的全面变革，在追求卓越的同时还必须要照顾社会公平和教育事业的整体发展。

总之，苏联卫星事件与《国防教育法》所代表的这场教育改革之间的关系并不如研究者们以前所想象的那样，原先被广泛设想的两者之间的"刺激—反应"模式事实上并不成立。苏联卫星事件给当时美

---

① URBAN W J. More than science and Sputnik: the National Defense Education Act of 1958[M]. Tuscaloosa: The University of Alabama Press, 2010: 114.

② United States Congress. Congressional Record, 84th Congress, 2nd Session[R]. Washington, D. C.: Government Printing Office, 1958: 13259.

国社会和教育所产生的冲击是有限的，1957 年 10 月 28 日，教育特别委员会在威斯康星州举行听证会，该州哈德森高中（Hudson High School）的校长 W. G. 海汀（W. G. Heiting）指出，在美国东部一所学院里做的一份调查显示，"百分之二十五的大学生当时都还不知道苏联卫星是什么，从来没有听说过它，从未在报纸上读到过它"①。至于美国教育中的危机问题，联邦政府、社会舆论和教育人士都早已对此进行了系统的研究和讨论，并获得了比较审慎且全面的认识，联邦政府所做的早期工作以及国会在全国范围内举行的立法听证，为后来《国防教育法》的通过发挥了重要的铺垫作用，联邦政府已先于苏联卫星事件开始酝酿对全国教育事业的资助与扶持。苏联卫星事件在立法过程中确实被很多人当作一个重要的支持理由，但是对于卫星事件和教育改革的整体关系来说，应该是卫星事件和冷战对抗成为推进教育改革的工具。正如弗兰克·G. 詹宁斯（Frank G. Jennings）在 1967 所总结的那样："持续不断的教育革命并非始于苏联卫星事件，而且它也不会因此结束。"②

第四节　立法辩论中的两难：联邦政府如何干预教育的历史性议题

当白宫教育会议和高中后教育委员会为后来的教育立法进行酝酿的时候，联邦政府对教育的干预已经势在必行，而当《国防教育法》开始进入立法程序的时候，联邦干预事实上成为最受关注的焦点议题。

---

① United States Congress. Scholarship and loan program: hearings before a subcommittee of the committee on education and labor Part 1[M]. Washington, D. C.: Government Printing Office, 1958: 231.

② JENNINGS F G. The revolution in education: it didn't start with Sputnik[J]. The saturday review, 1967(9): 97.

艾森豪威尔总统面对美国科技和教育所受到的社会舆论指责，仍然坚持“反对由联邦政府全面地和直接地资助全部高等教育”①。1958 年 1 月 27 日，就在埃利奥特正式向众议院提交《国防教育法》提案之前，艾森豪威尔对国会发表了关于教育的特别演讲，对提议中的教育立法表达了自己的期待和建议，总统在最后着重指出：“达成目标的方法应该是合理的；重点是州政府、地方和私人的努力；联邦的角色是帮助而不是控制或者取代这些努力。”② 这表达的不仅仅是总统或者共和党的保守态度，而是自美国建国以来在联邦政府和教育关系上的一个历史性问题，总统在这篇完全没有提及苏联卫星事件的教育演说中对即将到来的教育改革提出了自己的建议，他的建议内容大部分成为后来《国防教育法》的内容，同时也指出了这次教育立法中的核心问题：如何再一次解决联邦干预教育的合宪性问题。

美国宪法第 10 修正案将教育权保留给了各州，但是，在 1785 年和 1787 年的《西北法令》及其后续的购地案中明确规定了在美国西部开发的过程中发展教育事业是联邦政府的责任和义务。一边是责任，一边是合宪性质疑——这是美国历次教育立法中最大的两难，如何突出责任且不引起广泛的违宪指责是历次立法成功的关键。1958 年 8 月 7 日，参众两院开始对《国防教育法》提案进行讨论。参议院的劳工和公共福利委员会（The Committee on Labor and Public Welfare）主席利斯特·希尔（Lister Hill）作为提案在参议院的主要推动者在辩论一开始就指出，立法一方面要促进教育的发展，另一方面“还要维护我们所有人所深信的传统原则，即教育的主要责任和控制权属于且必须

---

① 艾森豪威尔. 艾森豪威尔回忆录：3 [M]. 樊迪，静海，等译. 北京：东方出版社，2007：450.

② EISENHOWER D D. Special message to the congress on education[EB/OL]. (1958-1-27)[2018-4-15]. http://www.presidency.ucsb.edu/ws/? pid=11207.

属于各州、地方社区和私立机构"[①]。总的来说，联邦政府在承担自己责任的同时必须限制自身的权力。他特别指出，《国防教育法》提案的重要性在于：有效提高联邦在普遍增强整个教育制度方面的领导角色；推动州政府、地方社区和私人力量进一步支持教育的努力，维护教育权属于地方的传统原则；最重要的长远影响是将会改变国家对于教育的态度。[②] 希尔非常明确地指出了这次立法的本质和需要解决的焦点问题，来自马萨诸塞州的众议员菲利普·菲尔宾（Philip Philbin）也表示，相信这次立法可以找到联邦政府为地方教育事务提供指导和帮助的合宪的可行办法。[③]

因此，对于赞成者来说，最重要的就是要阐明美国的教育事业需要联邦政府的帮助，而且联邦的资助和指导不会带来控制。来自俄勒冈州的参议员韦恩·莫尔斯（Wayne Morse）就引用历史上联邦政府资助教育的例子说明，联邦的资助绝不会带来联邦控制，联邦从来没有利用资助控制某一层次的教育或者某一所学校。[④] 菲尔宾和来自俄克拉何马州的众议员埃德蒙·埃德蒙森（Edmond Edmondson）也表示，这次立法是本届国会对于关乎国家未来的重要领域的一次建设性努力，是解决全国教育危机的一次良好开端。[⑤]

尽管如此，仍然有国会议员担心联邦政府会因此超越自己的权限

---

① United States Congress. Congressional Record, 84th Congress, 2nd Session[R]. Washington, D. C.: Government Printing Office, 1958: 17230.

② United States Congress. Congressional Record, 84th Congress, 2nd Session[R]. Washington, D. C.: Government Printing Office, 1958: 17239.

③ United States Congress. Congressional Record, 84th Congress, 2nd Session[R]. Washington, D. C.: Government Printing Office, 1958: 16684.

④ United States Congress. Congressional Record, 84th Congress, 2nd Session[R]. Washington, D. C.: Government Printing Office, 1958: 17288.

⑤ United States Congress. Congressional Record, 84th Congress, 2ndSession[R]. Washington, D. C.: Government Printing Office, 1958: 16683-16684.

控制全国的教育体系，以及随之而来的对学术自由的威胁，还会打击各州、地方社区以及私人力量在教育中的积极性和主动精神，这也引发反对者们最大的抗议。来自南卡罗来纳州参议员斯特罗姆·瑟蒙德（Strom Thurmond）就非常尖锐地指出：没有任何研究能够表明州和地方没有满足教育的需求，地方教育事务不需要联邦的干预。[①] 来自纽约州的众议员霍华德·W. 罗比森（Howard W. Robison）也担忧该提案将成为近一百年以来“联邦政府第一次侵入全面资助教育这领域。多年以后，教育人士和立法人士都会相信，教育正在逐步变成一项联邦职责”[②]，而州和地方政府将会因此丧失对教育的控制权，传统的“州—地方”教育责任分权模式将会转变成“华盛顿—中央”这样的教育责任集权模式。来自犹他州的众议员威廉·A. 道森（William A. Dawson）更是指出联邦奖学金和贷款项目是糟糕的、不必要的，甚至整个法案的基础都是错误的，“该法案不是为了纠正我们国家教育制度中的缺陷，而只是在未来几年内为日益增长的联邦对于我们教育制度的干预和控制打开方便之门”[③]。多位众议员表示，他们承认当前的美国教育确实存在很多问题，但是解决这些问题还是要靠州和地方，而不需要联邦政府插手，“地方责任和地方自治是美国生活方式的基石”[④]，联邦的资助一定会带来联邦的控制，联邦政府将会和州政府争夺教育的控制权。

综观几百页的国会辩论记录，赞成者和反对者都在着重强调联邦

---

① United States Congress. Congressional Record, 84th Congress, 2nd Session[R]. Washington, D. C. : Government Printing Office, 1958: 17296.

② United States Congress. Congressional Record, 84th Congress, 2nd Session[R]. Washington, D. C. : Government Printing Office, 1958: 16692, 16743.

③ United States Congress. Congressional Record, 84th Congress, 2nd Session[R]. Washington, D. C. : Government Printing Office, 1958: 16572 , 16692.

④ United States Congress. Congressional Record, 84th Congress, 2ndSession[R]. Washington, D. C. : Government Printing Office, 1958: 16573, 16576, 16683.

资助和联邦控制之间的区别或联系。在众议院投票表决之际，来自南达科他州的众议员乔治·S. 麦戈文（George S. McGovern）再次强调："联邦对教育的资助跟联邦控制完全是两回事……该法案在维持了教育的地方控制传统的同时又从联邦政府获得了援助之手。"① 1958 年 9 月 2 日，艾森豪威尔总统正式签署《国防教育法》时也表示："联邦政府要承担它的责任，而这个国家的民众也通过他们的州和地方政府以及私立机构进行努力。"② 通过后的 1958 年《国防教育法》一共包括 10 编内容，目录如表 4-4-1 所示。

表 4-4-1 《1958 年国防教育法》目录③

第 1 编：总则	第 101 条	裁决和政策宣布
	第 102 条	禁止联邦控制教育
	第 103 条	概念界定
第 2 编：贷款给高等教育机构中的学生	第 201 条	授权拨款
	第 202 条	分配给各州
	第 203 条	联邦资金的拨付
	第 204 条	同意的条件
	第 205 条	贷款条款
	第 206 条	学生贷款资金的分配
	第 207 条	给机构的贷款

① United States Congress. Congressional Record, 84th Congress, 2nd Session[R]. Washington, D. C. : Government Printing Office, 1958: 19615.

② EISENHOWER D D. Statement by the President upon signing the National Defense Education Act[EB/OL]. (1957-9-2)[2018-4-23]. http://www.presidency.ucsb.edu/ws/?pid=11211.

③ United States Congress. United States Statutes at large: Part 1[G]. Vol. 72. Washington, D. C. : Government Printing Office, 1959: 1580-1605.

续表 1

		第 208 条	应付贷款总数减少的拨款
		第 209 条	管理条款
第 3 编：加强科学、数学和现代外语教学的财政资助		第 301 条	授权拨款
		第 302 条	分配给各州
		第 303 条	州的计划
		第 304 条	拨款给各州
		第 305 条	给非营利性私立学校的贷款
第 4 编：国防奖学金		第 401 条	授权拨款
		第 402 条	奖学金的数量
		第 403 条	奖学金的授予和机构的批准
		第 404 条	奖学金的金额
		第 405 条	获得奖学金的条件
第 5 编：引导、咨询和测试；鉴别和鼓励有才能的学生	A 章：州项目	第 501 条	授权拨款
		第 502 条	分配给各州
		第 503 条	州的计划
		第 504 条	拨款给各州
	B 章：咨询和指导训练机构	第 511 条	授权
第 6 编：语言发展	A 章：中心、研究和学习	第 601 条	语言和地区中心
		第 602 条	研究和学习
		第 603 条	授权拨款
	B 章：语言机构	第 611 条	授权
第 7 编：研究和试验更有效地利用电视、广播、电影和相关媒体进行教育	A 章：研究和试验	第 701 条	教育专员的功能
		第 702 条	资助款；协议
	B 章：新教育媒体的信息宣传	第 731 条	教育专员的功能

续表 2

	C 章：一般条款	第 761 条	成立咨询委员会
		第 762 条	特殊工作人员
		第 763 条	授权拨款
第 8 编：地区职业教育项目	第 801 条		裁决和目的的陈述
	第 802 条		《1946 年职业教育法案》修正案
第 9 编：科学信息服务	第 901 条		服务的功能
	第 902 条		科学信息咨询委员会
	第 903 条		为一定的资助和协议授权
	第 904 条		授权拨款
第 10 编：兜底条款①	第 1001 条		管理
	第 1002 条		咨询委员会
	第 1003 条		咨询委员会或者信息咨询委员会成员免于利益冲突法律（conflict-of-interest laws）的限制
	第 1004 条		州计划的管理
	第 1005 条		司法审查
	第 1006 条		付款方式
	第 1007 条		授权拨款的管理
	第 1008 条		给托管地和领地的拨款
	第 1009 条		州教育部门数据统计工作的改进

① “兜底条款”（Miscellaneous Provisions）作为一项立法技术，它将所有其他条款没有包括的、难以包括的、目前预测不到的，都包括在这个条款中，尽量减少人类主观认识能力不足所带来的法律缺陷，以及为了保持法律的相对稳定性，使执法者可以依据法律的精神和原则，适应社会情势的客观需要，将一些新情况等通过这个兜底性条款来予以适用解决，而无须修改法律。

其实从这些目录也可以看得出，法案主要针对的还是资助学生和促进教学。虽然在总则的第 2 条明确规定禁止联邦对教育的控制，但是不得不承认，通过这个法案，联邦对美国整个教育体系形成了全面的影响力和引导力，不可否认，这种力量是强大的，联邦政府在美国教育发展中将会扮演着越来越重要的角色。但对于法案本身内容来说，第 1 编第 1 条是宣布法案的通过及其目标，紧接着第 2 条就是明确规定“禁止联邦控制教育”的根本原则，[①] 由此可以看出“联邦控制”所受到的怀疑之深，如果没有这条原则性的规定，法案也就失去了合宪性基础。总的来说，《国防教育法》的整个立法过程所展现的是国会在联邦政府应该如何干预教育以及以何种方式、在何种程度上干预教育这个历史议题上的又一次争议和博弈，最后达成的妥协正如法案内容所示的那样：坚持传统的地方主义，联邦政府出资拨款，项目的管理和执行主要由州政府负责。

法案中所贯彻的地方主义精神和州政府负责的原则也再次证明了，很难说《国防教育法》是推进以国家安全为代表的国家利益，相反，它所体现的应是以州为代表的地方利益，从这个角度来说，认为该法案是“国家”的国防政策也是站不住脚的。对于联邦政府来说，这是联邦权力在教育领域中全面拓展和延伸的一次历史性尝试，但是从根本上说，它所唤醒的与其说是联邦政府对教育的兴趣，还不如说是鼓励和推动了州政府在教育方面必须有所作为。在责任和违宪质疑的两难处境中，在一个时刻警惕政府权力扩张的政治传统中，联邦政府所能做的主要是激励州政府对教育事务的责任，这是联邦教育政策的基本特征。

---

① United States Congress. United States Statutes at large:Part 1[G]. Vol. 72. Washington, D. C. :Government Printing Office,1959:1582.

第五节　国家安全下的妥协：政治忠诚与学术自由的张力

从立法的起源、过程和法案内容来看，《国防教育法》的核心在于联邦政府对全国范围内的教育进行全面资助，重新界定联邦政府在教育中的角色，重新调整联邦和州政府在教育领域中的关系。法案的推动者和支持者在整个过程中慎之又慎，反复强调联邦资助不会带来联邦控制，并将“禁止联邦控制”作为一条根本原则写进法案，恰当地回应了违宪质疑。然而，该法案虽然没有触碰宪法，却触动了社会的另外一条敏感神经——学术自由。法案第10编第1条规定任何接受本法案拨款和贷款的个人必须向联邦教育专员宣誓，宣布忠诚于国家，并且不相信国外的任何敌人，不参与国外的任何敌人组织。[①] 这种政治性的忠诚宣誓引起了各级教育机构以及教师和学生广泛的反感，尤其是高校的教师和管理者。

争取学术自由和维护大学教师自身利益一直是美国大学教授协会（American Association of University Professor）重要使命，20世纪四五十年代更是美国学术自由制度确立的关键时期。在总统签署法案两个月后的1958年11月1日，美国大学教授协会主席海勒姆·本特利·格拉斯（Hiram Bentley Glass）和秘书威廉·P. 菲德勒（William P. Fidler）就代表协会向国会递交了反对意见，强烈要求重新考虑这一条款，因为该条款界定模糊、违宪、会引起广泛的怨恨，对广大师生来说

---

① United States Congress. United States Statutes at large: Part 1[G]. Vol. 72. Washington, D. C.: Government Printing Office, 1959: 1602.

则是“非常有害的”，“它把教育中的每一个人都当作是怀疑的对象”。[①]而对于以学术为职业的大学教师来说，这种条款存在巨大的潜在危险。仅 3 天后，11 月 4 日，《科学》（*Science*）杂志上出现了一篇题为《老大哥再现》（“Big Brother Again”）的文章，认为这种条款会“制造一种充满恐惧和怀疑的氛围，不利于心智的自由和创造性地操练”[②]，让学生成为胆小和墨守成规的人，忠诚条款将会变成负责监视大家的“老大哥”。因此，以国防和抵御苏联为口号的法案可能反而成为葬送美国民主的掘墓者。

与此同时，高校的校长们也开始表达强烈的不满。1958 年 12 月，曾担任俄亥俄卫斯理大学（Ohio Wesleyan University）校长、时任卫生、教育与福利部主席的亚瑟·S. 弗莱明（Arthur S. Flemming）就公开表示忠诚条款不会有什么用处，真正的破坏分子也会毫不顾忌地进行忠诚宣誓。12 月 19 号，耶鲁大学校长阿尔弗雷德·W. 格里斯沃尔德（Alfred W. Griswold）致信弗莱明强烈呼吁取消这样的条款，这种条款“在最好的情况下是令人生厌的，在最坏的情况下是对我们专业领域的潜在威胁”[③]。随后，哈佛大学校长内森·H. 蒲赛（Nathan H. Pusey）、普林斯顿大学校长罗伯特·F. 戈欣（Robert F. Goheen）、宾夕法尼亚大学校长盖洛德·P. 哈恩韦尔（Gaylord P. Harnwell）也都致信弗莱明表示对格里斯沃尔德的支持。1959 年 1 月和 2 月，又有 9 位大学和学院的校长公开表示了他们的抗议，5 所高校明确表示拒绝接受教育资助，除非重新修订法案。至 1960 年 3 月，共有 20 余所学院和大

---

① GLASS B, FIDLER W P. Disclaimer affidavit requirement: association officers express disapproval of Title X, Section 1001 (f) (1) of the National Defense Education Act of 1958 [J]. AAUP bulletin, 1958, 44(4): 770.

② Big brother again[J]. Science, new series, 1958, 128(3333): 1181.

③ Loyalty provisions of National Defense Education Act meet opposition from educators and congressmen[J]. Science, new series, 1959, 129(3349): 625.

学明确拒绝参加或者退出《国防教育法》项目，40余所高校的校长或董事会公开表示对这一条款的不满。而且这些反对声非常激烈，措词非常严厉，其焦点就在于，认为忠诚条款构成了对学术自由最严重的威胁。蒲赛校长自始至终都代表着哈佛大学对这种侵犯学术自由和大学自治的法律条款最强烈的谴责，① 康奈尔大学校长迪恩·W.马罗特（Deane W. Malott）的意见也颇具代表性："立法控制不了思想，试图控制它的努力与美国政治的原则和传统不符。"② 在高校人士看来，这一条款既是不明智的，也是不必要的，更是无效的，这种宣誓和声明的方式根本达不到测试忠诚的效果，而且还有歧视的嫌疑，因为申请资助的教师和学生的政治忠诚遭到了怀疑。

除了美国大学教授协会，也有多个组织和团体参与到反对行列中来。1959年3月，美国公民自由联盟（American Civil Liberties Union）的学术自由委员会（Academic Freedom Committee）也形成了一份报告，批评《国防教育法》以联邦控制的方式威胁了学院和大学传统的自由，认为忠诚宣誓确实会造成一种最糟糕的影响，尤其是在教育领域，因为在教育领域中，思想自由和集会自由本来最应该收到保障和鼓励。③ 除此以外，全国教育协会、美国学院协会（The Association of American Colleges）、美国教育委员会（The American Council on Education）、州立大学协会（The States University Association）、美国赠地学院和州立大学协会（American Association of Land-Grant Colleges and State Universities）、美国法学院协会（American

① PUSEY N H. Letters: the disclaimer affidavit[J]. AAUP bulletin, 1961, 47(4): 356-357.

② Editorial: the disclaimer affidavit[J]. The journal of higher education, 1960, 31(3): 160.

③ Academic freedom committee attacks Defense Education Act[J]. Science, new series, 1959, 129(3357): 1212.

Association of Law Schools)、全国学生联合会（National Students Association）等，也都以不同的方式相继表达了抗议。政治忠诚条款受到的指责也因此成为《国防教育法》在资助高等教育时遇到的最大阻力，刚刚过去不久的麦卡锡主义（McCarthyism）使得整个美国社会对这种忠诚测试仍然心有余悸。1959年12月20日，格里斯沃尔德校长在《纽约时报》上发表文章《忠诚：一个学术自由话题》（“Loyalty: An Issue of Academic Freedom”）在全国范围内引起关注，他通过回顾宗教压迫和极权主义的历史警告国会，该条款是历史的倒退，它不会带来任何安全，只会带来危险和奴役。①

其实，从一开始，国会中也充满了对反对之声。1959年1月29日，参议员约翰·F. 肯尼迪（John F. Kennedy）和约瑟夫·S. 克拉克（Joseph S. Clark）就向参议院提交议案要求废除《国防教育法》中的政治忠诚条款。次日，肯尼迪在参议院发言的时候就明确表示："在一个旨在促进教育发展的项目中，忠诚宣誓没有任何存在的空间……它对于那些有前途的学生来说是一个障碍，对于那些管理这一条款的人来说，它又是令人讨厌的、蒙羞的和无法操作的。"② 而且这种条款会带来对其有效性的合宪性质疑，也会使得联邦控制教育这个问题变得更加尖锐。与此同时，众议院也先后收到了来自5位众议员的5份几乎一样的议案。然而，这只是近4年的努力和斡旋的开始。可惜的是，废除忠诚条款的提议一直没有获得多数支持。一直到1961年，《国家科学基金会法案》（*National Science Foundation Act*）在修订时删除了其中类似的忠诚条款，一年后，在众议员奥林·E. 提格（Olin E. Teague）的努力下，通过援引《国家科学基金会法案》修正案，才把《国防教

① United States Congress. Congressional Record, 86th Congress, 2nd Session [R]. Washington, D. C.: Government Printing Office, 1960: 12656.

② KENNEDY J F. The loyalty oath: an obstacle to better education [J]. AAUP bulletin, 1959, 45(1): 25.

育法》中的忠诚条款进行了修订，使之摆脱了政治压迫的诟病，而之前的参议员肯尼迪此刻早已成为美国第35任总统。

在立法过程中，反对者多是担心联邦和州政府在教育事务上的权力平衡会被打破，在立法之后，对联邦权力的警觉同样是反对声的焦点，只不过转移到了学术自由话题上来。但总的来说，都是对联邦权力扩张的一种抵触。在对忠诚条款备受指责的过程中，“国家安全”并没有给它带来天然合法的理由，尽管如此，忠诚条款历经4年的努力才得以修正，最终也不是靠“学术自由”本身赢得的胜利，即便是在美国学术自由制度确立的关键时期里，“学术自由”的神圣性在现实的政府权力面前依然是一个不确定的因素，哪怕它得到了全国范围内政治和文化精英、最优秀的大学的管理者们、社会团体、专业组织的持久广泛支持。其实，政治忠诚条款本就是在《国防教育法》通过的最后关头临时加入的内容，而且当时在参众两院根本没有遭到任何反对，因此，国会的态度早已明确。《国防教育法》的主要推动者埃利奥特对该条款一直看的比较淡，他并未呼吁反对，因为这是“立法过程中双方互相妥协和让步的一份不幸但必要的代价”①，同时也是整个法案中联邦权力的真正体现。说到底，联邦权力和学术自由双方在这一过程中都没有取得实质性的真正胜利，最后的结果只能说是一种“不欢而散”，这给今后联邦政府和高等教育的关系增添了更多的不确定性，如何在政府和学术界之间建立合作和信任应该是每一项高等教育政策制定过程中双方都需要慎重考虑的问题。

---

① URBAN W J. More than science and Sputnik：the National Defense Education Act of 1958[M]. Tuscaloosa：The University of Alabama Press，2010：184.

第六节　联邦教育改革的限度与广度

1958 年 1 月 31 日，美国终于成功把自己的人造卫星送上了太空，仅用了 3 个多月的时间就追上了苏联的步伐，这也从另一个角度证明了当初苏联的领先与所谓美国科技和教育的落后无关。卫星事件和国家安全从来就不是《国防教育法》关注的真正问题，“刺激—反应”的解释模式过分强调了社会和时代背景的作用，而轻视或忽略教育发展的自身逻辑，把教育改革和发展完全看作是时代背景的从属角色，20 世纪 50 年代的美国教育大改革也因此成为冷战和人造卫星的被动反应和陪衬。这种看法为 20 世纪 70 年代以来美国教育史研究中的修正派（Revisionist）关于学校教育只为维持社会秩序的观点提供了进一步的印证，[1] 只不过在这场改革中，教育的职责从维护国内社会秩序转向了维护国际秩序和国家利益。正如美国教育史学者戴安娜·拉维奇（Diane Ravitch）尖锐批评的那样：“对历史的政治分析和对历史的政治化是有区别的，前者是试图在事物的历史背景中理解其前因后果，而后者则是对过去的事件强加一种特定的解释方式。”[2] 我们应当看到教育改革的社会和时代背景，但是不能把社会和时代背景当作教育改革的全部，更不应将教育看作是拯救社会、保卫国家的良药，“国家安全”只不过是给研究者们提供了一种想象的共识。对于《国防教育法》来说，冷战和教育改革看上去似乎很有逻辑，但实际上它们的联系并不是必然的，也没有直接的因果关系，冷战不是改革的动因，教育也不是冷战的工具。

---

① HEROLD J. Sputnik in American education：a history and reappraisal[J]. McGill journal of education，1974，9(2)：143.

② RAVITCH D. The revisionist revised：a critique of the radical attack on the schools [M]. New York：Basic Books，Inc. ，Publishers，1977：165.

不管是从美国社会的教育危机感、教育改革立法程序缘起还是从《国防教育法》的资助内容与改革效果来看，“该法案都可以说是一项彻彻底底的教育措施”[①]，这是联邦政府第一次通过一个法案对所有级别的教育进行全面资助，是一份史无前例的综合性教育法案。在法案通过的第一个财政年度里，联邦政府所提供相应拨款就达到1.8亿多美元，在接下来的3个财政年度中都一直保持增长态势，前4个财政年度的总拨款近9亿美元。[②] 但是，财政资助从来不是联邦教育政策的全部，甚至不是最核心的问题，伴随着前所未有的巨额而广泛的联邦资助而来的真正问题是，对联邦政府如何干预教育事务这个历史性问题的重新讨论与审议，在高等教育领域，围绕着学术自由的话题，联邦政府与学术界之间的关系也面临着如何调和的拷问。

联邦政府每一次试图进入教育领域时都可以从多方面证明干预的合理性与重要性，但几乎永远无法澄清美国社会对联邦力量的质疑和担忧，其根源于美国的社会和民众对政府权力的不信任，这种不信任是伴随着美国诞生而来的，是内在于美国社会的政治文化中的。然而，也正是因为这个问题不断地接受思考和争论，联邦政府虽然一次次地进入教育领域，但始终没有逾越宪法，《国防教育法》也把禁止联邦控制教育作为法案的基本原则，这也正是美国的联邦和教育之间关系的动力和活力所在。自1930年赫伯特·C.胡佛（Herbert C. Hoover）总统的国家教育顾问委员会（National Advisory Committee on Education）发布《联邦与教育的关系：进展备忘录》（*Federal Relations to Education: A Memorandum of Progress*）以来，联邦政府一直在系统地寻求某种积极性教育政策的可能，1945年万尼瓦尔·布什（Vannevar Bush）的

---

① RIVLIN A M. The role of the federal government in financing higher education[M]. Washington: Brookings Institution, 1961: 119.

② URBAN W J. More than science and Sputnik: the National Defense Education Act of 1958[M]. Tuscaloosa: The University of Alabama Press, 2010: 173.

报告《科学：无止境的前沿》（“Science：the Endless Frontier”）更是为联邦教育政策奠定了坚实基础，在更长的历史背景来看，可以把《国防教育法》看作是二战后10余年甚至是近30年来联邦教育改革酝酿的总结果，它的出现不是一个意外，而是长期以来联邦教育政策演进的历史性产物，我们甚至可以从布什的报告中找到《国防教育法》中关于科学教育、研究资助等内容的历史渊源。这是一个重新界定教育领域中联邦角色的时期，《国防教育法》本身就是一个标志，它代表了教育中一种全新的联邦角色，克拉克·克尔（Clark Kerr）视之为教育中“联邦时代”（federal period）的开始。① 这种新角色背后的政治哲学是传统的政治原则，即联邦资助和州控制的结合，换句话说，《国防教育法》所实现的是联邦、州和地方政府之间在教育领域的一种政治合作，这种合作并没有固定的模式可循，《国防教育法》可以为后世所借鉴，但它不会是一劳永逸的良方，每一次合作都有待重新讨论。自建国以来，正如宪法对联邦权力、行政权力等的模糊界定一样，对教育事务中的联邦界定也是模糊的，传统的原则虽然给联邦政府带来了某种被动局面，但同时也使得联邦政府的每一次教育动议都在不同的历史情况下奏出了相应的乐章。对于联邦如何干预教育这个问题，每一次讨论的过程本身就是答案。

回归教育改革的本质，《国防教育法》出台的意义不仅仅在于联邦资助，更重要的在于它既回应了当时美国教育所面临的困境也指出了当时和今后美国教育改革与发展的焦点问题，即如何追求高质量的教育并同时兼顾公平。20世纪50年代的美国人很清楚，美国教育的危机并不在于苏联人做了什么，而在于美国人没做什么，归根结底，危机

① CONLAN T J. The evolution of a problematic partnership：the feds and higher education[M]. Washington：Advisory Commission on Intergovernmental Relations，1981：21.

是长期以来忽视高标准、高质量的教育所导致的后果。① 1958 年 6 月 24 日，《国防教育法》通过前夕，洛克菲勒兄弟基金会（Rockefeller Brother Fund）发布了题为《追求卓越：教育和美国的未来》（“The Pursuit of Excellence: Education and the Future of America”）的报告，这可以看作是对《国防教育法》乃至 20 世纪中期美国教育困境的最好呼应，整个报告完全没有谈及苏联卫星事件，对高质量教育的关注是其核心，该报告认为一个民主国家应该同时鼓励卓越和平等，但同时也承认这两者之间总是存在着一种张力。②《国防教育法》的教育改革也是对这种张力的一种回应，其重点不仅期望数量上的增长，还试图通过结构的调整以达到质量的提高，增强教育水平和开发人力潜能不是为了冷战竞争，而是因为美国社会对此有所期待。用拉维奇的话说，不管是《追求卓越：教育和美国的未来》还是《国防教育法》，它们都准确地反映了“对于通过注入更高的教育追求以革新美国社会的希望”③。

（王慧敏）

---

① RAVITCH D. The troubled crusade: American education, 1945-1980 [M]. New York: Basic Books, Inc., 1983: 229.

② Rockefeller Brother Fund. The pursuit of excellence: education and the future of America[M]. New York: Doubleday & Company, 1958: 15.

③ RAVITCH D. The troubled crusade: American education, 1945-1980 [M]. New York: Basic Books, Inc., 1983: 230.

第五章　联邦控制教育的里程碑：1965 年《初等与中等教育法》

众所周知，美国教育在其历史上的大部分时间里都是一项高度分权的事业。联邦政府的作用一直都是最小的，并且任何增加这一作用的建议都会受到普遍的担忧和反对。然而，20 世纪 50 年代中期之后的 10 多年，美国历史发生了一系列变化。联邦政府对促进高等教育阶段之前的公共教育的改革和提高其教育质量所发挥的作用日益明显。这主要表现在 4 个方面：消除种族隔离、资助与国防和职业有关的教育、对教育研究的资助、改善经济和文化处境不利人群以及残疾人的教育。联邦政府在这 4 个领域的立法、司法和行政活动毫无疑问影响了美国传统的、分散的教育权力。迟至 20 世纪 60 年代初，大部分要求联邦政府对教育进行广泛资助的压力，都体现在通过对学校建设和教师工资无限制的联邦拨款来普遍救济地方学校预算方面，而且仅限于公立学校。1965 年颁布的《初等与中等教育法》则是联邦教育资助中的第一次重大突破，它涉及一系列有计划的和创新的要求，这使得联邦政府全面介入了整个教育事业——包括公立学校和私立学校之中。《初等与中等教育法》成为美国基础教育领域最重要的一部法律，该法案不仅标志着联邦政府对美国教育的实质性干预，而且还以一种积极的伙伴关系，而非一种消极的、冷漠的财政赞助人的形式出现。①

《初等与中等教育法》并不是对地方教育机构在运行和资金预算方面的一种普遍救济形式。它的条款是指令性资助和分类资助，但是相比于《史密斯-休斯法》或《国防教育法》中的条款，该法具有更大的灵活性。例如，《初等与中等教育法》第 1 条规定使用大量的联邦资金用于提高文化和经济处境不利儿童的教育，但是它为地方教育机构发展地方项目以实现这一目标预留了巨大的自由裁量权。第 2 条没有规定"贫穷"的公式，但是它关注公立和私立学校特定的而不是一般的需要：完善学校图书馆、课本和教学材料。第 3 条所规定的资金不是指定用于对现有项目的普遍支持，而是指定用于美国教育专员批准的创新或辅助教育中心和机构。这里再次强调了分类资助，但它在范围和重点方面规定了巨大的灵活性。第 4 条中用于教育研究和发展，以及用于地区教育实验室的拨款将直接从华盛顿拨出。根据第 5 条规定，联邦资金根据该法案所确定的标准将被用于加强州教育机构。总之，《初等与中等教育法》并不仅仅是一个联邦用于缓解州和地方教育预算的施舍物。该法案规定了一系列项目和优先事项，涉及美国教育决策权力中心从州和地方政府向联邦政府的巨大转变。②

第一节 《初等与中等教育法》出台的背景

如上所述，1960 年以前，联邦政府在教育政策制定中扮演了相对次要的角色。尽管联邦参与教育的支持者为扩大联邦对初等和中等教育的利益而斗争了 20 多年，但他们一再遭到反对者的阻挠，这些反对

① BAILEY S K，MOSHER E K. ESEA：the office of education administers a law[M]. Syracuse：Syracuse University Press，1968：2-3.

② BAILEY S K，MOSHER E K. ESEA：the office of education administers a law[M]. Syracuse：Syracuse University Press，1968：3.

者出于各种原因害怕联邦参与教育。因此，在20世纪50年代末，联邦政府在美国教育领域的作用仍处于边缘地位。事实上，除了向几百个学区支付款项以补偿附近联邦设施造成的财政影响，向各州分配少量资金以促进职业教育，并根据《国防教育法》为教师培训和科学、数学及外语课程开发提供一些财政支持外，教育政策在很大程度上仍由州和地方政府控制。

主要是由于那些教育弱势群体要求扩大教育机会的压力，联邦政府在教育政策制定中的角色在1960年后开始改变。作为“新边疆”和“伟大社会”议程的一部分，从1960年到1970年，联邦政府发起了相当数量的新议程，联邦政府对中小学的资助从大约5亿美元增加到35亿美元，并将联邦教育项目的数量增加了6倍以上，从20个增加到130个，其中许多项目旨在使贫困和教育处境不利的学生获得平等的教育机会。到1976年，联邦政府在初等和中等教育上的支出已增加到40亿美元，超过一半用于促进教育机会平等的项目。①

20世纪60年代，美国联邦政府发起的反贫困战争是建立在教育能够减少社会阶级分化并减少贫困的理念之上的。当时，人们普遍认为歧视和贫困是美国社会两大问题，这些问题限制了学校发现和甄选人才，进而限制了学校为国家经济和国防服务的功能。在这个理论框架下，学校非常有必要消除歧视，进行融合并消灭贫困，从而确保无偏见地培养和筛选人才。②

例如，从计划向贫困宣战的一开始，教育就被认为是解决贫困问题的一个极其重要的方法。1963年底和1964年初，联邦政府的政策规划者们在制定反贫困计划时一致认为，教育是消除贫困最有效的途径

---

① KANTOR H. Education, social reform, and the state: ESEA and federal education policy in the 1960s[J]. American journal of education, 1991, 100(1): 47-83.

② 斯普林. 美国学校：教育传统与变革［M］. 史静寰，姚运标，张宏，等译. 北京：人民教育出版社，2010：533.

之一。[①] 林登·贝恩斯·约翰逊（Lyndon Baines Johnson）总统也把《初等与中等教育法》视为他对抗贫困的主要措施。他认为，“在通常情况下，缺乏工作和金钱不是贫困的原因，而是症状。贫穷的原因可能更深层地在于我们没有给我们的同胞一个发展自身能力的公平机会，以及缺乏教育和培训”[②]。政府通过分配联邦资金来改善贫困儿童的教育，希望帮助他们摆脱贫困和苦难的未来。约翰逊说，“有了教育，美国年轻人就可以学会找工作和养家的技能，而不是注定贫穷和无所事事”[③]。

1965年，国会议员塞缪尔·霍尔柏林（Samuel Halperin）提醒人们说，总统、国会和教育政策制定者都将通过的《初等与中等教育法》誉为是“一个重大的社会突破”，该法案的承诺不仅要彻底改变联邦政府在教育方面的作用，而且要让弱势儿童享有平等的教育机会和消除贫困。美国教育署专员弗朗西斯·凯珀尔（Francis Keppel）1965年向众议院教育小组委员会解释说，“新法案与过去的教育提案和政策截然不同。它向小学和中学的学生提供的援助比以往任何时候提出的都要大。它对贫困儿童的教育给予了特别和长期需要的关注，这些贫困儿童需要我们学校能提供最好的东西，但他们通常得到的是最差的东西。新法案使教育致力于结束贫穷所滋生的‘瘫痪’，这种‘瘫痪’是长期的、具有传染性的，并且代代相传”[④]。事实上，认为教育是战胜贫困

---

① JEFFREY J R. Education for children of the poor: a study of the origins and implementation of the elementary and secondary education act of 1965[D]. Houston: Rice University, 1972: 24.

② JOHNSON L B. Public papers of the presidents of the United States: Lyndon B. Johnson 1963-1964[M]. Washington, D. C.: Government Printing Office, 1965: 114.

③ JOHNSON L B. Public papers of the presidents of the United States: Lyndon B. Johnson 1963-1964[M]. Washington, D. C.: Government Printing Office, 1965: 114.

④ MERANTO P J. The politics of federal aid to education in 1965[M]. Syracuse, N. Y.: Syracuse University Press, 1967: 36.

的关键的信念，成为制定 1965 年《初等与中等教育法》的主要依据。

像许多改革一样，《初等与中等教育法》有几个目标。其中最重要的是确立了联邦教育援助的原则。考虑到政治难题削弱了先前获得联邦援助的努力，负责设计这一法律的人面临的主要任务之一是提出一个政治上可行的法案，以避免教会与国家、废除种族隔离和拨款分配公式等争议，因为这些争议在过去曾经导致了教育立法的失败。

具体而言，《初等与中等教育法》的设计者必须解决的首要问题之一是如何将联邦资金分配给当地的学区。大多数政策制定者同意联邦援助应基于一种均等的公式，即联邦资金将以一种补偿的方式分配给不太富裕的州。但在 1965 年之前没有找到政治上可以接受的公式来实现这一目标，因为富裕州的代表普遍反对那些向选民返还的税款少于他们缴纳的税款的立法，而贫穷州的代表则反对那些不允许他们的州按比例获取超过他们缴纳的联邦税款的提案。然而，通过将教育与消除贫困联系起来，《初等与中等教育法》的设计者能够设计出一个分配公式（基于低收入家庭儿童的数量乘以该州平均每个学生的支出的一半），通过向几乎每个国会选区提供资金，从而有可能减少这种冲突，同时保障大城市和农村地区贫困儿童的需求也得到了解决。

对于那些负责起草《初等与中等教育法》的人来说，同样麻烦的是如何解决教会与国家之间的分歧。这个问题的核心是如何调和全国教育协会和其他公立学校游说团体的利益与全国天主教福利会（National Catholic Welfare Conference）的利益，前者只希望为公立学校提供援助，而后者反对不包括为教区学校提供财政支持的立法。就在 1961 年，这一冲突导致了肯尼迪政府只对公立学校提供资助的学校法案的失败，因而许多人怀疑能否找到一个妥协的方案。事实上，在肯尼迪政府的教育法案被否决之后，威廉 · V. 香农（William V. Shannon）认为“学校问题引发的宗教和哲学对立如此激烈，以至于通过正常的方法解决问题已经不可能了”①。

尽管有这种悲观的预测，教育专员凯珀尔和约翰逊政府的官员最终为一项法案达成了协议，该法案得到了天主教徒和公立学校官员的支持。他们提出了一个方案，允许教区学校的学生参加由公立学校管理的联邦资助项目，并通过贷款（而不是赠款）向私立学校提供教科书、教学材料和设备。这一方案让天主教徒感到满意，因为他们得到了联邦资助的大量份额，虽然不是均等的份额。这一方案也让全国教育协会满意，因为它同意对教区学校提供一些间接援助，作为赢得天主教徒对联邦资助的支持所必须付出的代价，这种支持是全国教育协会一直想要的。

第二次世界大战后，在种族平等、废除种族隔离和中央政府权力扩大等问题上的分歧对民主党的影响在政治上显得非常重要。正如艾拉·卡茨纳尔逊（Ira Katznelson）所指出的，尽管新政使黑人受益，但罗斯福和北方民主党人并没有直接挑战南方的种族隔离，他们的立法计划也得到了民主党南方势力的大力支持。然而，在第二次世界大战之后，民权不能再仅仅作为一个地方问题来处理，因为南方黑人移民到北方，他们融入城市政治体系，并成为民主联盟的重要组成部分。但在制定一个满足非裔美国人战后需求的国家议程时，民主党遭到了南方人的反对。他们认为任何扩大政府作用的提案都是对白人至上主义的潜在威胁，并一贯与国会中的保守派共和党人联合起来，组成一个阻止联盟，反对任何扩大联邦权力的立法。因此，解决分配公式的争议，特别是教会与国家之间的冲突成为重中之重，因为如果没有南方的支持，学校立法要想获得国会批准的话，民主党必须确保获得拥有大量天主教选民的北方派的一致支持。

---

① SUNDQUIST J L. Politics and policy: the Eisenhower, Kennedy, and Johnson years [M]. Washington, D. C.: The Brookings Institution, 1968: 205.

长期以来，政治僵局一直阻碍着联邦政府对教育的资助，而解决政治僵局是《初等与中等教育法》所取得的主要成就之一。将《初等与中等教育法》与早期的学校援助提案区别开来的不仅仅是它解决了联邦参与教育的长期政治障碍，并确立了联邦教育援助的原则；更重要的是，正如约翰逊总统在 1965 年 1 月 12 日向国会发表的特别讲话中所说的那样，该法案让联邦政府致力于实现“全面教育机会”的国家目标，特别是为低收入和教育状况不佳的儿童。为此，《初等与中等教育法》提出了几项改革对策。其中一项是为购买教科书和教学材料提供支持，以加强美国的学校图书馆。另一项是授权建立一个全国区域教育实验室网络，以便进行基础教育研究并将结果传播给各学区。还有一项是向学校和社区团体——图书馆、博物馆、大学——提供资助，用于创新教育项目。但迄今为止，最重要的对策，也是最吸引资源和公众注意的对策，是向小学和中学提供经济援助，以实施旨在帮助贫困和教育弱势儿童的补偿性教育计划。

第二节 《初等与中等教育法》的出台

在 1963 年末和 1964 年初，联邦政府计划制定者正准备制定一个反贫困项目，他们认为教育应提供一个有效的方法去对抗贫困。从 1963 年 11 月到 1964 年 2 月，经济顾问委员会主席沃尔特·赫勒（Walter Heller）负责一项组建预算局的任务。这项任务推动了一个兼有公共职能和教育职能的反贫困法案的制定。教育法案给予资金支持，重点关注贫困儿童补偿性教育，这是 1965 年《初等与中等教育法》的前奏。

1964 年 5 月 22 日，约翰逊总统在密歇根大学首次谈到，他打算通过多个工作小组，汇集全世界最好的思想和最广泛的知识来寻找答案，从而制定“伟大社会”计划。预算局局长克米特·戈登（Kermit Gordon）、经济顾问委员会主席赫勒和总统特别助理比尔·莫耶斯

(Bill Moyers) 被任命负责从政府和学术机构招募 14 个专责小组，平均每个小组由 9 名成员组成。多数情况下，每个专责小组都有一位来自预算局的执行秘书和一位由白宫任命的联络官。虽然肯尼迪总统也使用过专责小组制定计划，但约翰逊总统为 1964 年任命的小组确定了独特的指导方针。约翰逊小组被指示把政治可行性问题留给总统和内阁，小组的任务是全力以赴提出真正有价值的想法，而且小组成员承诺在没有任何宣传的情况下编写提案。

其中的教育小组由 13 人组成，大多成员来自政府之外，预算局的威廉姆·B. 坎农 (William B. Cannon) 担任执行秘书，主席是约翰·W. 加德纳 (John W. Gardner)。在教育工作小组进入第一轮协商之后，该小组同意尽可能将其提案控制在一定范围内并限制在初等和中等教育领域。判断提案的合理性主要有两个标准：一是它们有利于促进教育机会均等，二是有利于促进教育质量的提升。尽管小组成员在思想观念和性格方面存在着差异以及他们所考虑的这一问题存在实际的困难，但在工作小组第三次会议之后，该小组已经把注意力集中到加德纳起草的最终报告的各个章节的重要问题上。

在完成提案之后，工作小组的报告需要送到相关政府部门讨论，然后联邦高级官员组成的小组依据最初的目标和可行性进行审查。总统特别助理莫耶斯主持这一审查过程，会见小组不同的成员以及与白宫国会联络员进行协商。约翰逊总统会对审查的结果进行审阅以决定是否将特定的提案列入政府的立法计划。

美国教育署专员凯珀尔和国家科学基金会的代表多次与加德纳工作小组成员会见。凯珀尔与美国卫生、教育和福利部以及美国教育署的规划人员同时致力于向参议员莫尔斯做出的承诺，即寻找一种方法，将联邦学校资助引入低收入家庭所在的“公共设施紧缺”地区。与此同时，凯珀尔与不同的专业小组和利益集团协商努力解决他们之间的分歧问题，特别是教会与国家的关系问题和联邦控制的程度问题。简而言之，凯珀尔作为协调的中间人，游说在专责小组、美国卫生、教育和福利部以及美国教育署规划人员、国会、新闻界、专业协会以及利益集团之间，在不同的舞台上发挥了关键性的作用。由于教育专员凯珀尔的基础性工作，他在工作组报告完成后，立即准备了一份备忘录，将工作组宽泛的思考转化为一揽子具体的立法提案。

1964 年 11 月初，约翰逊总统阅读了工作小组报告并会见了卫生、教育和福利部部长安东尼·J. 塞莱布雷兹（Anthony J. Celebrezze），凯珀尔，莫耶斯，预算局教育、人力和科学部主任威廉·加农（William Canon）等人之后，批准了《初等与中等教育法》的初步规划，并指示他的立法人员开始必要的立法和预算准备工作。总统发表国情咨文的预定日期是 1965 年 1 月 4 日，1 月 12 日预定为总统发表教育特别咨文和建议的法案草稿，1 月 25 日预定为向国会提交预算案。①

在决定如何制定一项学校援助法案的几个月里，卫生、教育和福利部得到了总统的大力支持。约翰逊早在 1963 年就任总统时，曾明确承诺要通过联邦政府对教育的援助法案。此后他不断重申要为教育做些事情的承诺。当他的总统竞选活动在夏末秋初展开时，他把通过一项教育法案作为一个重要议题。在约翰逊总统的一系列演讲中，他把对教育质量的提升与实现“伟大社会”的理想紧密结合起来。他一次次地强调，国家必须尽可能地给每一个孩子提供最好的教育。这次教育立法是一次对教育领域的革命和突破，在联邦援助教育法案通过的过程中虽有重重阻力，但约翰逊总统决定要克服困难。在 1964 年 11 月的一份政策文件中，约翰逊总统表示，向贫困宣战取得胜利之时，便是受贫困欺诈的囚徒打破无知的枷锁之时。当约翰逊在 11 月 4 日的总统竞选投票中获胜后，他的胜利也激励着学校援助法案的推进。

---

① BAILEY S K，MOSHER E K. ESEA：the office of education administers a law[M]. Syracuse：Syracuse University Press，1968：41-42.

卫生、教育和福利部部长塞莱布雷兹和教育专员凯珀尔用他们支持该法案的证词开始了为期 10 天的众议院听证会。塞莱布雷兹将该法案描述为一项重大创新，旨在打破“无知—贫穷—无知”的循环，并将贫困儿童带入经济主流。塞莱布雷兹认为，该法案的提案为长期存在的问题提供了根本的和非常合理的解决方案。凯珀尔也肯定该法案内容丰富，足以产生真正的影响，并认为不同信仰间的合作至关重要。但是，他们两人都没有具体谈论该法案如何打断贫穷的循环。①

1965 年 1 月 12 日，参众两院均提出了《初等与中等教育法》的议案——S. 370 和 H. R. 2362，举行听证会的计划也提上日程。听证会 1 月 22 日先在众议院教育小组委员会举行，随后 1 月 26 日在参议院劳工与公共福利委员会教育小组委员会进行。该法案的审议时间因为简短的听证会而进一步加速了。众议院教育小组委员会 12 天里举行了 10 次会议，甚至有些会议开到晚上和周六。参议院教育小组委员会开了 8 次会议，几乎每次会议都进行了压缩。因为大多数有影响的宗教和专业团体已经在公开场合表达过对这一法案的支持，这些听证会相当于是例行公事，但它们确实涵括了一份令人印象深刻的总结，概述了支持该法案的广泛经济状况和政策争论。②

众议院听证会结束 3 天后，众议院教育小组委员会向全体委员做了关于法案的报告。6 个民主党成员支持这次会议，但是 3 个少数党成员抵制这次会议以抗议他们认为会议所采取的措施有些仓促和肤浅。1965 年 3 月 8 日，通过教育分委会和全体委员会执行会议 7 天的商讨，这个政府法案在做了一些修改后，被众议院小组委员会以 23 票对 8 票

① JEFFREY J R. Education for children of the poor: a study of the origins and implementation of the elementary and secondary education act of 1965[D]. Houston: Rice University, 1972: 70.

② BAILEY S K, MOSHER E K. ESEA: the office of education administers a law[M]. Syracuse: Syracuse University Press, 1968: 61.

通过。众议院小组委员会草拟的 H. R. 2362 法案被提交给众议院规则委员会（House Rules Committee），该委员会规定了法案的审议顺序和辩论条件。因为规则委员会的权力已经受到限制，它不太可能不批准一项规则。4 天的听证会收集了来自众议院教育小组委员会对该法案支持和反对的意见。

1965 年 3 月 26 日，在众议院批准了教育小组委员会草拟的法案之后，该法案被转交到参议院教育小组委员会和劳工与公共福利委员会。总统支持国会领导人避免就众议院法案召开会议的努力，参议员莫尔斯尽力劝其委员会同事尽快把 H. R. 2362 法案完整地提交到参议院。莫尔斯认为众议院可能不会召集多数人通过一个完全令参议院满意的法案版本，并可能拒绝在会议上解决分歧。无论这种担心在第 89 届国会中是否非常合理，但是那些曾经争取联邦援助学校的参议院委员会成员不会轻易忘记他们因众议院过去的顽抗而屡次受挫。委员们加快行动，4 月 2 日一致同意把 H. R. 2362 法案文本提交给参议院。在这一决定公开之前，委员们采取了一些激烈的幕后活动去阻止参议院改写或修改该法案的特权，H. R. 2362 法案的提案人巧妙地使政府的提案在他们的委员会中获得通过。① 该法案于 4 月 9 日以 73 票对 18 票获得通过，整个立法过程用时不到 3 个月。②

1965 年 4 月 11 日，约翰逊总统站在得克萨斯州斯通沃尔附近的一家学校教室中——这是他童年接受教育的地方，签署了被他称为“美国第一部教育法”的公法“第 89-10 号”，即 1965 年《初等与中等教育

① BAILEY S K，MOSHER E K. ESEA：the office of education administers a law[M]. Syracuse：Syracuse University Press，1968：63.

② JEFFREY J R. Education for children of the poor：a study of the origins and implementation of the elementary and secondary education act of 1965[D]. Houston：Rice University，1972：76.

法》。《初等与中等教育法》成为美国教育史上最重要的分水岭,[①] 并且约翰逊将其称为“有史以来提交给国会的最全面的教育法案”[②]。

第三节 《初等与中等教育法》的主要内容

1965 年《初等与中等教育法》共有 6 个条款，其目的都是提高美国全国中小学的教育质量和增加教育机会。该法案的前 5 条涉及的是法案的主要内容，第 6 条是《总则》部分，是对之前相关内容的界定。

《初等与中等教育法》第 1 条是向受联邦活动影响地区的教育机构提供财政援助。该条款的目的是向服务于低收入家庭儿童集中地区的地方教育机构提供财政援助；扩大和改进它们的教育计划，特别是满足教育贫困儿童的特殊教育需要。在拨款金额和资助方法方面，该法案建立了一项由联邦政府拨款给各州并分配给学区的为期 3 年的计划。拨给学区的最高数额是基于低收入家庭 5—17 岁学龄儿童的数量乘以州生均教育经费的“联邦百分比”。1966 年财政年度，“低收入”家庭是指那些年收入不足 2000 美元的家庭，和那些根据《社会保障法案》接受超过 2000 美元的援助给受抚养的儿童。50%的“联邦百分比”是指定的。关于随后的两个财政年度，国会将确定要应用的“联邦百分比”和“低收入”因素。

地方学区被要求根据它们的拨款制定项目方案，这些拨款将由州教育机构根据法律和美国教育专员确定的指导方针来批准。州教育机构必须考虑拟议项目的范围和质量，以及它在满足教育贫困儿童需求方面的成功前景，为贫穷儿童进入私立学校提供服务。地方教育机构

① BAILEY S K，MOSHER E K. ESEA：the office of education administers a law[M]. Syracuse：Syracuse University Press，1968：preface ⅶ.

② NELSON A R. The Elementary and Secondary Education Act at fifty：a changing federal role in American education[J]. History of education quarterly，2016，56(2)：358-361.

遵守规定以确定评估其项目程序的程度，传播有关改进实践的信息，并与在该地区根据《经济机会法案》（*Economic Opportunity Act*）运作的任何社区行动计划进行协调。州教育署必须向美国教育署保证其已经考虑了这些因素。

《初等与中等教育法》第1条是这部法案中最重要的一部分，因为第1条所分配的资金占该法案授权资金总额的六分之五。因而该条成为各级学校管理人员、国会议员和那些涉及联邦财政管理的人员主要的关切。基于使用联邦资金满足贫困学生的需要是适当的和急迫的已经成为明显的共识，一种通过公式把这些资金分配给州和地方的新的拨款条款，须经过州有关部门对具体项目和计划的批准。这一公式由美国教育署的立法和统计技术人员设计，他们负责检验儿童人口、家庭贫穷和整个州学校经费的各种量化数据，目的是找到一个在财政上和政治上都可行的方案。通过计算所有贫困学龄儿童，以及要求一个学区只有3%的符合条件的儿童有资格获得拨款，确保了资金的广泛地域分配和表面上的"普遍资助"。为了消除教会与政府之间关系的难题和提供最广泛的全国覆盖，没有涉及配套资金。所有给县级的经费都是以全国统一的人口和经济数据为基础进行计算。由于县级以下拨款的数据无法获得，因而由各州官员根据联邦一级制定的标准来确定。在资金分配方面，这种方法除了在县级以下，实际上没有给单个州留下多大的自由裁量权，但它确实给各州分配了特定的项目审批权。学区不需要与其他学区为了资金而竞争，就像《国防教育法》和《初等与中等教育法》第2条和第3条中的情况一样。[①]

《初等与中等教育法》第1条建立了一种政府间的关系模式，将影响和责任赋予地方、州和联邦各级机构，但是它也对这种影响进行了

---

① BAILEY S K, MOSHER E K. ESEA: the office of education administers a law[M]. Syracuse: Syracuse University Press, 1968: 49.

限制。美国教育署在确定最初拨款分配时绕过了各州，州官员本来对地方官员的表现就具有监管的权力，但是在这一法案中他们受到了联邦一级确定的标准的限制。地方被允许使用指定基金和自由设计项目以满足当地情况，但是地方仍然受到州监管的限制。

《初等与中等教育法》第 1 条在政治上的一个重要方面是要求地方学校做出特别安排，为在私立和非营利学校就读的学生提供项目服务。根据“儿童获益”（child benefit）和“共享服务”（shared-services）理论，为这些学生提供福利表达了一个明确的举措，目的是博得提倡联邦资助与宗教有关教育的人的支持。对于《初等与中等教育法》起草者而言，似乎在地方层面上要比在联邦层面上更有可能发展有效的宗教与政府之间的教育合作。要求公立学校官员考虑没有就读公立学校的教育贫困儿童也促进了改进公立和私立教育的改革目标。

总之，《初等与中等教育法》第 1 条为各级政府之间的权力提供了巧妙的平衡，将具体和模糊的项目参数交织在一起，将短期目标和长期目标混合在一起。即使如此，该法案的起草者认为仅有该法案既无法完全满足政府的政策目标，也无法满足所有利益集团的关切。因此，第 1 条还需要有其他 4 个条款进行补充，这 4 个条款以不同的形式对不同目的的项目进行拨款。

《初等与中等教育法》第 2 条是关于学校的图书资源、教科书和其他教学资料。该条款的目的是拨款购买学校图书馆资源、教科书和其他印刷与出版的资料，供公立和私立中小学学生和教师使用。在拨款金额和资助方法方面，该法案为各州建立了一个为期 5 年的拨款项目，1966 年财政年度授权拨款的总额度为 1 亿美元。分配给各州的拨款根据就读于该州公立和私立学校学生的数量来确定。第 1 年拨款的 5%以内，可以用于州教育署管理该州的计划，此后 3%授权的拨款可用于此目的。每个州必须提交一份符合其法律的项目运行计划。如果一个州无法合法地为非公立学校的学生和教师提供材料，那么美国教育署专员有权做出决定从州的拨款中支付成本，使他们获得根据第 2 条款授予公立学校学生和教师同样的材料。

《初等与中等教育法》第 2 条代表了联邦政策制定者为赢得教区学校利益集团及其国会朋友对《初等与中等教育法》的整体支持所做的巨大努力。虽然拨款的资金有限，但是这项授权可以被认为是国家对改善所有儿童教育的兴趣的具体表现，也可以被认为是联邦政府向在教会学校就读的学生提供更多援助的先例。最终颁布的第 2 条包含了关于对所提供的所有辅助材料的管理和所有权的强硬措辞。在此基础上，美国司法部声称这一条款并不违反联邦法律。但是第 2 条的意图是清晰的，即贫穷儿童和教会学校将从联邦教育的资助中大大受益。

《初等与中等教育法》第 3 条是设立一个辅助教育中心和机构的项目，以促进和帮助提供急需的、数量或质量都不足的教育服务，以及促进、帮助发展和建立模范中小学项目，作为普通学校项目的样板。在拨款金额和资助方法方面，在一个为期 5 年的项目中第 1 年授权拨款 1 亿美元，每个州的基础拨款为 20 万美元。剩余的一半资金基于各州 5—17 岁人口分配，另一半资金根据各州的总人口分配。

地方教育机构将根据它们自己对需求和利益的认识制定项目方案。广泛代表社区文化和教育资源的人士和团体必须参与规划和实施该项目，如州教育机构、公立和非营利私立学校、学院和大学、地方教育实验室、图书馆、博物馆、私人企业、艺术和音乐组织。项目可以开展范围广泛的活动。项目的范围可能相对较小，也可能非常复杂，它们可以被设计为主要为学校的辅助或示范目的服务。

规划拨款或运行拨款都可以申请。项目可以包括建筑和设备，而且必须同时由地方教育机构专门递交给美国教育署和州教育署。最终的拨款额由美国教育署决定，但只适用于那些经过州教育署审查和批准的项目。这些项目必须由地方教育机构管理或监管，而且必须让那些教育需求符合该项目要求的非公立学校的儿童参与。

《初等与中等教育法》第 3 条是该法案所有单个条款中最能体现约翰逊教育小组改革者的愿望和思想的条款。这一条款涉及的根本问题是如何促进地方教育创新和特殊服务，同时提供充分的项目评估与问责。其结果是，当地社区将得到前所未有的机会来发展它们自己无法提供资金的教育中心和服务性工作。在理论上，不太富裕的地区将获得资助去开展以前只在富裕地区才可能开展的创新活动。州内的拨款分配将由联邦官员决定，他们的决定将以项目的标准为基础，而项目的标准可能与使学区资源平等的目标一致或不一致，但真正的标准应该是质量而不是平等。

拨款的批准权力属于美国教育署，这被大多数州官员认为是篡夺了他们的监管职责，尽管法案要求申请必须提交给州教育署进行审查和推荐。教会与政府之间的关系问题也在第 3 条中提出，因为它要求资金获得方必须向符合资格的非公立学校儿童提供辅助服务。然而，在这个项目中，来自联邦直接提供给地方的资金绕过了州宪法和法律的限制。虽然有许多反对意见，但是第 3 条对许多地方学区、热心教育的国会议员以及全国进步的发言人具有内在的吸引力。最重要的是，它得到了教区学校利益集团的全力支持。

《初等与中等教育法》第 4 条是关于教育研究和培训。该条款是为大学、学院和其他公立与私立机构、组织以及个人提供拨款用于在教育领域的研究、调查和示范，对源于教育研究的信息进行传播，建立从事教育研究的设施，以及发展和加强培训教育研究人员的项目。在拨款金额和资助方法方面，在 1966—1971 财政年度，有 1 亿美元被专门授予用于研究设备的建设。研究资助以项目或计划为基础，通过拨款或合同提供。项目方案通常由申请者组织并提交给美国教育署，在授予拨款之前必须征求专家对方案的建议。

《初等与中等教育法》第 4 条扩大了美国教育署根据 1954 年的《合作研究法案》（*Cooperative Research Act*）资助教育研究的权力和资

源。它的一个基本假设是，教育可以像农业和卫生一样通过基础和应用研究而得到改进。美国许多一流的教育学者都支持这一观点。1954 年《合作研究法案》的目的在《初等与中等教育法》第 4 条中被扩大为强调教育研究成果的传播、教育研究人员的培训和建立项目研究组织的全国网络。第 4 条计划增加与大学有联系的中心的数量；建立与州教育机构、邻近学区和高校关系密切的有自主权的地方教育实验室；以及加强在第 3 条中设立的辅助教育中心。教育实验室是加德纳教育小组成员、杰出的教育家拉尔夫·W. 泰勒（Ralph W. Tyler）的创意。教育研究中心将集中对特定的教育问题进行研究，而教育实验室将更大范围地参与教育成果的展示和传播活动。与第 3 条的情况一样，州教育官员认为向地方研究团体和机构直接提供联邦拨款是联邦影响的一种形式，它削弱了各州的领导职责。

《初等与中等教育法》第 5 条是加强州的教育部门。该条款的目的是提供拨款促进和帮助各州以加强州教育机构的领导力，以及协助这些机构建立和改进项目，以确定和满足各州的教育需要。在拨款金额和资助方法方面，建立一个为期 5 年的项目，1966 财政年度授予该项目 2500 万美元，其后几年的授权将由国会决定。第 5 条规定的 1966—1967 财政年度用于这些活动的联邦经费份额为 100%，此后的百分比将在 67%—50%之间变动。在总的年度拨款中，85%是指定给各州的基本拨款，剩下的 15%是保留给美国教育署专员的特别拨款。州教育机构必须向美国教育署提交申请，说明在基本拨款项目下受资助的活动将如何实现第 5 条的基本目的。该条规定可以向各州提供特别拨款，用于发展领导能力的实验项目，或致力于解决各州教育机构共同面临的问题。为了促进政府间的合作，经过授权州官员与美国教育署人员之间可以进行最长两年的交流。

《初等与中等教育法》中纳入给州教育机构提供拨款很大程度上是美国教育署专员凯珀尔努力的结果。他认为如果州教育机构能在他为联邦学校援助计划设想的政府间伙伴关系中发挥重要作用的话，它们就必须获得帮助。第 5 条资金的允许用途清单是美国教育署关于州教育机构应该做什么设想的总体反映。但是，许多其他联邦教育政策的制定者对州教育机构进行自身改革的能力并不十分乐观。怀疑者的影响在为这一条款设定低水平的资金方面是显而易见的。

表 5-3-1　1965 年《初等与中等教育法》内容摘要①

政策范围及方案	《初等与中等教育法》的各条款				
	第 1 条	第 2 条	第 3 条	第 4 条	第 5 条
1. 联邦学校援助的目的和分配方案					
a. 根据教育贫困的发生情况优先分配资金	×	×			
b. 资金分配主要基于相对的教育负荷		×			×
c. 要求有联邦资金的配套					×
d. 资金分配视可接受的项目计划而定	×		×	×	×
2. 向教区学校学生提供联邦援助					
a. 利用儿童获益理论将学生纳入公立学校项目	×	×	×		
b. 公立和私立学校官员之间的协商隐含在法定要求中	×	×	×		
3. 政府间的责任					
a. 由美国教育署专门指导的项目				×	
b. 美国教育署间接监督的项目					
(1) 通过制定指导方针	×		×	×	
(2) 通过授予资金和合同			×	×	×
c. 扩大州教育署的监管作用	×	×	×		
d. 扩大地方教育机构的项目规划或领导作用	×		×		

① BAILEY S K, MOSHER E K. ESEA: the office of education administers a law[M]. Syracuse: Syracuse University Press, 1968: 59.

续表

政策范围及方案	《初等与中等教育法》的各条款				
	第 1 条	第 2 条	第 3 条	第 4 条	第 5 条
4. 城市学校问题					
a. 资金提供有利于城市地区	×				
5. 教育实践的改进					
a. 鼓励学校的创新项目或教育研究活动	×	×	×	×	×
b. 根据法定的要求评估项目	×				
c. 扩大地方社区机构对教育项目的参与	×		×		

第四节　《初等与中等教育法》的实施过程

约翰逊总统对《初等与中等教育法》的顺利通过感到非常高兴，他称这一法案是国会历史上通过的最重要的教育法案。在一次庆祝该法案通过的招待会上，约翰逊总统对在场的议员们说："请你们相信我的话。自 1931 年我来到华盛顿以来，我在这一议案上付出的努力和时间都超过了我所做的任何议案，我对此感到自豪。"他提醒听众，自 1945 年以来，由于同样的问题使立法者一次又一次地产生分歧，致使学校立法失败了。现在，这一切都结束了。他认为接下来应由行政人员对该法案负责了。"我们必须实施该法案，我们必须管理它。我对你们每个人都有一种非常强烈的责任感，那就是确保这一法案能够迅速有效地执行。"

然而，约翰逊热切表达的对该法案未来的信心正在消退。在 1965 年和 1966 年，当《初等与中等教育法》最终开始实施时，正是那些批评联邦援助的人多年来预想的问题困扰着这个法案。反对援助学校法案的人一直声称，联邦援助会在联邦、州和地方之间的关系、资金、种族和宗教方面造成困难。1965 年《初等与中等教育法》通过的伟大胜利，是通过巧妙的政治妥协推翻了这些预言。具有讽刺意味的是，在接下来的几年里，这一法案中所体现的妥协在实施过程中出现了问题。正如曾经担任美国教育署专员的哈罗德·豪二世（Harold Howe Ⅱ）所解释的那样："《初等与中等教育法》是 1965 年在政治上可行的唯一一种联邦教育活动。我怀疑没有人能想象出一系列更难以管理、更不可能在管理过程中避免问题的教育项目，但该法案在设计时并没有考虑到这一点。"①。

到 1970 年，人们对该法案产生了普遍的怀疑，并声称第 1 条款"失败了"。由于缺乏对《初等与中等教育法》运行的全面研究，这使得对该法案的效能做出最终决定十分困难。尽管没有结论性的研究存在，但是关于该法案运行的零散证据还是很多的。美国国会曾在 1966 年、1967 年和 1969 年举行过关于《初等与中等教育法》的听证会。总审计长、卫生、教育与福利部审计署和教育署都发布了第 1 条款在美国实施的报告。1970 年，美国教育署公布了对第 1 条款最大规模的评估结果，该法案涵盖了全国 4000 所小学的运行情况。除了这些官方的、通常以统计为导向的研究，1965 年实施该法案成立的国家贫困儿童教育咨询委员会（National Advisory Council on the Education of the Disadvantaged Children）每年负责向总统和国会报告《初等与中等教育法》的进展。最后，像全国有色人种协进会（National Association for the Advancement of Colored People）、华盛顿研究项目（Washington Research Project）和纽约城市教育中心（Center for Urban Education in New York City）这样的私人组织也开展并发表了它们关于《初等与

① MURPHY J T. Title Ⅰ of ESEA: the politics of implementing federal education reform[J]. Harvard educational review, 1971, 41 (1): 35-63.

中等教育法》的研究。这些不同的研究人员所积累的证据不仅支持了这样的推论，也支持了 1965 年为确保国会通过该法案而做出的政治妥协。政策规划人员急于让国会通过该法案，他们拒绝面对《初等与中等教育法》如何在联邦、州和地方层面上真正运行的一系列难题。

早在 1965 年 3 月，约翰逊政府已经开始对美国教育署进行广泛和必要的改组。改组的目的是试图使美国教育署结束其过去胆怯怕事的行事风格，并承担起立法要求的新责任和新形象。此外，起草《初等与中等教育法》的实施规则和指导方针的重要任务也于当年 4 月开始，这些规则和指导方针将有助于地方和州官员理解该法案的含义和他们自己的义务。这在很大程度上取决于他们在州和地方层面的反应。由于这项任务极为重要，制订规则花了几个月的时间。在此期间，凯珀尔和教育署的成员与州和地方官员会面，讨论拟议的指导方针，并对其做出必要的修改。这些会议让州和地方官员对该法案的目的有所了解，并平息了人们对联邦政府控制的担忧，但这些会议很耗费时间。因此，在 1965 年 12 月指导方针实际出台之前，地方已经开始规划项目。直到 1966 年 1 月，指导方针才定稿发布。

然而，这并不是《初等与中等教育法》实施延迟的唯一原因。另一个原因是国会花了几个月的时间为《初等与中等教育法》的资金投票。直到 1965 年 9 月 23 日，一项拨款法案才最终通过。1966 年 4 月，几乎到了这一学年结束时，也就是该法案通过一年之后，拨款的资金才到达一些地区。由于资助太晚，许多学校匆忙启动了暑期项目。第 1 年，有 250 万名儿童参加了第 1 期暑期项目。第 2 年，第 1 条款项目平均惠及 900 万名儿童，虽然并非所有儿童都是处境不利儿童。到 1969 年，有 2 万个第 1 条款项目在运行。不过，卫生、教育与福利部估计，在那些被认为处于严重贫困的小学生中，这些项目惠及的人数还不到一半。即使《初等与中等教育法》没有帮助所有的弱势群体，该法案也影响了数百万贫困儿童和他们的学校，这是其他联邦教育项目所没有的。

此前，在为通过该法案所做的妥协中有一项涉及资金分配问题。从起草该法案的第一天起，卫生、教育与福利部内部的一个小组就在寻找适当的公式，以便向贫困集中的城市和农村地区提供资金。如果该法案要对贫困产生任何影响，投入资金至关重要。但在政治上，重要的是要广泛分配资金，以吸引国会的大力支持。最后的公式很复杂，它根据两个数字确定了可提供给地方的资金。首先，管理人员计算了每个学区来自收入低于 2000 美元家庭和依赖福利家庭的孩子的数量。然后，他们将这个数字乘以州生均教育经费。最后，将这笔钱除以 2，以确定根据第 1 条款规定该地区应得到的联邦资金数额。这一公式具有政治吸引力，因为它使全国 95%的县有资格获得资金。但这个公式有一个实际的缺点，那就是它以牺牲贫穷的农业州为代价，偏向了教育支出高的富裕工业州。①

这一公式运行中的不平等现象很快就变得明显起来。卫生、教育与福利部 1970 年的一项调查支持了这一批评，该调查显示贫困儿童实际上只集中在少数几个地区。尽管报告的 80.6%的低收入儿童生活在 31.8%的公立学区，《初等与中等教育法》没有以这种比例集中分配资金。这个公式的实际作用是，让一些贫困地区的孩子比其他地区的贫困孩子得到更多。根据立法规定的公式，第 1 条款拨付的资金并没有按学区及其弱势学生的需要按比例流向他们。②

凯珀尔和美国教育署的同事们在这个公式上做出了一个必要的妥

① JEFFREY J R. Education for children of the poor: a study of the origins and implementation of the Elementary and Secondary Education Act of 1965[D]. Houston: Rice University, 1972: 81-82.

② JEFFREY J R. Education for children of the poor: a study of the origins and implementation of the Elementary and Secondary Education Act of 1965[D]. Houston: Rice University, 1972: 83.

协。他们希望在分配给第 1 条款的总金额之外能获得更多的拨款。他们赞成约翰逊总统所支持的 10 亿美元的拨款数额，因为他们意识到这只是对无知和贫穷问题的初步宣战。无论如何，他们认为头几年的拨款将大幅增加。但是作为《初等与中等教育法》的坚定支持者，约翰逊总统做出了另一个决定，否定了凯珀尔等人的这些设想。随着在越南战争中的开支增加，约翰逊总统将这个法案保持在 10 亿美元的水平。因而，越南战争在《初等与中等教育法》开始实施之前就对该法案造成了伤害。

当然，资金并不是迫使决策者妥协的唯一政治问题。该法案的制定者意识到，如果该法案要同时令教区和公立学校的利益集团满意，他们必须解决宗教问题。只有在他们的支持下，《初等与中等教育法》才能在国会获得通过。该法案中体现的妥协是可以接受的，因为《初等与中等教育法》虽然没有把资金直接给予私立学校，但它指示当地学区把教会学生纳入特殊教育服务和安排之中，如双重招生、教育广播、电视、移动教育服务和设备等，并且在一定程度上要与就读于私立学校的教育贫困儿童的数量相一致。教区学校儿童的具体安排留给当地公立学校和教区学校官员来决定。

1965 年春，卫生、教育与福利部在为第 1 条款的实施设定框架的同时，还在努力制定废除种族隔离的指导方针，使以前法律上实行种族隔离的南方学校在 4 月有资格获得《初等与中等教育法》基金。卫生、教育与福利部发表了关于政策的一般性声明，规定了可接受的废除种族隔离的程序。那些在法院命令下废除种族隔离的地区有责任向卫生、教育与福利部提供一份其最终命令的副本以及一份遵守情况报告。在遵守规定的报告中，该地区将提供关于学校的种族组成和它用来废除种族隔离的方法的信息。卫生、教育与福利部要求，在那些仍然实行种族隔离但没有得到法院命令的地区，必须保证遵守规定，提交一份初步的遵守报告和自愿废除种族隔离的计划。这些计划可以规定通过设立不分种族的入学学区、确立自由选择学校或提供这些可能性的组合来消除种族隔离。卫生、教育与福利部对废除种族隔离的必要性采取了坚定的立场，只给了南方 3 年时间在所有 12 个年级实现废除种族隔离的目标。

卫生、教育与福利部通过《民权法案》第 6 条激励废除种族隔离的决心是因为《初等与中等教育法》的通过而得到了极大的支持，该法案使联邦学校补助从涓涓细流变成了涌流。然而，仍有几个问题没有答案。第一个问题是，承诺提供的资金是否足以促使南部地区加入废除种族隔离的进程。第二个问题是，切断资金是否会对一个仅仅象征性地努力废除种族隔离或滥用资金的地区进行惩戒。第三个问题是，根据自由选择学校计划，《初等与中等教育法》的资金是否可能用来加强种族隔离。由于第 1 条款强调服务应该集中在贫困儿童身上，南方实行自由选择学校计划的学区可能会利用联邦资金鼓励贫困黑人儿童留在隔离学校。

反对联邦资助的人长期以来一直认为，对教育的资助会有很多附加条件，最终联邦政府会管理地方学校，决定学校应该教什么。为了平息这些担忧，政策制定者们建立了一种关系，在州和地方层面留下了许多权力和自由。他们设想要有一个充满活力的美国教育署来制定这一法案的要点，并就该法案的实施提出建议。

拥有递交项目申请权力的各州将会谨慎选择项目，并确保地方合规。准确的州报告将使联邦官员能够评估该法案的实施情况，并提供改进的信息。但最大的责任在于地方，因为项目是在这里构思和运行的，资金也都花在这里，而且贫困的孩子们也在这里。这里的学校如果要帮助穷人，也必须进行自我改造。因此，赋予地方广泛自由和权力的法案是对地方管理理论的一个检验。这也是对法案规划者的信念——中产阶级管理的学校如果有钱就会进行自我改革的一次考验。

那些反对联邦援助的人总是暗示，美国教育署拥有足够的权力，可以把自己的意愿强加给当地社区。事实上，美国教育署一直以来拥有的权力都很弱，那些制定《初等与中等教育法》的人虽然希望给美国教育署注入活力，但几乎没有改变现状。乍一看，《初等与中等教育法》赋予美国教育署的权力似乎很大。例如，美国教育署专员被授权把联邦的资金分配给地方，但由于拨款数额是由法律规定的，这种权力几乎没有实际意义。更重要的是，美国教育署专员确定了“基本标准”，为根据该法案可以资助的项目类型设定了条件。但是即使在制定基本标准时，美国教育署也认为有必要同州和地方官员协商，并修改标准。美国教育署一旦制定了基本规则，对资助的项目只有微不足道的控制权。美国教育署只是检查各州寄往华盛顿的申请，这些申请提供的信息很少，因为它们是只有两页的申请信，州教育机构在申请信中向联邦政府保证地方项目符合法律。这样一种最低限度的申请确保了各州获得第 1 条款资金。

可见，美国教育署在法案实施方面的实际权力是微乎其微的。美国教育署“除了通过颁布基本标准和劝告设法确保合理的项目或确保修订低质量的项目外，没有其他办法”①。美国教育署的大多数官员发现这种方法是相宜的，凯珀尔的重组并没有给美国教育署注入任何新的使命感。而且一般来说，美国教育署不愿意把自己的观点强加给各州。直到 1969 年，美国教育署才对第 1 条款在各州的运行情况进行了审查，而且是迫于压力才这么做的。尽管该法案要求各州定期评估他们的项目并向美国教育署专员报告，但没有人推动这一要求。有时候，美国教育署试图通过发布指导方针来影响该法案的运行。在大多数情况下，这些企图遭到地方和州的压倒性反对。面对强烈的抵制，美国教育署做出了让步。显然，美国教育署既无法指导国会，也无法指导

---

① JEFFREY J R. Education for children of the poor: a study of the origins and implementation of the Elementary and Secondary Education Act of 1965[D]. Houston: Rice University, 1972: 99.

地方社区。①

即使美国教育署具有积极性或正式权力将其对第1条款的解释强加于各州，但是其工作人员也不足以执行一项积极的政策。到1970年1月为止，美国教育署从事第1条款所有领域工作的专业人员不超过30人。如此少的工作人员即使愿意，他们也很难为当地制定项目、提供建议或检查第1条款的运行情况。直到1970年，美国教育署在全国范围内只有3名区域干事，这些人除了他们的第1条款工作之外，还要履行其他的职责。

相反，各州承认它们的权力超过了美国教育署。1968年，州首席学校官员委员会（Council of Chief State School Officers）发表了对联邦政府在教育中的作用的看法。该委员会认为联邦政府应该在财政上帮助各州，但不应该寻求通过监管或其他手段要求一致性，从而影响州或地方教育机构获得联邦资金的资格。《初等与中等教育法》基本上证实了这一观点。②

如果卫生、教育与福利部有控制领域的话，那么各州也有。《初等与中等教育法》赋予各州至关重要的职责。首先，各州要在地方层面上设法做到第1条款按照预期在地方运行。其次，它们要向卫生、教育与福利部报告这些项目。该法案授权各州批准或拒绝当地项目，并确保资金真正用于贫困儿童。最后，各州还负责对项目进行评估，包括关于测试成绩的信息和关于当地如何有效地使用第1条款资金的结论。州似乎处于一个强有力的地位，可以在地方层面执行该法案，并控制

① JEFFREY J R. Education for children of the poor: a study of the origins and implementation of the Elementary and Secondary Education Act of 1965[D]. Houston: Rice University, 1972: 102.

② JEFFREY J R. Education for children of the poor: a study of the origins and implementation of the Elementary and Secondary Education Act of 1965[D]. Houston: Rice University, 1972: 103.

哪些信息进入华盛顿。

研究表明，虽然每个州的情况各不相同，但很少有州履行了该法案规定的义务。此外，各州没有认真对待它们审查项目申请的工作，各州也未能监督项目的运行。因此，尽管州在《初等与中等教育法》上拥有比联邦政府更多的权力，但它并没有有效地在地方行使其权力。1971年的国家咨询委员会（National Advisory Council）提请注意这一点。该委员会报告，只有在少数几个州，州教育机构和地方教育机构之间有显著的互动。很多时候，州既不知道钱是怎么花的，也不知道项目是否成功。在缺乏有效信息的情况下，州不可能有组织地努力改进项目。①

实际上，在实施第1条款中发挥最关键作用的是地方，它提供了地方控制是否有效的试验案例。当地社区的行动将显示政府规划者如何清楚地理解改革的机制。当地社区选择符合条件的地区，确定受教育不足的儿童，并向州提交项目申请以获得其批准。最重要的是，当地社区实施了这些项目，而权力掌握在地方领导人手中，但只有不到10%的地方受到审计审查。根据分配公式，资金的分配或多或少是自动的，地方既不需要争夺资金，也不需要提供与之相配套的资金。地方不需要做太多就理所当然地拥有了这一切。

因此，地方对联邦资金的看法，是决定《初等与中等教育法》第1条款资金如何使用的一个重要因素。地方当局希望得到联邦政府的资金不附带任何条件；第1条款资金将用于一般援助；地方以这种方式使用联邦资金；在某些情况下，所有儿童都可以获得辅助的服务和设备。这种随意选择目标儿童的政策所造成的不良结果是不可避免的，即第1条款福利给了那些根本不需要的孩子们。卫生、教育与福利部在1967

① JEFFREY J R. Education for children of the poor: a study of the origins and implementation of the Elementary and Secondary Education Act of 1965[D]. Houston: Rice University, 1972: 103.

至 1968 年对小学进行的一项调查确认了这一点，第 1 条款使更多来自经济稳定家庭的学业良好的儿童而不是贫困儿童受益。在超过 50 万人口的城市中，18%的第 1 条款受益儿童来自这样的家庭背景。在郊区，超过 50%的第 1 条款受益儿童并没有处于不利地位。①

由于地方对联邦资金的这种认识，许多社区项目的规划很糟糕，而且它们对如何解决教育贫困问题知之甚少。当地居民没有技巧，也没有承诺去履行《初等与中等教育法》所提出的许多责任。当然，在 1964 年，该法案的制定者对如何处理教育贫困问题也几乎是一无所知，因为他们没有考虑现有的证据。《初等与中等教育法》从未提出明确的目标也就不足为奇了。如前所述，《初等与中等教育法》规定第 1 条款资金将用于"满足受教育不足儿童的特殊教育需要的计划和项目"，并且这些计划和项目"具有足够的规模、范围和质量，以在满足这些需求方面取得实质性进展"。② 由于《初等与中等教育法》制定者的认识是不明确的，以及他们希望避免联邦控制的指责，因而《初等与中等教育法》在一些关键目标陈述的方面也是含糊不明的。

这些各种各样、指导不力、资助不足的项目几乎没有机会打破贫困儿童表现出的失败和教育薄弱的模式。卫生、教育与福利部部长罗伯特·芬奇（Robert Finch）在 1969 年对国会议员说："正如我所说的，从我们拥有的大量证据来看，我不认为我们可以宣称取得了绝对的成功，许多课程开发人员没有意识到满足贫困儿童教育需要的最佳方法。学校和学区在为贫困儿童提供优质教育项目的能力上存在很大

① JEFFREY J R. Education for children of the poor: a study of the origins and implementation of the Elementary and Secondary Education Act of 1965[D]. Houston: Rice University, 1972: 108.

② JEFFREY J R. Education for children of the poor: a study of the origins and implementation of the Elementary and Secondary Education Act of 1965[D]. Houston: Rice University, 1972: 109.

差异。”① 对地方控制的潜在价值来说，《初等与中等教育法》的运行是一个令人失望的评论。在这种情况下，地方控制意味着糟糕的管理和规划，以及对服务于联邦规划者试图帮助穷人的半心半意的承诺。这种情况激起了许多地方和团体的抗议。

随着法案的实施，联邦政府和地方政府也都开始感受到来自穷人的令人不安的压力。1967 年，社区团体出现在众议院听证会前，要求增加社区对第 1 条项目的参与。他们声称，当地的资金被滥用了，教育委员会对此却“充耳不闻”。《初等与中等教育法》之所以失败，是因为权力部门对穷人反应迟钝。由于不断的抗议，穷人的声音开始在华盛顿取得一些成果。例如，由全国有色人种协进会和华盛顿研究项目 1969 年发布的《麦克卢尔报告》（“The McClure Report”）促使美国教育署增加了 20 个工作人员，加强了美国教育署专员通过具体的法规和指导方针为穷人参与联邦项目提供支持的决心。与此同时，卫生、教育与福利部发布了一系列备忘录来鼓励家长参与。②

正如反对联邦援助的人所预言的那样，《初等与中等教育法》实施的头 5 年引发了有关资金、宗教、种族以及联邦-州-地方之间关系的复杂问题。然而，在大多数情况下，问题与保守派的设想相反。天主教徒没有得到第 1 条款资金的份额，黑人没有强行进入白人学校，美国教育署也没有控制州和地方当局，地方按照自己的意愿使用资金。在许多方面，《初等与中等教育法》实现了保守派的梦想。

然而对于自由主义者来说，他们的梦想已经破灭了。1970 年，《初

① JEFFREY J R. Education for children of the poor: a study of the origins and implementation of the Elementary and Secondary Education Act of 1965[D]. Houston: Rice University, 1972: 111-112.

② JEFFREY J R. Education for children of the poor: a study of the origins and implementation Elementary and Secondary Education Act of 1965[D]. Houston: Rice University, 1972: 114-115.

等与中等教育法》的一名制定者写道："1965 年的欢欣鼓舞如今已被残酷的灵魂反省所取代。"① 原先的信念是，一旦公立学校系统得到了它所渴望的资金，它就会从内部进行改革，向被它忽视了太久的贫困儿童伸出援手。这种想法看来好像是太天真了。这个梦想之所以消失，是因为政策制定者从未质疑教育能否解决贫困问题，因为他们从未正视公立学校系统的本质。虽然《初等与中等教育法》确实经过了公平的试验，但是这部法律的承诺让穷人痛苦，自由主义者看到的是孩子们的教育质量几乎没有改善。

第五节 《初等与中等教育法》的修订及其影响

一、1965 年《初等与中等教育法》的修订

从 1965 年《初等与中等教育法》颁布之后，国会对该法案进行了多次修订。1966 年的修正案调整了对残疾儿童相关项目的拨款，在 1965 年的基础上增加了"身心障碍儿童的教育"条款，以及成人教育的内容。1967 年修正案最突出的是增加了"双语教育法"，成了《初等与中等教育法》的第 7 条，是美国联邦立法中首个关于母语为非英语的语言者的立法。"双语教育法"强调了用英语授课的重要性，为英语能力有限的学生设立教育方案。1968 年的修正案为农村地区的处境不利学生提供联邦经费和新的联邦项目，为防止学生流失和支持双语教学也提供资助。1969 年的修正案提出对学校的管理者、教师和健康和营养人员进行培训，以协助那些来自低收入家庭的儿童满足其健康和营

---

① JEFFREY J R. Education for children of the poor: a study of the origins and implementation of the Elementary and Secondary Education Act of 1965[D]. Houston: Rice University, 1972: 117.

养的需求，并雇佣专业人员为学校的营养和保健方案提供服务。1978 年，《初等与中等教育法》在参议院以 86 票对 7 票、在众议院以 350 票对 20 票的绝对优势通过重新授权，把法案时限再次延长 5 年，并提供了 5 年共计 500 亿美元的联邦投资，在资助对象的范围上，把移民儿童、非英语母语儿童、有违法经历和受忽略的儿童、身心障碍儿童也都包括进来。这一时期，不但联邦资助的金额日益增长，而且联邦教育政策的执行范式越来越细节化，具有明确的规定性、法律性和授权性，体现了联邦对教育的控制不断加强。①

1981 年的《教育合并与改进法案》（*Education Consolidation and Improvement Act*）对《初等与中等教育法》的许多条款做了根本性改变，减少了约 20%的联邦教育经费，降低了法规的门槛，把原有指定用途的专项补助合并成不指定用途的一般性补助。这一系列举措有效地提高了州的自由度，联邦的教育角色也如期大幅弱化。1988 年《初等与中等教育法》的重新授权，要求学区重新评估第 1 条项目的有效性，用标准化考试成绩来评估学校，并为表现不佳的学校提供新的促进计划。1994 年的《2000 年目标：美国教育法》开始为各州自行开发的教学内容和学业标准提供资金，更加关注教育的结果和绩效。1994 年，《初等与中等教育法》重新被授权为《改进美国学校法》（*Improving America's Schools Act*），进一步明确规定了这样的标准，并对该法规定的学生评估进行调整，要求受第 1 条项目资助的学生的评估标准必须与其他学生的评估标准相同。1965 年《初等与中等教育法》从一个意图和结构简单而模糊的、项目经费预算仅有 400 万美元的法案，发展成为复杂而详细的、超过 1000 页的、项目经费超过 1200 万美元的 1994 年《改进美国学校法》，显示了联邦政府对教育参与的强化。2002 年被

---

① 生兆欣.《初等与中等教育法》与美国联邦政府教育角色的变迁 [J]. 比较教育研究，2009，31 (3)：25-29.

重新授权的《不让一个孩子掉队法》是对《初等与中等教育法》进行的重新修订，该法案被认为是1965年《初等与中等教育法》颁布之后影响最大的一部教育改革法案。

二、1965年《初等与中等教育法》的影响

在1960年之前，联邦政府在教育政策的发展中起着非主导作用。尽管希望联邦可以参与到中小学教育的支持者为此斗争了20多年，但他们也时常因各种原因被那些担心联邦卷入教育的反对者所阻挠。从内战到20世纪50年代末的学校援助斗争，对教会学校、种族隔离、分配形式和联邦控制教育的担心等这些问题阻碍了联邦通过中小学援助法案。因此在20世纪50年代，联邦对美国教育的作用微乎其微。尽管学校援助斗争在接下来的10年内仍在继续，但是争议的都是关于怎么援助、如何援助、怎样顺利实施援助等问题而不是该不该援助。这种情况在20世纪60年代开始得到改变。1965年《初等与中等教育法》打破了长期以来联邦政府对教育援助的反对，使得联邦对教育援助逐渐走向了常规化。

在联邦对教育的控制方面，无论《初等与中等教育法》第1条项目的实施效果如何，仅从联邦对中小学的资助来看，这些项目实施的历史表明了联邦政府对教育的实质性参与。从表5-5-1中可以看出，联邦政府对美国公立中小学的资助从1965年之后出现了巨大的增长，并且对地方教育产生了深刻的影响。联邦政府提供给公立中小学资金的平均百分比从1939年的1.8％上升到1959年的4.4％，1965年则上升到7.9％。虽然从1965年至1980年联邦资助在地方财政中的百分比仍然

很低，但是联邦资助的数额却增长显著。[①] 可见，联邦政府通过教育立法，以教育资助为主要手段，实现了对学区或州的教育的“间接控制”和产生了相当大的间接影响。

表 5-5-1　1919—1920 财年到 1977—1978 财年，美国公立中小学从联邦、州和地方获得的财政收入[②]

学年	总计（千美元）	百分比分布		
		联邦	州	地方（包括过渡地区）
1919—1920	970120	0.3	16.5	83.2
1929—1930	2088557	0.4	16.9	82.7
1939—1940	2260527	1.8	30.3	68.0
1941—1942	2416580	1.4	31.4	67.1
1943—1944	2604322	1.4	33.0	65.6
1945—1946	3059845	1.4	34.7	63.9
1947—1948	4311534	2.8	38.9	58.3
1949—1950	5437044	2.9	39.8	57.3
1951—1952	6423816	3.5	38.6	57.8
1953—1954	7866852	4.5	37.4	58.1
1955—1956	9686677	4.6	39.5	55.9
1957—1958	12181513	4.0	39.4	56.6
1959—1960	14746618	4.4	39.1	56.5
1961—1962	17527707	4.3	38.7	56.9

① KAESTLE C F, SMITH M S. The federal role in elementary and secondary education, 1940-1980[J]. Harvard educational review, 1982, 52 (4): 384-408.

② GRANT W V, EIDEN L J. Digest of education statistics 1980[M]. Washington, D. C.: Government Printing Office, 1980: 71.

续表

学年	总计（千美元）	百分比分布		
		联邦	州	地方（包括过渡地区）
1963—1964	20544182	4.4	39.3	56.3
1965—1966	25356858	7.9	39.1	53.0
1967—1968	31903064	8.8	38.5	52.7
1969—1970	40266923	8.0	39.9	52.1
1971—1972	50003645	8.9	38.3	52.8
1973—1974	58230892	8.5	41.4	50.1
1975—1976	71206073	8.9	44.6	46.5
1977—1978	81440326	9.5	43.0	47.6

通过《初等与中等教育法》的实施，美国基础教育得到了很大程度的改善，贫困儿童学业问题得到了实质的解决，教育机会均等问题也在逐步解决中。《初等与中等教育法》在各个方面不断吸引越来越多的学生感受到教育的力量，享受到相对平等的教育待遇，教育也逐渐变得越来越民主化，在一定程度上促进了教育机会均等。当然，由于种种原因，《初等与中等教育法》的颁布实施并没有从根本上解决美国社会的贫困问题，大量处境不利儿童并没有得到该法案所规定的应有的益处，他们的教育不平等问题仍然继续困扰着美国社会。尽管如此，《初等与中等教育法》被一位学者描述为伟大社会扩大联邦教育活动的基石。《初等与中等教育法》不仅打破了长期以来对联邦教育的反对，而且还关注了贫困儿童的教育需求，并通过建立联邦标准以推动学区更加公平地对待弱势学生。其结果是联邦政府在确定国家教育优先事项方面扮演了一个独特的角色，并使联邦政策成为 20 世纪 60 年代至

70 年代初教育史上有关入学机会和教育政策控制权的斗争的核心焦点。①

（於荣 姜媛媛）

① KANTOR H. Education, social reform, and the state: ESEA and federal education policy in the 1960s[J]. American journal of education, 1991, 100(1): 47-83.

第六章　通向“伟大社会”的捷径：1965 年《高等教育法》

我们国家所有问题的答案、世界所有问题的答案，如果你对其进行分析，就可归结为一个词——教育。①

——林登·贝恩斯·约翰逊

1963 年 11 月 12 日，美国第 35 任总统肯尼迪遇刺身亡。当天 14 时 30 分，时任副总统的约翰逊在空军一号座机上宣誓继任美国总统。约翰逊出任总统之时，正值美国多事之秋。1961 年 4 月 12 日，苏联宇航员尤里·加加林（Yuri Gagarin）率先进行了人类历史上的首次太空飞行，苏联在航天技术竞争中的优势对美国造成了巨大的压力。1961 年 4 月 17 日，肯尼迪政府在武装干涉古巴革命的猪湾入侵（Bay of Pigs Invasion）中遭到惨败。同年 5 月，美国出兵越南，越南战争开始升级。在国内，由于 20 世纪 50 年代经济增长缓慢，贫困加剧，贫富差距不断扩大，种族矛盾日益尖锐，黑人运动逐步高涨。

约翰逊继任后，继续推行肯尼迪政府的各项内外政策，推进社会经济改革。1965 年 1 月，约翰逊向国会提交国情咨文，正式提出建设“伟大社会”的施政纲领，并在随后 6 个星期内向国会先后提交了 83 件

① GLADIEUX L E, WOLANIN T R. Congress and the colleges: the national politics of higher education[M]. Lexington: Lexington Books, 1976: 17.

特别咨文，要求国会采取广泛的立法行动，扩大联邦对教育的干预，促进社会福利事业的发展。在约翰逊任期内，国会先后通过了90项立法，涉及人权、医疗、环境保护、住房、教育、反贫困和移民等方面。其中，较为重要的法律包括：1964年《民权法案》、1965年《选举权法案》(*Voting Rights Act*)、1965年《移民与国籍法修正案》(*Immigration and Nationality Act Amendments of 1965*)、1965年《社会保险法修正案》(*Social Security Act Amendments of 1965*)、1966年《儿童安全法案》(*Child Safety Act of 1966*)、1966年《国家历史文化保护法案》(*National Historic Preservation Act*)等。

在约翰逊任期内，美国国会先后通过的教育法案达40多项，例如向贫困家庭子女提供教育资助、为辍学和失业的青少年提供职业培训的1964年《经济机会法案》，向公立中小学教育提供财政支持、为贫困生开设特殊教育项目的1965年《初等与中等教育法》，为大学提供图书馆、建设技术学院和社区学院的1963年《高等教育设施法案》(*Higher Education Facilities Act*)，支持中小学提高英语教学水平，特别是满足英语水平较低学生需要的1968年《双语教育法案》(*Bilingual Education Act*)等。这些法律对于改善穷人和黑人的教育状况、提高美国教育事业发展产生了重要影响，甚至约翰逊喜欢把自己称为“卫生和教育的总统”。

第一节　《高等教育法》的出台

1964年5月22日，约翰逊在密歇根大学发表演说时称：“我们不但有望迈向富裕、强大的社会，而且有望迈向伟大社会……它要求终结贫困和种族歧视。”[①] 他反复指出，20世纪60年代初，美国迎来了大学入学的人口高峰。尽管社区学院等高等教育机构大量出现以满足日益增长的高等教育需求，但是大量少数族裔学生及经济贫困学生仍无缘高等学府的大门。联邦教育署的调查显示，平均每年约有9万中学毕业生因经济困难而无法继续上大学。而在进入各类高校的42%中学毕业生中（总数为186万人），有28%的学生因经济原因在进入大学一年后退学。数据还显示，在1960年的中学毕业生中，有33%的学生来自年收入低于3000美元的家庭。[②] 调查结果充分说明了学生资助的紧迫性和必要性。

与此同时，约翰逊总统极度信赖的专责小组也进行了大量的调查研究。这个小组对15万参加“国家优秀奖学金”（National Merit Scholarship）考试却没有继续上大学的学生进行调查。结果显示，在这些学生中，有50%家庭支付子女接受高等教育的能力在300美元甚至更低。来自低收入家庭的学生中，超过四分之三的男生和一半的女生表示，如果经济条件允许，他们会选择上大学。研究表明，如果政府实施学生资助，就可保障每位合格的中学毕业生不会因经济困难而失去上大学的机会。此外，调查还发现，对一些经济并不困难的家庭来说，如果有两个以上的孩子上大学，他们的家庭经济负担同样很重。所以，提供公平的教育机会，不仅是低收入家庭的需要，也是许多中等收入家庭的要求。

在大量调查研究的基础上，1964年11月9日，联邦教育署署长凯珀尔向白宫递交《特别教育资助法案》（*Special Assistance Grants for*

---

① 王建华. 美国历届总统世界名校演说精选［M］. 南昌：江西人民出版社，2002：91.

② ALTERMAN R C. Manpower policy and individual need in the development of federal aid to college students[M]. Ann Arbor: The University of Michigan, School of Education, 1973:75.

Education），建议联邦政府为高校贫困学生设立助学金。除教育署以外，劳工部、财政部等也分别提出了资助学生的立法建议。1965 年 1 月 4 日，众议员格林向众议院提交了“高等教育法”以及相应的学生资助项目提议。1 月 12 日，约翰逊向国会提交了教育咨文，要求制定一部《高等教育法》，以实现“充分教育机会”（full educational opportunities）的目标。

1965 年 1 月 19 日，约翰逊正式向众议院提出高等教育立法提案。白宫政府提出的促进和改善高校条件、提供大学生经济资助的法案分别被列入众议院 3220 号、3221 号法案，参议院将其列为 600 号法案。后来，关于教师培训的议案也被提出，被列为参议院 2302 号法案。

1965 年 2 月 1—5 日，3 月 8—10 日、12 日、16—19 日，众议院“教育特别小组委员会”先后在华盛顿进行了 13 天的审议；4 月 30 日和 5 月 1 日，先后在芝加哥大学进行了两天的审议。参议院“教育特别小组委员会”也进行了 12 天的审议。此外，在审议期间，参众两院的特别小组委员会也收到了多个部门或研究团体的意见或建议。

1965 年下半年，高等教育法的立法进入第二阶段，即正式委员会审议阶段。7 月 14 日，众议院教育与劳工委员会（The House Committee on Education and Labor）综合各种意见后，由委员会主席小亚当·克莱顿·鲍威尔（Adam Clayton Powell，Jr.）正式立为众议院第 9567 号法案。经众议院立法审议，8 月 26 日，众议院以 386∶22 的票数表决顺利通过该法案，并送交参议院审议。

1965 年 9 月 1 日，参议院劳工与公共福利委员会（The Senate Committee on Labor and Public Welfare）主席希尔向参议院报告了提案。参议院在审议中，对法案的学生资助部分进行了两项修改。一是偿还原则，即对参加美国军队、和平队或者加入境外课程学习的借款人不加利息；二是允许高校可将国防学生贷款的四分之一用作奖学金。9 月 2 日，参议院大会以 79∶73 的票数表决结果通过了该法案，送交参众两院的协商委员会再次审议。

1965 年 10 月，高等教育立法进入了最后的收尾阶段，协商委员会在讨论参众两院的立法提案后，于 10 月 19 日统一了新的法案文本。10 月 20 日，参众两院分别通过了该法案。众议院通过的票数比例为 313∶63，参议院则通过口头表决的方式，全体通过之后，送达总统办公室。①

1965 年 11 月 8 日，约翰逊总统签署了这项具有重大历史意义的《高等教育法》。他特意选择在其母校——西南得克萨斯州立学院（Southwestern Texas State College）签署该法案并发表演讲。他说道："这项法案仅是第 89 届国会第一次会议所通过的 20 多项教育政策之一，历史将永远记住本次会议——第 89 届国会的第一次会议——为伟大的教育事业做出了比之前国会的 176 次会议加在一起还要重要的贡献……我认为《高等教育法》以及我在春天签署的它的姊妹法——《初等与中等教育法》，将成为伟大的第 89 届国会的主旨。"②

1965 年《高等教育法》的顺利通过，不仅使几任总统的愿望终于变成现实，而且打破了长期存在的联邦政府不直接干预高等教育事务的宪法禁区。在这个过程中，除了其他各种因素之外，约翰逊个人的能力和魅力也发挥了重要作用。作为前参议院多数党领袖，约翰逊深谙作为总统应如何与国会打交道。他在与国会的博弈中，远胜于肯尼迪。原肯尼迪总统的助手，后任约翰逊政府卫生、教育与社会福利部（United States Department of Health，Education，and Welfare）部长的威尔伯·库恩（Wilbur Cohen）将两人做了形象的对比："肯尼迪在

① ALTERMAN R C. Manpower policy and individual need in the development of federal aid to college students[M]. Ann Arbor：The University of Michigan，School of Education，1973：111.

② KEPPEL F. The higher education acts contrasted，1965-1986：has federal policy come of age? [J]. Harvard educational review，1987，57 (1)：51.

国会中从来没进入‘内部圈子’或者成为中心人物，议员们把肯尼迪视为不错的伙伴（a nice boy），但决不认为他是想要什么就能得到的那种人物……但约翰逊则相反，他总是国会的核心人物。”[①] 约翰逊的传记作者罗兰·埃文斯（Roland Evans）和罗伯特·诺瓦克（Robert Novak）把约翰逊的成功归结为两点：“约翰逊网”及“约翰逊手法”。他的“网”里有民主党和共和党，有自由派和保守派，当约翰逊需要票数时就给他们打电话。“约翰逊手法”指他的个人技巧和政治诱导，他堪称“政治艺术大师”，一有机会就同议员进行一对一的接触，千方百计劝服他们支持他的提案。[②]

第二节　《高等教育法》的主要内容

《高等教育法》的主要内容包括七个部分，分别涉及高等教育的不同方面和领域。

一、社区服务和继续教育项目

《高等教育法》授权在 1966 财年拨款 2500 万美元，1967、1968 财年拨款 5000 万美元给各州。各州须将这些经费资助大学和学院的社区服务项目，从而解决贫困等社区问题。

二、学院图书馆资助和图书馆训练与研究

法案规定在 1966、1967 和 1968 财年分别拨款 5000 万美元给学院

---

① BERUBE M R. American presidents and education[M]. New York：Greenwood Press，1991：75.

② 张立平. 林登·约翰逊与民权法案［J］. 美国研究，1996（2）：112.

图书馆，用以购买新资料及更新设备。在1966、1967和1968财年分别拨款500万美元、600万美元和700万美元，提供奖学金为学院图书馆培训图书馆学的学生。

三、加强发展中学院

法案规定在1966财政年度拨款5500万美元，资助“发展中学院”（主要是指南部历史上的黑人学院）。这笔经费要与其他“发达学院”一起使用，通过合作来帮助提高发展中学院的教学质量，从而使它们进入高等教育发展的主流。

四、学生资助

依据约翰逊总统关于必须着手最大限度地发展所有美国儿童的智力和技能的教育事业的要求而制定，这是《高等教育法》最重要、最主要的一部分，共包括五个资助项目。

（一）教育机会助学金

这是美国联邦政府的第一个高等教育助学金项目，用以资助有特殊经济困难的合格中学毕业生接受高等教育，个人助学金额每年不超过800美元。

（二）《国防教育法》贷款项目

保留并延长1958年《国防教育法》中设立的国防学生贷款项目。

（三）担保学生贷款项目

由政府提供担保，商业金融机构提供贷款。学生毕业后9个月开始还款，还款期一般为10年，读书期间6%的利息全部由政府贴息，联邦政府按各州贷款总量的10%提供担保基金，以担保贷款人的风险。

（四）勤工助学项目

源于 1964 年《经济机会法案》，是对学生勤工助学工资的补助金，为奖励学生“边工作边学习”而设。领取补助金的单位是大学，大学支付学生勤工助学工资中的 90％由联邦补助。

（五）寻找人才

一个特殊的资助高校招生项目。主要用来资助高校发现和鼓励那些有能力上大学却因经济或其他原因而未能入学的学生。

五、教师项目

以增加美国初、中等学校教师数量并改善其质量，以及扩大青少年受教育机会为目标，共包括两个子项目。

（一）全国教师队伍

以改善贫困地区的教育为目的，由从教师或教师志愿者中招聘的有志者组成。每次向贫困地区派遣少数队员，于一定时期内在该地区学校任教。作为此队伍的设置和业务费等，联邦拨款数额为：1966 财年 3610 万美元，1967 财年 6 471.5 万美元。

（二）教师奖学金

主要用来鼓励学生从事教师职业。

六、为改进本科生教学提供资助

资助高校购买先进的实验室及其他设备，以改进高校的本科教学，尤其是自然科学和技术领域的教学。

七、对 1963 年《高等教育设施法案》的修订

修改 1963 年《高等教育设施法案》，提供补助金和贷款来扩建校园或修建新校区。

第三节 《高等教育法》的实施

1965 年《高等教育法》颁布之前，政府对高等教育提供援助是为了更好地利用高校的力量与技术，从而为“联邦使命”（federal mission）服务，包括经济、军事或政治等方面。这一时期，联邦对高等教育的援助项目集中在科研方面，主要是为了满足国家的人力资源需求，直接的教育援助往往会受到国会的强烈反对。即使是政府颁发的奖学金，也是建立在学业标准的基础之上，其意义在于防止天才的流失。到约翰逊执政时期，政府资助高等教育的目标是使高校为所有学生提供教育，而不仅仅是为了满足国家人力资源的需求。政府要使“每位可受益于高等教育的学生都能接受高等教育”①。这无论是对个人还是对国家，都具有重要的价值。

约翰逊政府的高等教育资助政策，是联邦政府干预社会经济生活的一种方式，其立法宗旨在于保障社会各经济群体都享有平等的高等教育机会。1965 年《高等教育法》的通过，在美国高等教育史上具有重大意义：第一，它标志着联邦政府对高等教育的资助取得了完全的政治合法性。第二，在学生资助方面，联邦的大学生资助项目逐渐走向完整化、系统化。第三，在 1965 年《高等教育法》的统一规定下，

---

① ALTERMAN R C. Manpower policy and individual need in the development of federal aid to college students[M]. Ann Arbor: The University of Michigan, School of Education, 1973:114.

确立了奖（奖学金）、助（助学金）、贷（贷款）、勤（勤工助学）这一套完整的大学生资助体系。

从《高等教育法》的实施情况来分析，它对美国高等教育的发展产生了巨大的影响。1956 年，联邦政府的高等教育开支为 6.55 亿美元，绝大多数为科研性开支。到 1966 年，联邦政府的高等教育开支为 35 亿美元，增长了 434%，资助项目除科研资助外，还包括学生资助、高校基本设施建设等。[①] 另外，表 6-3-1 和表 6-3-2 也可以反映出联邦资助政策推行后，美国高校数、教师数、学生数等都迅速增长的态势。

表 6-3-1　18—24 岁学生高校入学率（1963—1972 年）[②]

年份	18—24 岁人口数（人）	入学数（人）	入学率（%）
1963	18268000	4765867	26.1
1964	18783000	5280020	28.1
1965	20293000	5920864	29.2
1966	21376000	6389872	29.9
1967	22327000	6911748	31.0
1968	22883000	7513091	32.8
1969	23723000	8004660	33.7
1970	24687000	8580887	34.8
1971	25779000	8948644	34.7
1972	25913000	9214860	35.6

① GLADIEUX L E，WOLANIN T R. Congress and the colleges：the national politics of higher education[M]. Lexington：Lexington Books，1976：12-13.

② GRANT W V，EIDEN L J. Digest of education statistics 1981[M]. Washington，D. C.：Government Printing Office，1981：90.

表 6-3-2 美国高等教育发展概况（1958—1968 年）①

年份	高等学校数（所）	注册学生数（人）	注册学生占同龄人（18—24 岁）的百分比	教师数（人）	高校资产总值（百万美元）
1958	2011	3226000	21.2	260486	16947
1960	2008	3582700	22.2	283080	20225
1962	2040	4174900	23.7	312687	24403
1964	2132	4950100	26.4	358153	30229
1966	2230	5928000	27.7	438000	35617
1968	2483	6928100	30.3	574000	39343（1967）

第四节 《高等教育法》的修订

《高等教育法》自 1965 年颁布以来，先后在 1968 年、1972 年、1978 年、1980 年、1986 年、1992 年、1998 年、2004 年和 2008 年进行了 9 次修订，其中有几次修订是较为重要的。这些修订也从一个侧面反映了近 50 多年来美国高等教育的变迁。

一、1968 年修订

1968 年，《高等教育法》面临着颁布以来的第一次重新授权。这次授权面临着一个全新的背景，即 20 世纪 60 年代风起云涌的美国大学校园的学生运动。学生运动从 1964 年在加州大学伯克利分校兴起，直至 1968 年和 1969 年在哥伦比亚大学、康奈尔大学等达到高峰，对社会各

① 陈学飞. 美国高等教育发展史［M］. 成都：四川大学出版社，1989：161.

界产生了极大的震动。据估计，1968—1969 年，约 22%的美国高校遭遇了某种形式的抗议。因此，当 1968 年国会讨论修订《高等教育法》时，便产生了激烈的争论。国会中的保守势力试图反对资助参与运动的学生和没有采取积极行动应对运动的高校，而在自由派内部也产生了分歧。

1968 年，众议院教育特别小组委员会主席格林提交了一份完整的有关学生运动的议案（众议院 11942 号议案），她提议：“所有接受联邦资助的高校都要与美国教育署一起采取行动来处理校园危机。对于那些因参与动乱被告上法庭的学生，或者被学校发现违规的学生，学校有权结束对他们的各种形式的资助。”① 格林认为，参与运动的这些学生上大学并不是为了接受高等教育，因此也就没有接受高等教育的“权利”。1968 年 3 月进行的一次盖洛普民意测验显示：大多数美国人深切关注学生运动，并且觉得联邦政府应该有所行动来加以控制。在 1968 年 3 月 19 日举行的关于此提案的听证会上，格林直接引用了这次测验。她警告教育家们说，如果公众因为联邦政府对闹事学生的资助而开始反对联邦资助高等教育的话，所有的联邦资助项目都将不堪一击。

与格林持不同意见的是以约翰·布兰迪马斯（John Brademas）为代表的自由派，他们认为学生运动的根本原因在于美国高等教育内部极度的混乱以及越南战争。自由派则更关注高等教育内部的改革。改革的呼声不是孤立的，甚至理查德·米尔豪斯·尼克松（Richard Milhous Nixon）政府也呼吁改革。所以，国会中的民主党与共和党尼克松政府达成了一种“默契”，二者都试图阻止国会通过取消资助闹事学生的立法。最终，布兰迪马斯以 18∶17 的票数险胜格林，格林的议案就此搁浅。

① DAVENPORT S A. Smuggling-in reform: equal opportunity and the Higher Education Act, 1965-80[D]. Baltimore: The Johns Hopkins University, 1982: 170.

1968年《高等教育法修正案》（*Higher Education Amendment Act*）是第一次对1965年《高等教育法》进行的修正。修正案除继续授权实施所有原法案条款外，增加了六个新的项目，主要进行以下几个方面的资助：第一，合作教育项目（cooperative education）。资助学生交替进行全职学习与全职工作，工作与学生的学习相关，直接与报酬挂钩。第二，对弱势学生进行咨询与指导服务。第三，知识网络项目（networks for knowledge）。鼓励高校间合作、共享仪器设备等。第四，公众服务培训。培训研究生，为政府部门输送人才。第五，发展研究生教育。鼓励更多的高校开设博士课程，以期提高质量。第六，鼓励培养更多的见习律师。①

在设置的新项目中，最为重要的一条是针对弱势学生的“特别项目”。这个项目在延长实施1965年寻找人才（Talent Search）项目的基础上，又新增了“上进计划”（Upward Bound）与“特别服务”（Special Services）两个项目。修正案第408款规定：“上进计划”是为了产生中等后教育成功所必需的技巧和动力，来自低收入家庭的、未受到良好中学教育的入学者须全日制参与部分或全部项目；“特别服务”项目是为弱势学生提供的补救性的或其他的特别服务。学生应有学术潜能，同时是联邦补助金的受益高校正式录取的学生；因教育、文化、经济原因，或者身体残疾，而需要这样的服务来帮助他们开始、继续或重新开始中等后教育。

“上进计划”必须做出安排，以保证一所或更多所高校与一所或更多所中学的合作，还必须包括必要的医疗服务，参加项目的学生每月有不超过30美元的补贴，联邦补助金不超过实施此类项目费用的80%，此类项目应在国内进行。而“特别服务”项目应提供：其一，

---

① DAVENPORT S A. Smuggling-in reform: equal opportunity and the Higher Education Act, 1965-80[D]. Baltimore: The Johns Hopkins University, 1982: 157-158.

咨询、导师指导或其他教育性的服务，包括特别的暑期项目来补救此类学生学术上的不足。其二，职业指导、安排或其他人事服务，鼓励或协助此类学生继续或重新进入高校学习。其三，为学生继续研究生学习或接受职业教育提供鉴定、鼓励或咨询。其四，为执行此款规定，特别授权在 1969 年 6 月 30 日结束的财政年度拨款 1000 万美元（其中 50 万美元用于“上进计划”的规划及相关活动），在 1970 年 6 月 30 日结束的财政年度拨款 5668 万美元，在 1971 年 6 月 30 日结束的财政年度拨款 9600 万美元。①

“上进计划”主要是在联邦资助下，为来自社会底层的高中生开设暑期课程，增强这些学生上大学的动力，并掌握升入大学的技巧。这个项目反映出成人的鼓励与期待对这类学生的重要性。另外，这些学生与大学生的接触，与真正的大学的接触，以及接触一些非正式的学术也是非常重要的，而这些因素恰恰是这样背景的学生所缺少的。“特别服务”项目是资助高校为已升入大学的弱势学生提供包括导师指导、咨询、职业指导等在内的服务。

1965 年《高等教育法》主要是为那些“合格”的学生上大学提供经济保障，而 1968 年的修正案中则第一次正式使用“弱势”这个字眼，强调为这些学生提供学术与心理两方面的咨询与帮助，明确规定通过提供这些服务，保障他们学业的成功。

二、1972 年修订

1971 年 1 月，《高等教育法》的重新授权问题被列入国会议程。随着学生运动的逐渐平息，对高等教育进行资助的障碍进一步减少，参

① United States. Higher education amendments of 1968, public law 90-575-Oct. 16, 1968[EB/OL]. (1968-10-16)[2016-09-16]. https://www.govtrack.us/congress/bills/90/s3769/text.

议院已经比较明确地赞同联邦政府资助高等教育。因此，参议院劳工与公共福利委员会不再过多地参与教育立法，而是直接放权所属教育小组委员会。1969 年后，担任教育小组委员会主席的是参议院克莱本·佩尔（Claiborne Pell）。①

佩尔认为，中等后教育是一种基本权利。他主张扩大教育机会，不仅要进一步扩大学生资助的力度和范围，而且应改革资助方式。按照他的观点，联邦的资助金应直接提供给学生个人，以丰富他们的教育选择机会，促进高校之间的自由竞争。1971 年 2 月，佩尔向参议院提出了 1971 年《高等教育法修正案》，除延长现行的所有高等教育项目外，他又创造性地提出了直接资助大学生的基本教育机会助学金（Basic Educational Opportunity Grant）、高校的教育成本补贴（Cost-of-education Allowances）、延长一些职业教育项目等内容，这就是参议院第 659 号《教育法修正提案》。6 月 30 日，教育小组委员会在完成了对法案的初步修改后，将其递交到劳工与公共福利委员会审议。委员会没有很大争议，并同意将佩尔提出的最高助学金提高到 1400 美元。8 月，参议院全体通过了佩尔的提案。

在参议院审议 1971 年《高等教育法修正案》的同时，1971 年 4 月 6 日，众议院则形成了与参议院完全不同的 7248 号议案，这项议案反对由联邦政府直接将补贴发给学生个人，并于同年 10 月在众议院获得通过。

鉴于参众两院提案的重大差别，1972 年 3 月 15 日，两院组成了联合委员会进行协商，协商委员会面临的工作相当复杂。关于这两部法案差异的 4 大卷“蓝皮书”材料，列出了 401 项具体的不同，都需要逐

---

① 克莱本·佩尔是一位来自罗得岛州的民主党人，因在 1972 年《高等教育法》修订中提出基本教育机会助学金项目而闻名。他在此后的学生资助立法修订中都发挥了重要作用，坚持推行高等教育的机会平等、非歧视原则以及对学生的直接资助等，后来他也支持对中等收入家庭学生的资助。1980 年国会将他提出的助学金项目更名为佩尔助学金。

项进行确定。[①] 参众两院后来商定推举众议院教育与劳工委员会主席卡尔·帕金斯（Carl D. Perkins）[②] 作为两院协商委员会主席[③]。

协商委员会争论的焦点是佩尔提出的基本教育机会助学金。众议院民主党人对此项目的可行性持怀疑态度，认为这将威胁到现有的学生资助项目。但部分众议员则支持佩尔的主张，这使得佩尔的提案获得了多数拥护。协商委员会先后组织了21次会议，双方相互妥协，即在同意保留原有的联邦资助项目的情况下，通过了参议院的基本教育机会助学金提案。这次修订因涉及除高等教育外的其他教育问题，最后通过的修正案被统称为《高等教育法修正案》。1972年6月，众议院审议通过《高等教育法修正案》，1972年6月23日由尼克松总统签署生效。1972年《高等教育法修正案》确立了联邦资助高等教育的基本形式是对学生的资助，但也包括了一些新的项目，新增的项目主要有：第一，延长实施弱势学生的"特别项目"，并增设教育机会中心（Educational Opportunity Center）项目，此中心以社区为基础，主要在大学招生过程中提供信息与帮助。第二，新增社区学院与职业教育的改进项目，其中社区学院项目要求提供联邦资助来建立或扩大社区学院。为了得到此项资助，州必须制定全州范围内的中等后教育项目规划。职业教育项目要求联邦提供补助金来资助州内职业教育项目规

---

① GLADIEUX L E，WOLANIN T R. Congress and the colleges：the national politics of higher education[M]. Lexington：Lexington Books，1976：161.

② 卡尔·帕金斯，肯塔基州人，多次担任参众两院议员，毕生致力于教育、劳工等社会福利问题。1986年，国会将国防教育贷款项目更名为帕金斯贷款以示纪念。以其命名的教育法案还有：1984年《帕金斯职业教育法案》（*Carl D. Perkins Vocational Education Act*）、1990年《帕金斯职业和应用技术教育法案》（*Carl D. Perkins Vocational and Applied Technology Education Act*）等。

③ 协商委员会主席一职，过去是由两院轮流担任，但因这次会议上最初没有确定人选，佩尔就比较礼貌地让给了帕金斯，这样佩尔实际上既避开了矛盾的焦点，又缓和了双方的关系，形成了较融洽的协作局面。

划及实施。另外，教育署新成立两个机构来实施此项目，分别为职业教育与成人教育局（Bureau of Occupational and Adult Education）和社区学院小组（Community College Unit）。① 第三，明确规定在联邦资助项目中禁止性别歧视。第四，成立全国中等后教育财政委员会（National Commission on Financing Postsecondary Education），负责研究、报告高等教育的财政危机。②

1972 年《高等教育法修正案》被公认为是美国高等教育资助政策的“基本宪章”（the basic charter），主要原因是该法设立了基本教育机会助学金。基本教育机会助学金规定，由联邦政府向渴望攻读大学的贫困学生提供经济资助，每人每年的最高额度为 1400 美元，但总额不超过所在高校教育费用的 50%。由联邦教育署统一认定学生的资助资格，直接将助学金划拨给学生个人。另外，设立基本教育机会助学金后，原 1965 年《高等教育法》中的“教育机会助学金”改为“补充教育机会助学金”（Supplemental Educational Opportunity Grant），用于资助那些学习成绩中等以上、接受基本教育机会助学金后经济仍有困难的学生。这既是对原法案的延续，也是对基本教育机会助学金的补充。基本教育机会助学金的接收条件有③：其一，必须是拥有规定公民身份的贫困学生。其二，必须在政府认可的教育机构、并以获得学位或证书为目的学习。其三，必须具有高中毕业证书或者政府认可的同等学力。其四，必须在中等后教育中保持令人满意的学业成绩。其五，保证不拥有或买卖毒品。其六，无贷款不良记录。其七，全日制

---

① MCKEOWN M P, ALEXANDER K. Values in conflict: funding priorities for higher education[M]. Cambridge, Mass. : Ballinger, 1986: 137.

② DAVENPORT S A. Smuggling-in reform: equal opportunity and the Higher Education Act, 1965-80[D]. Baltimore: The Johns Hopkins University, 1982: 182-183.

③ 杨克瑞. 高等教育与社会公正：美国联邦大学生资助政策研究［D］. 北京师范大学，2005：60-61.

或在职大学生均可获得资助。其八，无接受年限限制。其九，有刑事处分的学生不得接受资助。

基本教育机会助学金与教育机会助学金的巨大差异反映出联邦政府对公平教育机会含义认识的变化。教育机会助学金在概念与管理上更受限制，大学收到教育机会助学金补助金后，学生不得不为这笔资金展开激烈的竞争。通常情况下，教育机会助学金的获得由学生的学习潜能和需要共同决定，这也就使教育机会助学金有了奖学金的性质。而基本教育机会助学金标志着一种高等教育理念的巨大转变，那就是只要收入有限，则不论学业水平高低，人人均可接受资助。基本教育机会助学金的获得不是基于竞争，而只是基于需要。这种需要还取决于他们经济来源的水平（resource level），而非单一的取决于消费水平（level of expenses）。如果学生家庭的高等教育支出不能达到 1400 美元，该学生即满足条件，将自动获得某种形式的基本教育机会助学金，数额不超过 1400 美元。另外，基本教育机会助学金由联邦政府统一管理，不交给各高校。这也就意味着学生需要的评价及资助将统一进行，在州或高校间将不会有不公现象出现。接受基本教育机会助学金的学生数将远远大于接受教育机会助学金的学生数。某种意义上，这也是因为公众对“谁应该上大学”的观念的改变。到 1972 年为止，大学的开放招生政策已经极大地改变了传统的大学招生及入学人口组成。此法案也顺应了高等教育大众化发展的潮流。

另外，基本教育机会助学金的创立还有其政治意义。政府通过资助学生的方式来资助高等教育，也就使联邦避免了有监督、干预高校之嫌。直接对学生资助使得学生个人成为补助金的主人，如果不满意，他们有权离开某所高校，同时带走所获得的资助金。因此，基本教育机会助学金也就促使高校进行改革以及对自身质量的检查。学生也进入了市场，他们对高校的选择实质上是对大学进行的“投票”，得票越少的高校就越是要进行改革，提高质量来吸引生源。基本教育机会助学金项目强化了低收入学生的“选举权”，同时也增强了高校招收这些学生的动力。因此，基本教育机会助学金项目也深受那些害怕联邦干预、控制高校的人和呼吁高校进行改革的人的青睐。①

1972 年《高等教育法修正案》涉及了教育与高等教育两方面的问题，对《高等教育法》的修正使得此修正案闻名于世。法案的核心内容是基本教育机会助学金，它不仅是一项新的学生资助项目，同时此项资助还在理论上确立了高等教育是一项基本的权利，而不是有钱人的特权，法案通过后，越来越多的学生借此获得了高等教育的机会，见图 6-4-1。

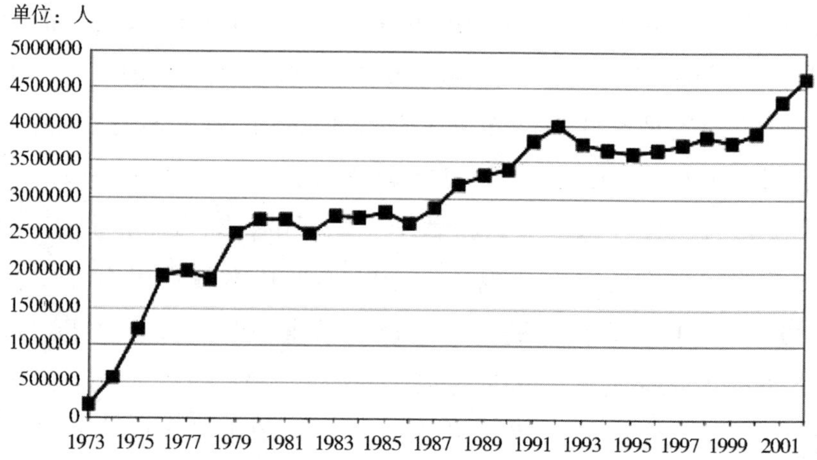

图 6-4-1　基本教育机会助学金接受人数变化（1973—2001 年）②

事实证明，1972 年《高等教育法修正案》颁布之后，美国的高等教育得到了快速发展。1973—1977 年，高校学生人数、入学率持续增

① DAVENPORT S A. Smuggling-in reform: equal opportunity and the Higher Education Act, 1965-80[D]. Baltimore: The Johns Hopkins University, 1982: 191-192.

② STEDMAN J B. Federal pell grant program of the Higher Education Act: background and reauthorization[R]. Washington, D. C.: The Library of Congress, 2002: 22.

长，见表 6-4-1。1972—1976 年，学生资助的总额从 47 亿美元增长到 108 亿美元，联邦学生资助份额从 69%增长到了 79%。[①] 表 6-4-2 反映出处于不同社会阶层、不同种族、不同学业水平以及不同高校类型的学生（大学一年级）接受各种类型资助的状况。总体来讲，弱势学生获得各种资助的比例较高。

表 6-4-1　18—24 岁学生高校入学率（1973—1977 年）[②]

年份	18—24 岁人口数（人）	入学数（人）	入学率（%）
1973	26397000	9602123	36.4
1974	26916000	10223729	38.0
1975	27605000	11184859	40.5
1976	28163000	11012137	39.1
1977	28605000	11285787	39.5

表 6-4-2　全日制新生接受资助状况（1972—1973 年）[③]

学生特征	接受资助比例（%）				
	总数	任何资助	联邦与非联邦资助	联邦政府资助	非联邦资助
所有全日制大一新生	100.0	52.6	14.8	17.4	20.4
社会经济地位：					
最高	100.0	37.2	8.1	12.8	16.3

① MCKEOWN M P, ALEXANDER K. Values in conflict: funding priorities for higher education[M]. Cambridge, Mass.: Ballinger, 1986: 157.

② GRANT W V, EIDEN L J. Digest of education statistics 1981[M]. Washington, D.C.: Government Printing Office, 1981: 90.

③ GRANT W V, EIDEN L J. Digest of education statistics 1981[M]. Washington, D.C.: Government Printing Office, 1981: 148.

续表

学生特征	接受资助比例（%）				
	总数	任何资助	联邦与非联邦资助	联邦政府资助	非联邦资助
其次	100.0	49.6	11.3	16.4	21.9
再次	100.0	58.6	16.6	19.7	22.3
最低	100.0	68.2	24.9	22.0	21.3
种族：					
白人	100.0	51.0	13.4	16.6	21.0
黑人	100.0	68.3	25.2	28.1	15.0
西班牙裔	100.0	65.7	27.2	19.5	19.0
成就/能力水平：					
最高	100.0	62.6	21.7	17.3	23.6
其次	100.0	52.9	16.3	16.2	20.4
再次	100.0	49.2	11.5	16.8	20.9
最低	100.0	44.4	8.2	18.0	18.2
高校类型：					
公立四年制	100.0	51.7	14.6	16.5	20.6
公立两年制	100.0	44.7	7.9	12.6	24.2
私立四年制	100.0	63.3	26.6	22.5	14.2
私立两年制	100.0	53.8	14.6	18.6	20.6
职业性	100.0	41.1	4.4	11.9	24.8
其他	100.0	62.9	15.7	29.1	18.1

1972年《高等教育法》的修正，实际上是一场关于资助模式的论争，表现为联邦政府对不同资助对象（高校或学生本人）的选择，反映的恰恰是教育机会的公平问题，是大众教育与精英教育之争，争论

主要在参众两院的佩尔和格林之间展开。佩尔主张机会人人均应享有，只要他们想继续求学；格林则认为联邦资金应该拨给那些有动力、有天赋却无法支付高等教育费用的贫困学生。高等教育应该是有限的（limited）还是无限的（mass）体系？是应该给更多的人有限的资助，还是把有限的资金集中分配给最需要的、最有前途的人？佩尔的最终胜利，其实也是高等教育的平等对精英的胜利，高等教育的发展已经走向了大众化。

同时，这也是高等教育与中等后教育之争。以上论争主要围绕“谁应该上大学”，而高等教育与中等后教育之争则围绕高等教育是否要变，为了大众化的学生而变。1972 年的修正案认为高等教育正在演变成为中等后教育，这也就大大扩大了其资助的范围，从传统意义上的大学生扩展到整个中等后教育的学生，从全日制学生扩大到在校时间一年以上的在职学生，资助范围成倍增加。多数辩论是关于联邦对社区学院的资助，支持者多为自由派，他们认为并不是人人都需要或者应该接受一种学术性质的教育，而成为未来的领导者。社区学院代表着体制的革新，更加多样化、具体、实际；相反，保守势力则仍旧支持传统的学术高等教育。社区学院和职业课程是当时唯一可以吸纳大量大学生的方法，所以政府决定加强发展这些高校，中等后教育体制正式得到认可。事实上，这种决策仍然是让多数人接受中等后教育，少数人接受选择性的高等教育。

论争的核心仍然是学生资助与学校资助之争。保守党与自由党都认为资助应以学生而非高校为主，学生资助能更直接、更简单地满足最有需要的学生。基本教育机会助学金项目的成功设立，可以说是实现教育机会平等的最佳方式，它从学生的学校条件（中等后教育机构）

和学习条件（在职学生）等方面，极大地扩大了资助的规模与范围。①

三、1978 年修订

1978 年，国会破例对 1965 年《高等教育法》再次提出修订。一些保守议员重提减税政策，遭到总统詹姆斯·厄尔·卡特（James Earl Carte）的极力反对。但是，4 月份参众两院却都提出了减税的方案，8 月份，两院通过了以众议院的提案为基础的减税方案，总统与国会形成了尖锐的对立。政府及教育界主张扩大现有资助力度，反对减税，卡特公开宣称会反对"任何情况下的减税，哪怕是最低程度的方案，因为那将破坏良好的政府预算"②。一些议员提出了《中等收入家庭学生资助法案》（*The Middle Income Student Assistance Act*），以代替或抗衡减税方案，这种提议很快得到高等教育社团的支持，也深受自由主义者的欢迎。最后，在议员威廉·D. 福特（William D. Ford）③ 的提议下，国会最终通过了这项对中等收入家庭学生直接资助的法案，11 月 1 日，经卡特总统签署生效。

实际上，这次修订争论的焦点主要是方案的选择，无论对现有的资助体系同意与否，在扩大资助的规模与范围、照顾中等收入家庭学

---

① DAVENPORT S A. Smuggling-in reform: equal opportunity and the Higher Education Act, 1965-80[D]. Baltimore: The Johns Hopkins University, 1982: 188.

② PACKWOOD R. Should tax credits for tuition payments to colleges and nonpublic schools be enacted? [R]. Washington, D. C.: Congressional quarterly weekly report 36, 1978: 2205-2207.

③ 威廉·D. 福特：密歇根州的民主党人，1978 年《中等收入家庭学生资助法案》的提议人之一，长期以来一直支持对中等收入家庭学生的资助。20 世纪 80 年代，他成功地领导了民主党人反对罗纳德·威尔逊·里根（Ronald Wilson Reagan）总统削减学生资助的方案，在 1992 年的《高等教育法》修订中，他呼吁对《高等教育法》中的学生贷款与助学金项目进行重新调整，扩大佩尔助学金，减少帕金斯贷款，增加对中等收入家庭学生的资助，支持直接贷款方案。

生的需要这一点上，双方的目的是一致的。1978 年《中等收入家庭学生资助法案》主要涉及两方面的修订：第一，调整基本教育机会助学金的分析计算标准，将过去的家庭年收入 1500 美元的资助界限提高到 2500 美元。第二，取消担保学生贷款的家庭收入限定，不论家庭收入或资产，在校大学生均有获得联邦担保贴息贷款的资格。

《中等收入家庭学生资助法案》的出台，对中等收入家庭而言，产生了非同寻常的效果，基本教育机会助学金发生了很大变化。由于资助标准的调整，更多中等收入家庭的学生也获得了资助资格，人数几乎与低收入家庭学生持平。家庭年收入低于 1500 美元（以 1982 年的不变价格计算）的学生接受该助学金的比例从 1977—1978 年的 63%降到 1979—1980 年的 38%，而家庭年收入高于 1500 美元的学生接受资助比例则从 7.4%增长到 34%。此外，担保学生贷款数量激增，1975—1976 年到 1977—1978 年，贷款额从 13 亿美元增加到 17 亿美元，增长率为 31%。1978—1979 年，贷款额增加到了 39 亿美元，比 1977—1978 年增加了 129%。到 1980—1981 年，学生获得的贷款为 62 亿美元。①

1978 年《中等收入家庭学生资助法案》依然坚持面向需要的基本资助精神，但该需要已经在很大程度上被泛化，学生资助规模极度扩展。其不良影响在于，中等收入学生加入联邦学生资助的队伍，进一步增加了政府的财政危机，削弱了对社会低收入家庭学生的实际资助能力。各政治派别围绕学生资助展开的利益之争更加复杂。此外，法案在其后的实施中也遇到了更多的困难，在其实施后不到 1 年的时间，强烈要求减少这些项目开支的呼声就已经响起。《纽约时报》有社论做出了这样的评论：“减少联邦政府巨大开支的一个方法就是国会应该改革学生资助项目，现行的项目已经失去了控制。”②

---

① GILLESPIE D A, CARLSON N. Trends in student aid: 1963 to 1983[M]. Washington, D. C.: College Board, 1983: 130-132.

② Aiding students at lower cost[N]. The New York times, 1980-03-19(A19).

四、1980 年修订

1980 年，《高等教育法》的修正一开始就面临着继续扩大联邦学生资助与紧缩联邦社会福利开支间的矛盾。总的说来，国会议员们仍在呼吁继续扩大学生资助。此时总统大选在即，尽管联邦赤字已非常严重，但是卡特也未敢削减对中等收入家庭学生的资助，仍坚持这次修订是长期努力消除高等教育学费障碍的重要一步，“我们已为全国有志接受高等教育的学生提供了条件，没钱也能上大学的目标已不再是梦想，它已化为现实”①。事实上，1980 年《高等教育法》修订只不过是国会拨款的例行授权延长而已，法案本身只是做了一些细节的修改：第一，将“基本教育机会助学金”项目更名为“佩尔助学金”项目。1985—1986 年度，将其最高资助额从 1800 美元提高到 2600 美元，最高数额从过去规定的不超过各高校教育开支的 50%提高到 70%。第二，担保学生贷款的利率从 7%提高到 9%，并提高该贷款的年度及累积限额，缩短毕业后还款的时间。国家直接学生贷款的利率从 3%提高到 4%。第三，设立面向大学生家长的无贴息担保贷款项目，即本科生家长贷款项目（Parent Loans for Undergraduate Students Program），家长可为每位孩子贷款 3000 美元。第四，改革学生需要分析方法。第五，增强高校使用联邦资金的灵活性。第六，成立全国学生资助委员会(National Commission on Student Financial Assistance)，研究滥用、欺诈及学生贷款拖欠等问题。

1980 年《高等教育法》的修订，主要是学生资助的支持者与预算的削减者之间的论争。总的说来是削减预算的观点稍占优势，但基本

---

① MUMPER M. Removing college price barriers[M]. New York: State University of New York Press, 1996: 92.

上仍是沿着1978年《中等收入家庭学生资助法案》的方向发展。这次修正，对后来影响最大的就是设立了联邦家庭教育贷款项目（Federal Family Education Loan Program）。由于财政赤字，政府已无力承担不断增长的学生资助需求，此贷款项目的建立，正好解决了联邦的难题，联邦既体现了支持学生资助的立场，又无须自己承担利息补贴。由于该项目属于学生生源地贷款，便于贷款方对借款方的了解，贷款方也敢于提供相应贷款，贷款额迅速增加，成为学生贷款的另一重要形式。

1978—1981年，联邦学生资助增长了59%，其中主要来自学生贷款。1978年，担保学生贷款大约为100万美元，平均每人为3380美元。到1982年，增至310万美元，平均每人约3500美元。4年时间里，联邦政府在此项目方面的开支增加了300%。究其原因，既有国会对项目调整的影响，也有当时市场经济的非正常情况。《中等收入家庭学生资助法案》简化了银行的贷款项目，取消了银行对学生的需求核查，银行可以自由地向其任何学生客户提供贷款，这就刺激了学生贷款的资金供应，学生贷款的需求也随着银行的供应能力增加而快速增加。当时规定的7%的学生贷款利率仅是同期市场利率的一半，一切的差额都由政府来补贴，这无疑吸引了许多没有经济困难而争取贷款资助的学生。①

学生贷款的无限放大，背离了当初以学生需要为主旨的助学金主导模式，联邦高等教育资助的理论与实践处于极大的混乱中。一方面政府面临着巨大的财政压力，另一方面人们又在指责政府没有提供足够的学生资助，再加上其中的管理问题，如出现了大量的学生资助欺诈、滥用等情况，使得联邦的学生资助政策遭到巨大的批评与非议。

---

① MUMPER M. Removing college price barriers[M]. New York: State University of New York Press, 1996: 90.

五、1986 年修订

1981 年，里根总统上台，开始了美国政治的新保守主义时代，他主张大幅削减学生资助预算。但是里根的保守路线受到国会民主党人和高等教育界代表的强烈抵制，导致在 1986 年《高等教育法》的修订中双方僵持不下，最终形成一种“均衡”的态势。

1980—1986 年，联邦学生资助以实际的美元购买力来计算下降了 10%。在这种情况下，国会必须决定是否要将学生资助恢复到当前的实际需要水平。同时，由于越来越多的学生资助流向了营利性学校，这类学校所出现的学生贷款拖欠问题也日益严重。1980 年学生贷款拖欠为 240 万美元，1986 年则猛增到 14 亿美元。1986 年，《高等教育法》再次面临被重新授权，国会要进行修订，这些问题都是无法回避的。

控制联邦开支一直是里根政府高等教育政策改革的基本目标，新任教育部长威廉·本奈特（William Bennett）更是坚持执行此路线。他在向国会提交 1986 年《高等教育法修正案》时说，“教育部管辖的中学后学生资助项目在规模、数量及复杂性上大幅增长，这样的学生资助项目不仅难以管理，而且也不必如此花费纳税人的税款”。本奈特提出了修订应考虑的一些主要原则，即“应对每个学生资助的总量及合格条件做出限定，资助重点应为低收入学生，对资助项目的完整性及有效性进行重大改进，减少对银行及州的不必要补贴”。[①] 他的讲话，基本上表明了政府对即将进行的《高等教育法》修订的基本立场。

本奈特的主张引起了高等教育界及广大学生的强烈反响。参议员

---

① MCKEOWN M P, ALEXANDER K. Values in conflict: funding priorities for higher education[M]. Cambridge, Mass.: Ballinger, 1986: 150.

保罗·西蒙（Paul Simon）认为，部长把国家非常重要的事情“视若儿戏”[①]。前教育部长泰雷尔·贝尔（Terrel Bell）也担忧，对学生资助的新一轮攻击及削减将影响到州的预算，并将会把有能力的学生排除在大学之外。[②]

连任之后的里根，不再与国会就是否应该资助的问题争论不休，而是直接攻击其中的浪费、滥用等现象。而实际上，里根总统此时关注更多的是国际事务。教育部长虽试图削减资助，但也感到“孤掌难鸣”。有评论说：“在教育部长本奈特发表了偏激的言辞后的一年时间里，行政部门似乎就无所表现了，他们的偏执言语是在一边倒。”[③] 随着立法活动的进展，白宫没有向国会提出任何正式的提案，国会基本上又控制了《高等教育法》修订的局面。国会对学生资助政策有很大的意见分歧，参议院为共和党所控制，与里根总统的立场较为接近。但众议院却是民主党的天下，他们坚持一贯的立场，强烈反对削减学生资助，而且众议院也得到了美国高等教育协会的大力支持。

最后，政府试图削减学生资助的努力仍然是无功而返。里根政府不但未能说服公众或国会，高校学费的上涨反而进一步加剧了公众对政府资助的需求。所以，1986 年的《高等教育法》修订基本上是以僵持而告结束的。1986 年秋，里根总统无奈地签署了 1986 年《高等教育法修正案》。

1965 年《高等教育法》颁布时，授权第 1 年向高等教育拨款 11 亿美元，其中 68%用于高校的资助项目，32%用来资助学生。而 1986 年

---

① FISKE E B. New secretary sees many ‘ripped off’ in higher education[N]. The New York times, 1985-02-12(A1, B24).

② FISKE E B. Bell assails reagan's proposal to cut student aid[N]. The New York times, 1985-04-14(L31).

③ PARSONS M D. Power and politics: federal higher education policymaking in the 1990s[M]. New York: State University of New York Press, 1997: 63.

《高等教育法修正案》则授权第一年拨款 119 亿美元，其中 90%用于学生资助，10%用来资助高校发展，学生资助已经完全成为《高等教育法》的核心。[①] 从 1965 年颁布至 1986 年修正的 20 年间，这部法案已经发生了很大的变化，表 6-4-3 是二者的文本结构比较。

表 6-4-3　1965 年与 1986 年《高等教育法》文本结构比较

	1965 年	1986 年
第 1 编	社区服务和继续教育项目	非传统学生的中等后教育项目
第 2 编	学院图书馆资助和图书馆训练与研究	图书馆
第 3 编	加强发展中学院	高校资助
第 4 编	A 节：教育机会助学金	A 节：对高校学生的助学金 1. 基本教育机会助学金 2. 补充教育机会助学金 3. 州学生资助补助金 4. 对弱势大学生的特别项目 5. 对移民家庭或进行季节性农活家庭学生的特别项目 6. Robert C. Byrd 荣誉奖学金 7. 对高等教育机构的资助
	B 节：为高校学生设立联邦、州和私营低息担保贷款项目	B 节：担保学生贷款项目
	C 节：勤工助学项目	C 节：学院勤工助学项目的延长与修订
	D 节：寻找人才	D 节：对高等教育机构学生的直接贷款
		E 节：需要分析
		F 节：总则

① KEPPEL F. The Higher Education Acts contrasted, 1965-1986: has federal policy come of age? [J]. Harvard educational review, 1987, 57(1): 58.

续表

	1965 年	1986 年
第 5 编	教师项目	教师培训与发展
	A 节：总则	A 节：在职教师培训
	B 节：全国教师队伍	B 节：学校、学院与大学的合作
	C 节：教师奖学金	C 节：职业发展与领导项目
		D 节：教师奖学金与助学金
第 6 编	为改进本科生教学提供资助	国际教育项目
第 7 编	对 1963 年《高等教育设施法案》的修订	学术设施的建设、重建与革新
第 8 编	总则（完）	合作教育
第 9 编		研究生教育
第 10 编		中等后教育的改善
第 11 编		经济发展与城市社区服务
第 12 编		总则
第 13 编		教育管理
第 14 编		教育研究与统计
第 15 编		印第安人、阿拉斯加与夏威夷原住民的文化与艺术发展
第 16 编		美利坚合众国和平研究院

从表 6-4-3 可以看出，1986 年《高等教育法修正案》新增了很多项目及内容（共 16 编），但其重心仍在学生资助。法案主要调整内容有：其一，授权拨款 1000 万美元，用于资助面向非传统学生的中等后教育项目。其二，授权为新增研究生项目拨款，包括补助高校来鼓励学生接受研究生教育。

在学生资助方面，调整的具体内容包括：第一，授权 1987—1988

学年每名学生可获佩尔助学金最高为 2300 美元，此后每学年增加 200 美元，1991—1992 学年达到 3100 美元，申请人仅限于全日制大学生。第二，担保学生贷款申请人需出示联邦贴息贷款的经济需要证明材料，大学 1 年级、2 年级的学生每年贷款额最高为 2625 美元，大学 3 年级、4 年级的学生每年为 4000 美元，每名大学生的贷款总额限制为 17 250 美元。研究生或职业课程学生每年为 7500 美元，贷款总额限制为 54 750 美元。第三，国家直接贷款更名为帕金斯贷款，并将其还款延期从 6 个月延长至 9 个月。第四，本科生家长贷款项目仅限于本科学生家长，另为研究生和本科生等“独立学生”（independence student）[①] 建立了相应的补充学生贷款项目（Supplemental Loan to Students）。本科生家长贷款和补充学生贷款每人每年最大额分别不超过 4000 美元和 2000 美元。

1986 年《高等教育法修正案》实施的第 1 年，几乎有一半（46%）的大学生得到了某种类型的资助，其中 35%的资助来自联邦政府。以实际数额计算，学生资助比 1980—1981 年增长了 12%，但是若扣除通货膨胀因素，实际则是减少了 3%。同时在里根“还权于州”的思想下，各州或地方对学生资助的力度有所增大，同期的各州和院校学生资助以实际美元计算分别增加了 52%和 90%。[②] 从学生资助的整体发展来看，尽管其增长幅度有限，但仍然是随着学费的增长而有所增长。

具体而言，这个时期学生资助情况的变化主要有：第一，学生总数相对稳定，但学生构成已有较大变化，其主要表现是更多的妇女、

① 独立学生的标准是：年满 24 周岁，或者为服役军人，或者为孤儿或法院监护人，除配偶外不依赖他人。单身大学生，不必声明已有两年的家长收入税返还减免，但是至少证明此两年间每年至少有 4000 美元的非父母收入来源。已婚者，或者声明不再享受家长收入税返还的研究生。

② LEVINE A. Higher learning in America, 1980-2000 [M]. Baltimore: The Johns Hopkins University Press, 1994: 42.

少数民族和大龄学生进入高校，如30岁以上的大龄白人学生入学率从22%提高到25%。第二，由于对“独立学生”的重新界定，其所占比例从1986年的37%增长到1990年的49%。第三，接受资助的学生人数有所下降。从1986年的49%下降到1990年的44%，接受贷款的学生人数则从24%下降到20%。第四，学生平均资助额有所上升。1986—1990年，其数额从3132美元上升到3797美元，其中，助学金从2220美元增长到2432美元，贷款从2279美元增长到2742美元。

1986年《高等教育法》的修订，既没有延续以往的扩张路线，也没有实现里根所预期的“急转弯”走向倒退，总的来说是“维持现状”，形成一种“均衡”的态势。究其原因，主要是高等教育资助问题已经引起更多人的关注，也正是随着关注人群的庞大，意见进一步走向纷争。这之间的斗争，集中体现为共和党的里根政府与民主党福特领导的国会的直接持续的斗争，在各种纷争中，多方的力量相互制约，致使其中任何一方都难以左右整个局面。所以，“1986年《高等教育法修正案》其实是开始了对贷款项目的全面审查，但是除一些较小的调整外，其仍然呈僵持状态”①。

联邦高等教育资助政策发展到20世纪80年代，引起的关注人群越来越多，争议也就越来越多。随着资助人群的无限扩大，人们开始质疑，大学生资助究竟为谁服务？来自富裕家庭的学生为何也能受到资助？与此同时，学生需要分析系统倍受质疑。人们指责现在的学生资助系统过于复杂，国会的学生资助顾问委员会（Advisory Committee on Student Financial Assistance）说：“我们已经收集了太多的数据，

① HEARN J. The paradox of growth in federal aid for college students 1965-1990[G]//SMART J. Higher education：handbook of theory and research. New York：Agathon Press，1998：117.

占用了太多的资源，制造了太多的结果，也收取了太多的费用。”① 所以，该委员会也提议立法者考虑使用简化的需要分析方法。

但是，这些争议主要是围绕一些具体的实施细节问题，是在对现行的资助体系认可的前提下展开的。对于扩大学生资助的规模与范围，把更多有“需要”的学生纳入联邦资助体系，逐渐被越来越多的人所认可并接受。

然而如何看待联邦学生资助规模扩大这一问题呢？20 世纪 70 年代美国高校的学费有了较大的增长。1970 年前后，4 年制公立院校全日制学生一学年所付学费、学杂费平均为 400 美元，两年制的社区学院则不到 200 美元，分别占当时中等收入家庭年收入的 5%和 2%。20 世纪 80 年代中期，学费大幅上涨，但各州政府对高等教育的投资也相当可观。学费只占培养成本的 20%左右，占中等家庭收入的比例不超过 10%。十分之一的教育负担，对于中等收入家庭而言，应该说并不是很大的压力，但是他们的呼声却成了社会的主流声音。美国著名教育改革家克拉克·克尔（Clark Kerr）对此进行了辛辣的讽刺：“我吃惊的是，那些中等及中上等收入的家庭为什么这么急切、贪婪地分享对贫困生资助的这份奶酪。中产阶层取得了胜利，可是这显然就降低了本应该对贫困生的资助，昔日的‘机会平等’被解释成了‘人人有份’。”②

二战后凯恩斯主义盛行，自约翰逊总统开创“伟大社会”路线以来，联邦控制已经深入到社会的众多角落。国会推动实施的各种授权或项目数不胜数。此后的尼克松、福特以至卡特总统，都没有真正偏

① DELOUGHRY T J. Critics of the federal student-aid system[N]. The chronicle of higher education，1991-08-14(A21).

② HEARN J. The paradox of growth in federal aid for college students 1965-1990[G]//SMART J. Higher education：handbook of theory and research. New York：Agathon Press，1998：135.

离“伟大社会”的路线。政府何以进行如此庞大的社会立法？美国总统选举问题专家西奥多·怀特（Theodore White）认为原因之一是，每个项目都有各自的选民支持。结果每颁布一个法案，就会引发更多的法案接连出现。那些依赖联邦政府解囊的人聚集在一起，各种社团也纷纷组织起来，各州政府、市政府，大大小小的各式各样的专业协会团体，都向联邦伸出了求援之手。同时，联邦自身逐渐膨胀。每次政治改革，都会留下众多官僚机构，国会逐渐被束缚。议员们感到自己处理各种文件、报告已经是穷于应付，根本无力深刻地思考政府的立法。① 虽然凯恩斯主义一度将美国从衰退引向繁荣，但是好景不长。经济停滞，社会福利计划相继失效，政策弊端日益暴露，大量政府开支落入了不同利益集团的私囊。事实上，20 世纪 70—80 年代，政治家们关注的重心是各自的选民，而不再是贫困者。②

六、1992 年修订

随着 1992 年《高等教育法》重新授权的临近，公众对高校学费上涨的忧虑、对现有学生资助政策的不满，汇集形成了强烈的变革呼声。国会和白宫对 1986 年通过的《高等教育法修正案》都表示不满，双方决心要进行“跨世纪的大调整”。当然，最终决定高等教育资助政策方向的还是联邦的财力。

乔治·赫伯特·沃克·布什（George Herbert Walker Bush）虽然希望成为一名“教育总统”，但联邦巨大的财政赤字却使得 1990 年国家

---

① 怀特. 美国的自我探索：总统的诞生（1956-1980）[M]. 中国对外翻译出版社，译. 北京：中国对外翻译出版公司，1985：148-149.

② HEARN J. The paradox of growth in federal aid for college students 1965-1990[G]//SMART J. Higher education: handbook of theory and research. New York: Agathon Press, 1998: 135.

的预算目标就是要控制政府援助及贷款，削减联邦政府的预算赤字。因此，与人们的预期大相径庭，布什仍然继续向国会施压，削减对中等收入家庭学生的资助，以减少联邦赤字。他的开明之处就是希望以更多的佩尔助学金来资助低收入家庭学生。例如，1991 年，布什提议要减少 40 万名佩尔助学金的人数，相应地将该助学金的最大数额从 2400 美元提高到 3700 美元。总体来讲，布什基本沿袭了里根的高等教育资助政策。佩尔认为，仅将对中等收入家庭学生的资助转向对低收入家庭学生的资助，绝对是错误的，真正的出路在于“为更多的学生提供更多的助学金，而非将更多的助学金提供给更少的学生”①。

1991 年 4 月，教育部长拉马尔·亚历山大（Lamar Alexander）向参议院提出了政府部门对 20 世纪 90 年代后高等教育政策修改的意见，该意见明确提出要确保《高等教育法》项目的完整和到位。有关学生资助的具体内容有：减少佩尔助学金的人数而提高其数额、建立总统奖学金，以及由国家直接贷款取代担保学生贷款等。然而，在国会看来，亚历山大的意见更像是一种倒退。

从 1991 年中期开始，国会就展开了《高等教育法》修订的准备工作。国会的争论问题主要是：首先，要扭转联邦过去 10 年来对学生资助的削减趋势，扩大资助的范围与规模。其次，以国家直接贷款改革担保学生贷款项目，消除银行或其他中间机构的消耗。时任参议院教育与劳工委员会（the Senate Committee on Education and Labor）主席的福特，再次担任中学后教育小组委员会（Post-Secondary Education Subcommittee）主席。福特建议对现有的联邦高等教育项目进行一次“彻底的审查”，以进一步提高国民的中学后教育机会。他的改革方案

---

① MUMPER M. Removing college price barriers[M]. New York: State University of New York Press, 1996: 98.

主要有两点：佩尔助学金的“特别授权”（entitlement）① 与直接贷款方案。

法案最后的表决时刻，距离总统大选只有 4 个月的时间，布什总统及国会的领导人都同意了《高等教育法》的修订，直接贷款的改革被列为“示范项目”（demonstration project），最多允许 300 所高校作为试点进行试验。

1992 年 7 月 23 日，布什总统签署了 1992 年《高等教育法修正案》（102-325 号公法），其主要修订包括：第一，授权每年向学生资助项目拨款 200 亿美元，以确保所有的学生不论其家庭收入如何，都可获得某种类型的资助。第二，佩尔助学金扩大其申请范围，并逐步增加其最大额，1993—1994 年度为 3700 美元，1997—1998 年度增加到 4500 美元。第三，学生贷款：提供更多的学生贷款类型，以适应更多学生的贷款需求，满足学费上涨的需要，放宽学生贷款担保申请条件，并更名为“斯坦福贷款”（Stafford Loan），同时增设一项“无贴息斯坦福贷款”，任何学生无论其家庭经济条件，都可申请此项贷款。第四，统一规定“联邦大学生资助免费申请表”（the Free Application for Federal Student Aid），重新建立了家庭经济标准的联邦方法。总的来说，1992 年《高等教育法修正案》基本上是延续了已有的政策，修订的重点在于具体的学生资助方法、手段等技术内容。

该法案实施之后的最大影响是学生贷款量再次大增，到 1994—

---

① 即佩尔助学金获得“自动特许”的资格，无须国会的年审，这就有助于保障拨款的足额到位。从 1991 年的实际执行情况来看，国会每年授权佩尔助学金的最大额为 3100 美元，但是实际拨款的最大额仅为 2400 美元。此方案也意味着要增加政府开支，“特别授权”的佩尔助学金每年的开支是 120 亿美元。后来国会未能同意福特的冒险，此计划就此搁浅。

1995 年度，学生贷款已超过 250 亿美元。① 1992 年《高等教育法修正案》所提供的 97%的资金用于学生资助，共有 137 亿美元的资金资助了 8100 多所高校的 70 多万名学生。若从 1965 年《高等教育法》的颁布开始计算，该法案共向 2000 万名学生提供了 1140 亿美元的资助。因此，经过近 30 年的发展，《高等教育法》无可争议地成为美国最重要的高等教育政策。②图 6-4-2 表明了 1963—1994 年这 30 多年间美国中学后学生资助增长变化趋势。

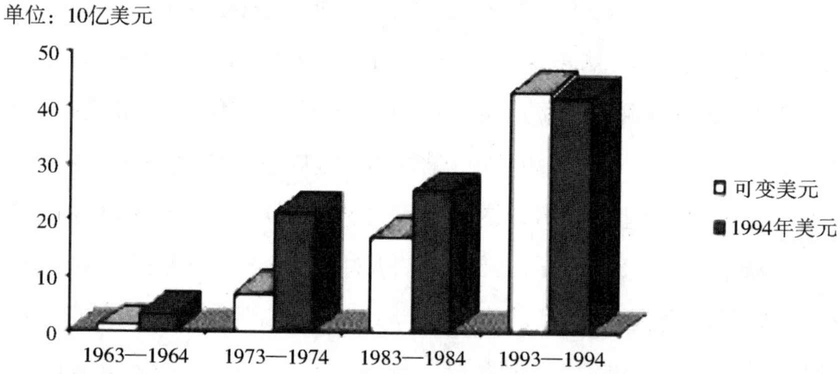

图 6-4-2　1963—1994 年美国中学后学生资助增长变化比较③

1965 年《高等教育法》的颁布，主要是为贫困的学生提供助学金，但随着 20 世纪 80 年代联邦财政的紧张以及通货膨胀和学费上涨，到 1992 年《高等教育修正案》颁布，贷款却成为学生资助的“主角”。

① GLADIEUX L E, HAUPTMAN A M. The college aid quandary: access, quality, and the federal role[M]. Washington, D. C. and New York: The Brookings Institution, 1995: 20.

② HANNAH S B. The Higher Education Act of 1992: skills, constraints, and the politics of higher education[J]. The journal of higher education, 1996, 67(5): 498-527.

③ 杨克瑞. 高等教育与社会公正：美国联邦大学生资助政策研究 [D]. 北京师范大学，2005：98.

当时也正值总统大选，中产阶层的态度格外重要，高等教育越来越被视为“消费物品”，观念的改变更突出了教育的个人责任，这些因素都使得 1992 年《高等教育法修正案》不仅没有修正助学金和贷款的平衡问题，反而进一步拉大了二者的距离。

七、1998 年修订

1992 年《高等教育法修正案》颁布不久，布什竞选失利，威廉·杰斐逊·克林顿（William Jefferson Clinton）继任总统。克林顿因重视教育而闻名，他经常向民众表示：“新经济时代人们前程的辉煌与否就在于教育。”① 上台后，他积极推进了以“增进大学机会”为战略目标的学生资助改革，包括直接贷款改革、国家或社区服务项目以及学费减税改革。随着国内财政赤字问题的逐渐好转，联邦学生资助的能力也相应得到增强，为 1998 年《高等教育法》的修订奠定了良好的基础。

20 世纪 90 年代后期，联邦高等教育资助政策面临的重点仍然是学生的贷款和高校的收费问题。全国高等教育成本委员会（The National Commission on the Cost of Higher Education）曾警告说，家庭对教育的支持出现危机。高校的学费一直处于增长势头，但是对于中等收入以及低收入家庭而言，他们的收入并没有增加，家庭的教育负担不断加重。

在 1994 年的中期选举中，长期处于国会少数派的共和党在参众两院大获全胜。在学生资助问题上，与民主党意见一直相左的共和党人，在这次的法案修订中，却转向支持联邦资助。1998 年 3 月 6 日，众议院教育和人力资源委员会（Committee on Education and Human

---

① FOSSEY R，BATEMAN M. Condemning student to debt：college loans and public policy[M]. New York：Teachers College Press，1998：19.

Resources）组成了《高等教育法》修订小组，并于 5 月 6 日通过了众议院的提案。参议院劳工与人力资源委员会（Committee on Labor and Human Resources）于 1998 年 4 月 1 日也成立了《高等教育法》修订小组。两院对学生资助都进行了一些具体的修改，但从 1997 年 1 月国会酝酿《高等教育法》修订时，美国高等教育协会（The American Association for Higher Education）就参与活动，他们并不希望出现较大的调整，而是希望在方法上进一步“完善”，例如：维持现行的两类学生贷款模式（担保贷款和直接贷款），以允许高校进行选择；提高贷款的条件和标准；维持基于校园的资助模式；避免联邦对学费的控制；禁止联邦干涉学术事务和学校管理等。

1998 年《高等教育法》的修订从 1997 年 1 月开始，至 1998 年 10 月结束，总体进展比较顺利。由于美国联邦基本消除了财政赤字问题，白宫和国会讨论财政问题也就比较放松，一改往日的压抑局面。国会方面，参众两院对近两年来学生资助的实施基本满意，他们在大的立法框架上也基本达成一致。最后，众议院以 414∶4、参议院以 96∶1 的高票数顺利通过 1998 年《高等教育法修正案》，并于 1998 年 10 月经克林顿总统签署生效。

1998 年《高等教育法修正案》重点加强了高校成本、联邦规则及教师教育的具体内容管理，其主要内容见表 6-4-4。

表 6-4-4　1998 年《高等教育法修正案》文本结构①

第 1 编：总则
第 2 编：提高教师素质补助金

① United States. Higher education amendments of 1998, public law 105-244[EB/OL]. (1998-10-07)[2016-09-17]. https://www.congress.gov/bill/105th-congress/house-bill/6.

续表

第 3 编：高校资助	A. 加强资助高校
	B. 加强资助历史上的黑人学院与大学
	C. 对高校的补助金
	D. 对历史上的黑人学院与大学的财政支持
	E. 少数民族地区科学与工程学科的改进项目
	F. 总则
第 4 编：学生资助	A. 对高校学生的助学金 1. 联邦佩尔助学金 2. 联邦学生早期资助与学生服务项目 3. 补充教育机会助学金 4. 教育资助合作平衡项目 5. 对移民家庭或进行季节性农活家庭学生的特别项目 6. Robert C. Byrd 荣誉奖学金 7. 对在读父母的儿童看护服务 8. 随时随地学习合作项目
	B. 联邦家庭教育贷款项目
	C. 勤工助学项目
	D. 联邦直接贷款项目
	E. 帕金斯贷款
	F. 需要分析
	G. 总则
第 5 编：发展中学院	
第 6 编：国际教育项目	A. 国际与外语学习
	B. 商业与国际教育项目
	C. 国际公共政策研究院
	D. 总则
第 7 编：研究生与中等后教育改进项目	

《高等教育法》自 1965 年颁布以来，学生资助问题一直是其核心，

同样，在1998年的修订中，学生资助仍是重点。其具体内容有：第一，佩尔助学金。授权1999—2004学年的最大佩尔助学金额分别为4500、4800、5100、5400、5800美元。第二，教育资助合作平衡项目。这是对原来州学生助学金配套项目的修订，1999年授权仍保持当时的水平，拨款1亿美元。在运作方式上，如果拨款不超过3000美元，仍按原方案实施；如果超过了3000美元，则要求州所提供的配套资金应为3∶1，而不再是现在的1∶1。第三，勤工助学项目。授权1999年拨款10亿美元，第1年的分配公式保持不变，保证各高校得到自1985年以来同样的资助额，余额部分可再增加四分之一。第四，联邦帕金斯贷款。保持1999年的2.5亿美元的贷款，保持当时的资金分配公式，保证高校获得自1985年以来同样的贷款，余额可再增加四分之一。从2000年后，高校将获得与1999年相同的贷款数额，其他资金将根据各校学生的经济需要而定。将本科生帕金斯贷款的年度限额从3000美元提高到4000美元，研究生和专业学位学生则从5000美元提高到6000美元。第五，联邦家庭教育贷款。2003年1月之前，在读期间的利率为91天的国库券率＋1.7%，毕业还款期的利率为91天国库券利率＋2.3%。这将比原来教育部提议的利率降低0.8%。平均各类不同贷款的利率，以8%左右建立固定利率机制，最高不超过8.25%，超出部分将由联邦向贷款人支付特殊补贴。第六，联邦直接贷款。从2003年7月1日降低新贷款的利率，学生在校期间的贷款利率比3个月国库券利率降低1.7%。大学生家长贷款的利率可高于3个月国库券利率的3.1%，最高上限为9%。除此之外，法案还进一步详细规定了“贷款限制”“还款说明”“贷款赦免”“严惩贷款拖欠”“担保机构改革”等内容，并重新定义违约率。

整体而言，1998年《高等教育法修正案》基本上是国会例行的拨款授权延长，其最具影响的变化在于：第一，大幅度提高了佩尔助学金的最大额，从每年的3000美元提高到了5800美元。第二，降低了学生贷款的利率。第三，1992 年开始试点的直接贷款方案，正式更名为福特联邦直接贷款项目（Ford Federal Direct Loan Program），成为联邦大学生贷款的基本形式之一。

由于克林顿总统多年来削减赤字和繁荣经济的努力，联邦赤字逐年大幅减少。到 1998 财年，美国联邦财政盈余已达 700 亿美元，是自 1969 年以来美国联邦财政首次实现的盈余，① 这让美国上下都感到无比的轻松。在 1998 年《高等教育法》的修正中，共和党人领导的国会，不仅没有推翻已有的学生资助项目，反而增大了学生资助的力度。这次修订稳定的态势，在一定程度上，保持了联邦高等教育资助政策的连续性。

此次修正也遗留了一些问题，特别是学费的居高不下，仍是社会的焦点。根据全国高等教育成本委员会的报告，高校学费的快速增长及其引起的公众不满情绪仍然令国会深感不安。因此，在这次的法案修订中，控制高校学费问题也是人们关注的焦点之一。②

总体来讲，1992 年与 1998 年的《高等教育法修正案》基本上是延续了已有的政策标准，修订的重点集中于具体的学生资助的方法和手段等技术内容。1992 年《高等教育法修正案》中统一规定了联邦大学生资助免费申请表，重新建立了家庭经济标准的联邦方法。20 世纪 50 年代，美国东部的一些院校为平等地分配学生的资助资金，初步实行一种测验方法来判断学生家长的教育支付能力。该方法后来被 1965 年《高等教育法》采纳为“标准方法”（uniform methodology），用于计算除佩尔助学金项目之外，其他学生接受联邦资助项目的资助条件。1986 年《高等教育法修正案》将其改为“国会方法”（Congressional Methodology），

---

① HARTLE T W. Reauthorization: analysis and implications of the new legislation[J]. The presidency, 1999, 2(1): 26-27.

② HARTLE T W. Reauthorization: analysis and implications of the new legislation[J]. The presidency, 1999, 2(1): 26-27.

仍不用于计算佩尔助学金。1992 年《高等教育法修正案》将经济需要的计算方法全部统一，将其改为“联邦方法”（Federal Methodology），其最大改变是扩大了中等收入家庭学生接受资助的机会，该方法也扩展到所有的联邦资助项目上。后来许多州政府和学校也采用这种联邦计算方法。1998 年《高等教育法修正案》中再次重申学生“需要”分析标准的统一，要求学生在联邦家庭教育贷款和联邦直接贷款等资助的申请中使用统一的资助申请表，以确定个人的需要及合格情况。并且要求教育部与财政部加强合作，认真审查学生资助申请的数据，杜绝申请欺诈现象发生。

第五节 《高等教育法》的演进与美国高等教育的发展

一、以“学生资助”为主保证了高等教育的大众化发展

联邦高等教育资助政策经过 20 世纪 70 年代两次大规模的扩张，特别是在高校学费上涨的压力下，接受资助的学生人数明显增多，其价值得到了更为鲜明的体现。从 1970—1971 年到 1980—1981 年，学生资助的增长率为 74%，此后走过了 10 年的发展低谷，1980—1981 年到 1990—1991 年的学生资助增长仅为 11%。20 世纪 90 年代之后，联邦资助又走向了新的高峰，从 1990—1991 年到 1997—1998 年，学生资助又回到了 74%的增长幅度。[①]图 6-5-1 反映出了 1965—1998 财政年度联邦高等教育资助发展变化。

---

① CUNNINGHAM A F，PARKER T D. State of diffusion：defining student aid in an era of multiple purposes[EB/OL]. (1999-08-01)[2016-09-17]. http：//www. ihep. org/sites/default/files/uploads/docs/pubs/statediffusion. pdf.

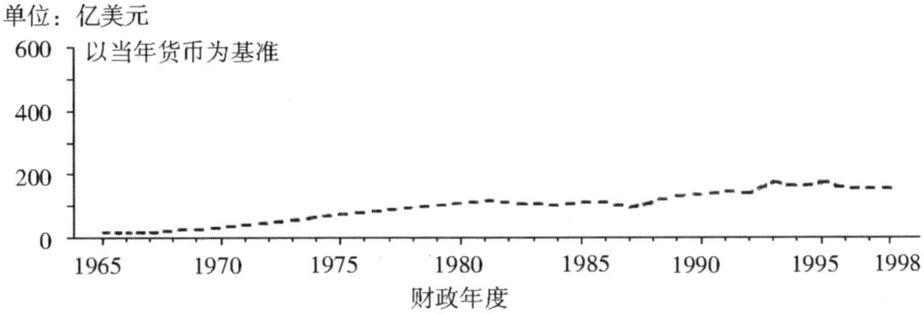

图 6-5-1　1965—1998 财政年度联邦高等教育资助发展变化

（以当年货币为基准）①

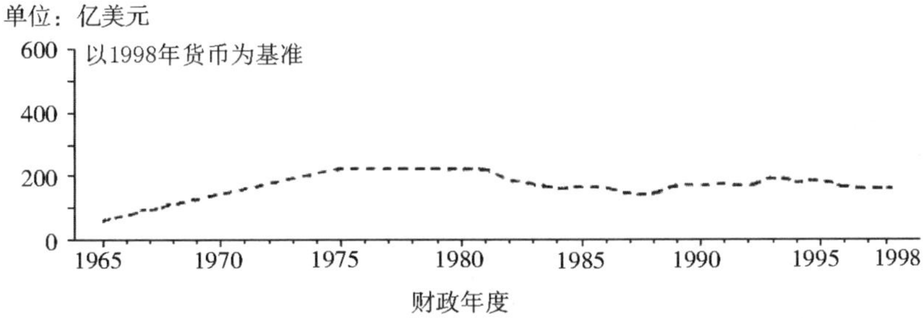

图 6-5-2　1965—1998 财政年度联邦高等教育资助发展变化

（以 1998 年货币为基准）②

联邦高等教育资助政策的成功实施，与高等教育的大众化与民主化发展相辅相成，有力地推动了社会发展和国家进步。1965 年《高等

① U. S. Department of Education, National Center for Education Statistics, U. S. Office of Management and Budget. Budget of the United States Government, fiscal years 1965 to 1999; National Science Foundation. Federal Funds for Research and Development, fiscal years 1965 to 1998; and unpublished data.

② U. S. Department of Education, National Center for Education Statistics, U. S. Office of Management and Budget. Budget of the United States Government, fiscal years 1965 to 1999; National Science Foundation. Federal Funds for Research and Development, fiscal years 1965 to 1998; and unpublished data.

教育法》颁布之时，高校入学人数不到600万，经过30年的发展，到20世纪90年代中期，高校入学人数达1500万，增加了1.5倍。

表6-5-1 1965—1993年美国大学生毛入学率增长比较① 单位：%

	1965	1970	1975	1980	1985	1990	1993
美国总体	12.4	16.4	21.9	22.5	22.2	23.2	23.7
黑人	6.8	7.3	10.7	11.6	11.5	13.4	13.2
其他少数民族	—	—	8.8	7.7	11.1	8.1	8.3

表6-5-2 1964—2002年美国高校注册生数② 单位：万人

年份	1964	1969	1974	1979	1984	1989	1994*	1999*	2002*
公立	346.8	589.7	798.9	903.7	947.7	1057.8	1130.5	1204.3	1247.8
私立	181.2	210.8	223.5	253.3	276.5	296.1	320.7	341.9	355.2
合计	528.0	800.5	1022.4	1157.0	1224.2	1353.9	1451.2	1546.2	1603.0

资助贫困和提供公平的高等教育机会，是1965年《高等教育法》颁布的初衷。但是，从1978年《中等收入家庭学生资助法案》到1992年资助需要方法改革的泛化，以至1997年克林顿《减税法案》（*Taxpayer Relief Act*）的通过，美国学生资助的对象越来越明显地从社会低收入家庭学生转向中等收入家庭学生，进而转向所有学生。《高等教育法》原本确定的资助学生是在校的全日制正规大学生，但是随着美国大学生结构的发展变化，国会在《高等教育法》的几次修改中，

① GLADIEUX L E, HAUPTMAN A M. The college aid quandary: access, quality, and the federal role[M]. Washington, D. C. and New York: The Brookings Institution, 1995: 30.

② 教育部教育治理信息中心. 教育参考资料［J］. 1993：243-244. 表中带*的年份栏中的数值为估计数。

也逐渐加强了对那些大龄学生或在职学生的关注，推动了学习化社会的发展。高等教育的发展表明，随着经济发展和社会对人才层次需求的提高，非传统学生的数量在逐渐增加，超过 25 周岁的大学生人数，从 20 世纪 60 年代的五分之一增长到 80 年代的五分之二，他们事实上已成为高等教育发展的重要组成部分。①

此外，学生资助对象的变化还表现为从传统大学生向职业类培训学生的延伸。在 1972 年《高等教育法修正案》中，联邦资助对象扩展到“中学后”群体。在 1976 年的法案修订中，联邦甚至将资助的范围扩大到更多的非高中毕业生。政府资助范围的扩大，更增进了此类机构的活跃，许多经济特别困难的贫困生进入各类短期的培训机构学习。到 20 世纪 80 年代后期，这些培训学校学生收到的佩尔助学金已占政府资助总数的四分之一，担保学生贷款占总数的三分之一，在 7500 所符合联邦学生资助的机构中，有 4000 余所是这类学校。联邦资助在职业培训机构的发展速度，是相当惊人的，这在很大程度上满足了社会不同群体对高等教育的需求。

二、政治舞台权力的演变影响了高等教育资助政策的发展

20 世纪六七十年代，美国社会强调平等，重视对社会弱势群体的补偿。因此，联邦的高等教育资助政策也得到社会各界的广泛拥护。1965 年与 1968 年，约翰逊政府领导了政策的决策过程，国会紧随其后。1972 年，立法过程充满争议。立法权倒向国会，尼克松想要担任主要的角色，但是其他利益集团拒绝合作。1976 年，福特总统基本上退出了决策，把领导权让给了国会。1980 年的修正标志着白宫的高等

---

① GLADIEUX L E, HAUPTMAN A M. The college aid quandary: access, quality, and the federal role[M]. Washington, D. C. and New York: The Brookings Institution, 1995: 25.

教育政策权力中心的角色完全转移到国会的教育委员会及小组委员会。卡特政府实际上在决策过程中并没有任何作为。在白宫角色“缺失”的同时，美国高等教育协会进一步发展，取得了更多的立法成就。在决策过程中，他们愿意也有能力与国会有关教育部门一起合作。所以此时看来，总统是谁，或者将来谁是总统似乎都无关紧要，学生资助项目已经发展成一个庞大的、高度复杂的体系，是任何个人力量无法左右的。其后，新保守主义成为社会思想界的主流，以里根总统为代表的保守主义政府大力压缩学生资助力度，学生资助政策从辉煌走向低谷。20 世纪 90 年代，随着政治哲学第 3 条道路的发展，克林顿在重视高等教育机会的同时，也重视教育机会的自由，突出资助的贷款手段。

联邦高等教育资助政策基本上适应了其高等教育大众化发展的需求，对推动美国战后高等教育的快速发展具有重要的历史意义。然而，政策的理想与现实仍有一定的距离。联邦高等教育资助政策在其长达半个世纪的发展中，也一直不断地受到挑战或质疑。这既是一项教育政策，但又涉及政治、经济、历史传统以及社会发展等多方面的因素，社会各界也提出了各种不同的建议或意见。

三、联邦高等教育立法对高等教育发展的资助和导向作用

（一）资助作用

联邦通过立法，授权联邦或地方政府为高等教育提供一定的经费，使高等教育发展与改革能顺利进行。各高校为了获得经费资助来进行教育改革或谋求发展，不得不接受联邦立法中的规定。在联邦的资助措施下，高校获得大量办学经费，从而极大地促进了高等教育事业的发展。

1. 促进了高校的类型结构多样化

二战后，1958 年《国防教育法》、1963 年《高等教育设施法案》

和 1965 年《高等教育法》颁布实施，联邦通过各种有条件和无条件的经费资助，促使高校的类型结构发生变化。其多样化走势可以通过两个方面来表现，“横向来看，除综合大学外，各种职业化、专业化的院校逐渐增多，专业领域不断拓展，新兴学科不断涌现，如麻省理工学院设有 30 多个学科的研究机构和教学单位，开设各个领域的课程。纵向上看，除本科教育有所发展外，高等教育向上下两层次延伸，向下二年制的社区学院教育增长飞快，据统计，1958—1959 年，社区学院学生占高校总人数的 11.9%，1968—1969 年升至 18.6%；向上研究生教育逐渐发展，速度超过本科教育。1960—1970 年，本科生人数增长率为 190%，研究生为 253%”①。

2. 推动了高校学科建设和课程改革

联邦的立法资助在不同时期对高校的科类变化和课程扩展起到了促进作用，如 1972 年《高等教育法修正案》规定，联邦政府更多地向妇女、少数民族、经济困难的学生提供有效的财政资助。高校为了获得联邦财政援助以及扩大生源，按照需要改革了学科和课程结构，增强了学生学习的选择性。1989 年《教育优秀奖励法案》（*The Educational Excellence Act*）设立“全国科学奖学金计划”（The National Science Scholars Program），为在物理、计算机、数学、工程学等方面和成绩优异的大学生每年提供 1 万美元的奖学金。该法案在 1990 财政年度拨款 500 万美元，1993 财政年度拨款增至 2000 万美元。联邦这项资助计划无疑加强了大学理工学科的重建。

3. 改善了高校的教学设施

教学设施是教学的物质基础，二战后，联邦把教学设施作为立法资助的重点，使其获得了极大的改善。1963 年《高等教育设施法案》通过向高校提供补助金和贷款，加强了图书馆、教室以及实验室的建

---

① 忻福良. 各国高等教育立法［M］. 上海：上海交通大学出版社，1992：173.

设。1965 年《高等教育法》将联邦高校建筑经费翻了一番。其后，在历次的修正中，一直把“高校资助”作为拨款的对象，继续改善教学条件，如加强图书馆建设、购置昂贵的科研设备等。

4. 扩大了民众接受高等教育的机会

联邦立法资助帮助很多学生完成了大学学业。1944 年《退伍军人权利法案》设置的复员军人助学金，仅在 1945 年就使近 100 万复员军人涌入高校。1958 年《国防教育法》设置了国防学生贷款，从其颁布至 1969 年停止实施期间，共有 150 万人靠此贷款项目上完大学。20 世纪 60 年代是美国大学生获得政府资助完成学业的黄金时期，如 1964 年《经济机会法案》与 1965 年《高等教育法》相继设立了勤工助学、助学金和贷款项目，帮助大批学生进入高校，为美国的高等教育大众化奠定了基础。

（二）导向作用

美国宪法明确规定教育是各州的事务，联邦对高等教育只有协调的义务却无干涉的权力。所以，联邦政府在不能对全国高等教育的发展进行“统一管理”“强行规定”的状况下，只能依靠立法来引导高等教育朝着有利于国家整体利益的目标发展。国会在制定有关高等教育法律时，常常以高等教育与国家利益和公共福利相联系的理由，提出具体、明晰的目标来引导各州高等教育事业的发展方向。同时，由于各州高等教育发展水平很不均衡，为了平衡与协调高等教育的发展，实现整个社会的安定与文明，联邦立法除了“目标引导”外，还包括“协调引导”。通过这两种方式，高等教育立法充分发挥了对高等教育发展的导向作用。

1. 促进了高等教育事业的发展

在联邦政府的资助下，大学学术研究得到突飞猛进的发展，大学的学术地位得以凸显。另外，使大学逐步走出象牙塔，主动适应社会发展并为之服务。无论是在课程的设置、教学方法的选择，还是在办学的理念上，大学服务社会的思想都得到了体现，并且为整个社会所认同。

2. 在高等教育发展中体现了国家目标

通过立法，直接使高等教育发展为国家目标服务。1965 年《高等教育法》中授权拨款资助大学的社区服务和继续教育计划、为本科生教学设备的购置提供资助、为中学后的贫困学生提供助学金和贷款，实现了高等教育为社会输送各级各类人才的国家目标，更使高等教育走向大众化、普及化。高等教育也间接地成为国家事业，自 1958 年《国防教育法》颁布以来，一直到 1965 年《高等教育法》的颁布和修订，这些逐渐从立法上改变了国家游离于教育发展之外的状况，对各州各类教育实施大规模的资助，从而影响各州教育的发展。

3. 促进了高等教育与社会的共同进步

高等教育的发展与社会发展息息相关，美国历史上的多次高等教育立法无不是希望通过高等教育发展来影响及促进社会的文明和进步，达到高等教育与社会的共同进步，如 1862 年《赠地学院法案》、1944 年《退伍军人权利法案》等。1965 年《高等教育法》同样迎合了 20 世纪中期以来美国社会发展的需要，美国社会自身的发展既是这一法案的推力也是这一法案的有益结果。

联邦高等教育立法对其高等教育发展主要起资助与导向的作用，这两种作用的发挥都能在某一具体的高等教育法律条款中反映出来，而且事实上，对许多高等教育法律条文而言，它在很多时候产生的作用可能是多种的，或者一种作用可以通过多项高等教育法律条文来表现。同时，高等教育立法所产生的作用往往是联系在一起的，或是综合发挥作用的。正是借助对高等教育的立法及其有效的实施，美国才能成为当今世界的高等教育强国。

（王丽　张斌贤）

第七章　教育自主与公平：1972 年《印第安人教育法》

自清教徒踏上北美洲的土地，随着白人移民的增多及其贪念、扩张欲望的增长，欧洲殖民者与原住民之间不断爆发冲突，原住民为了争取自身权益不得不与统治者展开斗争，他们之间爆发的大规模军事冲突在 19 世纪下半叶达到高峰。长期以来，印第安人作为少数民族一直受到歧视和同化，20 世纪 60 年代受美国黑人民权运动和多元文化主义思潮的影响，印第安人逐步意识到教育对本地区的重要性，发起“反歧视运动”以维护少数民族的权利，由此，印第安人等少数民族地区的教育发展状况引起联邦政府的关注和重视，并颁布了一系列教育法案。1972 年颁布的《印第安人教育法》（*The Indian Education Act*）是第一部专门为印第安人制定的教育法，是一项对印第安人具有里程碑意义的立法。该法鼓励印第安人教育自决，允许部落重新获得教育控制权，满足了美国印第安人和阿拉斯加原住民学生的独特需求。该法案的主要内容是对印第安儿童教育、成立专门印第安人教育机构以及资助印第安部落学校进行立法，针对印第安人教育发展中存在的问题进行规划，如缺乏监督问题、学校发展问题、课程与教材问题等。此法案极大地推动了印第安人学校数量的增加，逐步改善了印第安人的教育状况，切实保障了印第安人的受教育权利。

第一节　《印第安人教育法》出台的背景

由于美国联邦政府长期对印第安人实行同化统治政策，对印第安人的偏见和种族歧视不断加深，印第安人受尽歧视和虐待，其传统文化、语言和教育也得不到尊重和保护，这种状况严重阻碍了印第安人的发展。联邦政府对美国印第安人的同化政策实际上是对印第安人土地和资源的剥夺，而教室和学校成为联邦政府同化印第安人的主要工具，实质上是试图将“野蛮习惯”和“部落伦理”从印第安儿童的脑海中抹去，以白人中产阶级的价值体系取而代之。① 印第安儿童试图通过对抗学校来保护他们的个人身份，但学校经常贬低他们的文化，批评他们迟到、辍学、消极的自我形象，这是导致印第安儿童成绩非常落后的重要原因之一。尽管多年来，联邦政府开展的一些教育计划在一定程度上使印第安学生受益颇多，但这些计划并未全力专注于印第安学生的特殊教育要求，满足不了印第安儿童的需要。随着印第安人自身的觉醒和其他社会改革者的声讨和行动，以及国际社会组织对人权保障的呼吁，美国联邦政府意识到少数民族教育发展的重要性，开始改革和调整印第安人教育，注重保护印第安人的本土语言和传统文化，在教育理念、内容和方式上进行了革新。

一、印第安人权利意识不断提高

印第安人作为美国的少数民族，其经济发展落后，受教育程度普遍偏低，一直深受种族歧视，而且印第安人的教育是在美国印第安部

① The Special Subcommittee on Indian Education of the Committee on Labor and Public Welfare, U. S. Senate. Indian education: a national tragedy-a national challenge[R/OL]. [2021-04-12]. https://narf.org/nill/resources/education/reports/kennedy/toc.html.

落与联邦政府和州政府之间的复杂权责关系中艰难发展。以美国印第安部落、联邦和州政府对印第安人教育治理的控制权为线索，印第安人的教育发展可以划分为以下三个阶段：1778—1917 年，教育权由联邦政府控制；1917—1969 年，美国印第安人的教育治理权从联邦政府转移到各州政府；1969 年之后，随着印第安人民族意识觉醒，联邦政府迫于压力通过了一系列法案，印第安族群的教育管理权得到了提升。①

美国建国前，印第安人的原始教育主要是培养孩子的生存能力，传承部落文化，英国成为殖民者后，开始以教育的方式征服印第安人。美国建国后至 20 世纪 20 年代的这一时期，印第安人被联邦政府驱逐和控制，联邦政府从部落手中夺取了对印第安人的教育控制权，印第安人逐渐丧失了教育自主权。20 世纪 60 年代民权运动高涨，非洲裔美国人掀起了平权运动、女性主义运动以争取民主权利的大潮，美国印第安人在黑人与白人的斗争中得到了启发，他们为争取权益举行了一系列示威活动。美国印第安人先后组织了 20 多次游行示威和抗议活动。印第安人一直被排除在“人人生而平等”之外，他们意识到有必要通过宣言来获得自己在美国应有的地位。1961 年，在印第安人日益被边缘化的时候，来自 64 个部落的约 700 名印第安人聚集在一起，在芝加哥召开了一次史无前例的会议，他们在会上制定了一份政治路线图，规划他们自己的命运，其中包括一份富有说服力的《印第安人目的宣言》(*Declaration of Indian Purpose*)。该宣言强调印第安人在以民主的方式接受法律管理的同时，有权选择自己的生活方式。该宣言明确提出印第安人对美国的要求“不是施舍，不是家长式统治”，而是承认

① 甘永涛，胡甜. 美国印第安人教育治理权的历史变迁 [J]. 民族教育研究，2017，28 (4)：110-114.

他们当前处境的性质，“将其作为政策和行动的基础”。[①] 1961 年美国印第安人芝加哥大会的召开成为“红种人权利”运动的正式开端，1968 年成立“美国印第安人运动”组织（American Indian Movement），对“红权运动”起到了很大的推动作用。1968 年通过的《印第安人民权法案》（*Indian Civil Rights Act*）恢复了印第安人保留地，扩大了保留地内印第安人的权利，承认了印第安人的自决权，对印第安人拟就的各部落法律也予以承认。

从 1969 年之后，美国印第安人的教育控制权逐步由各州政府控制为主转变为部落政府重新收回对印第安人教育的控制权，印第安部落开始逐渐行使着原本就属于他们的自决与自治权，但是这种自决与自治权力仍然不充分和不完备，尤其会受到国会权力的限制和威胁。1969—1971 年的阿尔卡特拉斯占领产生了广泛的影响，吸引了更多的印第安人参与到运动中，抗议活动也日益频繁。印第安人的民权斗争迫使美国政府不得不关注印第安人的问题和他们的教育，这为改善印第安人的教育提供了契机。

二、国际社会对少数民族人权发展的重视

从人权发展状况来看，早在 20 世纪四五十年代，国际社会已就保障人人有平等的权利达成了共识。1948 年 12 月联合国大会颁布的《世界人权宣言》（*Universal Declaration of Human Rights*）第 7 条规定：“法律面前人人平等，并有权享受法律的平等保护，不受任何歧视。人人有权享受平等保护，以免受违反本宣言的任何歧视行为以及煽动这种

① Declaration Project. 1961 declaration of Indian purpose[EB/OL]. [2021-04-09]. https://declarationproject.org/? p=32.

歧视的任何行为之害。”[①]《维也纳宣言和行动纲领》（*Vienna Declaration and Programme of Action*）中第 19 条规定：“考虑到促进和保护属于少数群体的人的权利之极为重要，有助于这些人所居住的国家的政治和社会安定。属于少数群体的人有权自由地、不受干预、不受任何形式歧视地享有自己的文化、信仰和奉行自己的宗教，私下或公开使用自己的语言。”[②] 第 20 条规定：“世界人权会议确认原住人民固有其尊严，对社会发展和多元化能做出独特贡献，坚决重申国际社会致力于原住人民的经济、社会和文化福利，让他们享受可持续发展的成果。”[③] 在《消除一切形式种族歧视国际公约》（*International Convention on the Elimination of All Forms of Racial Discrimination*）中，“决心采取一切必要措施迅速消除一切种族歧视形式及现象，防止并打击种族学说及习例，以期促进种族间的谅解，建立毫无任何形式的种族隔离与种族歧视的国际社会”[④]。一系列国际法中关于少数群体权利条款的规定，反映了国际社会保障人人有平等的权利，不断加强对少数民族权利的法制保障的共识。《印第安人教育法》的演变过程就是美国少数族裔对公民权利争取的过程，反映了美国少数族裔对平等与自由的追求，对国际社会人权领域共同的价值追求。

---

① 北京大学法学院人权研究中心. 国际人权文件选编 [M]. 北京：北京大学出版社，2002：1.

② 北京大学法学院人权研究中心. 国际人权文件选编 [M]. 北京：北京大学出版社，2002：45.

③ 北京大学法学院人权研究中心. 国际人权文件选编 [M]. 北京：北京大学出版社，2002：45.

④ 北京大学法学院人权研究中心. 国际人权文件选编 [M]. 北京：北京大学出版社，2002：69.

三、联邦政府对印第安人教育的积极关注

印第安人教育的失败不仅是由于地理环境和经济文化造成的后果，更重要的是它与美国政府采取的强制同化政策密切相关，具有深刻的历史根源。① 二战结束后直到 20 世纪 60 年代，美国联邦政府对印第安人教育的家长式统治方式带来了灾难性后果。在民权运动的推动下，多元文化主义思潮逐渐兴起，印第安人部落文化成为多元文化的一部分。美国社会对移民和少数族裔群体的态度发生了转变，联邦政府奉行多元文化主义政策，加强对印第安地区的管理和关注，并出台了一系列维护少数民族权利、提高其教育发展的政策，要求尊重少数民族传统文化，实现社会多元化。

自 19 世纪 90 年代以来，印第安学生所在的公立学校教育在某种程度上已经得到联邦政府的补贴。联邦政府的这种做法一是为了同化印第安人，将公立学校作为实现这一目标的载体；二是通过向公立学校提供财政补贴，让它们承担起对印第安人教育的责任。为此联邦政府通过立法授权印第安人事务办公室（Office of Indian Affairs）偿还公立学校因教育印第安儿童而产生的额外费用。1934 年，《约翰逊-奥马利法案》（*Johnson-O'Malley Act*）正式规定了这种补贴方式，允许印第安事务局（Bureau of Indian Affairs）与各州签订合同，为印第安学生提供教育。随着公法 81-815 和 81-874 的通过，印第安人的教育在 20 世纪 50 年代得到进一步的补贴，这也影响了后来适用于印第安人的援

① The Special Subcommittee on Indian Education of the Committee on Labor and Public Welfare, U. S. Senate. Indian education: a national tragedy-a national challenge[R/OL]. [2021-04-12]. https://narf.org/nill/resources/education/reports/kennedy/toc.html.

助立法。[①] 1964 年，在民权运动的影响下，美国国会通过了 1964 年《民权法案》。法案规定所有公民的人权一律平等，禁止种族歧视，教育部门应向少数民族提供教育机会。其中，第 4 条规定，“授权教育委员会为解决公立学校种族隔离问题提供技术和财政援助，授权大法官要求州际商业活动取消种族隔离”。第 6 条规定，“任何人不得因其种族、肤色或国籍而在任何受到联邦政府资助的教育计划中遭到歧视”。对教育最有影响的第 601 节规定与“联邦政府的拨款不得与种族歧视有关”。[②] 1965 年，《初等与中等教育法》规定地方机关为低收入家庭的儿童提供财政援助，其中也包括印第安地区的儿童，规定联邦政府向那些所在州提交的取消种族隔离计划获得美国教育署批准的地方学区提供资金，并提供补偿性教育、图书馆资源和其他服务等，目的是增加弱势群体的教育机会，促进经济和社会的平等。1967 年联邦政府成立全国印第安人教育委员会，由部落自己管理印第安人教育。[③] 1968 年美国《教育总则法案》（*General Provisions Concerning Education of 1968*）中规定“为每个公民提供接受高质量教育的机会，不论其种族、肤色、宗教信仰、原国籍、社会阶层如何，为英语会话能力有限的学生、妇女，以及社会地位、经济状况或教育条件不良的学生提供平等机会的职责相适应的能力”[④]。1968 年，联邦政府颁布了《双语教育法案》，“首次承认英语以外的其他少数族裔的语言在公立学校拥有合法地位，把包括印第安人在内的少数族裔争取教育机会平等的努力转变

---

① The Special Subcommittee on Indian Education of the Committee on Labor and Public Welfare, U. S. Senate. Indian education: a national tragedy-a national challenge [R/OL]. [2021-04-12]. https://narf.org/nill/resources/education/reports/kennedy/toc.html.

② 杨红玉．美国印第安教育法研究 [D]．重庆：西南大学，2008：13.

③ 陈青．浅析 20 世纪中叶以来美国印第安人高等教育政策 [J]．中国成人教育，2013 (23)：117-120.

④ 夏铸，加甲，陈锋，等．美国民族教育立法带给我们的启示 [J]．中国民族教育，2003 (1)：42-44.

为了法律”①。1968年3月，约翰逊总统提交了名为《被遗忘的美国人》的咨文，将印第安人自决作为联邦政府印第安人政策的新目标，要求联邦政府帮助印第安人实现自决。

1969年，美国参议院劳工与公共福利委员会印第安人教育特别小组委员会就美国印第安人的教育状况发表了报告《印第安人教育：一个国家的悲剧，一个国家的挑战》（*Indian Education：A National Tragedy-A National Challenge*），报告指出公立和联邦学校的辍学率是全国平均水平的两倍，一些学区的辍学率接近100%；印第安儿童的成绩水平要落后于白人学生2—3年；印第安儿童在学校待的时间越长，他们的成绩就越落后；只有1%的印第安小学生的教师或校长是印第安人；有四分之一的中小学教师承认不愿教印第安儿童；与其他少数民族相比，印第安儿童更相信自己的智力“低于平均水平”②。该报告提供了印第安人教育改革的蓝图，目的在于使美国印第安人能够在美国社会中重新获得应有的地位。在联邦政府教育立法的保障下，印第安人教育立法体系逐渐得到发展和完善，印第安人的教育状况也逐步得到改善。1970年7月，尼克松总统就印第安人问题向国会提交了总统咨文，要求联邦政府结束对印第安人的强制同化政策，保证印第安人的自主管理权。③ 这些法案的颁布给予了印第安部落政府越来越大的自主权，印第安人的政治地位和社会权利逐步得到保障。

---

① 张骏. 从同化政策到尊重差异：美国印第安人政策演变的思考［J］. 世界经济与政治论坛，2014（3）：84-95.

② The Special Subcommittee on Indian Education of the Committee on Labor and Public Welfare, U. S. Senate. Indian education: a national tragedy-a national challenge[R/OL]. [2021-04-12]. https://narf. org/nill/resources/education/reports/kennedy/toc. html.

③ PRUCHA F P. Documents of the United States Indian policy[M]. Lincoln: University of Nebraska Press, 2000: 256-258.

第二节 《印第安人教育法》的立法过程及其内容

美国是一个以“三权分立”理论立国的国家，其中央权力存在明显的制衡，任何政策或法案的出台都是各种利益集团互相竞争、互相妥协的产物。美国宪法赋予了联邦政府处理印第安人事务的全权，美国的印第安人政策几经变迁，州政府也逐渐介入到印第安事务的处理中，但美国国会与联邦政府仍然是决定印第安人政策和保留地制度发展方向的决定性力量。[①] 总体来说，国会拥有处理印第安事务的主导权。正是由于多方权力的介入，《印第安人教育法》出台的过程十分复杂，时间跨度较大，从提出议案到授权拨款经历了两年多的时间。《印第安人教育法》规定在地方层面设计方案以满足当地最迫切的需要，法案主要针对特殊教育领域的中小学课程、改善儿童教育、提供成人教育、设立教育办公室等几个方面提供项目资助。

一、《印第安人教育法》的立法过程

《印第安人教育法》在 1972 年 6 月 23 日被签署成为法律文件，开启了美国政府与美洲原住民和解的新时代，为美国原住民提供应有和适当的教育服务，纠正了几个世纪以来美国政府对印第安人采取的保留地制度和强制同化的政策。参议院拨款委员会原定拨款 3600 万美元用于 1973 财年《印第安人教育法》的实施，但随后通过两院的商议，决定缩减到 1800 万美元。到 1973 年 7 月 30 日为止，1800 万美元用于全美国 600 多个印第安人教育项目，旨在改善美国原住民族教育的质量

① 杨恕，曾向红．美国印第安人保留地制度现状研究［J］．美国研究，2007（3）：4-5，50-69.

与效果。[1]

（一）听证会的举行与法案的通过

虽然《印第安人教育法》是在 1972 年通过，但早在 1967 年就开始了立法筹备工作。当时，为了回应越来越多的美国印第安人的利益诉求，参议院劳工与公共福利委员会成立了一个印第安人教育小组委员会，小组委员会的初步工作是对美国印第安人教育的现状进行全面研究。委员会第一任主席是罗伯特·弗朗西斯·肯尼迪（Robert Francis Kennedy），随后是由爱德华·摩尔·肯尼迪（Edward Moore Kennedy）担任主席。小组委员会进行了调查研究，并举行了广泛的听证会，向美国印第安人、阿拉斯加原住民和其他关心印第安人教育状况的公民了解了情况。《印第安人教育：一个国家的悲剧，一个国家的挑战》即由该小组委员会于 1969 年 11 月发布。

教育特别小组委员会于 1971 年 4 月 28 日、29 日和 5 月 6 日举行了听证会，修改印第安人教育相关法案。听证会人员包括联邦教育办公室的代表、代表教育与社会组织的印第安人以及关心印第安人教育的人员。政府组织的主要证人为美国教育部部长西德尼·马兰（Sidney Marland）和隶属于美国内政部的印第安人事务局局长路易斯·布鲁斯（Louis Bruce），他们两人代表各自部门在印第安人教育自决、印第安人教育拨款资金以及印第安人教育情况的改善方面强调各自部门利益。附属委员会成员要求美国教育部部长和印第安人事务局局长调查一些问题：一是印第安人提供的优质教育依然停滞不前，二是印第安人在当前教育项目中没有参与度和控制权。一些其他的听证会人员也随之提出质疑，其中包括全国印第安人教育协会主席、全国教育协会副主

---

① Office of Education (DHEW), Washington, D. C. Office of Indian Education. The Indian Education Act of 1972-a brief history, analysis, issues and outlook[EB/OL]. (1973-11-15)[2021-04-13]. https://files. eric. ed. gov/fulltext/ED111553. pdf.

席、全国印第安人代表大会副主席和美国印第安人机会行动理事会主席。一些人对《印第安人教育法》的具体措施持保留意见，大部分人都在担忧全国印第安人教育委员会不会有效或不会真的为印第安人的需要发声。来自全美国各地的人们也通过电报和信件表达了自己对立法的意见，其中既有印第安人也有非印第安人，大部分人表示支持这项立法，但持保留意见或提出修改建议。例如，一些人认为美国国家委员会应该被赋予更少的权力；还有一些人担心《印第安人教育法》的实施会像现在的印第安人事务局一样陷入官僚程序的泥潭，没有实质性的改变。同时，也有一些信件完全反对这项新立法，他们反对是因为这项立法没有征求所有部落的意见，因为每个部落必须自己决定其成员的教育；有一些人认为印第安人教育仍然应该保留在印第安人事务局之下，认为这项立法不会真正给予印第安人足够的独立行动空间；人们还担心如果目前由政府机构运营的项目被终止，新立法的规定可能无法弥补资金损失。①

随着 1969 年《印第安人教育：一个国家的悲剧，一个国家的挑战》报告的出台，联邦立法委员开始起草法案，目的是处理《印第安人教育：一个国家的悲剧，一个国家的挑战》中所指出的印第安人教育的一些主要问题和重要议题。S. 659 提案最初是由参议院劳工与公共福利委员会于 1971 年提出的，被称为 1971 年《高等教育法》。② 由于它涉及印第安人的事务（教育），并涉及内政部已经存在的一些法定授权，因此发生了管辖权纠纷。印第安人教育条款随后从 S. 659 中被删除，

---

① Office of Education (DHEW), Washington, D. C. Office of Indian Education. The Indian Education Act of 1972-a brief history, analysis, issues and outlook[EB/OL]. (1973-11-15)[2021-04-13]. https://files. eric. ed. gov/fulltext/ED111553. pdf.

② Office of Education (DHEW), Washington, D. C. Office of Indian Education. The Indian Education Act of 1972-a brief history, analysis, issues and outlook[EB/OL]. (1973-11-15)[2021-04-13]. https://files. eric. ed. gov/fulltext/ED111553. pdf.

重新在 S. 2482 提案中被提出。法案在 1971 年 10 月由参议院通过，与此同时，还出台了其他一些印第安人教育措施，其中一些措施被纳入 S. 2482 提案中。然而，这些立法提案进展并不顺利，因此并没有被通过。在众议院审议 S. 2482 的附加法案时，1971 年《高等教育法》被作为 1972 年教育修正案重新考虑。由于 1971 年《高等教育法》在参众两院都已通过，所以该提案比其他教育法案出台的机会更大，S. 2482 提案的条款被再一次列入 1971 年《高等教育法》的第 4 部分。决定《印第安人教育法》最终出台的听证会在 1972 年 1 月举行。1972 年 5 月，国会两院提交听证会辩论结果，最终通过了会议报告。S. 659 提案上交给总统，1972 年 6 月 23 日由总统签署为法律文件，成为公法 92-318（P. L. 92-318）。[①]《印第安人教育法》的通过，为印第安儿童和成人创造了新的教育机会。该法案由印第安人教育办公室负责实施，法案资助的项目范围从儿童教育到成人教育，包括中小学和高等教育项目，项目的资助金额从不到 1000 美元到几十万美元不等。这种差异反映了《印第安人教育法》所服务的印第安部落和社区的不同需求。

（二）参众两院的妥协与拨款的协商

关于《印第安人教育法》的拨款资金方面，《印第安人教育法》主要强调的是在公立学校上学的印第安儿童，管理机构是隶属于卫生、教育与福利部的美国教育署。一般来说，该法案的实施资金会根据卫生、教育与福利部的拨款法案拨款。然而，《印第安人教育法》并没有及时被签署成为法律，所以并没有包括在美国教育署的政府预算案中，以至于在法案通过的第一年并没有获得资金。幸运的是，通过追加拨款，国会可以为现有的项目增加资金，并对该项目的资金提出建议。

1972 年 9 月 15 日，有意执行《印第安人教育法》的印第安领导人

---

① Office of Education (DHEW), Washington, D. C. Office of Indian Education. The Indian Education Act of 1972-a brief history, analysis, issues and outlook[EB/OL]. (1973-11-15)[2021-04-13]. https://files.eric.ed.gov/fulltext/ED111553.pdf.

和组织举行了一次会议，讨论尼克松政府没有为1973财年法案的实施申请任何拨款的事实，国会通常不会对总统没有向国会提出请求的预算法案进行拨款。《印第安人教育法》实施的另一个障碍是拨款委员会的大多数成员都不是印第安人。印第安人在关心《印第安人教育法》的通过与实施的过程中意识到，如果要为1973财年的《印第安人教育法》争取拨款，那么他们必须要采取主动行动。印第安人和其他关心此事的公民写信联系他们的参议员和国会议员，敦促他们向拨款委员会的同事表明在1973财年为该法案提供资金的重要性。因为《印第安人教育法》的管理机构是卫生、教育与福利部，对《印第安人教育法》的拨款必须由参众两院的劳工、卫生、教育和福利四个拨款委员会决定。虽然众议院小组委员会没有为《印第安人教育法》申请任何资金，但参议院强烈支持对《印第安人教育法》进行拨款。1972年10月6日参议院举行了是否对《印第安人教育法》进行拨款的听证会，许多印第安领导人表示需要为《印第安人教育法》拨款。在听证会期间，他们担心对《印第安人教育法》的拨款申请会被总统否决，因为总统认为国会的拨款资金可能已经超出了他的预算建议。在听证会举行的那个周末，参议院小组委员会投票决定对1973财年《印第安人教育法》拨款3600万美元。但因为众议院没有对《印第安人教育法》的拨款做出表示，这就需要在参众两院的拨款委员会成员组成的会议委员会中做出最后决定。1972年10月14日举行了参众两院会议委员会，最终决定为《印第安人教育法》提供1800万美元。拨款资金确定后，还需要总统的签名，来自全国各地的印第安人团体和个人纷纷向白宫发送信件和电报，敦促总统签署这项法案。1972年10月31日，尼克松总统正式签署了拨款条例草案，该法案的编号为P. L. 92-607。至此，第2项法案成功签署成法律，为第1项法案《印第安人教育法》的实施提供资金。

《印第安人教育法》拨款资金的发放过程并不顺利，在1972年10

月 31 日签署了拨款法案后，尼克松总统于 1973 年 1 月要求国会取消对《印第安人教育法》的 1800 万美元的拨款资金。当印第安部落、组织和印第安人对政府施加压力，并要求下发资金时，政府表示资金不能下发，除非总统给国会下发拨款命令。因此经过了两起诉讼，国会才下发资金。第一起诉讼于 1973 年 1 月由美国原住权利基金会代表明尼苏达州奇佩瓦部落（Chippewa Tribe）提起，第二起诉讼是由 4 名印第安律师代表印第安管理的学校董事会联盟提起。诉讼案在华盛顿特区的法院举行，诉讼结果是法院命令美国教育部在 1973 年 6 月 30 日前下发用于实施《印第安人教育法》的拨款资金。①

由于上述诉讼的结果，1973 财年的拨款资金被拨付，发放了近 600 笔拨款，总计接近 1800 万美元。然而，《印第安人教育法》的未来依然充满艰辛，给关心《印第安人教育法》实施的人们带来了巨大的打击，因为美国教育部没有为《印第安人教育法》的实施申请 1974 财年的拨款。美国教育部在举行预算听证会上表明《印第安人教育法》是重复服务，印第安人已经从美国卫生、教育与福利部获得了价值 8200 万美元的教育服务。

二、《印第安人教育法》的内容分析

（一）满足印第安儿童特殊教育的需要

法案的第一个部分是为了给印第安部落当局发展实施补充教育方案提供经济援助，补充教育方案是为了满足印第安儿童特殊教育的需要。在政府津贴方面，印第安部落当局必须至少有 10 名印第安儿童，或者至少有 50%的印第安儿童入学。这项要求不适用于阿拉斯加州、

① Office of Education (DHEW), Washington, D. C. Office of Indian Education. The Indian Education Act of 1972-a brief history, analysis, issues and outlook[EB/OL]. (1973-11-15)[2021-04-13]. https://files.eric.ed.gov/fulltext/ED111553.pdf.

加利福尼亚州、俄克拉何马州或印第安保留地或其附近的机构，而且资金发放是按照印第安学生数量来计算。印第安部落当局获得的总拨款资金是每名学生的平均支出数额乘以印第安部落当局学生的数量。以新墨西哥州阿尔伯克基为例，州平均每名学生的支出是 732 美元，印第安部落当局的印第安学生数量是 1819 名，则经费总额即为 1 331 508 美元。①

《印第安人教育法》提出了许多满足印第安儿童特殊教育需求的项目，主要包括试验性的项目，用来测试印第安人教育计划的有效性；建立、维持和操作那些为印第安儿童教育需求服务的各种项目，包括在美国教育署专员的特别许可下，对教室进行小规模的改造和购买必要的教学设备。为满足印第安儿童特殊教育的需要，印第安部落当局必须考虑一些活动，例如保留印第安遗产、传统文化和生活方式的活动。设计活动需要与印第安社区和家长委员会联合协商。为确定这些需求，应该给予艺术（如语言艺术、职业和工艺艺术等）、数学和自然科学、社会和人文科学、体育、多元文化教学等多方面的指导，以及包括学术指导、咨询和测试、学生宿舍和娱乐活动设施、衣食、交通、医疗、心理、社会工作服务以及为残疾和智力低下的学生提供特殊教育服务等各方面的支持。

项目的实施需要申请拨款资金，但需要满足一些具体的条件。诸如申请者必须管理或监督项目或活动；申请的项目要切实解决印第安儿童的特殊教育需求；申请者必须提供有效的程序，至少有年度评估项目；必须说明政策和程序，确保资金是服务于印第安人的教育；要对资金进行适当的控制支出和核算；还要制定资金年度报告，从而使美国教育署专员可以检验资金的有效性，以及是否真正改善了印第安

① Office of Education (DHEW), Washington, D. C. Office of Indian Education. The Indian Education Act of 1972-a brief history, analysis, issues and outlook[EB/OL]. (1973-11-15)[2021-04-13]. https://files.eric.ed.gov/fulltext/ED111553.pdf.

儿童的教育。

批准申请资金，除了要满足以上的要求，还要满足以下条件：制定的项目能大幅增加印第安儿童在该地区的教育机会；在制定项目过程中，项目是建立在与印第安家长、教师和中学生进行公开磋商的基础上，通过公开听证，以便利益集团能充分理解所提出的计划，并就此提出建议；在由印第安家长、教师以及中学生组成委员会的参与和批准下制定项目计划；确保项目在与孩子的父母和所服务社区的代表协商的情况下进行操作和评估。

（二）改善印第安儿童受教育机会

为了改善印第安儿童的受教育机会，法律对一些用于与印第安人教育有关的特殊项目和方案授权拨款，而且印第安部落、组织和机构可以优先获得拨款。

向州和地方教育机构、联邦政府支持的印第安中小学和印第安部落、其他组织机构提供的拨款，可用于已经被证实对改善印第安儿童教育机会有效的规划、试点和示范项目，主要包括与落后的儿童教育所需的相关创新性项目、双语及双文化课程、健康及营养服务，协调那些能帮助印第安儿童教育需要的其他联邦资助项目的运作。其次由于目前缺乏丰富的教育项目和服务，而且数量和质量都不足，授权资助还包括以下内容：补救和补偿性教育、学校卫生、体育、心理等服务，帮助印第安儿童重返学校；学术和职业指导；教学材料和设备、综合指导、辅导、测试服务；为残障者设立的特别项目；学前教育项目、双语、双文化教育项目；符合本部分目的的其他服务。另外还授权资助利用创新教育方法的新项目，旨在丰富中小学教育方案。除了以上这些项目有资格获得资助，高等教育机构也同样得到拨款，还授权为高等教育机构拨款，地方教育局与这些机构合作开展项目，提高印第安地区的师资水平，改善印第安学校的教师、助教和印第安地区社会工作者的能力与素质。另外向公共机构和学院、印第安部落、机构和组织授予拨款，以便向印第安儿童传播有关各种节目和资源的信息，以及评估印第安儿童参与联邦政府援助项目的有效性。

对项目发放拨款前也需要提出申请，包括陈述寻求资金活动的声明；对项目实现其目的的有效性进行评估；规定项目的可动用资金，以及协调申请人可动用的其他资金；为参与项目的人员提供充分的培训。提出的拨款申请只有在专员认为有足够的儿童父母和部落社区参与项目的规划和发展时，才能获得批准。

（三）改善印第安成年人教育

这里的“成年人”主要针对辍学的年轻人。《印第安人教育法》规定向国家和地方教育机构以及印第安部落、机构和组织提供资助，以支持规划、试点和示范项目，这些项目计划、测试和证明向印第安人提供成人教育计划的有效性。这类项目包括：第一，改善成年印第安人就业和教育机会的项目。第二，向所有不识字的印第安成年人提供基本识字机会的项目；为印第安成年人提供机会，使他们有资格在尽可能短的时间内获得证明具有与高中毕业生同等学力的证书。第三，为实现第 2 条中的项目而开发更好技术的计划。第四，调查和评估一些关于印第安保留地文盲率和没有高中毕业的项目。第五，关于为印第安成年人提供教育机会项目的信息和评估。公共机构、印第安部落、机构和组织向印第安成年人传播有关教育方案、服务和资源的信息，以及评估印第安成年人可能参加的联邦援助方案的有效性，并判断这些项目是否可以获得拨款。

对于申请资金及其批准，仍然要按照以上提出的规定和程序进行，包括陈述寻求资金活动的声明；对项目实现其目的的有效性进行评估；专员要确保项目的相关人员和部落社区已充分参与规划和发展项目。

（四）完善印第安人教育机构的建设

《印第安人教育法》规定在美国教育部内设立一个印第安人教育办公室，该办公室由印第安人负责教育的副部长领导，负责执行前 3 部分的条例。印第安人教育副部长由美国教育部部长任命，从印第安人教育国家咨询委员会提交的名单中选拔。法律规定印第安人国家咨询委员会由15名印第安人或阿拉斯加原住民组成，由其代表美国印第安人发声，为《印第安人教育法》规划未来的发展方向。法律还规定，印第安人国家咨询委员会成员的任命由总统从印第安部落和组织提供的名单中选拔，印第安人国家咨询委员会成员是来自美国不同的地理区域的代表。印第安人国家咨询委员会最重要的职责之一就是建议教育部部长管理与实施《印第安人教育法》，包括法规政策的发展计划。印第安人国家咨询委员会第一次会议于1973年5月19日至22日在华盛顿举行，当时印第安人国家咨询委员会审查了拟议的条例，开始对《印第安人教育法》提交的提案批准制定计划。

法案还规定了印第安人国家咨询委员会的一些其他具体责任：第一，为教育部长提供关于印第安儿童和成人参与相关项目的管理和资金建议，无论该项目是否来自本法。第二，审查前三部分提交的申请，以及为前3部分的顺利批准提供建议。第三，评估在国家卫生、教育与福利部为改善印第安儿童和成人的教育建立的项目，并发表评估结果。第四，为地方教育局和印第安人教育机构、组织提供技术援助，帮助他们改善印第安儿童的教育状况。第五，协助印第安人教育专员制定标准及条例，对非正式地方教育学校的拨款资金进行管理评估。第六，向国会提交年度报告，包括为改善联邦对印第安人教育项目提供建议。关于上述第2部分、第3部分和第4部分所述的职能，国家委员会有权与任何公共或私人非营利机构签订合同，要求协助履行这些职能。印第安人教育办公室给印第安人国家咨询委员会拨款，以使其能够履行其职能，这些资金来自《普通教育条款法案》（*General Education Provisions Act*）的相关规定。在1973财年，国会拨款100万美元给印第安人教育办公室的工作人员，并为印第安人国家咨询委员会提供了资金。

（五）加强印第安教师的培训

此部分内容源于对1965年《高等教育法》（*Higher Education Act of 1965*）第5部分的修订，是一些杂项规定。其中一项是对在印第安学校任教的教师进行培训，该法案规定，根据1965年《高等教育法》提出的资金条例，要将不少于总资金的5%用于大学和其他非营利机构，目的是为在保留地内上学的印第安儿童培养教师，优先对印第安人进行培训。另一条例规定，如果印第安人教育办公室同意的话，可由印第安组织在保留地或附近建立学校，学校可以拥有与印第安部落当局同等的法律地位。

最后法案还对印第安人进行了定义，印第安人可以被定义为：第一，印第安部落成员，或其他组织团体的印第安人，包括自1940年以来终止的印第安部落或组织团体，以及现在或未来定居于被国家承认的部落或组织团体的印第安人的后裔。第二，被美国内政部长认定为是印第安人。第三，因纽特人、阿留申人以及其他阿拉斯加原住民。第四，在与印第安人教育国家咨询委员会协商后，由美国教育部部长颁布的条例认定的印第安人，该条例进一步定义了“印第安人”一词。[①]

第三节 《印第安人教育法》的实施概况

一、教育财政拨款

《印第安人教育法》颁布后，直到1973年5月才发放了拨款资金，落实到印第安人的教育项目上。印第安人教育办公室开始建立组织和

① Office of Education (DHEW), Washington, D. C. Office of Indian Education. The Indian Education Act of 1972-a brief history, analysis, issues and outlook[EB/OL]. (1973-11-15)[2021-04-13]. https://files. eric. ed. gov/fulltext/ED111553. pdf.

审查申请的行政程序，向当地学区和印第安组织下发了 1700 万美元。对于法案 A 部分——满足印第安儿童特殊教育的需要，承诺了近 1100 万美元，向 31 个州的 436 个地方教育机构提供了资金，大约为 135 000 名注册的印第安儿童提供了教育服务，拨款规模从 1500 美元到 160 万美元不等。此外，在印第安保留地或其附近的 10 所印第安学校根据法律规定获得了 57.4 万美元，占该部分拨款资金的 5%。根据法案 B 部分——改善印第安儿童教育机会，该部分获得了 500 万美元，在收到的 378 份项目申请资金中选取了 51 份，该部分的项目拨款规模从 2460 美元到 30 万美元不等，用于双语和双文化教育、补偿性教育、文化丰富、防止辍学、职业教育、课程开发、研究和创新教育活动等特别项目。剩下的 50 万美元被授予该法案的 C 部分——印第安成人教育下的 10 个项目，以改善印第安成年人的教育机会。所有的资金都捐给了印第安的组织，用于印第安成人准备高中文凭、提高沟通技能和职业发展。[①]

事实上，根据法律规定的授权资金与实际拨款的资金存在很大的差距，实际下发的资金远远少于法案规定的资金，这其实就是一种“狩猎许可证”(hunting license)，也就是说它规定了国会根据法律可以为特定项目拨款的上限。通常在教育领域，在一个新项目的第 1 年启动期之后，国会只拨付总授权资金的三分之一左右。尽管资金数额有限，但该法案还是得到了美洲原住民组织的支持，因为该法案是对新一代印第安儿童教育发展的承诺，也因为它为现在这一代成年人提供了受教育的机会。国家咨询委员会的任命为印第安人提供了一个机会，帮助他们为印第安儿童的教育发声，让印第安人为更广泛地参与各级教育迈出了第一步。在法案实施的第 2 年，在法案的 A 部分——满足印第安儿童特殊教育的需要中，为当地公立学区提供的拨款项目资金从

① Office of Education (DHEW), Washington, D. C. Office of Indian Education. The Indian Education Act of 1972-a brief history, analysis, issues and outlook[EB/OL]. (1973-11-15)[2021-04-13]. https://files.eric.ed.gov/fulltext/ED111553.pdf.

1100 万美元（约占应得金额的 10.25%）增加到近 2300 万美元，这 2300 万美元约占该项目总应得金额 310 999 995 美元的 7.3%。在 1973—1974 学年，提交了 547 份美国印第安部落当局的申请，在 1974—1975 学年共收到 1098 份申请，在 1098 份申请中，有 854 份获得批准和资助。1973 年拨款数量总计 507 次，1974 年为 1055 次，1973 年获得拨款资金总数是 17 047 618 美元，1974 年为 39 999 594.54 美元。[①] 而后拨款补助金和教育项目持续增加，到了 1979—1980 年度，第 1 部分权利保障计划惠及了 33.5 万名印第安儿童，自计划开始以来增加了 20 万。随着拨款的增加，所服务的儿童人数和平均每个儿童的拨款金额都增加了。1973 年，联邦平均为每个印第安儿童支出 81 美元，1980—1981 学年达到 134 美元。

二、机构运作情况

联邦政府根据法案中各部分人群的需要，制定了不同的项目与计划。在印第安儿童特殊教育方面，实施过程中特别关注的是通过允许授权拨款来改进项目管理；详细规定地方教育机构对项目的主管权与家长委员会的工作权利和责任；提供印第安部落当局在进行需求评估时采取的具体步骤；为当地项目评估提供改进的标准。在印第安儿童教育方面，重点关注的领域是：第一，开发和测试与文化相关的方法，旨在提高印第安儿童的学业成绩，并证明这些项目在当地的有效性。第二，在儿童早期教育、特殊教育、辅导和咨询、课程开发和支持其他学校等方面的教育服务项目。第三，对人员培训实施以校园和实地为基础的课程。在此部分授权的一个重点是建立一个区域资源和评估

① Office of Education (DHEW), Washington, D. C. Office of Indian Education. The Indian Education Act of 1972-report of progress for the second year of the program[EB/OL]. (1975-04-14)[2021-04-17]. https://files. eric. ed. gov/fulltext/ED107446. pdf.

中心系统，在项目评估、改进项目管理和方案设计方面帮助受资助者。这个中心系统还鉴定、评估和验证模范教育方法，并向其他受资助者传播有关这些方法的信息。在成人教育部分关注的一个重点领域是提供有效的教育技术，帮助成年人识字，并通过高中同等水平的考试，这些技术将印第安文化作为学习的基础。成人教育部分其他需要重点关注的领域是成年学生需要的消费教育和特殊服务，如学术和职业咨询、能力倾向和职业咨询以及工作的介绍。①

在制定计划和实施过程中，联邦政府和印第安机构也会根据之前的实施情况采取相对应的对策。例如，1973—1974 年在技术援助方面开展了一些项目，并在全国各地的各个战略机构举办了一系列会议，在印第安儿童特殊教育、印第安儿童教育机会和印第安成人教育关键领域提供技术援助。在这些会议上讨论的主题包括项目实施的规则条例、家长委员会的作用、项目的教育评估以及《印第安人教育法》各项规定下的资助标准。此外，联邦政府和印第安机构还启动了一个项目，为家长委员会成员开发媒体工具包，以处理他们在履行职责时面临的教育和行政问题。通过修订和扩大该法案的印第安儿童教育机会和印第安成人教育部分的规则和条例，列入了供申请人回应的重要优先清单，落实了某些领域拨款的建议。这些优先事项强调了幼儿教育、教学方法、教学材料和教学技术的开发。一项名为《联邦基金对当地教育机构招收印第安儿童的影响》（“The Impact of Federal Funds on Local Educational Agencies Enrolling Indian Children”）的研究也顺利

① Office of Education (DHEW), Washington, D. C. Office of Indian Education. The Indian Education Act of 1972: answers to your questions, revised[EB/OL]. [2021-04-17]. https://files. eric. ed. gov/fulltext/ED196637. pdf.

开展并完成，对在地方一级加强印第安人教育进行了广泛分析。[①] 根据1974财年的实施情况，政府和相关机构主要采取了以下举措：第一，印第安人教育办公室在重要地点举办了4次全国性会议，为申请准备工作提供了额外的技术援助，但重点是提高项目质量。第二，印第安人教育办公室着手制定方案信息材料，以便分发给印第安家长委员会和其他有关团体。第三，印第安人教育办公室开始设计和开发国家项目监测和项目评估系统，其重点是利用当地评估。第四，印第安人教育办公室开始确定具有很高成功潜力的项目，以便向项目参与者宣传这些"模式"。第五，为了确定联邦政府在印第安人教育中的作用，联邦政府制定了一套立法和行政建议，以提高旨在惠及印第安儿童的许多联邦教育项目资金的有效性，对此开展了几项研究。这些研究包括界定联邦政府支持印第安人教育的条约和立法基础的立场文件；对支持印第安人教育的44个教育办公室计划的当前结构、管理和数据流进行分析；以及印第安事务局或教育办公室关于联邦资金支持印第安人教育的联合研究。[②]

三、法案不断被修订

继1972年《印第安人教育法》实施后，政府又对其不断修订和完善，1974年的《印第安人修正案》（P. L. 93-380）在改善印第安儿童教育机会这一部分增加了内容：一是授权为印第安儿童教师的特殊教育

---

① Office of Education (DHEW), Washington, D. C. Office of Indian Education. The Indian Education Act of 1972-report of progress for the third year of the program[EB/OL]. (1976-03)[2021-04-17]. https://files. eric. ed. gov/fulltext/ED131993. pdf.

② Office of Education (DHEW), Washington, D. C. Office of Indian Education. The Indian Education Act of 1972-report of progress for the third year of the program[EB/OL]. (1976-03)[2021-04-17]. https://files. eric. ed. gov/fulltext/ED131993. pdf.

项目提供资助；另一项是授权为攻读工程、医学、法律、商业、林业和其他相关领域专业的学士或研究生学位的印第安学生颁发奖学金。1975 年又对法案进行了修订，加强了对印第安民族的监督，准许各学区的印第安家长委员会参与监督，指导教育活动；鼓励发展社区本地学校；对课程进行改革以增加文化适切性；鼓励教师设计双语教材。1974 年的教育修正案把对印第安人的教育普及到当地，并且对印第安学校的教师进行培训。[①] 1978 年的教育修正案（P. L. 95-561）再次修订了改善印第安儿童教育机会这一部分：第一，扩大了试点和示范的范围，项目中包含一些有天赋和才华的学生。第二，扩大现有的师资培训计划，以培训印第安人（包括成年人）的教育工作者，而不仅仅是印第安儿童。第三，授权设立区域信息中心。第四，扩大奖学金可提供的领域，包括医学、法律、教育和相关领域的研究生学位领域，以及工程、工商管理、自然资源和相关领域的本科或研究生学位。[②] 除了上述对《印第安人教育法》的修订，印第安人教育在不同法案中都以部分原住民内容出现过。1994 年在《初等与中等教育法》修订版的第 1 条第 9 款重新授权印第安人教育，修订的内容是制订详尽的计划以满足与美国印第安和阿拉斯加学生相关的学术和文化需要。2001 年《不让一个孩子掉队法》的第 1 条第 7 款重新授权印第安人教育，其内容是国会拨款资金的目的是改善各州学校教育内容和学生学术成绩标准，此项条例适用于所有学生，也间接性地帮助印第安学生满足学生学术成绩标准。

---

① 代影．美国印第安人教育发展历程［D］．北京：中央民族大学，2009：37.

② Office of Education（DHEW），Washington，D. C. Office of Indian Education. The Indian Education Act of 1972：answers to your questions，revised［EB/OL］．［2021-04-17］．https：//files. eric. ed. gov/fulltext/ED196637. pdf.

第四节 对《印第安人教育法》的评价

1972 年《印第安人教育法》是针对印第安民族实施的第一部全面教育立法，为印第安人受教育者提供了较完备的法律保障，并且此法案的针对性强、时效性强、修订的频率高、立法的效率高，不仅适应了印第安人教育的发展，加强了印第安人的教育权益，还提高了印第安地区的教育水平。《印第安人教育法》颁布后，印第安人教育办公室及时跟进发布了法案实施的进展报告，开展了系统的数据收集工作。这些信息反映了《印第安人教育法》对印第安学生特殊教育需求的影响；对项目的目标以及这些目标实现的程度进行数据分析；对项目的开展情况与以往的进展进行比较；从调查中得出有效结论的数据，为各级管理和运行的决策及行动提供了依据。但法案各分部的项目在实施过程中也面临着一些问题，包括资金拨款、成效评估、教师培训等多个方面。

首先，在印第安儿童特殊教育部分获得拨款的儿童比例从 1973 年的 59%上升到 1979 年的 80%以上。在对印第安儿童特殊教育的调查中，有 84%的人表示项目达到既定目标，少于 5%的人认为计划是失败的，大约 12%的人没有定论。法案此部分的项目申请书表明了评估的重点，78.4%的项目评估是用来衡量教育的变化，56.6%的项目评估是用来衡量个人和社会的增长。但在评估《印第安人教育法》的项目实施情况时，受到了一些阻碍，例如，受资助项目的个性化使评估标准不明确；无法由项目外部机构管理确定有效的、公正的结果测量；缺乏标准化术语和统一描述项目过程的方法；联邦工作人员无法就评估目的达成一致，并为其政策问题形成优先结构；学校设施和学年（包括持续时间和开始日期）存在差异；项目中严重缺乏训练有素的评估人员；由于人口流动和数据存储或项目跟踪程序不充分而造成时间和数据的损失。①

其次，在改善印第安儿童教育机会方面，据统计，印第安公立学校在 1974—1975 年的学生人数为 334 495 人，入学率比 1973—1974 年增加了 57%。1975 年度亚拉巴马州印第安人的入学人数是 1973 年度的 16 倍以上。1975 年度，路易斯安那州印第安入学人数比 1973 年度报告的数字高出 20 多倍。在总入学人数中，有 212 938 人接受了服务，他们的学区获得了此部分项目的资金资助，资助学区的资助金额也各不相同。在项目资金拨款方面，1974—1975 年资助项目的数量增长了 16%，在这两年间丰富文化涵养、辅导、指导咨询和幼儿教育是主要的关注领域，当地的需求和教材开发占据了资金的很大部分，在拨款总额中占 22%和 12%。另外，一些在 1974 年获得资助的项目，如“家长培训”，在 1975 年并没有得到资助，而其他领域，如“课程开发”和“双语教育”，在 1975 财年获得的资金也比 1974 财年要少得多。但是此部分的资金确实是用来针对专业的项目，如教育计划、课程开发等，而不是单一的或一些通用领域；而且，那些负责项目审批和资金分配的人表示每年都要认识到新的和不断变化的项目；还有，在某些情况下，联邦政府有意削减甚至取消资金，尽管这样的行动可能在当地并不被理解，因为人们普遍认为，一旦收到援助，就理所当然地会再次获得援助。②

对研究数据和学生成绩结果样本的分析表明，法案实施后，联邦政府为印第安学生提供了大量的资助和基金，由此印第安人的教育意

① Office of Education (DHEW), Washington, D. C. Office of Indian Education. The Indian Education Act of 1972-report of progress for the third year of the program[EB/OL]. (1976-03)[2021-04-17]. https://files. eric. ed. gov/fulltext/ED131993. pdf.

② Office of Education (DHEW), Washington, D. C. Office of Indian Education. The Indian Education Act of 1972-report of progress for the third year of the program[EB/OL]. (1976-03)[2021-04-17]. https://files. eric. ed. gov/fulltext/ED131993. pdf.

识逐渐增强，印第安人对学校的态度也有所改善，入学的学生人数迅速增长，儿童的基本技能和部落传统文化教育得到补救，学生的学业成绩也大幅度提高，并且他们在社交行为模式和印第安文化方面也表现得更加积极。其次是印第安社区和学校系统内的印第安人，尤其是家长委员会正在扩大他们参与项目各个阶段的范围，包括项目的需求评估、规划和运营。但仍然存在一些问题，如学校管理和印第安社区之间的沟通交流问题，需要学校管理人员和印第安社区更多地设定标准化术语和概念，以促进二者之间的相互沟通和理解；在努力招募、培训和安置印第安教师和管理人员进入公立学校系统方面，因为缺乏教师培训规定的可用资金而受到阻碍，因此需要实施一些项目以加强教师的培训。

最后，在印第安成人教育方面，1973—1974 年成人教育部分被资助的项目数量有一定的增加，1974—1975 年也有一些明显的减少。尽管 3 年间成人教育项目的总数量远低于儿童教育部分，但成人教育部分总的增长率比儿童教育部分高。在资金总数上，儿童教育部分的资金从 1973—1974 年增加了 140%，但到 1975 年有轻度下降，成人教育部分从 1973—1974 年增加了 500%，到 1975 年一直保持稳定。[①] 根据《印第安人教育法》的成人教育部分规定，1973 财年共下发了 10 项拨款，总额为 50 万美元。在 1979 财政年度，成人教育共有 60 个项目，共计 590 万美元，1980 年可供印第安成人教育资助的金额达到了 583 万美元。各地也积极开展各种形式的成人教育，贝尔克纳普社区委员会（Ft. Belknap Community Council）和蒙大拿的哈莱姆区（Harlem）实行了全面的成人教育项目，在消费教育、文化和语言、农业和农场管理、基本技能以及咨询和辅导方面开展了培训；明尼苏达州的明尼

① Office of Education (DHEW), Washington, D. C. Office of Indian Education. The Indian Education Act of 1972-report of progress for the third year of the program[EB/OL]. (1976-03)[2021-04-17]. https://files. eric. ed. gov/fulltext/ED131993. pdf.

阿波利斯（Minneapolis）提供印第安法律和生存法的课程，以及基础技能培训；位于华盛顿西雅图的联合印第安人部落基金会，负责传播有关印第安成人受教育机会的信息并开展成人基础教育项目。① 这些活动的开展体现了法案落实到了具体行动上，保障了印第安地区教育的快速发展。从成人教育项目实施的过程来看，项目实施多元化，印第安人的参与积极性也较高，但资金发放可能会存在一些阻碍，对此应继续完善各种项目的规范性和可行性，争取更多的项目和资金。

除了《印第安人教育法》，20 世纪七八十年代还出台了《部落自主社区学院援助法案》（*Tribally Controlled Colleges and Universities Assistance Act of 1978*）、《部落学院法案》（*Tribal Colleges Act*）、《部落管理学校法》（*Tribally Controlled Schools Act of 1988*）等诸多法案，但这对于印第安人教育的发展是远远不够的，印第安人教育仍然存在很多问题。20 世纪 90 年代美国国会发布了《印第安民族处于危险中：一项教育行动战略》（"Indian Nations at Risk: An Educational Strategy for Action"）报告。该报告首先揭示了原住民族教育仍处在危险中的原因，描述了原住民族目前的教育状况；其次叙述分解原住民族教育问题的进程以及已经被证实可以改善原住民学校教育状况的做法；最后为改善原住民族教育状况而制定了策略框架。

该报告指出美国印第安人教育在满足原住民族的教育、文化、经济和社会需要方面还没有取得有效的进步。报告指出印第安人教育处在危险中有 4 个主要原因：学校没有成功培养出许多学术表现良好的印第安学生，学生辍学率颇高；在学校里印第安学生使用本民族语言的机会不多，美国原住民族的语言和文化逐渐削弱；美国原住民族的资源和削减的土地遭到外部势力的威胁；印第安自决和印第安政府权力

① Office of Education (DHEW), Washington, D. C. Office of Indian Education. The Indian Education Act of 1972: answers to your questions, revised[EB/OL]. [2021-04-17]. https://files. eric. ed. gov/fulltext/ED196637. pdf.

遭到美国联邦政府管理机构、国会和司法系统的挑战。《印第安民族处于危险中：一项教育行动战略》指出美国印第安人和阿拉斯加原住民良好的教育以及美国原住民的语言和文化复兴将会促进教育、政策自决以及经济复苏，原住部落才能建立成一个更强大的民族——一个可以同其他民族竞争、为世界经济和文化做出贡献的民族。报告指出美国原住民的教育状况，并对其提出了改善教育状况的建议。例如，利用联邦、州、地方和部落资源，制订全面的教育计划；为学校发展本地伙伴关系；强调幼儿教育，促进部落语言和文化发展，培训原住教师和加强部落社区学院等方面的优先事项；促进对部落和政府之间关系的理解。①

《印第安民族处于危险中：一项教育行动战略》报告强调了印第安部落组织必须在他们文化优先的基础上制定教育发展框架，促进教育的持续发展和增长，学校必须承担自己的责任以支持该行动。随后在20世纪90年代，美国国会和美国原住部落之间一直为美国印第安人教育的进步举行听证会和提供建议，尝试进一步促进印第安人教育的自决。例如，1990年美国总统老布什签署了《美国原住民语言法案》（*Native American Languages Act*），批评美国联邦政府实施强制印第安人使用英语而放弃本民族语言的政策，允许原住民使用原住民语言转为保护原住民语言。1992年，美国国会举行关于1990年的《美国原住民语言法案》的听证会。听证会的目的是帮助美国原住民族获得资金以保证美国原住民族语言的继续生存和活力。来自印第安部落和组织的听证会代表讨论语言维护和文化保护之间的联系。亚利桑那州的皮奇斯普林斯的双语（双文化）教育方案就是保护语言和文化的一个成功例子。1998年，美国总统克林顿签署了《美国印第安人与阿拉斯

① U. S. Department of Education, Washington, D. C. Indian Nations at Risk Task Force. Indian nations at risk: an educational strategy for action-final report[EB/OL]. (1991-10)[2021-04-17]. https://files. eric. ed. gov/fulltext/ED339587. pdf.

加原住民教育的行政命令》，建立政府和部落间的协商机制，评估印第安语言文化如何有效落实到教育中，此举措促使学校逐渐尊重印第安文化。

进入 21 世纪，美国总统针对印第安地区签署了一系列行政文件和法案。例如，小布什总统在 2001 年 1 月 8 日签署《不让一个孩子掉队法》，该法案是联邦政府对印第安人掌管印第安儿童教育充满信任与责任的体现。根据该法案，联邦政府继续与本地教育机构、印第安部落与组织进行合作。《不让一个孩子掉队法》从内容上来看，是将少数民族学生与白人学生处于平等的地位，但从本质上来看，其与印第安学生的教育是相互矛盾的。因为 1972 年颁布的《印第安人教育法》是为了满足印第安学生对教育的不同需求，而《不让一个孩子掉队法》侧重于满足所有学生的教育需求，使得印第安儿童的教育内容与白人学生的教育内容相同。《不让一个孩子掉队法》与 1990 年颁布的《美国原住民语言法案》也是相矛盾的。《美国原住民语言法案》是美国政府为了保存、保护和促进美国原住民使用和发展原住民语言，而《不让一个孩子掉队法》侧重于各族学生全部使用英语。《不让一个孩子掉队法》不仅违背了过去若干立法政策，也没有将美国印第安学生的利益放在重心。2004 年小布什总统再次签署《美国印第安人与阿拉斯加原住民教育的行政命令》，主要强调提高部落教育机构的研究能力，成立监督机构，发布关于提高美国印第安人与阿拉斯加原住民应对新挑战的研究报告等。2011 年 12 月 2 日，美国总统奥巴马签署了 13592 号行政命令——《提高美国印第安人和阿拉斯加原住民教育机会和加强部落学院和大学》，[①] 强调联邦政府机构必须提供帮助以提高所有美国印第安人和阿拉斯加原住民的受教育机会，确保满足印第安学生和阿拉

---

① The White House. Presidential documents[EB/OL]. (2011-12-08)[2021-04-17]. https://www.govinfo.gov/content/pkg/FR-2011-12-08/pdf/2011-31624.pdf.

斯加原住学生独特的文化、教育和语言需求，完善印第安地区公共服务机制。这些政策延续至今，一方面贯彻了联邦政府在印第安人教育方面实施的大政方针，另一方面反映了政府在教育计划实施方面的完整性和长久性。

美国印第安人的教育权经历了由美国联邦政府控制、州政府控制到印第安人教育事务办公室控制，最后到印第安社区管理、印第安人自己掌控的过程。从长远发展来看，印第安人教育政策具有重大的进步意义，印第安儿童教育、特殊教育和成人教育得到巨大的发展，美国联邦政府从教育上同化印第安人到尊重印第安人传统文化和本民族语言的发展，在教学中实施双语教育，课程内容增加了原住民族传统文化和遗产，印第安人逐渐实现了教育管理自主之路。但是，由于历史原因与现实原因，在具体教育实践中，印第安人并没有完全与美国白人处于平等的地位，这使得一些法律条款在实际执行中遇到了诸多障碍，法律规定的一些条款中很多应有的权利得不到有效落实。少数民族教育问题一直是一个受到全世界关注的问题，美国印第安原住民族的教育发展仍需要不断努力，依然任重而道远。

（董智慧　於荣）

第八章　对公平与卓越的追求：1975 年《所有残疾儿童教育法》

我们必须承认我们有责任为所有残疾儿童提供教育，满足他们的特殊需要。在这个国家内，剥夺残疾儿童的受教育权和平等机会——无论是将残疾学生开除，未能提供满足其需要的教育，还是拒绝承认残疾学生的成长权利——都是对正义的歪曲，也是对法律规定的平等保护权的否定。①

——哈里森·威廉姆斯（Harrison Williams）

受生理和心理因素的影响，儿童在社会中一直处于弱势地位，而残疾儿童更是因其身体的缺陷备受排挤，经常遭受不平等的待遇。尽管美国宪法规定要保障所有儿童的受教育权利，然而由于缺少保障残疾儿童受教育权利的专项联邦法律，加之各州对残疾儿童教育的重视程度不够以及专项发展资金的缺乏，导致很多残疾儿童被“合法地”排除在公立学校之外。在民权运动、教育机会均等运动以及残疾儿童家长和维权团体的影响下，人们逐渐意识到联邦立法对改变各州发展不均衡的现状、维护残疾儿童受教育的权利来说有着至关重要的意义。

在发展残疾人教育的过程中，法律是调动各方力量的有效工具，

① YELL M L，ROGERS D，ROGERS E L. The legal history of special education：what a long，strange trip it's been! [J]. Remedial and special education，1998，19(4)：219-228.

是保护残疾儿童受教育权利的有力手段。1975 年《所有残疾儿童教育法》（*Education for All Handicapped Children Act*）是美国历史上第一部专门针对残疾儿童教育问题的联邦法律。《所有残疾儿童教育法》及其系列修正案的颁布与实施成为推动 20 世纪 70 年代以来美国残疾人教育快速发展的关键因素，在推动社会变革及特殊教育发展的过程中起着极其重要的作用，具有划时代的伟大意义。因其对美国特殊教育发展的重要意义，1975 年《所有残疾儿童教育法》被赞誉为美国特殊教育立法史上的里程碑。

第一节 《所有残疾儿童教育法》颁布的背景

1975 年 11 月 29 日，杰拉尔德·鲁道夫·福特（Gerald Rudolph Ford）总统签署了《所有残疾儿童教育法》，法案明确规定要让所有残疾儿童都能够在最少受限制的环境中接受免费且合适的公立教育，然而在此之前，法院却规定公立学校可以拒绝接收残疾学生并将其视为合法行为。前后规定的巨大反差有着深刻的社会历史原因，同时这也是推动残疾人教育立法进程的动因。

一、堪忧的残疾人教育状况

美国联邦宪法第 10 修正案规定基础教育由各州负责管理，特殊教育也纳入各州的义务教育体系。美国义务教育起步很早，早在 1840 年，罗得岛就颁布了义务教育法，成为美国历史上第一个颁布义务教育法的州。马萨诸塞州也于 1852 年颁布了义务教育法，到 1918 年，全美各州均颁布了义务教育法。① 遗憾的是，在许多州残疾儿童的受教育权利并没有得到应有的保护，他们不仅入学困难，而且就算进入学校也极易被开除。

在 20 世纪 70 年代之前，不遵守义务教育法的规定，将残疾儿童排斥在公立学校之外的行为在法庭上得到维护，公立学校拒绝接收残疾儿童被视为合理、合法的行为。1893 年，在沃森诉剑桥市案（Watson v. City of Cambridge）的判决中，马萨诸塞州最高法院就曾明确表示可以将那些智力较弱的、不能从教学中受益的、会给其他学生造成麻烦的且不能自理的儿童排除在公立学校之外。1919 年，在比蒂诉教育委员会案（Beattie v. Board of Education）中，学校将一位不停流口水且面部扭曲、存在语言障碍的学生驱逐出校。学校领导声称，这种情况令老师和其他学生感到恶心，占用了教师过多的时间，对学校纪律和教学进度造成了不良影响，因此学校开除了该学生并建议其去聋哑学校就读，威斯康星州最高法院最终裁决学校领导有权开除残疾学生。1934 年，俄亥俄州库亚霍加县（Cuyahoga County）法院规定，根据州 6—18 岁义务入学法令，州教育部门有权开除特殊学生。② 随后其他各州也陆续制定了授权学校领导开除残疾学生的法令。1969 年，北卡罗来纳州法院甚至规定，如果残疾儿童已被公立学校开除，家长仍坚持要将其子女安置在公立学校的行为是一种犯罪行为。③ 各州法院的判决表明，在残疾学生的入学问题上，法庭的判决与义务教育法的相关规定之间是矛盾的。

---

① YELL M L. Special education in the United States: legal history[M]// TICKNER L. International encyclopedia of the social & behavioral sciences (second edition). Amsterdam: Elsevier, 2015: 219-224.

② YELL M L, ROGERS D, ROGERS E L. The legal history of special education: what a long, strange trip it's been! [J]. Remedial and special education, 1998, 19(4): 219-228.

③ YELL M L, ROGERS D, ROGERS E L. The legal history of special education: what a long, strange trip it's been! [J]. Remedial and special education, 1998, 19(4): 219-228.

20 世纪 70 年代，美国约有 800 万残疾儿童，这些儿童的特殊教育需要并没有得到完全满足，其中有一半以上的残疾儿童没有享受到合适的教育与服务，约 100 万残疾儿童完全被排除在公立学校之外，那些被安置在普通班的残疾儿童也因为其他人的不接纳态度和缺乏相应的支持体系而不能得到充分的教育。这些现象引起了残疾儿童家长及国会议员的不满，人们开始关注残疾人的教育问题。

二、20 世纪五六十年代美国民权运动的推动

1865 年美国南北战争结束后，为了确保刚刚获得解放的黑人奴隶成为真正的美国公民，享受各项正当权利，美国国会于 1868 年通过了宪法第 14 修正案。其中规定所有在合众国出生或归化合众国并受其管辖的人都是合众国和他们所居住州的公民，任何一州不能制定或实施限制合众国公民基本权利的法律；未经正当法律程序，不得剥夺任何人的生命、自由或财产；在管辖范围内，不得拒绝给予任何人以平等的法律保护。尽管联邦宪法已经规定，包括黑人在内的所有美国公民均应得到法律的平等保护，但美国南部不少州仍在州法律中对学校、公共交通及其他社会工作和生活领域实行黑白隔离制度做出了规定，这意味着南方各州对黑人的种族隔离和歧视获得了法律的许可。

美国宪法规定人人生而平等，但是这项被宪法保护并由国会强制执行的公民权却没有在平等的基础上为所有公民所享有。20 世纪五六十年代，美国爆发了大规模的群众运动，南部的黑人和一些白人同情者以抵制、静坐、游行等非暴力抗议手段为黑人争取合法权益，反对种族隔离和歧视，这一系列群众运动被称为“民权运动”。这期间美国出现了一系列诉讼案，有色人种因其生活中遭受的不平等待遇向法院提起诉讼，宪法修正案成为他们争取合法权益的有力法律武器。其中，1954 年布朗诉托皮卡教育委员会案（Brown v. Board of Education of

Topeka）是一起具有里程碑意义的诉讼案，成为民权运动的重要奠基石。

布朗是一名黑人铁路工人，住在堪萨斯州托皮卡市，当时布朗一家所在地区的公立学校实行种族隔离制度，白人学校不招收黑人学生，所以布朗的女儿不能在家附近的一所白人小学上学，每天要穿行 21 个街区去另一所专供黑人学生学习的学校就读。在向这所白人小学提出入学申请被拒绝后，布朗依据宪法第 14 修正案提出的平等保护原则对托皮卡市教育委员会提起诉讼，但法院以“隔离但平等”原则为由判其败诉。布朗选择继续上诉，并向全美有色人种促进会（National Association for the Advancement of Colored People）求助，布朗案和其他 5 个关于中小学种族隔离教育的案件一起被上诉到联邦最高法院，这 6 起案件被合称为“校区隔离案”。1954 年 5 月 17 日，最高法院最终判决公立学校黑白隔离的做法违反了宪法，剥夺了黑人学生及少数族裔学生平等的受教育权。布朗案的判决推翻了 1896 年普莱西诉弗格森（Plessy v. Ferguson）一案的裁定，即“隔离但平等”的原则，改变了法律上平等但形式上却不平等的不合理现象。

20 世纪 50 年代，由黑人发起的反对种族歧视与隔离的民权运动影响深远，他们提出“隔离就是不平等”，要求在政治、社会生活以及教育上获得平等的权利。最高法院认为，仅仅因为一个人的种族或残疾等无法改变的特征而使其处于隔离状态的行为是违背宪法的。① 布朗案推动了美国种族隔离政策的瓦解，为民权运动的发展奠定了基础，它所确立的法律原则在实行判例法的美国很快被应用到其他领域，保护少数族裔学生受教育权的判决结果同样适用于因残疾而被剥夺平等受教育机会的残疾学生。布朗案及其判决在法律上为残疾儿童开启了一

---

① YELL M L，ROGERS D，ROGERS E L. The legal history of special education：what a long，strange trip it's been! [J]. Remedial and special education，1998，19(4)：219-228.

扇大门，残疾儿童及其家长开始积极寻求法律的保护和支持，为了给残疾儿童争取合法权益而不断努力。

三、残疾儿童家长团体的呼吁

布朗案的胜诉使平等的受教育理念得以扩大，残疾儿童家长及其支持者们根据布朗案的判决指出残疾儿童与非残疾儿童享有同样的受教育权。为了维护自己及子女的权利，家长们联合起来，建立组织表达自己的愿望，努力寻求改变政策、争取权利的方式。在家长团体的努力下，长期被忽视的残疾人的受教育权利问题开始得到关注。

1933 年，俄亥俄州库亚霍加县出现了美国第一个为残疾儿童争取受教育权利的家长组织，即俄亥俄州库亚霍加县智力落后儿童委员会（The Cuyahoga County Ohio Council for the Retarded Child）。该委员会由 5 个智力落后儿童的母亲组成，她们联合起来抗议学校开除她们孩子的做法。[①] 1950 年 9 月，全美智力落后者协会（The National Association for Retarded Citizens）在美国明尼苏达州明尼阿波利斯成立。由来自 13 个州和地方的 42 名父母和相关人员组成，该协会已经成为对智力落后问题感兴趣的父母、家属和相关人员聚集的重要组织。全美智力落后者协会的使命是提供信息，监测为智力落后者提供的服务质量，并为维护智力落后患者及其父母的权益提供支持。[②] 20 世纪 30—40 年代，美国各州涌现出大量类似的地方组织，这些组织为残疾儿童的家长提供各种支持，如咨询服务、信息交流、家长培训等，致力于影响政府政策的制定和实施。20 世纪 50 年代，这些地方性组织逐渐联合起来，

---

① YELL M L, ROGERS D, ROGERS E L. The legal history of special education: what a long, strange trip it's been! [J]. Remedial and special education, 1998, 19(4): 219-228.

② YELL M L, ROGERS D, ROGERS E L. The legal history of special education: what a long, strange trip it's been! [J]. Remedial and special education, 1998, 19(4): 219-228.

形成了全国性的家长组织。

除了家长组织之外，美国还成立了大量由教师、家长、行政官员以及相关人士组成的专业团体。1922 年成立的特殊儿童委员会（Council for Exceptional Children）是一个专门从事有特殊需要的儿童教育组织，总部位于弗吉尼亚州的雷斯顿，由纽约哥伦比亚大学教师学院的教师和学生创立。该委员会一直致力于维护残疾人的权利，并成为联邦和州一级争取权利运动中的领导者。委员会成员超过 6 万人，是发展创新计划、培训师资和为残疾人制定政策的主要力量。①

除了上述组织以外，类似的家长团体还包括 1949 年成立的全美脑瘫协会（United Cerebral Palsy Associations）、1961 年成立的全美孤独症儿童协会（National Society for Autistic Children）、1961 年成立的全美唐氏综合征联合会（National Association for Down Syndrome）、1964 年成立的学习障碍儿童联合会（Association for Children with Learning Disabilities）、1974 年成立的重度残疾人联合会（Association for Persons with Severe Handicaps）、1988 年成立的儿童心理健康家庭联合会（Federation of Families for Children's Mental Health）等。②

美国特殊教育取得进步很大程度上应归功于残疾儿童家长的努力。家长团体与专业组织联合，通过法律途径与州和联邦政府进行对抗，致力于为残疾儿童争取接受免费且合适的教育机会，他们不仅为自己的孩子争取到了更多、更好的受教育机会，也推动了州和联邦特殊教育立法的发展进程。家长团体在维护特殊儿童的权利、制定特殊教育政策法规等方面的影响越来越大，它们不仅提供咨询服务、监控教育

① YELL M L, ROGERS D, ROGERS E L. The legal history of special education: what a long, strange trip it's been! [J]. Remedial and special education, 1998, 19(4): 219-228.

② YELL M L, ROGERS D, ROGERS E L. The legal history of special education: what a long, strange trip it's been! [J]. Remedial and special education, 1998, 19(4): 219-228.

质量，在推动残疾人教育事业的发展进程中也发挥了关键性的作用。[①]

四、教育机会均等运动中两起诉讼案的影响

布朗案开启了通过法律手段维护平等受教育权利的先河，受此启发，残疾儿童家长开始意识到，既然教育机会均等的概念可以用来维护少数族裔学生的权益，那么该原则也一定适用于残疾儿童，任何人都无权在未经法律允许的情况下剥夺残疾儿童的受教育权。残疾儿童家长纷纷以宪法第 14 修正案为依据，把拒收残疾儿童的公立学校告上法庭，其中 1972 年的宾夕法尼亚州智力落后儿童协会诉宾夕法尼亚州政府案（Pennsylvania Association for Retarded Citizens v. Commonwealth of Pennsylvania）和 1972 年的米尔斯诉哥伦比亚特区教育委员会（Mills v. Board of Education of the District of Columbia）案影响较大。

（一）宾夕法尼亚州智力落后儿童协会诉宾夕法尼亚州政府案

1971 年 1 月，宾夕法尼亚州智力落后儿童协会与 13 名智力落后儿童的家长一道对宾夕法尼亚州政府提起集体诉讼，被告还包括宾夕法尼亚州教育和公共福利部部长、教育委员会以及宾夕法尼亚州所有的地方学区和上述各部门的工作人员。原告认为，宪法规定州政府有责任为所有学生提供公立教育，但宾夕法尼亚州政府在 1949 年通过的公立学校法典中有许多歧视智力落后儿童并拒绝接收智力落后儿童的条款，州政府的行为不仅违反了州教育条例，也侵犯了美国联邦宪法第 14 修正案赋予公民的平等保护权利。[②]

---

① YELL M L，ROGERS D，ROGERS E L. The legal history of special education：what a long，strange trip it's been！[J]. Remedial and special education，1998，19(4)：219-228.

② United States District Court，E. D. Pennsylvania. Pennsylvania Ass'n for retarded children v. Pennsylvania，343 F. Supp. 279 (E. D. Pa. 1972)[Z/OL]. (1972-05-05)[2023-07-03]. https://casetext. com/case/pa-assn-retd-child-v-commonwealth-of-pa/.

在案件审理过程中原告提出了以下四个关键点：第一，所有智力落后的儿童都能从教育和训练中获益。第二，教育不能仅仅被定义为为儿童提供学术经验，教会儿童如何吃饭、穿衣也应该被视为公立学校的教育成果，并且应该在法律上加以规定使其合法化。第三，宾夕法尼亚州已经承诺为州内所有儿童提供免费的公立教育，那么州政府就不能剥夺智力落后学生进入公立学校接受教育的权利。第四，宾夕法尼亚州的学前教育机构为没有残疾问题的儿童提供教育，拒绝接收残疾儿童，但实践证明，智力落后的儿童越早接受教育，其能够掌握的内容也就越多。由于宾夕法尼亚州政府不能证明智力落后儿童是不可教的，也无法证明将他们排除在公立学校之外的合理性，因此法院判决宾夕法尼亚州政府败诉，州政府必须为 6—21 岁的智力落后儿童提供免费的公立教育，为智力落后儿童提供的教育要在最大程度上接近为与这些孩子同龄且没有残疾的儿童提供的教育。[①]

（二）米尔斯诉哥伦比亚特区教育委员会案

在宾夕法尼亚州智力落后儿童协会诉宾夕法尼亚州政府案发生后不久，哥伦比亚特区出现了另一起集体诉讼案，即米尔斯诉哥伦比亚特区教育委员会案。原告是 7 位残疾学生的家长（残疾类型包括行为问题、多动症、癫痫、智力落后及肢体障碍等），被告是哥伦比亚特区教育委员会。与宾夕法尼亚州智力落后儿童协会诉宾夕法尼亚州政府案相似，原告认为哥伦比亚特区教育委员会没有为 7 名残疾儿童提供公立教育，没有经过正当的法律程序就将其开除。该诉讼案同样以宪法第 14 修正案为依据，法院判决哥伦比亚特区内的所有残疾儿童都有权接受公共教育，另外还规定学校提供的教育设施要能够满足不同学生的需求，提出了安置和开除残疾学生的正当程序与步骤。正当程序保护

---

① YELL M L，ROGERS D，ROGERS E L. The legal history of special education：what a long，strange trip it's been! [J]. Remedial and special education，1998，19(4)：219-228.

措施主要包括以下四项内容：第一，家长有权要求举行有陈述和记录，并有一名公正的听证官参加的听证会。第二，家长有上诉权。第三，家长有权要求查阅记录。第四，家长有权获得各个阶段的书面通知。此次判决的最大意义在于提出了特殊教育领域内的正当程序原则，为《所有残疾儿童教育法》中的相关规定奠定了基础。①

这两起诉讼案为美国其他类似的诉讼案提供了先例，在之后的两年半里，共有 28 个州发生了 46 起关于残疾儿童受教育权利的诉讼案，这些诉讼案的判决结果与前两起案件的判决相一致。② 然而，法庭上的胜利并未彻底改变残疾学生被排斥在公立学校之外的现状。尽管残疾儿童及其家长在判决中获胜，但由于特殊教育经费不足、教育设施不齐全、合格的特殊教育师资短缺等原因，许多残疾儿童仍然没有机会接受合适的优质公立教育。此外，受经济发展水平等因素的影响，各地区的特殊教育发展水平很不均衡。人们逐渐意识到，联邦政府的参与对促进残疾儿童教育事业的发展来说是极为必要的。③

第二节　《所有残疾儿童教育法》的立法过程及其主要内容

美国民权运动、残疾儿童家长及维权团体的努力使得人人享有平等受教育权的理念越来越深入人心，面对堪忧的残疾人教育现状，为了切实维护残疾人的受教育权利，促进残疾人教育的发展，联邦政府

---

① YELL M L, ROGERS D, ROGERS E L. The legal history of special education: what a long, strange trip it's been! [J]. Remedial and special education, 1998, 19(4): 219-228.

② HISCOCK C G. Disciplining students with disabilities: a historical legal analysis of the disciplinary provisions of the Individuals with Disabilities Education Act[D]. DeKalb: Northern Illinois University, 2013: 31-32.

③ YELL M L, ROGERS D, ROGERS E L. The legal history of special education: what a long, strange trip it's been! [J]. Remedial and special education, 1998, 19(4): 219-228.

开始介入残疾人教育事业之中，为残疾人教育的发展寻求法律的保障。

一、《所有残疾儿童教育法》的立法过程

1973 年初，参议院收到以下 4 份关于残疾儿童教育问题的议案：第一，S. 896 由参议员詹宁斯·伦道夫（Jennings Randolph）提出，内容是将 1970 年《残疾人教育法案》（*Education of the Handicapped Act of 1970*）的有效期延长至 3 年。第二，S. 34 由参议员欧内斯特·霍林斯（Ernest Hollings）提出，主要内容是资助有关自闭症儿童的研究。第三，S. 808 由参议员麦克·格拉维尔（Mike Gravel）提出，要求联邦政府提供资金用于筛查学前儿童中有学习障碍的儿童。第四，S. 6 由参议员威廉姆斯提出，是一份关于残疾学生教育问题的综合议案，该议案主要是基于两个具有里程碑意义的案件，即 1972 年宾夕法尼亚智力落后儿童协会诉宾夕法尼亚州政府案和米尔斯诉哥伦比亚特区教育委员会案。威廉姆斯议案的主要目的是要求在 1976 年之前为所有残疾儿童提供免费且合适的公立教育。这 4 份议案成为 1973 年参议院听证会的主要议题。①

由于在 93 届国会的最后一次会议上仍未对参议员威廉姆斯的议案做出最终决定，所以他不得不向下一届国会重新提交其议案 S. 6，即《所有残疾儿童教育法》。1973 年 4 月，参议院残疾人附属委员会（The Senate Subcommittee on the Handicapped）分别在新泽西州的纽瓦克、马萨诸塞州的波士顿、宾夕法尼亚州的哈里斯堡、明尼苏达州的圣保罗以及南卡罗来纳州的哥伦比亚就该法案举行了听证会。虽然自 1966 年《初等与中等教育法》第 6 篇颁布以来，美国残疾儿童教育事业已经

---

① YELL M L, ROGERS D, ROGERS E L. The legal history of special education: what a long, strange trip it's been! [J]. Remedial and special education, 1998, 19(4): 219-228.

取得了很大进展，但关于参议员威廉姆斯提出议案的听证会表明，残疾儿童教育现状仍存在着一些重大问题。①

参议院最终通过了威廉姆斯提出的 S. 6 议案，众议院也通过了一项类似的议案，即 H. 7217。经过国会参众两院的广泛听证，94-142 公法的参议院版本以 83 票比 10 票于 1975 年 6 月 18 日获得批准；7 月 29 日，众议院以 375 票比 44 票的结果批准通过了众议院的版本。国会参众两院的会议委员会对这两项议案的差异进行了分析，经协调后最终向参众两院提交了一份完整的法案，即《所有残疾儿童教育法》。同年 11 月，众议院以 404 票对 7 票，参议院以 87 票对 7 票，高票通过了《所有残疾儿童教育法》，并将其送交总统签署。② 1975 年 11 月 29 日，第 94 届国会通过了第 142 号法案《所有残疾儿童教育法》，即 94-142 公法，由福特总统签署生效。

《所有残疾儿童教育法》规定要向各州提供联邦资助用于发展残疾儿童教育事业。获得联邦资助的州必须向残疾人教育局（Bureau of Education for the Handicapped）提交一份州计划，详细说明根据《所有残疾儿童教育法》所包含的内容，该州教育残疾学生的具体政策及程序。计划一旦获得批准，那么州就有义务为残疾儿童提供免费且合适的公立教育，这也将成为州政府获得联邦资助的条件。③

法案颁布之后，除了新墨西哥州以外，美国各州都提交了州计划以获得 94-142 公法承诺的联邦资助。新墨西哥州政府决定不执行《所有残疾儿童教育法》，也不接受联邦政府的资金资助。为了给残疾儿童

---

① YELL M L，ROGERS D，ROGERS E L. The legal history of special education：what a long，strange trip it's been! [J]. Remedial and special education，1998，19(4)：219-228.

② DILL C F. Knowledge attitudes and teaching practices of vocational agriculture teachers concerning public law 94-142，the Education for All Handicapped Children Act[D]. Columbus：The Ohio State University，1983：12.

③ YELL M L，ROGERS D，ROGERS E L. The legal history of special education：what a long，strange trip it's been! [J]. Remedial and special education，1998，19(4)：219-228.

争取更多权益，新墨西哥州智力落后公民协会（The New Mexico Association for Retarded Citizens）以州政府未能按照 1973 年《康复法案》（*Rehabilitation Act of 1973*）中的第 504 条款为残疾学生提供合适的教育为由将州政府告上法庭。最终，新墨西哥州智力落后公民协会在 1982 年诉新墨西哥州诉讼案（New Mexico Association for Retarded Citizens v. New Mexico，1982）中获得胜利。法院判决表明，即使州政府决定不执行《所有残疾儿童教育法》的相关规定，不接受联邦政府的资助，但州政府仍需遵守《康复法案》中第 504 条款的规定，不能歧视残疾人。因此，尽管新墨西哥州拒绝执行《所有残疾儿童教育法》中的规定且不接受拨款，但州政府仍需为残疾儿童提供公立教育。随后，新墨西哥州政府便向残疾人教育局提供了一份州计划，决定执行《所有残疾儿童教育法》并接受联邦资助。至此，全美 50 个州都实施了《所有残疾儿童教育法》并接受了联邦资助。①

二、《所有残疾儿童教育法》的主要内容

《所有残疾儿童教育法》以国会关于残疾儿童教育现状的调查发现开篇，指出 20 世纪 70 年代美国有 800 多万名残疾儿童，其中有超过半数的残疾儿童没有获得合适的教育，有 100 多万名残疾儿童被完全排除在公立学校之外，无法同非残疾学生一起接受教育；许多残疾儿童因未被及时发现而错过了接受具有针对性的教育以获得更好发展的机会；由于美国公立学校系统无法为残疾儿童提供足够的相关服务，残疾儿童家长不得不自费在离家很远的地方为残疾儿童寻求更好、更合适的服务；州和地方教育机构因财政资源缺乏而不能满足所有残疾儿童的

---

① YELL M L, ROGERS D, ROGERS E L. The legal history of special education: what a long, strange trip it's been! [J]. Remedial and special education, 1998, 19(4): 219-228.

教育需要，联邦政府有必要协助州和地方政府，以确保法律规定的平等保护原则的实现。①

《所有残疾儿童教育法》的立法目的是确保所有残疾儿童都能够获得免费且合适的公立教育，为残疾儿童提供能够满足其独特需要的特殊教育及相关服务；确保残疾儿童及其家长或监护人的权利受到保护；协助州和地方学区为所有残疾儿童提供教育；评估并确保残疾人教育的有效性。②

为了确保法律的有效实施，避免产生不必要的误会与纠纷，《所有残疾儿童教育法》对一些关键词语进行了界定：第一，特殊教育（special education）是指为满足残疾学生的独特需要而特别设计的教育，父母或监护人不需要支付费用，主要包括课堂教学、家庭教育以及在医院或其他机构中进行的教育。第二，相关服务（related services）是指交往以及发展性的、矫正的和其他的支持服务（主要包括言语病理学和听力学、心理服务、康复治疗、娱乐以及仅用于诊断与评估的医疗咨询服务），还包括儿童残障状况的早期鉴定与评估。第三，免费且合适的公立教育（free appropriate public education）是指特殊教育和相关服务由公费资助，不向家长收取费用，同时受到公众的监督和指导；符合州教育机构制定的标准；包括州提供的合适的学前教育、初等教育以及中等教育；配合个别化教育计划的要求来提供。第四，个别化教育计划（individualized education program）是指为每一位残疾儿童制定一份书面声明以满足残疾儿童的独特需要，该计划是由专门的个别化教育计划小组通过召开个别化教育会议制定的。个别化教育计划小组一般由残疾儿童家长、教师、专家、当地教育机构的

---

① U. S. Government. Public law 94-142：Education for All Handicapped Children Act of 1975[Z]. 1975-11-29.

② U. S. Government. Public law 94-142：Education for All Handicapped Children Act of 1975[Z]. 1975-11-29.

代表等组成，有必要时儿童也可以加入。个别化教育计划主要包括残疾儿童当前的学习表现；年度目标，包括短期教育目标；能够提供给残疾儿童的特殊教育服务有哪些；残疾儿童能够在多大程度上参与到日常教育活动中来；预计计划启动和预期持续的时间；确定合适的客观标准以及评价程序和时间表（每年至少一次）。①

《所有残疾儿童教育法》主要由七个部分组成②，分别是：A部分，一般性条款（Part A，General Provisions）；B部分，协助各州为所有残疾儿童提供教育（Part B，Assistance for Education of All Handicapped Children）；C部分，满足残疾儿童特殊需要的中心和服务（Part C，Centers and Services to Meet Special Needs of the Handicapped）；D部分，特殊教育师资的培养（Part D，Training Personnel for the Education of the Handicapped）；E部分，残疾人教育研究（Part E，Research in the Education of the Handicapped）；F部分，残疾人教育教学媒体（Part F，Instructional Media for the Handicapped）；G部分，特殊学习障碍儿童的特殊教育计划（Part G，Special Programs for Children with Special Learning Disabilities）。

《所有残疾儿童教育法》的主要内容包括以下几点：其一，为3—21岁的残疾儿童及青少年提供免费且合适的教育服务，确保所有残疾儿童在法律规定的年限中接受教育，保证其接受相关服务的权利。其二，残疾儿童应在最少受限制的环境中接受教育，普通班级应接纳残疾儿童，要根据残疾儿童的不同需要为他们提供相应的特殊教育和相关服务。其三，残疾儿童的类型包括聋、盲-聋、重听、视觉障碍、智力障碍、言语障碍、重度情绪困扰、肢体损害、特殊学习障碍、其他

---

① U. S. Government. Public law 94-142：Education for All Handicapped Children Act of 1975[Z]. 1975-11-29.

② U. S. Government. Public law 94-142：Education for All Handicapped Children Act of 1975[Z]. 1975-11-29.

健康问题、多重残疾等。其四，各类学校必须进行严格而仔细的筛查，以鉴别出残疾儿童及青少年。其五，必须为每位残疾学生制订一份个别化教育计划。其六，在残疾学生鉴定、评估的材料和程序中，不得有歧视残疾学生的现象，教育安置程序不能有种族和文化的差异。其七，残疾学生的家长或监护人有权参与鉴定、评估以及制定教育计划的过程，家长必须对所有评估或者安置决定提出意见，若学校始终没有对家长的意见做出合理的回应和修改，家长有权向法院提起诉讼。①

《所有残疾儿童教育法》提出了以下六项原则：第一，零拒绝原则（Zero reject）。第二，非歧视性评估原则（Nondiscriminatory evaluation）。第三，免费且合适的公立教育原则（Free and appropriate public education）。第四，最少受限制环境原则（Least restrictive environment）。第五，正当程序原则（Procedural due process）。第六，家长参与原则（Parental participation）。② 这六项原则概括了美国残疾人教育的先进理念，成为美国残疾人教育发展的重要指导思想和实践原则。

三、《所有残疾儿童教育法》的实施效果及存在的问题

1975 年《所有残疾儿童教育法》是一部里程碑式的立法，在美国特殊教育立法史上有着非常重要的意义，它使美国残疾人教育的发展步入正轨，推动了美国残疾人教育的快速发展，规范了美国特殊教育的范围和内容，成为之后相关立法的范本。自《所有残疾儿童教育法》颁布以来，美国残疾人教育取得了长足的进步，但实施过程中出现的问题也说明该法案还需要进一步修订和完善。

---

① U. S. Government. Public law 94-142: Education for All Handicapped Children Act of 1975[Z]. 1975-11-29.

② U. S. Government. Public law 94-142: Education for All Handicapped Children Act of 1975[Z]. 1975-11-29.

（一）《所有残疾儿童教育法》的实施效果

1. 促进了残疾儿童受教育人数的持续增长

《所有残疾儿童教育法》颁布后得到大多数州的积极响应，联邦政府承诺为愿意遵守该法案的州提供经费资助，以保证所有残疾儿童都有机会接受免费且合适的公立教育。该法案的实施减轻了残疾儿童家庭的经济负担，使越来越多的残疾儿童有机会接受高质量的教育，在《所有残疾儿童教育法》的强制性保护下，1975 年以来，接受相关教育服务的残疾人数量呈稳步增长趋势（见表 8-2-1）。

表 8-2-1　受益于《所有残疾儿童教育法》B 部分的 3—21 岁特殊学生的数量统计表①

年份	受益学生人数（千万）	占公立学校入学总人数的比例（%）
1976—1977	3694	8.3
1980—1981	4144	10.1
1990—1991	4710	11.4
2000—2001	6296	13.3
2001—2002	6407	13.4
2002—2003	6523	13.5
2003—2004	6634	13.7
2004—2005	6720	13.8

2. 推动了特殊教育经费投入的持续增加

特殊教育经费是保障所有残疾儿童接受免费且合适的公立教育的重要条件和保障，如果没有资金支持，法律规定将变成一纸空文。自

① National Center for Education Statistics. How many students with disabilities receive services? [EB/OL]. [2023-07-03]. http://nces. ed. gov/fastfacts/display. asp? id=64.

《所有残疾儿童教育法》颁布以来，美国政府对残疾人教育的经费投入不断增加，这是美国残疾人教育发展取得长足进步的重要保障。《所有残疾儿童教育法》规定联邦政府必须支付教育残疾儿童所需额外费用的 40%，虽然到目前为止，联邦政府的资助水平从未达到这一水平，但联邦政府一直在为实现该目标持续增加经费投入，从表 8-2-2 可以看出，从 1977 年到 2005 年这近 30 年间，美国联邦政府划拨的生均经费增长了 20 多倍。

表 8-2-2 《所有残疾儿童教育法》B 部分的国家拨款数额①

年份	国家拨款（美元）	生均拨款（美元）
1977	251770000	71
1978	566030000	156
1979	804000000	215
1980	874190000	227
1981	874500000	219
1982	931008000	230
1983	1017900000	248
1984	1068875000	258
1985	1135145000	272
1986	1163282000	279
1987	1338000000	316
1988	1431737000	332
1989	1475449000	336
1990	1542610000	343
1991	1854186000	400

① 杨柳. 从隔离到全纳：美国残疾人教育研究［D］. 重庆：西南大学，2009：91.

续表

年份	国家拨款（美元）	生均拨款（美元）
1992	1976095000	410
1993	2052730000	411
1994	2149686000	413
1995	2322915000	418
1996	2323837000	405
1997	2323837000	526
1998	3801000000	628
1999	4301000000	693
2000	4976685000	789
2001	6323683000	987
2002	7500000000	1148
2003	8900000000	1340
2004	10100000000	1502
2005	10600000000	1577

3. 促进了残疾学生受教育环境的显著改善

自 1975 年《所有残疾儿童教育法》颁布起，联邦政府就要求各州必须要创造条件让残疾儿童在最少受限制的环境中与非残疾儿童一起接受普通教育。让残疾儿童摆脱隔离的环境，与其他同学一起学习和生活对其成长和发展来说有着重要意义，可以使他们获得更多平等的发展机会，更好地融入社会，经营好自己的生活并为社会做出贡献。因此，自 1975 年起各州便努力改善教育环境，为残疾学生提供各种辅助技术和相关服务。从表 8-2-3 可以看出，在隔离的教育环境中接受教育的残疾儿童数量不断下降，受教育时间减少；在普通班级里接受教育的残疾学生数量不断上升，受教育时间增加。

表 8-2-3 受益于《所有残疾儿童教育法》B 部分的 6—21 岁残疾学生在各种安置环境中的比例①

年份	在普通教室接受教育的残疾学生比例			在隔离机构的残疾学生比例	居家或在医院的残疾学生比例	在矫正机构的残疾学生比例
	低于 21%	21%—60%	高于 60%			
1989	24.9	37.5	31.7	4.5	0.6	—
1990	25.0	36.4	33.1	4.2	0.5	—
1994	22.4	28.5	44.8	3.0	0.6	—
1995	21.5	28.5	45.7	3.1	0.5	—
1996	21.4	28.3	46.1	3.0	0.5	—
1997	20.4	28.8	46.8	2.9	0.5	—
1998	20.0	29.9	46.0	2.9	0.5	—
1999	20.3	29.8	45.9	2.9	0.5	—
2000	19.5	29.8	46.5	3.0	0.5	—
2001	19.2	28.5	48.2	2.9	0.4	—
2002	19.0	28.7	48.2	2.9	0.5	—
2003	18.5	27.7	49.9	2.8	0.5	—
2004	17.9	26.5	51.5	3.0	0.4	—
2005	16.7	25.1	54.2	2.9	0.4	—
2006	16.4	23.8	54.8	2.9	0.4	0.4
2007	15.4	22.4	56.8	3.0	0.4	0.4
2008	14.9	21.4	58.5	2.9	0.4	0.4

① U. S. Department of Education, Office of Special Education Programs. Table 204. 60. Percentage distribution of students 6 to 21 years old served under Individuals with Disabilities Education Act (IDEA), Part B, by educational environment and type of disability: selected years, fall 1989 through fall 2013[EB/OL]. (2015-11)[2023-07-03]. http://nces. ed. gov/programs/digest/d15/tables/dt15_204. 60. asp? current=yes.

续表

年份	在普通教室接受教育的残疾学生比例			在隔离机构的残疾学生比例	居家或在医院的残疾学生比例	在矫正机构的残疾学生比例
	低于 21%	21%—60%	高于 60%			
2009	14.6	20.7	59.4	3.0	0.4	0.4
2010	14.2	20.0	60.5	3.0	0.4	0.3
2011	14.0	19.8	61.1	3.0	0.4	0.3
2012	13.9	19.7	61.2	3.0	0.4	0.3
2013	13.8	19.4	61.8	2.9	0.4	0.3

（二）《所有残疾儿童教育法》实施中存在的问题

1. 重要词汇缺乏详细的解释

法律条文是各个部门执行的重要依据，直接关系到法律的执行效果与效率，如果法律条文中的规定含糊不清、模棱两可，不仅无法保护受益人的合法权利，而且也会引发很多费时耗资的争议和诉讼。1975 年《所有残疾儿童教育法》对法案中反复出现的重要词汇进行了界定，如免费且合适的公立教育、相关服务等，但是法案给出的定义过于简单，没有给出足够清晰、具体的解释。例如，什么样的教育才是“合适的”教育?[①] 什么样的安置环境才算是“最少受限制的环境”?对于这些问题，家长、教师、学校及律师的理解可能各不相同，在法律实施的过程中，各不相同的理解极易引发争论，产生不必要的诉讼。概念和规定的模糊不清不仅会损害残疾儿童及其家长的合法权利，法律实施的效率及效果也必然会因为没有统一的标准或未能达成共识而大大降低，各利益主体从自己的角度出发解释法律条文，有损法律的公信力与权威。

---

① HARDY E. The Education for All Handicapped Children Act: what is a free appropriate public education[J]. Wayne law review, 1982, 29: 1285.

2. 教育经费短缺，地区差异大

《所有残疾儿童教育法》为特殊教育提出了新的、更高的任务和目标，却没有提供充足的资金支持。残疾人教育是一项费用高昂的系统工程，其顺利开展需要相关部门的全力支持，涉及心理咨询、公共卫生、社会服务、教育机构等多个方面。《所有残疾儿童教育法》规定要为每一位残疾儿童提供免费且能满足其自身需要的公立教育，这就需要各个州和学区花费巨额的资金为每一位残疾儿童量身定做教育发展计划，并定期评估、修订计划；公立教育机构需要大量资金来培养能够胜任这种融合教育的师资；还要完善学校的教学设施，为残疾儿童提供符合其需要的教育支持和相关服务。所有这些条件都需要大量的资金来做支撑，否则一切好的设想与规定都无从谈起。

1975 年国会通过《所有残疾儿童教育法》时规定由联邦政府拨款来支付教育残疾儿童所需费用的 40%。尽管自 1975 年以来，联邦政府、州政府及地方学区对本地区残疾人教育的投入力度在逐年加大，残疾人教育经费也在逐年增加，但各州和地方教育机构依然反映教育经费远不能满足需要，至今联邦政府的拨款也从未达到过当初承诺的水平。[①] 另外，由于美国的经济发展存在较大的地区差异，各地能够提供给特殊教育的资金数量也相差甚远，教育投入差异使富裕地区和贫困地区在特殊教育的学校设施、教师报酬、师生比、相关服务等方面存在着非常明显的差距。不同地区的残疾学生仅因所住地区的不同而得到极不平等的教育资源，这是不公平的，也是有违法律精神的。

3. 忽视了师资的数量及资质问题

特殊教育教师在残疾人教育中的重要作用不言而喻，特殊教育教师数量是否充足、资质是否合格直接关乎残疾学生的发展以及特殊教

① YELL M L. The law and special education[M]. New Jersey: Prentice-Hall, 1998: 111-112.

育的质量。但是，长期以来美国众多组织和机构的研究数据都表明特殊教育教师的供需关系极不平衡，特殊教育教师的需求量远大于供给量，师资短缺已严重阻碍特殊教育的发展。《所有残疾儿童教育法》颁布之后，越来越多的残疾儿童开始进入公立学校，残疾学生大幅增加，但是公立学校符合条件的优秀特殊教师数量却远不能满足需求，特殊教育教师增长的幅度也远低于残疾学生增长的速度。另外，美国是一个有着多元文化的国家，特殊儿童的多元文化背景对特殊教育教师也提出了多元化的要求，但是具有多元文化和语言背景的特殊教育教师更为稀缺，这成为特殊教育发展面临的一个严峻挑战。

特殊教育师资短缺及资质问题成为制约特殊教育和残疾儿童发展的桎梏。《所有残疾儿童教育法》中并没有为核心学科的特殊教育教师以及特殊儿童提供早期教育服务，或者对咨询服务人员的资质做出明确规定。除了特殊教育教师的数量和资质问题，《所有残疾儿童教育法》还忽视了对普通教师的培训。将残疾儿童安置在普通班级后，为了更好地满足特殊儿童的需要，普通教育教师必须积极配合特殊教育教师的工作，学着与残疾儿童沟通和交流。如果没有经过专门的培训，普通教育教师将难以应对残疾儿童入学后的复杂情况。

4. 复杂的程序及繁重的文书工作挤占教学时间

根据《所有残疾儿童教育法》的规定，要对每一位残疾儿童进行包括评估鉴定、制订个别化教育计划、实施教育计划、定期评估教育效果、根据评估结果对个别化教育计划进行调整和修改等程序在内的一系列教育工作，这是一项复杂且烦琐的工作，每个环节都需要教师的亲自参与。在这一系列工作中自然会产生大量文字工作，如教师需要对残疾儿童当前的情况进行详细的记录；根据每位学生的不同情况和小组其他成员一起为学生制订详细的教育计划；在教育过程中，教师要对学生的发展情况进行细致的记录，为后期的教育效果评估提供资料；到评估阶段，教师要根据学生一个阶段的发展记录分析教育效果；定期对教育效果进行检查和评估，改进个别化教育计划中不合适的地方，形成新的计划文本以供下一个阶段使用。

不难看出，每个教育环节都需要大量的文字记录工作，教师不得不花费大量时间进行记录，这无疑会分散教师的精力，挤占教育教学时间。法律应该做出适当地修订，减少教师的文书工作量，让教师可以有更多的时间用在教学上，有更多的时间思考教育中存在的问题，有更多机会与学生沟通，更好地了解他们，这对特殊教育教师的专业发展、残疾学生的成长以及教育质量的提高有着更为重要的意义。

第三节 《所有残疾儿童教育法》的修订

1975 年的《所有残疾儿童教育法》是美国特殊教育立法史上的里程碑，但在法律实施过程中仍不断有新的问题涌现出来，为了解决新的问题，国会会定期对法律的实施效果进行评估和检查，并根据实施情况及问题不断地对已有法律进行修订。自 1975 年《所有残疾儿童教育法》颁布以来，先后经历了多次修订，在历次修订中有 5 次较为重大的修改，分别是：1986 年《残疾儿童保护法案》（*Handicapped Children's Protection Act*）、1986 年《残疾婴幼儿法案》（*Handicapped Infants and Toddlers Act*）、1990 年《残疾人教育法案》（*Individuals with Disabilities Education Act*）、1997 年《残疾人教育法案修正案》（*Individuals with Disabilities Education Act Amendments of 1997*）以及 2004 年《残疾人教育促进法案》（*Individuals with Disabilities Education Improvement Act of 2004*）。这 5 次修订都是对已有法案的内容进行的修订，修订后的内容被合并到原有法案之中，并没有作为独立的新法案而被提出。

一、1986 年修正案：《残疾儿童保护法案》

1975 年《所有残疾儿童教育法》中并没有关于赔偿原告方律师费用的规定，直到 1984 年，在史密斯诉鲁滨孙案（Smith v. Robinson）的判决中，美国最高法院表示《所有残疾儿童教育法》是美国特殊教育立法中的灵魂，为保护残疾儿童及其家长的权益，在依据该法提起的诉讼案中，如果残疾儿童家长胜诉，败诉方应该承担原告方的律师费用。然而这一决定不可能有效地帮助残疾儿童家长要回律师费，因为 94-142 公法中并没有任何关于补偿原告律师费的条款，所以执行起来并不容易。①

1986 年，里根总统签署了《残疾儿童保护法案》，即 99-372 公法。该法是《所有残疾儿童教育法》的第一次重要修订，对 94-142 公法中"程序性保护措施"部分（即 20 U. S. C. § 1415）的条款进行了修订。该法案规定当残疾儿童家长或监护人依据《所有残疾儿童教育法》为残疾儿童争取免费且合适的受教育权而提起诉讼并胜诉时，法院有权要求被告方赔偿胜诉方一笔合理的律师费；在 99-372 公法通过之前提起的、还在法院审理中的特殊教育诉讼案中有关律师费的争议问题同样适用。②

二、1986 年修正案：《残疾婴幼儿法案》

1985 年参众两院对《所有残疾儿童教育法》10 年来实施情况的调

---

① YELL M L. The law and special education[M]. New Jersey: Prentice-Hall, 1998: 111-112.

② SHONKOFF J P, MEISELS S J. Defining eligibility for services under PL 99-457 [J]. Journal of early intervention, 1991, 15(1): 21-25.

查结果显示，各州为残疾婴幼儿提供早期干预服务的情况及服务质量参差不齐，这引起了部分议员的重视和不满。早期干预可以及时减轻残疾婴幼儿发展迟缓的状况，使他们到入学年龄时无须再接受特殊教育，这既有利于儿童自身的发展，也可以减少家庭和国家的特殊教育成本。鉴于早期干预对残疾儿童后续发展的重要意义，美国国会希望各州都能够制订早期干预计划以促进残疾婴幼儿的发展。要实现这一目的，就必须通过立法来强制各州制订并实施早期干预计划，并为各州提供经济资助以保证早期干预服务的质量。为此，参众两院分别向国会提交了议案 S. 2294 和 H. R. 5520，参议院的 S. 2294 议案获得通过，并于 1986 年 10 月 8 日由里根总统签署成为一项新的联邦立法——《残疾婴幼儿法案》，即 99-457 公法。①

该法案对残疾儿童的受益年龄进行了修正，扩展了《所有残疾儿童教育法》中残疾儿童的受益年龄。《残疾婴幼儿法案》将其服务对象“残疾婴幼儿”界定为出生至 2 岁的、由于发育迟滞或已确诊的身体或情绪方面的健康状况使其可能成为发育迟滞的高危儿童，并因此需要接受早期干预服务的儿童。法律规定通过制订个别化家庭服务计划（Individualized Family Service Plans）为 0—2 岁的残疾婴幼儿提供早期干预服务。②

早期干预服务是指为了满足残疾婴幼儿的认知、身体、社交、沟通、情绪以及适应性方面的需要而设计的发展性服务，包括家庭培训、咨询服务、家访、康复治疗、心理治疗、健康服务、社会工作服务、辅助性科技服务以及运输服务等。早期干预服务主要通过个别化家庭服务计划来实施，在制订计划之前，每位残疾婴幼儿及其家庭必须接

---

① FLORIAN L. Part H early intervention program: legislative history and intent of the law[J]. Topics in early childhood special education, 1995, 15(3): 247-262.

② U. S. Government. Public law 99-457: Handicapped Infants and Toddlers Act[Z]. 1986-10-08.

受有关儿童身体状况和教育需要的评估。之后根据评估结果，由家长、特殊教育教师、言语训练师、生理治疗师、心理学家、医生、营养师等人员共同制订个别化家庭服务计划。①

个别化家庭服务计划是《残疾婴幼儿法案》中最核心的内容。个别化家庭服务计划通常包括以下内容：第一，残疾婴幼儿目前的认知、生理（包括视力和听力）、社会、语言、自理等能力的发展水平。第二，残疾婴幼儿家庭有哪些增进残疾婴幼儿身心发展的优势和需求。第三，残疾婴幼儿家庭对于接受早期干预服务的期望。第四，评估进步的标准、时间和程序。第五，为满足残疾婴幼儿及其家庭的独特需求，需要提供的早期干预服务的类别、方法、次数与频率。第六，早期个案管理员的姓名。第七，从早期干预服务到学前教育方案的衔接程序。根据法律规定，为残疾婴幼儿家庭提供的服务包括家庭训练与咨询、特殊教学、语言病理、护理、营养以及交通接送等 14 项服务内容，而提供服务的人员必须是特殊教育人员、语言病理学家和听力学专家等各个方面的专业人员。②

三、1990 年修正案：《残疾人教育法案》

在《所有残疾儿童教育法》颁布 15 年和《残疾婴幼儿法案》颁布 4 年之际，联邦政府再次对残疾人教育法案的实施效果进行了调查，为了方便各州和地方学区的执行和操作，国会决定将《所有残疾儿童教育法》和《残疾婴幼儿法案》合并成一部法案。1990 年，国会再次对《所有残疾儿童教育法》进行修订，并将《残疾婴幼儿法案》纳入其

---

① U. S. Government. Public law 99-457：Handicapped Infants and Toddlers Act[Z]. 1986-10-08.

② U. S. Government. Public law 99-457：Handicapped Infants and Toddlers Act[Z]. 1986-10-08.

中。1990 年 10 月 30 日，老布什总统签署颁布了《残疾人教育法案》，即 101-476 公法，将《残疾婴幼儿法案》并入其中，成为 1990 年《残疾人教育法案》的 H 部分。

在《残疾人教育法案》中，法律用语有所变化，服务对象也扩大了。1990 年《残疾人教育法案》用“disability”（残疾）取代了“handicapped”（障碍），因为“handicapped”一词暗含歧视之意，而“disability”意为能力不足，是比较中性的词。用词的改变说明人们开始用一种更为人性化的态度来看待残疾人，反映出人们认识的进步以及观念的改变。残疾人首先是人，是拥有法律赋予各项权利的人，在面对残疾人时应首先看到的是人，而不是人的残疾。服务对象的称谓也有所改变，用“individuals”（个人）取代了“children”（儿童），称谓的变化表明服务对象的扩大，只要是有特殊教育需要的个体都是特殊教育的服务对象，而不仅仅局限于儿童。

此外，1990 年《残疾人教育法案》还增加了两个新的残疾类型，即自闭症以及创伤性脑外伤（traumatic brain injury）。增加这两种残疾类型是因为它们的高发率及其严重的影响，国会希望通过立法引起人们对这两种残疾类型的关注和研究。至此，残疾类型已增加至 13 种，主要包括视觉障碍（包括全盲）、听觉障碍（包括全聋）、聋盲双残、学习障碍、智能障碍、多重障碍、语言障碍、创伤性脑外伤、重度情绪障碍、肢体障碍、自闭症、其他健康障碍、发育迟缓等。

该法案还实施了个别化转衔计划（Individualized Transition Plan）。1990 年《残疾人教育法案》要求为所有年满 16 岁的残疾学生提供转衔服务（transitional service），转衔服务主要通过个别化转衔计划来实施。个别化转衔计划是指使用以结果为导向的方法为残疾学生设计活动，通过这些活动使他们在离校前就掌握社会生存所必需的竞争、合作与协调能力，帮助残疾学生在走出学校后能够顺利适应社会生活。这些活动包括中学后教育、职业培训和综合就业指导（包括支持性就业、继续教育和成人教育、成人服务、独立生活或参与社区生活）。[①]个别化转衔计划要充分考虑学生的个人需求、兴趣与爱好，强调学生本人的积极主动参与以及学区行政人员、学校、家长、社区、成人服务机构之间的互动与沟通。

除了以上变化之外，1990 年《残疾人教育法案》的主要修订内容还包括：对相关服务、辅助技术和康复服务的范围进行了扩展，并对其种类做了详细说明；如果州教育法规规定为 18—21 岁的青少年提供教育，那么州政府也必须为该年龄段的残疾青少年提供教育；同样，如果州教育法规规定为 3—5 岁的儿童提供学前教育，那么州政府也要为该年龄段的残疾儿童提供学前特殊教育服务。

四、1997 年修正案：《残疾人教育法案修正案》

1997 年 6 月 4 日，美国总统克林顿签署颁布了《残疾人教育法案修正案》，即 105-17 公法。此次修订是《所有残疾儿童教育法》颁布以来调整幅度最大也是最全面的一次修订，除了对具体内容的补充和修改，还对法案的结构进行了调整，将 1990 年《残疾人教育法案》的 8 个部分调整为 4 个部分。在结构上，1990 年《残疾人教育法案》的 A、B 两部分不变，H 部分成为 1997 年《残疾人教育法案修正案》的 C 部分，而原法案的 C、D、E、F、G 部分则合并为 1997 年修正案的 D 部分。结构调整后的新法案条目更加简洁明了，更易于理解和实施。1997 年《残疾人教育法案修正案》文本结构见表 8-3-1。

① U. S. Government. Public law 101-476：Individuals with Disabilities Education Act [Z]. 1990-10-30.

表 8-3-1 1997 年《残疾人教育法案修正案》文本结构①

A 部分：一般性条款	第 601 条	短标题；目录；发现；目的
	第 602 条	定义
	第 603 条	特殊教育计划办公室
	第 604 条	废除州豁免权
	第 605 条	购置设备；建造或改建设施
	第 606 条	残疾人就业
	第 607 条	遵守规定的要求（Requirements for prescribing regulations）
B 部分：协助各州为所有残疾儿童提供教育	第 611 条	授权；拨款；资金使用；拨款授权
	第 612 条	州的资格（State eligibility）
	第 613 条	地方教育机构的资格
	第 614 条	评估；资格确定；个别化教育计划；教育安置
	第 615 条	程序性保护
	第 616 条	扣留和司法审查（Withholding and judicial review）
	第 617 条	管理
	第 618 条	计划信息（Program information）
	第 619 条	学前教育资助（Preschool grants）
C 部分：残疾婴幼儿	第 631 条	调查结果与政策
	第 632 条	定义
	第 633 条	一般权威（General authority）
	第 634 条	资格
	第 635 条	州系统的要求
	第 636 条	个别化家庭服务计划

① U. S. Government. Public law 105-17: Individuals with Disabilities Education Act Amendments of 1997[Z]. 1997-06-04.

续表 1

<table>
<tr><td rowspan="9"></td><td colspan="3">第 637 条</td><td>州申请和保证（State application and assurances）</td></tr>
<tr><td colspan="3">第 638 条</td><td>资金使用</td></tr>
<tr><td colspan="3">第 639 条</td><td>程序性保护</td></tr>
<tr><td colspan="3">第 640 条</td><td>最后付款人（Payor of last resort）</td></tr>
<tr><td colspan="3">第 641 条</td><td>州机构间协调委员会（State Interagency Coordinating Council）</td></tr>
<tr><td colspan="3">第 642 条</td><td>联邦管理（Federal administration）</td></tr>
<tr><td colspan="3">第 643 条</td><td>资金分配</td></tr>
<tr><td colspan="3">第 644 条</td><td>联邦机构间协调委员会（Federal Interagency Coordinating Council）</td></tr>
<tr><td colspan="3">第 645 条</td><td>授权拨款</td></tr>
<tr><td rowspan="15">D 部分：改善残疾儿童教育的全国性活动</td><td rowspan="6">第一部分：为残疾儿童提供州计划改进补助金</td><td colspan="2">第 651 条</td><td>发现和目的</td></tr>
<tr><td colspan="2">第 652 条</td><td>资格和合作过程（Eligibility and collaborative process）</td></tr>
<tr><td colspan="2">第 653 条</td><td>应用</td></tr>
<tr><td colspan="2">第 654 条</td><td>资金的使用</td></tr>
<tr><td colspan="2">第 655 条</td><td>最低州补助额（Minimum State grant amounts）</td></tr>
<tr><td colspan="2">第 656 条</td><td>授权拨款</td></tr>
<tr><td rowspan="9">第二部分：协调研究和人员准备，技术援助、支持和信息传播，改善残疾儿童的早期干预、教育、过渡服务及其效果</td><td colspan="2">第 661 条</td><td>管理规定</td></tr>
<tr><td rowspan="4">第一章：协调研究和人员准备</td><td>第 671 条</td><td>发现和目的</td></tr>
<tr><td>第 672 条</td><td>改善残疾儿童服务和结果的研究和创新</td></tr>
<tr><td>第 673 条</td><td>改善残疾儿童服务和结果的人员准备</td></tr>
<tr><td>第 674 条</td><td>研究与评估</td></tr>
<tr><td rowspan="4">第二章：协调技术援助、支持和信息传播</td><td>第 681 条</td><td>调查结果和目的</td></tr>
<tr><td>第 682 条</td><td>家长培训和信息中心</td></tr>
<tr><td>第 683 条</td><td>社区家长资源中心</td></tr>
<tr><td>第 684 条</td><td>为家长培训和信息中心提供技术援助</td></tr>
</table>

续表 2

			第 685 条	协调技术援助与信息传播
			第 686 条	授权拨款
			第 687 条	技术开发、示范、利用；媒体服务

《残疾人教育法案修正案》进一步丰富和完善了有关个别化教育计划的规定。1997 年《残疾人教育法案修正案》规定个别化教育计划小组应包括以下成员：其一，残疾儿童家长。其二，至少一位普通教育教师（如果该儿童在普通教育环境中接受教育或可能将在普通教育环境中接受教育）。其三，至少一位特殊教育教师，合适的话，至少一位能够提供相关服务的专业人员。其四，地方教育机构的代表，该代表必须具备特殊教育教师资格或督导特殊教育的资格、了解普通教育课程并熟悉地方教育机构的可利用资源状况等条件。其五，能够解释评估结果对教学影响的人员。其六，家长或地方教育局可以自行指定对特殊教育有所了解的人员。其七，如果需要，残疾儿童本人也可以加入。①

个别化教育计划会议的目的是在充分讨论评估结果的基础上，确定残疾儿童的特殊教育需求，拟定长期和短期教育目标，根据目标确定教学内容及其先后顺序，提供合适的特殊教育及相关服务。家长的积极主动参与是个别化教育计划会议取得成功的关键因素之一，② 法案规定要采取以下措施确保家长参与会议：第一，提早通知家长以保证他们有出席会议的机会。第二，协商会议召开的时间和地点。第三，

① U. S. Government. Public law 105-17: Individuals with Disabilities Education Act Amendments of 1997[Z]. 1997-06-04.

② CLUNE W H, VAN PELT M H. A political method of evaluating the Education for All Handicapped Children Act of 1975 and the several gaps of gap analysis[J]. Law and contemporary problems, 1985, 48(1): 7-62.

会议通知书尽可能详细。第四，采取必要的措施确保家长了解整个会议的议程与要求。第五，家长如果因故无法出席，应以电话等方式保证家长的参与。①

1997 年《残疾人教育法案修正案》对个别化教育计划的部分内容做出了新的规定：第一，特殊儿童目前的表现情况（这一部分主要描述个别化教育计划小组对特殊儿童的评估结果以及该儿童的残疾状况对其参与普通教育课程的影响）。第二，在个别化教育计划中确定可测量的年度目标，还应包括基准点和短期目标，并详细说明如何测量该残疾儿童在达成年度目标过程中取得的进步，并将其进步情况定期反馈给家长，反馈次数至少要与向非残疾儿童家长反馈情况的频率相同。第三，不仅要包括为该儿童提供的特殊教育和相关服务，还应包括辅助性支持和服务，以及本计划将为学校人员提出哪些限制或提供哪些支持。第四，残疾儿童可参与普通教育课程与其他非学术性活动的情况，如果残疾儿童不能参与普通教育课程或非学术活动，个别化教育计划要对其不能参与的程度做出解释。第五，如果残疾儿童在参加州或学区范围内的考试过程中需要一些管理方面的适应性调整，个别化教育计划必须对此进行详细说明。第六，在个别化教育计划中对提供服务的地点和限制条件（如频率）做出具体说明。第七，14 岁之后每一年所需要的衔接服务。②

该法案将残疾学生纳入州和学区的综合测验计划中。在促进残疾儿童进入公立学校接受教育方面取得较大成效后，国会开始将关注点转移到改善残疾学生在教育中的表现和成就方面。为了提高残疾学生的教育质量，1997 年《残疾人教育法案修正案》规定残疾学生要参加全州或学区的统一测验，要求学校为残疾儿童制定成绩目标，提高期

---

① 方俊明．特殊教育学［M］．北京：人民教育出版社，2005：68．

② U. S. Government. Public law 105-17: Individuals with Disabilities Education Act Amendments of 1997[Z]. 1997-06-04.

望，促进其学业成就的提高。具体要求如下：第一，州教育厅必须将残疾儿童纳入州和学区范围的综合测验计划中，针对学生的具体情况，可以对测验计划进行适当的调整。第二，当残疾儿童不能参加州和学区范围的测验计划时，州教育厅或地方教育局必须为其设计一份替代性测验计划及指导原则。第三，州教育厅和地方教育局最晚要于 2000 年 7 月 1 日前开始执行这种替代性的测验计划。第四，州教育厅必须提交残疾学生参加测验计划的结果报告，报告内容包括参加综合测验的残疾学生数量、参加替代性测验的残疾学生数量及其在综合测验或替代性测验中的表现。①

法案还增加了对有违纪行为的残疾学生进行纪律惩戒的内容。1997 年《残疾人教育法案修正案》中另一个重要的新增内容是关于残疾学生纪律的问题，该修正案尝试在不损害残疾学生受教育权利的前提下确保学校环境的安全有序，平衡二者之间的关系。对残疾学生进行纪律惩戒是非常有必要的，既可以维护校园安定的秩序，同时对违纪的残疾学生也有警示作用，但在处理残疾学生的纪律问题时必须确保不会侵犯学生的受教育权利。为了处理好残疾学生的违纪问题，修正案指出如果残疾学生有行为问题，不论学生的残疾类型是什么，个别化教育计划小组应考虑包括正向行为干预和支持策略在内的方法来解决其行为问题。学校领导可以按照与普通学生相同的方式来处理残疾学生的行为问题，如果有必要，学校领导可以单方面决定临时将残疾学生安置在一个合适的替代性教育环境中，或以惩罚非残疾学生时所使用的标准要求残疾学生暂时停学，临时替代性教育环境必须由个别化教育计划小组来决定。与处理非残疾学生的纪律问题不同的是，对残疾学生的纪律惩戒，无论是停学还是安置环境的改变都不得超过

① U. S. Government. Public law 105-17: Individuals with Disabilities Education Act Amendments of 1997[Z]. 1997-06-04.

10 个教学日。如果残疾学生将武器带入学校或使用、出售非法药物，学校领导可以单方面决定将残疾学生安置在合适的临时替代性教育环境中，安置时间最长可达 45 个教学日。①

以调解作为解决争端的首要步骤。1997 年《残疾人教育法案修正案》之前的残疾人教育法案规定解决争端的 3 种法定程序分别是正当程序听证会、行政申诉以及民事诉讼，但这 3 种方法的特点是费时耗资。② 因此，国会鼓励家长和教育工作者通过使用非对抗性的方法来解决特殊教育中家长与教育工作者之间的分歧和争端，1997 年《残疾人教育法案修正案》将新增的调解程序作为解决争端的方法之一。③ 各州将调解作为一种自主选择的方式提供给家长和教育工作者，以此作为解决争端的初始程序。调解人要了解相关的特殊教育法律法规，必须接受过专业训练或具备主持调解会议的资质。此外，调解人不能是地方或州教育局的工作人员，而且不能与调解双方有任何方面的利益冲突。调解结果要有书面证明，如果未能达成调解，可要求采用其他方法。

五、2004 年修正案：《残疾人教育促进法案》

2002 年起，参议院教育委员会继续对残疾人教育中有待改进的问题进行研究和修正，如特殊教育教师的质量问题、残疾学生的纪律惩戒问题以及残疾人教育法案的拨款问题等。2002 年 2 月 8 日，小布什

---

① YELL M L, ROGERS D, ROGERS E L. The legal history of special education: what a long, strange trip it's been! [J]. Remedial and special education, 1998, 19(4): 219-228.

② GETTY L A, SUMMY S E. The course of due process[J]. Teaching exceptional children, 2004, 36(3): 40-43.

③ YELL M L, ROGERS D, ROGERS E L. The legal history of special education: what a long, strange trip it's been! [J]. Remedial and special education, 1998, 19(4): 219-228.

总统签署了《不让一个孩子掉队法》。为了使两个法案在操作上保持更多一致性，2004 年颁布的修正案《残疾人教育促进法案》中的很多条款都和《不让一个孩子掉队法》的内容相呼应。2004 年 11 月 19 日，美国参众两院一致通过了 2004 年《残疾人教育促进法案》，即 108-446 公法，12 月 3 日，由美国总统小布什签署通过。

法案加大了对残疾人教育的经费投入。1975 年国会通过《所有残疾儿童教育法》时要求各州为残疾儿童提供免费且合适的公立教育，由联邦政府拨款来支付教育残疾儿童所需额外费用的 40%。可是，至今联邦政府的拨款却从未达到当初承诺的水平，投入资金最多的年份也仅仅只有 18.9%。①

如果学校缺乏足够的资金来源，那么法律要求学校为残疾学生提供的特殊教育和相关服务将难以实行。针对各州经费不足的问题，参众两院决定支持一项为期 6 年的残疾人教育发展资助计划，金额高达 150 亿美元，该资助计划对《残疾人教育法案》提供全额资助，并强制执行。除了联邦政府对州的拨款增加外，在教育辅助性技术、人员安排以及对幼儿和学生家庭等项目上的资助亦有了较大幅度的提高，分别提高了 33%、9%和 8%。②

2004 年《残疾人教育促进法案》继续关注特殊教育中的热点问题，即残疾学生的纪律问题。针对残疾学生的违纪问题，2004 年《残疾人教育促进法案》规定，如果残疾学生的不当行为与其残疾无关，则应对其施以与普通学生一样的惩罚；如果残疾学生的不当行为与其残疾有关，那么在做出惩罚决定之前，要遵守正当程序，注重对残疾学生的程序性保护。

法案注重提高特殊教育教师的素质。由于教师在教育改革中发挥

---

① HEWARD W L. 特殊需要儿童教育导论 [M]. 肖非，等译. 北京：中国轻工业出版社，2007：21.

② 张维平，马立武. 美国教育法研究 [M]. 北京：中国法制出版社，2005：207.

着关键性的作用，所以美国 2002 年《不让一个孩子掉队法》的一项重要内容就是要提高教师质量，要求所有教授中小学基础教育核心课程的教师最迟在 2005—2006 学年之前成为高质量教师。为了使《残疾人教育促进法案》和《不让一个孩子掉队法》中对于教师的要求保持一致，2004 年《残疾人教育促进法案》首次将"高素质"特殊教育教师的概念写入其中。法案规定，要成为"高素质"的特殊教育教师必须具备以下条件：第一，持有特殊教育教师全国认证书（包括通过替代性途径获得的认证书）。第二，通过美国国家特殊教育教师执照考试，并持执照在美国国内任特殊教育教师。那些教授两门或两门以上核心课程的，或要教需要达到"替代性成就标准"的学生的特殊教育教师还必须满足额外的要求，取得其他的执照。①

第四节　《所有残疾儿童教育法》的演进与美国特殊教育的发展

《所有残疾儿童教育法》从颁布到历次修订的过程大致如下：1975 年，美国有超过半数的残疾儿童没有享受到教育服务，其中大约有 100 万人被完全排除在公立学校系统之外，为解决学龄残疾儿童被排除在公立学校之外的状况，促进教育公平，国会颁布了《所有残疾儿童教育法》。在法案实施的过程中，国会发现让残疾儿童的家长承担高昂的律师代理费用无疑会加重家庭的负担，不能切实保护残疾儿童及其家长或监护人的权益，因此里根总统于 1986 年签署通过了《残疾儿童保护法案》，要求败诉方要赔偿原告所支付的律师费用。通过对法案实施效果的反思，国会发现对残疾婴幼儿进行早期教育的重要性，于

① HEWARD W L. 特殊需要儿童教育导论［M］. 肖非，等译. 北京：中国轻工业出版社，2007：24.

1986 年再次对其进行修订，颁布了《残疾婴幼儿法案》，扩大了特殊教育服务对象的范围，为 0—2 岁的残疾婴幼儿制订个别化家庭服务计划，为其提供早期干预服务。1990 年将法案更名为《残疾人教育法案》，特殊教育用语上的变化体现了对残疾人的尊重以及人人平等的人本主义理念，同时也反映出受教育对象范围的扩大。虽然法律保护了残疾儿童的受教育权，但教师对残疾儿童的期望值过低，残疾儿童的学业成绩水平偏低却是不争的事实，为了提高特殊教育的质量，解决残疾学生的违纪问题，做好残疾学生的管理工作，1997 年颁布了《残疾人教育法案修正案》。为解决残疾人教育发展中遇到的资金问题，提高特殊教育教师的质量，在不损害残疾儿童受教育权利的情况下维护学校的秩序，美国国会于 2004 年再次对其进行修订，颁布了《残疾人教育促进法案》。① 美国《所有残疾儿童教育法》修订的演进历程见表 8-4-1。

表 8-4-1 美国《所有残疾儿童教育法》的演进历程简表②

年份	法律名称	关注点
1975	《所有残疾儿童教育法》	州和地方学区应为所有 3—12 岁的残疾儿童提供免费且适合的公立教育；残疾儿童及其家长有做出教育决策的权利；为每个残疾儿童制订个别化教育计划；在最少受限制的环境下接受教育服务
1986	《残疾儿童保护法案》	依据《所有残疾儿童教育法》起诉并胜诉的残疾儿童家长有权要求败诉方承担律师费用
1986	《残疾婴幼儿法案》	鼓励各州为 0—2 岁的婴幼儿及其家庭提供全面的早期干预服务；制订个别化家庭服务计划

① 杨柳. 美国残疾人教育法案探析［J］. 比较教育研究，2008（6）：71-75.

② 杨柳. 从隔离到全纳：美国残疾人教育研究［D］. 重庆：西南大学，2009：75-93.

续表

年份	法律名称	关注点
1990	《残疾人教育法案》	法律用语的变化；增加了两个新的残疾类型；制订个别化转衔计划（16 岁）
1997	《残疾人教育法案修正案》	丰富和完善了关于个别化教育计划的规定；将残疾学生纳入州和学区的综合测验中；对有违纪行为的残疾学生进行纪律惩戒；以调解作为解决争端的首要步骤；调整制订个别化转衔计划的时间（14 岁）
2004	《残疾人教育促进法案》	增加对残疾人教育的经费投入；合理惩戒违纪的残疾学生；提高特殊教育教师的素质

《所有残疾儿童教育法》及其系列修正案的颁布成为美国残疾人教育发展的助推器和通行证。首先，为了保障美国特殊教育的顺利发展，更好地满足残疾儿童的需要，美国特殊教育法在多次修订中都强调要加大对残疾人教育的资金投入，通过立法形式为残疾人教育的发展提供充足的资金，使各种有益于残疾人教育发展的措施得以实施；其次，立法影响了公众的观念，使先进的特殊教育理念深入人心，从而自觉加入到促进特殊教育发展的队伍中，为特殊教育的快速发展积聚力量，减少了发展过程中遇到的阻碍。

一、联邦立法对美国残疾人教育发展的资助作用

（一）保护了残疾儿童的受教育权利

《所有残疾儿童教育法》规定要为残疾儿童提供免费且合适的公立教育，这一精神和原则在之后的历次修订中被沿袭下来。联邦政府承诺要给遵守《所有残疾儿童教育法》及其系列修正案的州和学区提供

资助，帮助其发展残疾人教育。联邦政府对特殊教育的资金投入自1975年以来一直呈稳步增长的趋势，虽然没有达到承诺拨付的比例，但也极大地减轻了残疾儿童家长或监护人的经济负担。联邦政府的资助使越来越多的残疾儿童有机会进入公立学校和普通学生一起学习和生活，使他们能够享受和普通学生一样的教育条件。政府资助保证了残疾儿童及青少年能够接受满足自身需要的教育，使其顺利完成学业，掌握生存和生活技能，能更好地融入社会，为社会的发展和进步贡献自己的力量。

（二）改善了教育机构的教学条件

让残疾儿童在公立学校接受教育的一个重要前提是要保证普通学校有能够满足残疾儿童成长需要的支持系统和相关服务设施，这是使残疾儿童能够得到合适教育的重要保障。立法有力地保证了学校改进教学设施的资金来源，通过完善学校的各种设施，为残疾儿童的加入创造了条件。教育条件的改善不仅包括硬件也包括软件，其中硬件主要包括各种类型的残疾学生所需要的专门辅助器械、供特殊学生使用的活动室、特殊教育器材等；软件主要包括心理辅导老师、符合资质的特殊教育教师、能满足不同学生需要的教材和课程等。立法为学校创造条件接纳残疾儿童提供了经费保障，普通公立学校也要改变被动接受残疾学生的情况，主动利用资金创造条件，欢迎残疾儿童的加入。这样不仅可以避免融合教育流于形式、效率低下以及浪费教育资源的现象，同时也能够为残疾儿童提供更高质量的教育。

二、联邦立法对美国残疾人教育发展的引领和导向作用

（一）改变了人们对待残疾人的态度

人们对待残疾人的态度可能是其享受平等权利的最大障碍。在《所有残疾儿童教育法》颁布以前的很长一段时间里，人们并不太关注

残疾人群体，多数人认为将残疾儿童排除在公立学校之外接受隔离教育是很正常的现象，“人人平等”的观念并没有延伸到特殊教育领域内。随着社会的发展和思想的进步，一系列保护残疾人权利的法律法规应运而生，潜移默化地影响着人们的态度。

克林顿总统曾在《残疾人教育法案修正案》的签字仪式上指出：“自从残疾人教育法案颁布以来，成千上万名残疾儿童进入公立学校和正规教室学习……我们必须继续推动这一趋势的发展，竭尽全力地鼓励我们的残疾儿童……对于数百万残疾儿童的家长，我们说，我们为您为孩子的奉献、为您的信仰以及您对他们的爱而感到自豪，我们将尽我们所能来帮助您为他们的成功做好准备。对于所有的老师和管理人员，我们说，我们依赖您，我们将尽我们所能来支持您的工作……对于所有美国人，我们说，我们不打算休息，直到我们战胜了你们对残疾的无知与偏见。”①

联邦特殊教育立法的颁布使人们逐渐意识到残疾学生享有和普通学生一样平等的受教育权利，这种权利是与生俱来的，任何人都不能剥夺。人们开始将注意力转移到残疾人所具备的能力及发展潜力上，开始关注残疾学生的个体差异，并以此为依据为其提供能满足个体需要的教育服务。《所有残疾儿童教育法》及其系列修正案中术语和称谓的变化深刻地反映了人们对待残疾人的态度和观念的改变，残疾是个人经历的一部分，并不能损害个体参与社会生活以及贡献社会的权利，更不能成为剥夺他们享受平等权利的理由。只有当对残疾人的偏见和歧视逐渐消除以后，他们平等参与社会生活、共享社会成果的设想才有可能成为现实。

---

① CLINTON W J. Remarks on signing the Individuals with Disabilities Education Act Amendments of 1997[J]. Weekly compilation of presidential documents, 1997, 33(23): 830-833.

（二）转变了传统的特殊教育理念

《所有残疾儿童教育法》颁布以前，残疾学生被公立学校拒之门外，近一半残疾学生没有得到合适的安置，法院甚至规定公立学校领导可以开除残疾学生。这主要是因为当时人们认为将残疾学生安置在隔离的环境中接受教育对残疾学生和公立学校来说都是最好的安排，但这种“看管”性质的安置方式对残疾儿童的成长与发展来说，其实是弊大于利的选择。隔离式的安置环境使残疾儿童缺乏与社会的联系，给儿童贴上了“我与你不同”的标签，这种强化会伤害到残疾儿童的自信和自尊。随着《所有残疾儿童教育法》的颁布，越来越多的残疾学生开始在最少受限制的环境中接受免费且合适的公立教育，入学机会问题的解决初见成效后，人们开始关注残疾学生的教育质量以及毕业后的工作和生活质量。《所有残疾儿童教育法》及其系列修正案的有效实施扭转了传统的特殊教育模式，公众对特殊教育逐渐达成共识，认为所有残疾儿童都有权利进入公立学校接受良好的教育，和普通学生一样享受优质的教育资源，摆脱封闭的生活和受教育环境，充分融入社会生活中。

联邦特殊教育立法对美国残疾人教育的发展起着重要的资助和导向作用，《所有残疾儿童教育法》及其系列修正案的颁布、实施与完善是美国残疾人教育取得长足进步的重要前提和保障。法案既有原则性的规定，又有具体详细的实施步骤，具有较强的指导性和可操作性。通过不断地完善和修订，法案为残疾儿童提供的保障服务基本涵盖了从出生到成年的各个重要环节，通过环环相扣的权益保障措施为残疾儿童的成长与发展保驾护航。《所有残疾儿童教育法》以及每一次修正案的颁布与实施都有着非常明确的目标，从最初的使所有残疾儿童得到受教育机会到让其享受到满足其自身独特需要的高质量的特殊教育，残疾人教育法案力图解决的问题由原来残疾儿童的受教育机会问题转变为残疾人教育的适切性和有效性问题，反映出美国残疾人教育法案的演进历程就是不断追求为所有残疾人提供平等享受优质教育的机会，是对公平与卓越不懈追求的体现，这既是美国残疾人教育法案制定的初衷，也是其不断修订的原因与动力。

（牛悦　於荣）

第九章　强化国家统一标准：1994 年《2000 年目标：美国教育法》

作为 1791 年《权利法案》（*The Bill of Right*）的一部分，美国宪法第 10 修正案规定“宪法没有授予美利坚合众国的权力，也没有禁止各州的权力，都分别保留给各州，或保留给人民”①，由此从法律上确立了美国“各州分权”的教育管理体制。因而，在美国一直以来都是由各州独自管理本州的教育，没有全国统一的教育制度，也没有全国统一的课程和教材，各州、各地方的教育各不相同。到 20 世纪 90 年代，教育质量参差不齐已成为美国教育不容忽视的一个尖锐问题。此时美国正面临经济低迷、社会弊病丛生、国际竞争力下降的局面，美国政府试图将保持世界超级大国地位的希望寄托在教育上，期望通过教育培养面向新世纪的人才、发展科技、提升经济以及维护社会稳定。显然，这一时期的教育体系无法满足美国政府和社会给予的这一期望，因而只有对教育进行改革，统一国家教育标准、提高教育质量才是可能的出路。继 1991 年老布什政府提出《美国 2000：教育战略》（*America 2000：An Education Strategy*）议案后，1993 年克林顿政府在此基础上推出了《2000 年目标：美国教育法》（*Goals 2000：Educate America Act*），并于 1994 年完成了立法。《2000 年目标：美国教育法》的颁布

---

① History. com Editors. Bill of rights[Z/OL]. A&E television networks. (2020-12-15)[2023-07-03]. https://www. history. com/topics/united-states-constitution/bill-of-rights.

掀起了这场自20世纪80年代末以来以提升教育质量为目标、以统一国家教育标准为标志的教育改革的高潮。

第一节　《2000年目标：美国教育法》颁布的背景

在老布什任职美国总统的四年时间里，美国国内生产总值年均增长率仅有0.7%，这是自20世纪30年代经济危机以来最低的增速。即使是在岗的工人，个人收入也停滞不前；1991年美国的中等家庭收入甚至还下降了3.5%。1992年，几百万美国人失业，工厂就业人数跌到1982年衰退以来的最低水平；贫困人口数量达到1964年以来的最高水平。1992年中期，加利福尼亚州政府因为没有现金，只好用借据支付员工薪酬、偿还账单。在20世纪90年代初，约有30个州遭遇了与加州类似的严重财政困难。一些企业也债台高筑，摇摇欲坠。① 与此同时，在全球经济竞争中，尽管美国仍有一定的实力，仍具有较强的国际影响力，但欧共体和日本也大有与美国分庭抗礼之势，在产品质量的竞争中，日本和西欧甚至更胜一筹；亚洲经济的崛起也令人不容小觑。除经济形势严峻外，20世纪80年代危害美国的一些社会病态，如艾滋病传播、无家可归人群、毒品泛滥、酗酒、种族主义、儿童贫穷、单亲家庭挣扎等，都延续到了老布什时代。但是，老布什政府既未提出可行的政策或措施解决严峻的经济困难问题，对消除那些令人不安的社会病态似乎也不是很热心。②

面对这种经济和社会现状，国际竞争力不断衰退的现实与世界进入信息化时代后对科技水平、人才素质的要求不断提高之间的矛盾逐

---

① 刘绪贻，杨生茂. 美国通史（第6卷）：战后美国史1945-2000［M］. 北京：人民出版社，2008：541.

② 刘绪贻，杨生茂. 美国通史（第6卷）：战后美国史1945-2000［M］. 北京：人民出版社，2008：541.

渐深化，发展教育成为美国政府培养人才、发展科技、提升经济和维护社会稳定的一大突破口，成为实现美国在国际竞争中保持超级大国地位的重要抓手。正如老布什所言："教育是提高我们民族竞争力的关键，是增强我们人民精神的关键；当我展望未来时，我认为只有教育才是答案。"①

然而，这一时期教育所呈现的状况显然无法帮助美国实现其美好的国家愿景。当1983年《国家处在危机之中：教育改革势在必行》（*A Nation at Risk* ：*The Imperative for Educational Reform*）发出警告时，美国社会上下无不为之震惊，为其教育忧虑和担心。尽管人们意识到了教育质量下滑这一严峻事实，也早已见识过教育对于国家和社会发展的重要性，尽管在该报告发布后的几年时间里，美国各州纷纷进行教育改革，有关教育改革的文献和报告层出不穷，但是各州的教育改革进展参差不齐，美国的教育现状仍是不容乐观。

在1988年的一场调查中，13 500名美国教师对20世纪80年代的教改运动进行评分，教师们认为只能得C，有五分之一的教师甚至给了D和F。② 一些美国全国性调查结果也证实了20世纪80年代的教改收效甚微。美国全国教育进展评估委员会（National Assessment of Educational Progress）的统计数据表明，在整个20世纪80年代，9—13岁学生的成绩没有任何长进，只有17岁学生在基本技能方面的成绩有所提高。③ 1992年对常春藤大学3119名学生进行的一项调查显示：44%的学生不知道美国众议院时任院长是谁，59%的学生不知道时任最高大法官是谁，34%的学生不知道英国的时任首相是约翰·梅杰（John Major），11%的学生不知道《独立宣言》的作者是托马斯·杰斐逊（Thomas Jefferson），只有25%的学生知道林肯"民有、民治与民

① 史静寰. 当代美国教育：修订版［M］. 北京：社会科学文献出版社，2012：120.

② 史静寰. 当代美国教育：修订版［M］. 北京：社会科学文献出版社，2012：128.

③ 史静寰. 当代美国教育：修订版［M］. 北京：社会科学文献出版社，2012：128.

享政府”的名言。[①] 1994年美国全国教育进展评估测试报告指出：只有三分之一的12年级学生能够完成具有挑战性的阅读段落；只有11%的学生在历史科目中表现良好；17岁黑人学生的平均阅读水平相当于13岁白人学生的平均阅读水平；学生们并没有学会如何思考，虽然他们在某些科目中对事实和基本技能的学习略有进步，但是更高级的推理能力却在下降；与其他工业化国家相比，美国学校的总体水平真的很差。[②]

令人担忧的教育结果也使得美国学生在多项国际测试中处于劣势地位。1988年美国国家科学基金会对17个国家和地区的中小学学生进行了抽样考试，美国学生的排名情况为：5年级排第8，2年级、3年级排第15，中学毕业生排第17。[③] 在1990年对15个工业化国家学生成绩的评估中，美国13岁的学生在数学和科学方面排名排第13。[④] 如此低质量的教育水准与庞大的教育支出明显不匹配。1980—1993年，美国中小学教育经费投入增加了161%（1993年为4000亿美元），而中小学入学率却仅上升了3%，高中毕业生的SAT成绩甚至还呈下降趋势。[⑤] 另外，在单个学年中（1990—1991学年），美国在公立中小学教育上的投入超过2000亿美元，占1991年美国国内生产总值的3.8%；同比这一时期教育质量优于美国的日本，其中小学教育的开支仅占国内生产

---

① 李文兵. 90年代美国中小学教育改革新举措［J］. 外国教育研究，2002（3）：28-31.

② LUNENBURG F C. Constructivism and technology: instructional designs for successful education reform[J]. Journal of instructional psychology, 1998, 25(2): 75-81.

③ 李文兵. 90年代美国中小学教育改革新举措［J］. 外国教育研究，2002（3）：28-31.

④ SOLOMON L D. The role of for-profit corporations in revitalizing public education: a legal and policy analysis[J]. University of Toledo law review, 1993, 24: 883-932.

⑤ 李文兵. 90年代美国中小学教育改革新举措［J］. 外国教育研究，2002（3）：28-31.

总值的 2.8%。①

美国教育质量低下的主要原因是由于缺乏统一的教材、课程及其标准，教师不知道他们应该教授什么，学生也不知道自己应该学习什么，致使中小学的教育质量无所保障；而由于缺乏统一的评价标准，学生不知道自己应该达到什么样的目标、不知道外界对自己的期望，教师大部分情况下也只能依据主观感受进行评价。② 与此同时，由于美国人传统观念中对教师职业的偏见、“非定向型”师范教育体制对师范教育质量缺乏保障、长期以来美国政府对师范教育的投入不足、教师职业缺乏吸引力等原因，导致美国的师资力量十分匮乏。即使有一流的教学设备，但是由于缺乏高水平的教师队伍，同样很难造就出一流的学生。③ 除此之外，还有让人忧心忡忡的校园环境，吸毒、酗酒、暴力和早孕等现象四处蔓延。如果不能为学生提供一个安全和平的环境，任何提高教育质量的设想都是奢谈妄语。④ 面对如此严峻的教育现状，克林顿总统在提交《2000 年目标：美国教育法》致国会的信函里表示，《国家处在危机之中：教育改革势在必行》发出的警告至今犹存耳际。时任教育部部长的理查德·威尔逊·莱利（Richard Wilson Riley）则更为直白地阐明，全国性的舆论都认为美国的教育体系是不合格的。⑤

在克林顿总统上台之前，老布什总统已经为教育改革做出了一些努力，为《2000 年目标：美国教育法》的提出打下了基础，其中主要包括第一届全国教育高峰会议的召开和《美国 2000：教育战略》议案

① HEISE M M. Goals 2000：Educate America Act：the federalization and legalization of educational policy[J]. Fordham law review，1994，63：345-381.

② 许明，胡晓莺. 美国基础教育课程标准述评［J］. 教育研究，2002（3）：78-83.

③ 牛道生. 80 年代“教育危机”以来美国基础教育的实质性变化［J］. 教育研究，1998（7）：31-36.

④ 史静寰. 当代美国教育：修订版［M］. 北京：社会科学文献出版社，2012：128.

⑤ 吕达.《2000 年目标：美国教育法》初探［J］. 课程·教材·教法，1993（9）：56-59.

的提出。

1989 年 9 月在弗吉尼亚州召开的第 1 届全国教育高峰会议（1989 Charlottesville Education Summit）是美国历史上首次由总统牵头、有 49 名州长参加的共商教育方针大计的会议，是美国当代教育改革的一个里程碑。此次会议通过了美国教育到 2000 年要达到的 6 项目标，这是美国第一次提出全国性的教育目标，也是《2000 年目标：美国教育法》中 8 大国家教育目标的基石。这次教育峰会不仅再一次让社会各界意识到了教育改革的迫切性，而且随着企业界的参与，实现了教育改革框架的突破，形成了政界、教育界和企业界“三足鼎立”的形式。① 但是由于没有找到美国教育质量下降的根本原因，又缺乏具体的改革措施，这次教育高峰会议最终未能扭转教育质量下降的局面。②

在峰会召开一年之后，老布什总统为教育部引入新的领导班子，教育部很快就提出了一项大胆的新提议——为实现国家教育目标提供全国性的领导，并于 1991 年 4 月正式提出《美国 2000：教育战略》议案。《美国 2000：教育战略》将峰会中确立的 6 项全国性教育目标列入其中，并进一步提出了 21 个教育改革的具体要求。该议案呈现了几个引人注目的努力方向：一是谨慎地保护政府免受保守主义的攻击，包括提出由私营公司资助新型学校的创建、通过教育券支持学生择校以及强调说明联邦政府的非控制性角色等。二是提出将以各社区而不是各州作为教育改革的中心。三是推进 4 年级、8 年级和 12 年级的自愿全国性成绩测试，这使将国家标准和测试作为一项公共政策议题的想法得以合法化，也使一些满怀感激的民主党国家标准倡导者支持了这项提案。③

---

① 史静寰. 当代美国教育：修订版［M］. 北京：社会科学文献出版社，2012：122.

② 衡孝军. 美国的基础教育改革［J］. 教育研究，2001（6）：75-77.

③ JENNINGS J F. Why national standards and tests? : politics and the quest for better schools[M]. California: Sage Publications, 1998: 19.

不过，老布什政府提交的《美国 2000：教育战略》议案并没有向国会寻求建立国家标准和测试的法律授权，而是采取了一种走后门的方式，仅仅通知国会将可自由支配的资金用于这一行动。虽然这一策略帮助政府启动了专业协会在制定国家标准方面的工作，但它同时也增加了国会在考虑《美国 2000：教育战略》立法时的摩擦。在国会讨论中，民主党人仍然对标准和测试策略持怀疑态度；共和党人则担心立法会扩大联邦政府的角色；政府官员也为缺乏对美国新学校的支持而感到不满。最终，在国会讨论的最后几天，由最保守的共和党参议员领导的一场阻挠议事彻底扼杀了《美国 2000：教育战略》议案。①

也许由民主党控制的国会根本不可能通过共和党总统提交的教育议程，尤其是在即将进入选举年之际，但《美国 2000：教育战略》议案仍发挥了它的影响。两年后，克林顿总统在《美国 2000：教育战略》的基础上推出了《2000 年目标：美国教育法》，帮助美国教育向前发展，向教育高峰会议制定的宏伟目标努力。

第二节 《2000 年目标：美国教育法》的主要内容

《2000 年目标：美国教育法》立法提案于 1993 年 4 月 22 日在第 103 届国会中正式提出，经过几个月的国会辩论，加上各种修正案，最终在 1994 年 3 月 23 日以 306∶121 的票数赢得了众议院的批准，3 月 26 日又以 63∶22 的票数在参议院获得通过。5 天后，即 1994 年 3 月 31 日，正在圣地亚哥与家人度假的克林顿总统在数百名学生面前签署了这项法案。克林顿称这些学生正如即将迈入 21 世纪的美国，有着西海岸的多样性。由于对法律条款的概述甚至会让尽职尽责的成年人都

① SCHWARTZ R B，ROBINSON M A. Goals 2000 and the standards movement[J]. Brookings papers on education policy，2000(3)：173-206.

感到厌倦，因此，克林顿只是向这群孩子保证，法案中的一切都是关心他们的人为了他们的利益而提出的。①

《2000 年目标：美国教育法》认为过去分散式的教育改革是失败的，因而采用了一种新的教育改革理念：系统改革。该法案共有 10 章内容。第 1 章“国家教育目标”阐述了立法的目的，并确立了到 2000 年美国教育要实现的 8 大国家目标。其他 9 章主要是对应该如何具体行动以实现 8 大国家教育目标进行的详细规划，包括第 2 章授权创建一个小组和一个委员会实现对国家教育改革的领导和评估；第 3 章授权为各州拨款，帮助各州制订“州教改计划”，鼓励各州和地方教育机构通过制定本地的教育标准、评估方法、教师培训和教学材料等来实现国家教育目标；第 4 章是加强家长与专业人士的伙伴关系，以满足儿童的教育需要，向那些为家长提供培训和支持的非营利组织发放奖励；第 5 章授权创建一个委员会以鼓励国家技能标准体系的建设，这些技能标准旨在确保劳动力足够有资格在日益全球化的高科技经济中保持美国工业的竞争力；第 6 章是建立一个国际教育计划，旨在研究国外的教育体系，并与国外教育工作者进行思想交流和联合研究；第 7 章强调创建安全的校园环境，旨在消除学校里的毒品和暴力；第 8 章是以少数民族为重点的公民教育，试图在美国政府和公民教育中改善对少数民族和原住民的教育；第 9 章是促进更好的教育研究与改进；第 10 章是对上述教育改革相关内容所作的说明。现将《2000 年目标：美国教育法》的主要内容介绍如下。②

---

① DONOHUE J W. ‘Goals 2000：Educate America Act’ notes for a chronicle[J]. America，1994，170(21)：6-12.

② Congress. gov. H. R. 1804-103rd Congress (1993-1994)：Goals 2000：Educate America Act[Z/OL]. (1994-03-31)[2022-04-28]. https：//www. congress. gov/bill/103rd-congress/house-bill/1804.

一、8大国家教育目标与立法目的

（一）8大国家教育目标

《2000年目标：美国教育法》开篇第1条即明确提出了8大国家教育目标。此8大目标是在《美国2000：教育战略》6大目标的基础上提出的，但是相较于6大目标，《2000年目标：美国教育法》有两大改变，一是从整体上新增了两项目标，分别为第4项重视教师发展和第8项强调家长参与；二是从细节上，在第3项国家教育目标中，将要求学生掌握的核心课程从5门（英语、数学、自然科学、历史和地理）增至9门，新增了外语、公民与政府、经济以及艺术4门课程。具体而言，《2000年目标：美国教育法》中的8大国家教育目标分别为：

目标1：入学准备。

到2000年，所有的美国儿童都将开始学校的学习生活并做好相关准备。为此，所有孩子都将获得高质量的、与其发展水平相适宜的学前课程；家长将是孩子的启蒙老师，每天要花一定时间帮助自己学龄前的孩子学习，家长可以获得必要的培训和支持；为儿童做好获得营养、参与体育活动和实施卫生保健的工作，以使他们能拥有健全的心智和强壮的体格进入学校学习，并且通过健全产前保健体制减少低体重儿童的数量。

目标2：完成学业。

到2000年，中学生的毕业率至少提高到90％。为此，国家必须大幅度降低辍学率，确保75％的辍学学生顺利完成高中或同等学业水平的学历；消除少数民族学生与非少数民族学生在高中毕业率上的差距。

目标3：学生成就和公民责任。

到2000年，所有读完4年级、8年级和12年级的学生要在英语、数学、科学、外语、公民与政府、经济、艺术、历史和地理等具有挑战性的学科方面具有相应的能力；并且每所学校都要确保所有学生能开动脑筋，使他们能够在国家现代经济中为肩负公民责任、更深入地学习和生产性就业做好准备。为此，要全面大幅度提高中小学生的基础文化水平，并使少数民族学生在各层次教育的分布情况能更准确地反映出学生的总体状况；使具有推理能力、解决问题能力、应用知识的能力、写作和沟通能力的学生所占的百分比大幅增加；所有学生都要参与旨在促进和表现良好公民职责、健康的身体、社区服务和个人责任感的活动；所有学生都要参与体育和健康教育，以确保他们的健康；大幅增加有能力使用一门外语以上的学生所占的百分比；所有学生都要了解本国和世界文化遗产的多样性。

目标 4：教师教育和专业发展。

到 2000 年，全国所有教师都将能够参加有助于专业技能持续发展的培训项目，都有机会获得为指导和培养下个世纪美国学生所需的知识与技能。为此，所有教师都可以参加职前教师教育和专业继续教育活动，学习满足不同教育、社会和健康状况的各类学生群体所需的知识和技能；所有教师都享有获得新知识和新技能的机会，以便教授具有挑战性的学科，并使用新出现的教学方法、评估模式和技术；州和学区将制定综合性的战略，吸引和聘用教师、行政人员和其他教育工作者，为他们开展职前培训和在职培训，支持他们的持续性专业发展，以此形成一支高质量的专家教师队伍来教授那些具有挑战性的学科；尽可能在地方教育机构、高等教育机构、学生家长、劳动力市场、企业和专业协会之间建立伙伴关系，以提供并支持教育工作者的专业发展计划。

目标 5：数学和科学。

到 2000 年，美国学生的数学和科学成绩要占据世界首位。为此，要加强数学和科学教育，特别要在低年级中予以更高的重视；在数学和科学方面具有坚实基础的教师人数要增加 50%；要大幅度增加本科生和研究生（尤其是妇女和少数民族学生）获得完成数学、科学和工程专业学位的人数。

目标 6：成人读写能力和终身学习。

到 2000 年，每一位美国成人都要具有读写能力，掌握参与全球性经济竞争、行使公民权利、履行公民义务所需的知识与技能。为此，每家大型企业都要加强教育与工作之间的联系；通过公私立学校教育、职业教育、技术教育、工作场所或其他教育计划，使所有工作人员都有机会获得包括基础知识和高新技术知识在内的知识和技能，以适应不断出现的新技术、新方法和新市场的需要；大幅增加优质教育项目（包括图书馆项目）的数量，以更有效地满足不断增加的非全日制学生和在职学生的需要；大幅提高进入大学、至少完成两年大学学业及取得学位的合格学生所占的比例，特别是少数民族学生所占的比例；大幅提高具有批判性思维、有效沟通和解决问题能力的大学毕业生的比例；学校在推行全面的家长参与计划时，要提供更多的成人识字、家长培训及终身学习机会，以增强家庭与学校之间的联系，改善家长的工作和家庭生活。

目标 7：安全、有纪律、无酒精、无毒品的学校。

到 2000 年，美国的每所学校都要没有毒品、没有暴力、没有未经授权带入的枪支、没有含酒精的饮料，并为学生创造纪律严明的、有利于学习的环境。为此，每所学校都要坚定不移且合理公正地实施有关毒品和酒精的使用、拥有及分配的政策；家长、企业、政府和社区组织要共同努力，保障学生在没有毒品和犯罪的安全环境下学习的权利，学校应提供健康的环境，使其成为所有学生的安全乐园；每个地方教育当局都要制定和执行确保所有学校都没有暴力和未经许可不得使用武器的政策；每个地方教育当局都要制订从幼儿园到 12 年级的、全面而系统的禁止毒品和酒精的计划；有关毒品和酒精的课程应该作为连续、全面的健康教育的一个组成部分；组织社区团队为学生和教师提供必要的支持；每个学校都应该努力消除性骚扰。

目标 8：家长参与。

到 2000 年，每所学校都应促进与家长的合作，鼓励家长更多地参与以促进学生的社会、情感和学业成长。为此，各州都应制定政策，帮助当地的学校和教育机构建立与家长的合作关系，以满足不同家长和家庭的需求，包括那些处境不利的学生、双语学生或残疾学生的家长的需求；每所学校应积极发展与家长及家庭的合作，以使家长能够支持学生在家的学习，并能参与学校的教育决策；家长及其家庭成员应保证支持学校工作并促使学校和教师保持强烈的责任感。

（二）立法目的

《2000 年目标：美国教育法》颁布的目的在于为实现上述 8 大教育目标提供一个整体框架，法案为具体如何对这一框架进行建构做了详细的规划。

第一，推动目标明确的、全国范围内的、系统的教育改革。

第二，改进课堂内以及工作单位的教学质量。

第三，明确联邦、州和地方政府在教育改革和终身教育中恰当的作用和应有的职责。

第四，建立一个有效的、可靠的机制，以便完成下列任务：使全国各界对美国教育改革有一个广泛而统一的认识；促进发展高质量的且在国际上有竞争力的教学内容，制定学生学习质量标准，以及证书颁发的办法；协助制定“学习机会”的标准，以及证书颁发的办法；协助制定能反映国际竞争力的教学内容和学生学习质量标准的评估方法，以及证书颁发的办法。

第五，支持联邦、州和地方政府以及学校各级的新思维和创举，为所有的学生提供平等的教育机会，使他们达到较高的学术标准和职业技能标准，使他们能够在就业市场和参与社会中获得成功。

第六，通过下列手段为重新核准所有联邦教育项目提供一个基本构思：就教育的公平性和质量标准提出新的设想，以指导所有的联邦政府教育项目及其相关项目；制作高质量的而且在国际上具有竞争力的教学内容，制定所有学生应当能达到的学习质量标准和保证教学质量的措施；制定高质量的、具有国际竞争力的“学习机会”标准。这些标准是所有的州教育机构、地方教育机构和学校应当达到的；鼓励并协助所有的州教育机构、地方教育机构制定一个综合的改进教育规划。此规划为各级教育部门对执行重新审定认可过的联邦政府教育项目及其相关项目提供一个连贯的、全面的基本原则，以便能有效地教育美国学生日后能以工作者、家长及公民的身份充分、全面地参与社会生活；为帮助学校（包括那些招收有特殊教育需求学生的学校）发展和实施全面综合改进教学质量的规划提供人力、财力和物力；在学校推广科学技术的使用，以便使所有的学生都能够达到国家教育目标中所提出的要求。

第七，鼓励在全国范围内发展和建立一个民间技术标准和证书授予机制，为国家全面提高劳动者的技术素质的国家战略奠定坚实的基础。

第八，为根据此教育法接受财政资助的每所小学和中学提供必要的帮助，鼓励家长和家庭成员积极参与，在家庭里为他们自己子女的学习提供尽可能的帮助；同时也为家长提供一定的技巧，使他们能为他们的子女向学校提出意见和建议。

二、国家教育改革的领导、标准和评估

（一）国家教育改革的领导：国家教育目标领导小组

为了高效有序地领导全国范围内的、系统的教育改革，《2000 年目标：美国教育法》在第 2 条第 1 部分正式确立了国家教育目标领导小组（National Education Goals Panel）的联邦行政部门地位，并赋予其进行

年度报告，为总统、教育部长和国会提供咨询建议，以对全国教育改革问题取得一致认识的职责。该小组最早在 1989 年第 1 届全国教育高峰会议中被提出，于 1990 年正式成立，当初的主要职责在于报告第 1 届全国教育高峰会议上通过的 6 大国家教育目标的进展情况，不具备联邦法定权力。《2000 年目标：美国教育法》规定该小组应由 18 名成员组成，包括 2 名由总统任命的成员、8 名州长、4 名国会议员以及 4 名由全国州立法联席会主席任命的州立法委员会委员，以保证各成员具有广泛的代表性。

法案还对该小组的工作内容做出了明确规定：其一，及时报告实施教育发展目标取得的进展。其二，复审国家教育标准与改进委员会（National Education Standards and Improvement Council）审批的各项标准，包括自愿全国教育内容标准、自愿全国学生成绩标准、自愿全国学习机会标准，以及该委员会审定的批准这些标准的准则。其三，领导小组可以在接到标准和批准准则后 90 天内予以否决。1994 年，联邦政府授权拨款 300 万美元支持该小组的工作。并且法案规定，1995—1998 年，联邦政府需为其每年再拨付等额的款项。

（二）国家教育改革的标准与评估：国家教育标准与改进委员会

《2000 年目标：美国教育法》第 2 条第 2 部分还规划在国家教育目标领导小组的管辖下成立一个新的委员会——国家教育标准与改进委员会，以专门负责国家教育标准的审批和检查工作。

法案中规定该委员会将由 19 名成员组成，包括 5 名专业教育工作者（包括中小学教师、学前教育工作者、其他在校的专业人员、教育服务人员、州或地方教育行政人员和教育工作者），4 名工商业、劳动团体组织和高等教育机构的代表，5 名公众代表（包括宣传机构、民权组织和残疾人团体、家长、公民领袖、州和地方教育政策决策人代表），5 名教育专家（包括测量与评估专家、课程专家、学校财务与平衡专家、学校改革专家）。成员的任命原则为：先由教育部部长、众议院议长、参议院多数党领袖以及目标小组按照成员类别分配一定的名额进行提名，再由总统根据名额分配进行任命。在可行的情况下，委员会的成员应能体现美国的地域分布，并反映美国不同种族、性别和残疾人的利益。另外，应有不少于三分之一的委员会成员具备专门知识或背景，为来自低收入家庭、少数族裔背景、英语水平有限或残疾的儿童提供教育需要和评估。

该委员会的主要职责包括三个方面：一是审批并定期检查自愿全国教育内容标准、自愿全国学生成绩标准以及自愿全国学习机会标准。二是审批各州自愿提交的州教育内容标准、州学生成绩标准以及州学习机会标准，这些标准在要求和质量上需高于或与全国标准相当。三是审批各州或几个州联合提交的州教育评估。

为保证对法案的准确理解，《2000 年目标：美国教育法》对其中涉及的几个关键性词语进行了界定：第一，“教育内容标准”（content standards）是指学生在特定学科中应当获得的普遍的知识与技巧内容。第二，“学生成绩标准”（performance standards）是指显示学生按教育内容标准应该掌握的知识和技能及其实践能力的具体例子和明确的定义。第三，“学习机会标准”（opportunity-to-learn standards）是指用来评价衡量教育体系的各级机构（包括学校、地方和州教育机构）为所有学生学习达到全国或州自愿教育内容标准所提供的资源、实践和条件是否充分及其质量是否合格的基本标准。第四，“州教育评估”（State assessment）是指衡量学生成绩的措施方法，这一方法包括至少一种评估工具或其他评估学生成绩的方法和措施，其具体目的和应用是评估本州所有学生掌握州教育内容标准中一项或多项学科领域材料的进展情况。

1994 年，联邦政府授权拨款 300 万美元用以支持该委员会的工作，法案规定 1995—1998 年也将每年拨出相同数额的经费。另外，为支持学习机会标准的建立，联邦政府授权 1994 年拨款 200 万美元，1995 年也将拨款 200 万美元；为支持州教育评估工作，联邦政府授权 1994 年拨款 500 万美元，此后 4 个财政年度也将拨款相同数额的经费。

三、州和地方教育体制改革

法案指出，过往的教育改革虽然取得了一些好的成果，但这些改革往往仅局限于几所学校或教育体系中的某一部分，为了使改革更加系统全面，《2000 年目标：美国教育法》第 3 条旨在通过长期、广泛的努力，促进各州和地方一级的教育制度协调和连贯的改革，提高学生的学习能力，提高全体学生的教育质量。简单而言，就是将授权拨款给各州，用于中小学教育的综合性改革。法案授权在 1994 财政年度拨款 4 亿美元以支持第 3 条的工作，并规定此后 4 个财政年度也将拨付相同数目的款额。用于该条的拨款占整个法案拨款总额的 90％以上，其重要程度不言而喻。那么，各州将如何获得这笔拨款，在使用这笔拨款时又需要满足哪些要求呢？

关于拨款的申请，法案规定自愿参与《2000 年目标：美国教育法》教育改革计划的州，获得第 1 年拨款需要由州教育机构向联邦教育部长提交一份申请书，申请书的内容包括本州将如何进行“州教育改革计划”的制订以及将如何使用拨款等。获得第 1 年后的拨款则需要由州教育机构在第 2 年再次提交资助申请书，申请书的内容包括该州从第 2 年到第 5 年的活动计划、州教育改革计划（如未制定完成，需附上制定工作的步骤和时间表）以及资金的使用计划等。关于拨款的具体使用，法案规定州教育机构需要将第 1 年拨款中的至少 60％发放给地方教育机构，用以制订和实施地方教改计划，后续年份拨款中该比例不得少于 90％。而地方教育机构也至少将其在第 1 年获得资金的 75％用于支持各个学校的教改计划，后续年份比例不得少于 85％。

另外，法案还对州教育改革计划应如何制订、应包含哪些内容做了说明。州教育改革计划应由一个广泛吸收各界人士参加的州专门小组与该州教育机构和州长合作，共同开发制订。计划的核心宗旨在于提高本州的初级和中等教育水平，计划内容至少包括但不限于：其一，制定或采用具有挑战性的所有学生的州教学内容标准和州学生成绩标准的程序，开发和实施有效的、公平的、可靠的州教育评估标准的程序，制定将州或地方教学大纲、教学材料和州教育评估标准与本州的州教学内容标准和州学生成绩标准相协调的程序，以及使教师熟悉州教学内容标准和州学生成绩标准，提高教师高水平授课能力的程序，以帮助所有学生达到国家教育目标。其二，制定所有学生的学习机会标准，以确保所有学生获得本州教育内容标准和学生成绩标准所规定的知识和技能的平等机会。其三，制定提高本州教育体系控制能力、承担责任能力和管理职能的策略。其四，说明本州教育机构将如何使家长和其他社区代表参与州教改计划的策划、设计和实施活动。其五，使改革系统化的策略，如提供教材和学习辅助技术等。其六，促进由社区、基层教育机构和学校自下而上产生的，并得到州领导的支持、协调和扶持的改革的策略。其七，有关失学儿童的策略。其八，“从学校到就业”计划的协调策略。其九，详细地衡量学生成绩提高程度和实施计划进展程度的具体标准和时间表。其十，将学术教育与职业教育相结合的策略。其十一，本计划内容的定期审核和修正程序。

四、国家技能标准委员会

法案指出，许多美国人不具备日益复杂的就业市场所需的学术和职业技能。通常，他们在高中毕业后的5—10年内找不到稳定的、有职业发展规划的工作，这给美国经济造成的损失是惊人的。美国学生、工人、雇主和教育者必须意识到当今和未来工作场所对他们的知识和技能的要求。因此，为建立一个自愿职业标准和认证的国家体系，

《2000 年目标：美国教育法》第 4 条授权成立国家技能标准委员会(National Skill Standards Board)，使该委员会在激励开发和采纳一个自发性的全国技能标准和达到技能标准的评估和颁发合格证方面起到促进催化作用。该委员会由包括劳动部部长、教育部部长、商业部部长、国家教育标准与改进委员会主席、商界代表、劳工组织代表、社团代表等在内的 28 名成员组成，所有成员均由总统和国会进行任命。

委员会的主要职能有：第一，对含有 1—2 个行业、有共同特点、适合采用相同技能标准的职业群体进行确认和归类。第二，鼓励并协助各个职业群体建立自愿合作伙伴关系，使之共同制定出一个技能标准体系。第三，对职业群体制定的技能标准体系进行审批。第四，为支持第 2 项和第 3 项职能的工作，开展相应的研究、推广和协调工作，如进行有关技能标准的劳动力研究、确认一份其他国家和各州及美国大公司和行业使用的技能标准的目录、建立信息传播网络和中心资料库、建立有关技能标准的统一的专业术语、鼓励开发和使用旨在取得专业和技术各级证书和各等级高等教育的课程和教材、为志愿合作者提供相应的技术支持、协调志愿合作者之间的协作等。为促进技能标准的开发与自愿国家教育内容标准和自愿国家学生成绩标准的开发协调发展，法案还强调了国家技能标准委员会应与国家教育标准与改进委员会建立合作关系。1994 年，法案授权拨款了 1500 万美元以支持国家技能标准委员会的工作，并规定此后 5 个财政年度也将分别拨付相同的款项。

第三节　保守派对《2000 年目标：美国教育法》的抨击及其修订

由于《2000 年目标：美国教育法》中设立的国家教育标准与改进委员会要求制定的一系列国家教育标准以及这些标准的制定程序背离

了州和地方控制教育的长期传统，因此该法案颁布后不久就引起了很大的争议。尤其是在1994年美国国会中期选举过后，共和党控制了国会，《2000年目标：美国教育法》和基于标准的教育改革遭受了来自保守派的猛烈抨击。

在1994年国会中期选举过程中，许多保守派团体就曾发表众多反对《2000年目标：美国教育法》的言论。例如，美国政策中心（American Policy Center）的一位成员宣称，《2000年目标：美国教育法》是“对学校的恶性攻击”，通过它“联邦教育部正在控制地方学校的课程”以改变学生的价值观。① 新罕布什尔州一家反对《2000年目标：美国教育法》的组织的主席埃莉诺·坎贝尔（Eleanor Campbell）则更激进地认为，该法案的真正目的在于使联邦工作人员有权评判父母在家的表现，并把他们的孩子带走，最终通过思想操纵保证政治正确。②

保守派抨击《2000年目标：美国教育法》的核心主题是联邦政府在教育改革中的角色问题。虽然《2000年目标：美国教育法》自提出之初就反复申明联邦政府的非控制性角色，强调州和地方在制定教改计划方面的主导性，强调各项教育标准制定的自愿性以及拨款的灵活性，但是在1994年和1995年，联邦政府参与制定国家标准以及联邦政府对学校改革进行援助的初衷常常被忠实的保守派人士所忽视。一些保守派团体甚至主张完全消除联邦政府在协助学校改革方面的作用。例如，美国基督教学校协会（American Association of Christian Schools）主席卡尔·赫伯斯特（Carl Herbester）在1995年致国会议

---

① DEWEESE T. The ongoing saga of failed federal education policy[EB/OL]. (2000-03-29)[2023-07-02]. https://americanpolicy.org/2000/03/29/the-continuing-saga-of-failed-federal-education-policy/.

② SHARPE R. Federal education law becomes hot target of wary conservatives[N]. Wall street journal, 1995-08-30(A1).

员的信中示意，如果国会真的希望改革教育，那就必须下放联邦教育部所拥有的权力，消除联邦政府在教育中的作用。[①] 同年 5 月，由众议院共和党新议员组成的联盟也主张让联邦教育部瓦解，把大部分资金移交给各州。[②]

1995 年，由共和党人控制的新一届国会前后对《2000 年目标：美国教育法》共发起了 3 次正面攻击。3 次攻击以对"国家历史标准"提出质疑为开端，以对国家教育标准与改进委员会进行取缔为中场，以削减《2000 年目标：美国教育法》财政拨款为终点，攻击的最终"成果"集中体现在 1996 年《2000 年目标：美国教育法修正案》（*Amendments to the Goals 2000：Educate America Act*）中。

一、阻止采用 1994 年《美国历史国家标准》决议

1995 年 1 月，第 104 届国会成立的第 1 个月，参议员斯莱德·戈顿（Slade Gorton）提出了 S. Res. 66 议案，拉开了对国家教育标准和《2000 年目标：美国教育法》进行正面攻击的帷幕。该议案要求国家教育目标领导小组以及国家教育标准与改进委员会否决由加州大学洛杉矶分校国家历史中心（National Center for History）制定的《美国历史国家标准》（National Standards for United States History）。[③]

《美国历史国家标准》出版于 1994 年末，在 1991 年接受了来自国家人文基金会（National Endowment for the Humanities）和联邦教育

① JENNINGS J F. Why national standards and tests? :politics and the quest for better schools[M]. California:Sage Publications,1998:156.

② SANCHEZ R. House Republicans' proposal would end much of federal role in education[N]. The Washington post,1995-05-25(A19).

③ Congress. gov. S. Res. 66-104th Congress (1995-1996):a resolution to prevent the adoption of certain national history standards[Z/OL]. (1995-01-20)[2021-04-29]. https://www. congress. gov/bill/104th-congress/senate-resolution/66.

部的资助，资助总额超过200万美元。该标准在发布之前就受到不少的反对，时任国家人文基金会主席林恩·切尼（Lynne Cheney）指出，该国家历史标准为追求所谓的政治正确而存在明显的政治偏见，这一标准不仅忽视了美国历史上的许多核心人物（尤其是白人男性），而且在讨论非洲和美洲原住民社会时不加任何批判，反而对资本主义显得过于挑剔。① 因此，戈顿在上交议案时也以该标准存在的这些问题为由，称该标准是"受意识形态驱动的""反西方的"，并忧心《2000年目标：美国教育法》所确立的标准认证程序是否会不加修改地对该标准予以认证。②

也有一些参议员对该议案提出了反对，如参议员吉姆·杰福兹（Jim Jeffords）强调，是企业界施加了最大的压力，要求通过提高标准来改善学校教育质量。参议员杰夫·宾格曼（Jeff Bingaman）则称该修正案是对在国家教育目标领导小组任职的州长的"侮辱"，因为一旦标准提交，应该由他们而不是由国会来审查。参议员佩尔还提醒参议院说，该标准只是被提议的，还没有准备提交给国家教育标准与改进委员会和国家教育目标领导小组。③

然而也有更多的参议员为支持戈顿的议案而发表讲话，强调《美国历史国家标准》所存在的问题。参议员们对该标准近乎一致的反对使辩论结果毫无意外可言，该议案在提出当天（1995年1月20日）就以99票对1票在参议院获得通过。

---

① CHENEY L V. The end of history[N/OL]. Wall street journal，1994-10-20[2024-02-26]. chrome-extension：//bocbaocobfecmglnmeaeppambideimao/pdf/viewer. html? file＝https%3A%2F%2Fonline. wsj. com%2Fmedia%2FEndofHistory. pdf.

② Congress. gov. S. Res. 66-104th Congress（1995-1996）：a resolution to prevent the adoption of certain national history standards[Z/OL].（1995-01-20）[2021-04-29]. https：//www. congress. gov/bill/104th-congress/senate-resolution/66.

③ JENNINGS J F. Why national standards and tests? ：politics and the quest for better schools[M]. California：Sage Publications，1998：158.

虽然 S. Res. 66 议案的直接影响仅在于促使了国家历史中心对《美国历史国家标准》进行重新修订，但对该标准内容的批评和对其政治偏见的指控，实质上体现了保守派对国家教育标准与改进委员会及其在标准认证中所具权力的反对，对《2000 年目标：美国教育法》的地位及其支持的改革框架造成了潜在的负面影响。自此，一些批评家开始质疑制定国家课程内容标准的明智性或必要性。① 此外，该议案还具有重要的象征意义。它表明在新一届国会伊始，保守党就已经紧盯《2000 年目标：美国教育法》、提高教育标准的教育改革运动以及联邦政府在教育改革中的作用，只待其露出破绽就将发起猛烈的抨击。

二、解散国家教育标准与改进委员会的决议

1995 年影响《2000 年目标：美国教育法》的第 2 个议案是众议员威廉·富兰克林·古德林（William Franklin Goodling）于 2 月 24 日向众议院提交的 H. R. 1045，该议案的提议内容是解散国家教育标准与改进委员会。②

国家教育标准与改进委员会引发的争议主要源自其成员的任命方式及其对教育标准的认定程序。反对该委员会存在的批评者主要有如下观点：第一，总统对该委员会成员的任命，可能会使得该委员会成为一个党派实体，存在该委员会会对有政治偏见的教育标准予以认证批准的可能。第二，根据《2000 年目标：美国教育法》所制定的教育

---

① STEDMAN J B, RIDDLE W C. Goals 2000: Educate America Act implementation status and issues[R]. Washington, D. C.: Library of Congress, 1998: 12.

② Joint Committee on Printing, Congress. History of H. R. 1045-a bill to amend the Goals 2000, Educate America Act to eliminate The National Education Standards and Improvement Council, and for other purposes[Z/OL](1995-10-31)[2022-04-28]. https://www.govinfo.gov/app/details/HOB-1995/HOB-1995-hr1045.

标准认证程序，该委员会可以以 19 名成员中的微弱多数审核通过某项教育标准，但要想推翻该委员会的认证，必须在国家教育目标领导小组中获得三分之二的反对票。第三，甚至该委员会所拥有的认证权力本身就存在问题。各州和地方在确定具有挑战性的“世界级”教育标准方面不需要帮助，因为他们自身也完全有能力完成。第四，认证可能会过早地抑制对某些教育标准的良性竞争，可能会阻碍其他个人或团体对教育标准的开发。第五，如果该委员会提供的任何资料或反馈对国家是有价值的，那么这可以通过咨询而不是核证的方式来完成。第六，该委员会所具有的对教育标准的核证权力将可能使自愿国家标准成为各州的强制性标准，尤其是当联邦教育拨款与州和地方采用自愿国家标准挂钩时，这种情况发生的可能性将更大。①

然而也存有一些对国家教育标准与改进委员会予以支持的声音。支持者们认为需要有这样一个国家实体来判断各种拟议国家标准的质量。如果没有一个国家组织对教育标准进行独立的核证，那么每一个州都将被迫履行国家教育标准与改进委员会的职责，确定哪些标准质量适当，哪些标准值得各州为其制定标准而考虑，还需要对跨州和跨国际的标准进行比较和研究。此外，一些支持者还指出教育标准的核证是国家教育标准与改进委员会授权的活动之一，对各州确保其标准具有必要的质量至关重要，委员会还将努力提供广泛的资料和资源，帮助各州制定和执行教育标准以及进行教育评估。②

但是这些支持者的声音很快就被淹没了。在 1995 年 5 月的众议院讨论会议中，几名议员发言说国家教育标准与改进委员会就像是一个“全国学校董事会”（national school board），明显侵犯了州和地方的教

① STEDMAN J B，RIDDLE W C. Goals 2000：Educate America Act implementation status and issues[R]. Washington，D. C.：Library of Congress，1998：19.

② STEDMAN J B，RIDDLE W C. Goals 2000：Educate America Act implementation status and issues[R]. Washington，D. C.：Library of Congress，1998：19.

育权力。[①] 这一言论得到了更多议员的反响与支持，因此 H. R. 1045 很快就在众议院获得了一致通过。随后该议案被移交至参议院，虽然参议院没有对该议案进行单独表决，但是该议案的内容也被并入至 1996 年通过的《2000 年目标：美国教育法修正案》中。克林顿政府也通过了这一决议，以作为拯救整个《2000 年目标：美国教育法》的部分妥协。[②]

三、《2000 年目标：美国教育法》拨款之争与 1996 年修正案

不管是阻止采用 1994 年《美国国家历史标准》的决议，还是解散国家教育标准与改进委员会的决议，都还只能算作初期的小规模攻击。从 1995 年 3 月开始一直持续到次年 4 月针对《2000 年目标：美国教育法》授权拨款进行的攻击，才是保守派的主战场。

首先是对《2000 年目标：美国教育法》1995 财政年度拨款的削减，始于 1995 年 3 月 8 日在众议院提出的 H. R. 1158 议案，该议案是一部针对联邦拨款进行综合性调整的议案。其中，针对 1995 财政年度《2000 年目标：美国教育法》的拨款调整是：减少用于州和地方改革预算拨款的 19%（从最初预算的 3.719 亿美元中削减 0.7 亿美元），取消用于国家层面行动的全部预算拨款（2150 万美元）。[③] 该议案最终遭到克林顿总统的否决。之后，该议案的修订版又于 1995 年 6 月 28 日以编

① CAMPHIRE G. House Panel moves to kill Standards Council[N]. Education daily, 1995-05-11(1-2).

② JENNINGS J F. Why national standards and tests? : politics and the quest for better schools[M]. California: Sage Publications, 1998: 159.

③ House of Representatives, Congress. H. R. 1158 (RH)-Making emergency supplemental appropriations for additional disaster assistance and making rescissions for the fiscal year ending September 30, 1995, and for other purposes[Z/OL]. (1995-03-08)[2024-02-26]. https://www.govinfo.gov/app/details/BILLS-104hr1158rh.

号 H. R. 1944 在众议院再次被提出，最终在 7 月 27 日由克林顿总统签署为 104-19 公法。104-19 公法将《2000 年目标：美国教育法》1995 财政年度用于州和地方改革的拨款减少了 1000 万美元，即最终拨款为 3.619 亿美元，比预算水平减少了 3%，取消了用于国家层面行动的全部预算拨款。①

对于国会和白宫在这之后持续了近 7 个月的围绕削减联邦教育拨款（包括对《2000 年目标：美国教育法》拨款）的斗争而言，对《2000 年目标：美国教育法》1995 财政年度预算拨款的削减只能算是一个热场赛。1995 年 8 月 4 日，众议院投票通过了 H. R. 2127 议案，该议案取消了对《2000 年目标：美国教育法》所有资助，并禁止使用其他任何资金用于教育标准的制定，还取消了几十个其他的联邦教育项目。②可见，保守党在致力于消除联邦政府在提高教育质量中的新角色方面从未松懈。众议院对联邦教育开支的削减被戴维·霍夫（David Hoff）在《教育日报》（*Education Daily*）上评论说是"巨大的"，被全国性联合报纸专栏作家戴维·布罗德（David Broder）称为是"纯粹的愚蠢"，布罗德还质问国会为什么要扼杀为学校设定更高标准的最大希望。③

虽然 1995 年 9 月 H. R. 2127 议案经由参议院审议，最终建议将联邦教育拨款的削减额度降低为 9%，并保留了大部分用于《2000 年目

---

① Office of the Federal Register, National Archives and Records Administration. Public law 104-19-emergency supplemental appropriations for additional disaster assistance, for anti-terrorism initiatives, for assistance in the recovery from the tragedy that occurred at Oklahoma City, and rescissions act, 1995[Z/OL]. (1995-07-27)[2024-02-26]. https://www.govinfo.gov/app/details/PLAW-104publ19.

② House of Representatives, Congress. H. R. 2127 (EH)-an act making appropriations for the Departments of Labor, Health and Human Services, and Education, and related agencies, for the fiscal year ending September 30, 1996, and for other purposes[Z/OL]. (1995-08-04)[2024-02-26]. https://www.govinfo.gov/app/details/BILLS-104hr2127eh.

③ JENNINGS J F. Why national standards and tests?: politics and the quest for better schools[M]. California: Sage Publications, 1998: 159-160.

标：美国教育法》的拨款，但是克林顿政府始终无法接受如此多的削减。克林顿总统威胁说，将否决任何包含如此大规模地对联邦教育拨款进行削减的法案，而实际上他也是如此做的。[①] 克林顿总统获得了参议院民主党人和美国商界的支持。参议院民主党人明确表示，如果要对教育拨款进行如此大规模的削减，他们将用拖延战术阻挠立法。许多商界领袖也大声抗议削减教育经费，表示将对《2000 年目标：美国教育法》予以支持。他们认为，放弃《2000 年目标：美国教育法》将会使学校改革一如既往的混乱。[②]

最终，长达 7 个月的辩论以 1996 年 4 月 26 日克林顿总统签署公法 104-34 后画上句号。《华盛顿邮报》评论道："历经 7 个月的时间，经历过 13 个临时拨款法案，在一场关于联邦政府在国家教育中的角色问题的马拉松式辩论之后，国会终于快要解决好联邦教育部今年的预算问题了——但是尽管如此，预算可能也不会有太大的改变。"[③]在公法 104-34 确定的最终拨款中，教育领域的拨款基本与辩论前的水平保持一致。其中，确定的对《2000 年目标：美国教育法》1996 财政年度的总拨款为 3.5 亿美元，比 1995 财政年度的 3.78 亿美元少 0.28 亿美元，用于国家层面行动的全部预算拨款被取消。[④]

虽然激进保守派在消除《2000 年目标：美国教育法》的斗争中失败了，但是公法 104-34 第 7 条《2000 年目标：美国教育法修正案》也对原法案做出了不少的改动。这些改动包括：第一，废除国家教育标

---

① JENNINGS J F. Why national standards and tests? : politics and the quest for better schools[M]. California: Sage Publications, 1998: 160.

② JENNINGS J F. Why national standards and tests? : politics and the quest for better schools[M]. California: Sage Publications, 1998: 160.

③ JENNINGS J F. Why national standards and tests? : politics and the quest for better schools[M]. California: Sage Publications, 1998: 161.

④ SUPERFINE B M. The politics of accountability: the rise and fall of Goals 2000[J]. American journal of education, 2005, 112(1): 10-43.

准与改进委员会。第二，废除国家科学院和国家教育研究所（National Academy of Education）为评估国家教育目标小组和国家教育标准与改进委员会的工作而进行拨款的授权。第三，废除全国学习机会标准的制定。第四，取消州教改计划中建立学习机会标准或策略的要求。第五，废除联邦政府为州教育机构、地方教育机构发展和评估与州内容标准一致的州评估标准进行拨款的授权。第六，在1995年10月20日前没有参与《2000年目标：美国教育法》拨款计划的州，在州教育机构批准的前提下，授权地方教育机构直接向美国教育部申请资助。第七，取消对州和地方教改计划制订小组的成员组成要求的规定。第八，在申请参与《2000年目标：美国教育法》教改计划时，授权各州向州教育机构而不是向美国教育部部长提交教改计划，但需要州长和公立学校总监保证该州有一个符合法律要求的计划，对计划的修订将满足这些要求，并且说明学生进步和执行州计划进度的基准，以及衡量进度的时间表；授权的州教育机构必须每年向公众报告它如何使用《2000年目标：美国教育法》提供的资金，以及在实现其计划和时间表方面取得了哪些进展。第九，明确规定，地方教育机构获取技术、实施技术强化课程和教学是《2000年目标：美国教育法》拨款的授权用途之一（这些用途可以根据先前的授权获得资金，但没有被明确规定）。第十，规定《2000年目标：美国教育法》中的任何条款都不能解释为要求州、地方教育机构或学校作为获得联邦拨款的条件。第十一，规定《2000年目标：美国教育法》不能解释为允许联邦或州官员检查孩子的家，判断父母如何抚养孩子，或把孩子从父母身边带走。第十二，规定可以有12个州获得《2000年目标：美国教育法》中的教育弹性豁免权限（在之前6个州的基础上再增加6个）。①

---

① STEDMAN J B, RIDDLE W C. Goals 2000: Educate America Act implementation status and issues[R]. Washington, D. C.: Library of Congress, 1998: 9-10.

第四节 《2000 年目标：美国教育法》的实施、成效与影响

尽管《2000 年目标：美国教育法》在颁布后不到一年就开始受到新一届国会的强烈抨击和反对，该法案最初的教育改革设想没有得到完全落实，8 大国家教育目标也没能在新世纪到来时得以实现，但不可否认的是，该法案确实在其制定的教改框架下取得了一定的实施成效，有效推动了自 20 世纪 80 年代末以来的以统一教育标准、提高教育质量为核心的教育改革。

一、《2000 年目标：美国教育法》的实施

《2000 年目标：美国教育法》的具体落实情况可以从联邦、州与地方两个层面进行考察。

（一）联邦层面的实施情况

在 1996 年法案修订之前，《2000 年目标：美国教育法》在联邦层面开展的行动主要包括对自愿国家教育标准的制定和国家教育目标领导小组对 8 大教育目标实现情况的追踪和报告。在法案颁布不久，美国教育部为实施《2000 年目标：美国教育法》而专门编发的《社区通讯》（*Community Update*）就刊登了负责 8 门核心学科的自愿全国教育内容标准和学生成绩标准设计、编订的协调单位。其中，数学学科由设在弗吉尼亚州的全国数学教师委员会负责；自然科学学科由设在首都华盛顿的国家科学院和国家研究委员会负责；历史学科由设在洛杉矶加州大学的全国历史教学中心负责；英语学科由设在伊利诺伊州的全国阅读研究中心负责；艺术学科由设在弗吉尼亚州的音乐教育工作者全国会议负责；公民与政府学科由设在加州的全国公民教育中心负责；

地理学科由设在首都华盛顿的地理学科标准设计中心负责；外语学科由设在纽约州的全美外国语教学委员会负责。[①]

据 1996 年国家教育目标领导小组发布的教育改革进程追踪报告，截至该报告发布之前，在各学科领域专家们的共同努力下，国家教育目标 3 中指定的 9 个核心学科领域中已有 8 个领域（英语、数学、科学、外语、公民与政府、艺术、历史、地理）完成了自愿全国教育标准的制定，并且第 9 个核心领域（经济学）的教育标准草案也正在制定中。体育、社会研究、作为第二语言的英语、健康、工艺艺术以及技术等第二梯队学科领域的自愿全国教育标准也已经以最终版本或草案的形式发布。这些自愿全国教育标准成为各州和地方制定各自教育标准的模板或参照资料。[②] 由于修订后的法案不再为制定自愿全国教育标准以及法案原设的国家级项目进行拨款，因此在联邦一级的实施行动就只剩下国家教育目标领导小组的运作了。国家教育目标领导小组在 1991 年至 1999 年，为追踪全国教育目标的实现情况发布了众多报告，为全美各界提供了全国教育改革的实时动态。虽然该小组的运作也于 2002 年 1 月《不让一个孩子掉队法》颁布后被终止，但它的运作是《2000 年目标：美国教育法》在联邦层面实施中最为圆满和成功的。

（二）州与地方层面的实施情况

在《2000 年目标：美国教育法》实行后的第 1 年（1995 年），全美就有 47 个州加入了法案第 3 条的州和地方教育体制改革计划，在此计划下接受联邦政府的教育拨款。[③] 截至 1998 年 2 月中旬，全美 50 个州

---

① 吕达.《2000 年目标：美国教育法》初探 [J]. 课程・教材・教法，1993（9）：56-59.

② National Education Goals Panel. The national education goals report: building a nation of learners 1996[R]. Washington, D. C.: National Education Goals Panel, 1996: 3.

③ Department of Education. Goals 2000: a progress report[R]. Washington, D. C.: Department of Education, 1995: 1.

以及哥伦比亚特区和波多黎各自治邦都参与了这项计划。其中蒙大拿州和俄克拉何马州较为特殊，它们不是以州一级的身份加入该计划的，而是直接以各自地方学区的身份加入其中，美国教育部在发放拨款时也就直接提供给地方教育机构，而不是州教育机构。另外，还有 12 个州是以 1996 年修正法案中规定的更为灵活的拨款为前提条件加入该计划的，这些州分别是科罗拉多州、伊利诺伊州、艾奥瓦州、堪萨斯州、马里兰州、马萨诸塞州、密歇根州、新墨西哥州、俄亥俄州、俄勒冈州、得克萨斯州和佛蒙特州。①

其实，早在克林顿政府颁布《2000 年目标：美国教育法》之前各州已经陆续开始了教育改革，而各州之所以如此积极地加入该计划，是因为克林顿政府巧妙地运用了经济杠杆：只要加入该计划，并且完成计划的要求，便可以获得相应的教育拨款。对于需要资金推进教育改革进程的各州而言，这笔拨款可谓是雪中送炭。1998 年，美国联邦审计总署针对 1994—1997 财政年度《2000 年目标：美国教育法》为州和地方提供的共约 12.5 亿美元教育拨款进行了综合审查。该审查工作对拨款的具体流向和用途进行了详细调查，调查所得的拨款具体使用情况见图 9-4-1。该审查结果表明，总拨款 12.5 亿中约有 1.09 亿美元（9％）保留在州一级，用于管理、制定全州教育标准和其他相关用途，其余 91％的经费均下拨给地方教育机构。② 从对加利福尼亚一所学校的阅读专业发展活动拨付的 28 美元拨款，到授予洛杉矶联合学区 610 万美元的拨款用于 4—8 年级学生的阅读指导，在全美 14 367 个提供教学服务的学区中，有超过三分之一的学区至少收到过一次《2000 年目标：

---

① STEDMAN J B, RIDDLE W C. Goals 2000: Educate America Act implementation status and issues[R]. Washington, D. C.: Library of Congress, 1998: 10-12.

② United States General Accounting Office. Goals 2000 flexible funding supports state and local education reform[R]. Washington, D. C.: United States General Accounting Office, 1998: 5.

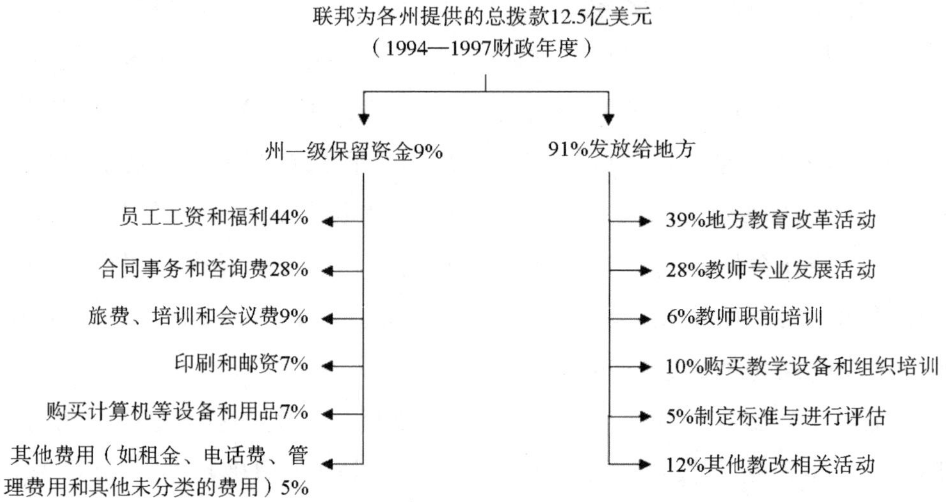

图 9-4-1　1994—1997 财政年度《2000 年目标：美国教育法》为州和地方提供的教育拨款的具体使用情况①

美国教育法》的拨款。② 发放到地方的资金则主要用于包括地方教改活动、教师专业发展活动、教师职前培训、购买教学设备、组织培训、制定标准、进行评估等在内的一系列教改活动。其中地方教育改革活动和教师专业发展活动是占用资金最多的两个类别，共占地方拨款的三分之二左右。根据审查结果，联邦审计总署在审查报告中总结道："《2000 年目标：美国教育法》似乎达到了国会的目的。它提供了一个

① United States General Accounting Office. Goals 2000 flexible funding supports state and local education reform[R]. Washington, D. C. : United States General Accounting Office, 1998: 5, 6, 9.

② United States General Accounting Office. Goals 2000 flexible funding supports state and local education reform[R]. Washington, D. C. : United States General Accounting Office, 1998: 8.

额外的、灵活的资金来源，促进了州和地方的教育系统改革。”[①]

另外，与联邦层面制定自愿全国教育标准同步，多个州也着手制定了适合本州实际情况的州教育标准。1995—1998 年，制定核心学科领域州教育内容标准的州的数量有了大幅增加，其中制定了数学教育内容标准的州由 25 个增加到了 42 个，制定了英语或语言艺术教育内容标准的州由 20 个增加到了 37 个，制定了社会科学教育内容标准的州由 20 个增加到了 40 个，制定了科学教育内容标准的州由 23 个增加到了 41 个。1998—2000 年也有越来越多的州在艺术、健康、体育、外语等学科领域制定了州教育内容标准。[②] 除教育内容标准的制定外，各州和地方也积极发展了相应的教育评估标准，1996 年国家教育目标领导小组的报告中提到，美国最大的 28 个城区正在制定或采用自己的评估标准，并且努力将地方评估标准与国家、州或地方教育内容标准相统一。[③]

二、8 大国家教育目标的实现情况

不管是联邦层面的行动，还是州与地方层面的实施，《2000 年目标：美国教育法》教育改革的核心目的始终是实现 8 大国家教育目标。自国家教育目标制定以来，其具体进展情况如何呢？国家教育目标领导小组 1999 年发布的报告采用了 27 个国家级具体指标来衡量实现 8 个国家教育目标的进展情况，具体资料见表 9-4-1。

---

① United States General Accounting Office. Goals 2000 flexible funding supports state and local education reform[R]. Washington, D. C. : United States General Accounting Office, 1998: 15.

② CAVELL L, BLANK R K, TOYE C, et al. Key state education policies on PK-12 education: 2004[R]. Washington, D. C. : Council of Chief State School Officers, 2005: 24-25.

③ National Education Goals Panel. The national education goals report: building a nation of learners 1996[R]. Washington, D. C. : National Education Goals Panel, 1996: 3.

表 9-4-1　8 大国家教育目标实施进展①

目标	具体指标		首测年份情况	最近年份情况
目标 1：入学准备	儿童健康指数：出生时存在一种或多种健康风险的婴儿的比例（1990，1997）		37%	33%（↑）
	免疫接种：2 岁儿童接种可预防性儿童疾病疫苗的比例（1994，1997）		75%	78%（↑）
	家庭儿童阅读和讲故事：3—5 岁儿童的父母经常给儿童读书或讲故事的比例（1993，1999）		66%	69%（↑）
	学前教育参与：高收入家庭和低收入家庭 3—5 岁儿童在学前教育参与方面的差距分数，分数越高差距越大（1991，1999）		28 分	13 分（↑）
目标 2：完成学业	高中毕业率：美国 18—24 岁人群中拥有高中学历的比例（1990，1994）		86%	85%（—）
目标 3：学生成绩和公民责任	阅读成绩：达到阅读成绩标准的学生比例（1992，1998）	4 年级	29%	31%（—）
		8 年级	29%	33%（↑）
		12 年级	40%	40%（—）
	写作成绩：达到或超过熟练程度的学生比例（1998）	4 年级	23%	
		8 年级	27%	
		12 年级	22%	
	数学成绩：达到数学成绩标准的学生比例（1990，1996）	4 年级	13%	21%（↑）
		8 年级	15%	24%（↑）
		12 年级	12%	16%（↑）
	科学成绩：达到或超过精通水平的学生比例（1996）	4 年级	29%	
		8 年级	29%	
		12 年级	21%	

① National Education Goals Panel. The national education goals report: building a nation of learners 1999[R]. Washington, D. C.: National Education Goals Panel, 1999: 16-21.

续表 1

目标	具体指标		首测年份情况	最近年份情况
	公民成绩：达到或超过精通程度的学生比例（1998）	4 年级	23%	
		8 年级	22%	
		12 年级	26%	
	历史成绩：达到历史成绩标准的学生比例（1994）	4 年级	17%	
		8 年级	14%	
		12 年级	11%	
	地理成绩：达到地理成绩标准的学生比例（1994）	4 年级	22%	
		8 年级	28%	
		12 年级	27%	
目标 4：教师教育和专业发展	教师教育：在主要学科教学中拥有本科及以上学历的中学教师比例（1991，1994）		66%	63%（↓）
	教师专业发展：上一学年参加过一个及以上在职或专业发展项目的教师比例（1994）		85%	
目标 5：数学和科学	国际数学成绩：美国学生在国际数学评估中的成绩排名（1995）	4 年级	8/25	
		8 年级	21/40	
		12 年级	15/20	
	国际科学成绩：美国学生在国际科学评估中的成绩排名（1995）	4 年级	2/25	
		8 年级	10/40	
		12 年级	12/20	
	数学和科学学位：数学和科学学位在所有学科学位授予中的比例（1991，1996）	所有学生	39%	43%（↑）
		少数民族学生	39%	40%（↑）
		女学生	35%	41%（↑）

续表 2

<table>
<tr><th>目标</th><th colspan="2">具体指标</th><th>首测年份情况</th><th>最近年份情况</th></tr>
<tr><td rowspan="7">目标 6：成人读写能力和终身学习</td><td colspan="2">成人读写能力：成年人在散文读写能力前 3 个等级中的比例（1992）</td><td>52%</td><td></td></tr>
<tr><td colspan="2">成人教育参与：高中及以下学历的成年人与接受过额外高等教育或技术培训的成年人在参与成人教育方面的差距分数（1991，1999）</td><td>27 分</td><td>29 分（—）</td></tr>
<tr><td rowspan="2">高等教育参与：
白人和黑人高中毕业生在大学入学机会和学位取得方面的差距分数</td><td>大学入学机会（1990，1997）</td><td>14 分</td><td>9 分（—）</td></tr>
<tr><td>取得大学学位（1992，1998）</td><td>16 分</td><td>19 分（—）</td></tr>
<tr><td rowspan="2">白人和西班牙裔高中毕业生在大学入学机会和学位取得方面的差距分数</td><td>大学入学机会（1990，1997）</td><td>11 分</td><td>13 分（—）</td></tr>
<tr><td>取得大学学位（1992，1998）</td><td>15 分</td><td>19 分（—）</td></tr>
<tr><td colspan="4" style="display:none"></td></tr>
<tr><td rowspan="7">目标 7：安全、有纪律、无酒精、无毒品的学校</td><td rowspan="2">学生吸毒和酗酒的总体情况：上一学年中 10 年级学生被报告使用违禁毒品和酒精的比例</td><td>使用违禁毒品（1991，1998）</td><td>24%</td><td>37%（↓）</td></tr>
<tr><td>使用酒精（1993，1998）</td><td>63%</td><td>63%（—）</td></tr>
<tr><td colspan="2">在学校销售毒品：上一学年中 10 年级学生报告有人在学校向他们出售或提供非法毒品的比例（1992，1998）</td><td>18%</td><td>29%（↓）</td></tr>
<tr><td rowspan="2">学生和教师受害：上一学年中学生和教师报告他们受到威胁或受伤的比例</td><td>10 年级学生（1991，1998）</td><td>40%</td><td>33%（↑）</td></tr>
<tr><td>公立学校教师（1991，1994）</td><td>10%</td><td>15%（↓）</td></tr>
<tr><td rowspan="2">学生对课堂的干扰：上一学年中学生和教师报告学生干扰课堂教学的比例</td><td>10 年级学生（1992，1998）</td><td>17%</td><td>16%（—）</td></tr>
<tr><td>中学教师（1991，1994）</td><td>37%</td><td>46%（↓）</td></tr>
</table>

续表 3

目标	具体指标	首测年份情况	最近年份情况
目标 8：家长参与	校长对家长参与家长会的报告：K-8 公立学校报告中超过一半的家长在学年期间参加了家长会的比例（1996）	78%	
	家长参与学校政策决策的报告：上一学年中，K-8 公立学校在 3 个及以上领域的政策决策中考虑了家长意见的比例（1996）	41%	
	家长对他们参与学校活动的报告：3—12 年级学生的家长在上一学年参加了孩子所在学校的两项及以上活动的比例（1993，1999）	63%	62%（—）

注："具体指标"一栏括号中的年份分别对应"首测年份情况"和"最近年份情况"中的年份；"最近年份情况"一栏括号内的"↑"表示相较于"首测年份情况"有所进步，"—"表示相较于"首测年份情况"没有进展，"↓"表示相较于"首测年份情况"有所退步。

通过将表 9-4-1 中的资料与联邦教育部 2000 年发布的《挑战现状：1993—2000 年教育记录》（*Challenging the Status Quo：The Education Record，1993-2000*）报告结合进行分析后可以发现：在《2000 年目标：美国教育法》的教育改革框架下，美国教育在学生入学准备、学生成绩、高等教育参与度、教师质量以及教学设施等方面取得了一定的进展和成效。

第一，学生入学准备方面。如表 9-4-1 所示，1990 年至 1997 年，出生时存在一种或多种健康风险的婴儿的比例下降了 4%；2 岁儿童接种可预防性儿童疾病疫苗的比例从 1994 年至 1997 年增加了 3%；3—5 岁儿童的父母经常给儿童读书或讲故事的比例从 1993 年的 66%提高到 1999 年的 69%。1991 年至 1999 年，高收入家庭和低收入家庭 3—5 岁儿童在学前教育参与方面的差距缩小了一半。

第二，学业成绩方面。如表 9-4-1 所示，1990 年至 1996 年，4 年级学生数学成绩达到国家标准的比例由 13%上升到 21%，8 年级学生数学成绩达到国家标准的比例由 15%上升到 24%。1996 年，来自 9 个最贫困的州的学生的数学成绩均达到或超过全国公立学校的平均标准。1994 年至 1998 年，8—12 年级的学生阅读水平也有了很大的提高，在美国全国教育进展评估测试中达到或超过基本成绩标准的学生比例越来越高。①

第三，高等教育入学方面。不同种族和性别的学生在高等教育入学方面的差距逐渐缩小。如 1992 年至 1998 年，25—29 岁黑人学生获得学士及以上学历的比例从 14%上升到接近 18%，女性学生获得学士学位的比例从不足 28%增加到 32%，甚至在一些大学中 25—29 岁女性学生的比例从不足 58%上升到 68%。非裔女性学生取得的成就更令人印象深刻，从 1992 年只有不到 47%的非裔女性上过大学，到 1998 年这个数据已经接近 60%。②

第四，教师质量方面。1994 年至 1999 年，参加教育技术培训的教师比例由 51%提高到 78%，越来越多的教师开始在学科教学中融入新的教育技术。全美专业教学标准委员会（National Board for Professional Teaching Standards）每年会对优秀教师进行认证，为认证成功的教师发放津贴，以保持教师队伍的高素质高水平。该委员会的年度认证人数从 1995 年的 282 人增加到 1999 年的 4799 人，1999 年的认证人数是 1995 年认证人数的 17 倍，而仅在 1999 年至 2000 年，就有超过 1 万名

① Office of Education Research and Improvement. Challenging the status quo: the education record, 1993-2000[R]. Washington, D. C: U. S. Department of Education, 2000: 13.

② Office of Education Research and Improvement. Challenging the status quo: the education record, 1993-2000[R]. Washington, D. C: U. S. Department of Education, 2000: 13.

候选教师申请认证。①

第五，教学设施方面。1998 年，全美实现平均 6 名学生拥有一台教学计算机。1993 年至 1999 年，接入互联网的教室比例由 3%提高到 65%，1993 年只有 13%的最贫困学校接入互联网，1999 年这一比例增加到 90%。②

从以上这些数据可以看出，美国的教育质量在联邦政策的支持下取得了一定的进步。但是与此同时，如表 9-4-1 所示，在一些方面并未取得显著进展，甚至还出现了倒退的情况。例如在令人担忧的学校安全方面，1991 年至 1998 年，美国 10 年级学生使用非法毒品的比例从 24%上升到 37%，在学校向 10 年级学生出售或提供非法毒品的比例从 18%上升到 29%，学校中威胁或受伤事件的发生概率并未减少，课堂干扰情况也并没有得到好转。高中毕业率并没有得到提高，4 年级、8 年级的阅读成绩和 12 年级的数学成绩从 1990 年到 1996 年也依旧保持原样。在主要学科教学中拥有本科及以上学历的中学教师比例从 1991 年到 1994 年还下降了 3%。受教育经历不同的成年人在成人教育参与方面的差距，以及少数族裔学生与白人学生在大学入学率和完成率方面仍然存在一定差距。

三、《2000 年目标：美国教育法》的影响

虽然 8 大国家教育目标最终没能如期实现，但是《2000 年目标：美国教育法》在美国教育改革历程中代表了一种前所未有的联邦战

---

① Office of Education Research and Improvement. Challenging the status quo: the education record, 1993-2000[R]. Washington, D. C: U. S. Department of Education, 2000: 13-14.

② Office of Education Research and Improvement. Challenging the status quo: the education record, 1993-2000[R]. Washington, D. C: U. S. Department of Education, 2000: 14.

略——美国终于有了一个全国性的教育战略。在美国，教育是宪法赋予各州的未列举的权力之一，以往 90%以上的教育经费来自州和地方税收，联邦政府的作用历来受到严格限制，教育只是断断续续地被视为一个值得全国认真关注的问题。[①] 直到《国家处在危机之中：教育改革势在必行》报告出台，教育质量问题才获得全美的广泛关注。然而，国会对老布什政府《美国 2000：教育战略》议案的否决也反映出，要在教育领域塑造一个联邦领导角色，并获得广泛的两党支持是多么困难，尤其是当教育改革重点从针对需要联邦保护的特定学生群体的项目转向旨在提高全体学生成绩的战略时。但是克林顿政府完成了这一挑战。《2000 年目标：美国教育法》是美国历史上第一次通过立法的形式确立了一个全国性的教育改革框架。在这个框架下，联邦政府的角色被塑造为顾及全体学生利益的中小学教育质量改善支持者、推动者，同时州和地方对教育的控制权力依然保持不变。乃至于美国教师联合会（American Federation of Teachers）主席艾伯特·夏克尔（Albert Shanker）称，《2000 年目标：美国教育法》是“美国有史以来最重要的教育立法”[②]。

《2000 年目标：美国教育法》从确立国家教育目标到形成全国性的教育改革框架，以及制定全国性教育标准、创建国家技能标准委员会，这些行动都充分体现了教育的联邦化、国家化。[③] 在《2000 年目标：美国教育法》的教改框架下，联邦政府通过制定全国性的教育标准，并对州和地方教育改革提供资金支持，逐渐强化了自身对州以及地方教

---

① SCHWARTZ R B, ROBINSON M A. Goals 2000 and the standards movement[J]. Brookings papers on education policy, 2000(3): 173-206.

② RILEY R W. Reflections on goals 2000[J]. Teachers college record, 1995, 96(3): 380-388.

③ 朱旭东. 八、九十年代美国教育改革的目标及其取向 [J]. 比较教育研究，1997(6)：43-47.

育的影响力，在教育领域为自身树立了一个新的领导性角色。与美国过往典型的联邦教育计划不同，《2000 年目标：美国教育法》既没有针对一个可识别的目标人群（如残疾儿童），也没有针对一个可识别的具体问题（如安全、无毒品的学校），它的目标在于帮助各州提高对学生的学业期望，提高所有学生的学业成绩。从这个意义上说，《2000 年目标：美国教育法》也是一次开创性的立法，因为它在改善整个教育事业的业绩方面强调了国家的共同利益。①

《2000 年目标：美国教育法》实际上也是美国社会各界对美国教育状况日益关注的产物，它的颁布掀起了自 20 世纪 80 年代末以来以提升教育质量为目标、以统一国家教育标准为标志的教育“标准化运动”的高潮。标准化运动一方面是美国社会对教育现状反思的回应，是危机感的反映；另一方面也是迈向 21 世纪的行动号角，具有前瞻性的特点。② 这场国家标准运动是美国联邦政府参与塑造教育机构的范例，它影响了美国教育教什么、如何教、学什么、如何评价等问题，③ 而《2000 年目标：美国教育法》在这场改革进程中具有里程碑式的影响和意义。

（甘小丰）

---

① SCHWARTZ R B, ROBINSON M A. Goals 2000 and the standards movement[J]. Brookings papers on education policy, 2000(3): 173-206.

② 李建华. 标准运动：美国 90 年代的基础教育改革述评 [J]. 课程·教材·教法，2000（12）：53-55.

③ 陈晓端，闫福甜. 当代美国教育改革六次浪潮及其启示 [J]. 陕西师范大学学报（哲学社会科学版），2007（6）：95-99.

第十章　提高基础教育质量：2002 年《不让一个孩子掉队法》

1965 年 4 月 11 日，约翰逊总统签署《初等与中等教育法》，联邦政府开始大规模援助中小学。然而直到 20 世纪 90 年代，该法案实施的实际效果与彼时初衷不仅相距甚远，甚至当时教育内部分化问题也没有得到明显的缓和。美国基础教育存在的诸如联邦教育经费的投入与取得的成绩不成正比、美国公立学校不公平且效率低下等问题并未彻底解决。因此，在 21 世纪到来之际民众诉求新一届政府进行教育改革。此外，在“9·11”事件的打击之下，美国政府和社会对教育的忧患意识增强，这也是小布什总统开始着手进行教育改革的原因之一。

第一节　《不让一个孩子掉队法》出台的背景

一、20 世纪八九十年代奠定的教育改革基础

20 世纪八九十年代，美国历届政府议程中都十分强调要推进教育改革，不断提高教育质量。从 1983 年《国家处在危机之中：教育改革势在必行》到 1989 年《普及科学——美国 2061 计划》（*Science for All Americans Project 2061*），从 1991 年《美国 2000：教育战略》到 1994 年《2000 年目标：美国教育法》和《改进美国学校法》（*Improving*

America's Schools Act of 1994），美国在 20 世纪末紧锣密鼓出台了一系列教育改革报告和法案。美国教育史上的数项“第一”，如全国教育高峰会议、全国教育目标等，都产生于这一时期。虽然一份又一份振奋人心的教改蓝图最终都没能得以完全实现，但也有不少研究和报告认为美国基础教育改革在这些努力下已经取得了很大的进展。例如，美国教育政策中心与美国青年政策论坛在 20 世纪 90 年代后期发表了一份《你知道美国教育中的好消息吗?》的研究报告对此给予了肯定。①

相比于 20 世纪 80 年代以前的美国教育改革，20 世纪最后 20 年的教育改革其影响范围被大大地扩展，教育制度的方方面面都成为改革的目标。这 20 年的改革历程也为新世纪之初的美国教育改革奠定了明晰的基调：寄希望于实行基于高标准的统一课程改革和评价制度、改进师资素质以及改进问责制，以提高学生的学业成就。② 尤其到克林顿政府时期，伴随着全国性教育标准的制定，联邦政府对地方教育的影响得到进一步加强。这些为 21 世纪初美国新一届政府在教育政策上制定更为严格的教育标准和问责制，进一步扩大联邦对地方教育的影响提供了一定的参照。

另外，从里根政府开始，一直到克林顿总统任期结束，商业团体成为一股不容忽视的、强有力的教育改革推动力量。这一推动力量在新世纪的教育改革中将继续发挥重要作用。商业团体对教育改革产生重要影响的事实，从 1989 年和 1996 年的第 1 届、第 2 届全国教育峰会与会人员的组成当中可以得到确切的证实。这两次教育峰会的与会人员主要是美国知名企业的执行官，而教育界人士则严重缺席。这也就意味着：身为专业教育者，无论他们的个人能力如何，作为一个群体

---

① 赵中建. 不让一个儿童落后：美国布什政府教育改革蓝图述评 [J]. 上海教育，2001 (5)：57-62.

② 韦布. 美国教育史：一场伟大的美国实验 [M]. 陈露茜，李朝阳，译. 合肥：安徽教育出版社，2010：430.

他们已经让美国的公立学校失望了，因而需要由其他人，即那些美国教育制度产品的终端消费者来努力。[①] 尤其是当克林顿政府以标准为基础的改革遭到共和党人的强烈反对和抨击，克林顿政府不得不做出退让之时，这些商业领袖们又重新发起了争取联邦政府在标准、测试和问责制改革方面的领导地位的运动。他们认为，受过教育的劳动力在国际竞争中具有举足轻重的作用，为确保所有孩子都能进入高质量的学校学习，州政府在教育改革中的失败证明了扩大联邦影响的合理性。[②] 在21世纪来临之际，商业领袖们为联邦政府的教育领导角色合法化打下了坚实的基础，为新一届政府绘制新的教育改革蓝图提供了充分的保卫和防护。

二、20—21世纪之交的美国教育状况仍然令人担忧

在新旧世纪交替之际，经过20年致力于提高教育质量的教育改革究竟交出了一份怎样的答卷，是新一届政府提出教育改革计划不得不参照的基本现实。

在克林顿政府领导的教育改革中最重要的两项立法——《2000年目标：美国教育法》和《改进美国学校法》墨迹未干之时，立法中所倡导的改革行动就遭到保守派的多重阻挠，最终克林顿政府将实施基于标准的教育改革的主动权移交给了州和地方政府。到20世纪90年代末，基本上没有几个州实行了被商业领袖们视为成功改善学校的关键

① LAGOWSKI J J. The education summit：a different signal[J]. Journal of chemical education，1996，73(5)：383-386.

② RHODES J H. An education in politics：the origins and evolution of no child left behind[M]. New York：Cornell University Press，2012：128.

的系统改革。① 而 20—21 世纪交替时期美国的教育状况，正如小布什总统在 2001 年 1 月 23 日签署《不让一个孩子掉队》蓝图时所指出的那样："当美国进入充满希望的 21 世纪时，我们有太多最需要帮助的学生被抛在了后面。今天，城区学校中有近 70%的 4 年级学生在全国阅读测试中无法达到基本水平。我们的高中生在国际数学测试中落后于塞浦路斯和南非的学生。近三分之一的大学新生发现他们在能够开始修习普通大学水平的课程之前，必须先选修补习性课程……自 1965 年联邦政府开始实施第一个主要的初等和中等教育计划（1965 年《初等与中等教育法》）至今，国会已经制定了数百个旨在解决教育问题的计划，这些遍布 39 个联邦机构的数百个教育计划每年需要支出 1200 亿美元。然而，在教育上花费了数千亿美元之后，我们却仍未能实现卓越教育的目标。贫困人群、移民人群和少数族裔人群学生与同龄白人学生之间的学术成就差距不仅很大，而且在某些情况下还在继续扩大。我们越来越分裂成两个国家——一个能读，一个不能；一个有梦想，一个没有。"②

另有数据表明，在 2000 年有超过 75%的西班牙裔学生和 70%的黑人学生就读于少数族裔占多数的学校，有 37%的学生就读于那些少数族裔占 90%—100%的学校，这个数字远远超过 1968 年实施校园巴士计划之前的水平（23%）。尽管大部分学校的招生日趋多样化，但是学校中的种族隔离问题却越来越严重。③

在美国政府看来，随着新世纪的临近，整个世界的变化愈加多样、

① RHODES J H. An education in politics: the origins and evolution of no child left behind[M]. New York: Cornell University Press, 2012: 128.

② BUSH G W. No child left behind[Z]. Washington, D. C.: U. S. Department of Education, 2001: 6.

③ 韦布. 美国教育史：一场伟大的美国实验［M］. 陈露茜，李朝阳，译. 合肥：安徽教育出版社，2010：409.

愈加快速，而美国校园里的孩子们却未能跟上时代变革的速度，他们被抛在了后面，他们正在掉队。对于美国能否维持和巩固世界第一强国的地位、能否在21世纪抢占世界经济的制高点而言，新一代青少年的素质和才能起着至关重要的作用。因此，伴随着新世纪钟声的敲响，对教育继续进行改革也势在必行。

三、小布什总统的教育理念

在2000年的总统大选中，教育毫不意外地再次成为一个重要的政治议题。甚至在总统大选的民调中，教育荣登重要议题榜单的第1位，这也成为美国历史上的第1次。在竞选过程中，共和党总统候选人小布什利用其在担任得克萨斯州州长期间的“得州教育神话”优势，即其在任期间推行的教育改革提高了学生的学业成绩，尤其是少数族裔学生的成绩，就教育问题发表了数次演讲，向民众介绍和宣扬他自己的教育理念和教育改革蓝图。实际上，得州的主要改革是小布什的前任州长安·理查兹（Ann Richards）发起的，而小布什只是延续了理查兹的改革措施，改革的成果后来也被夸大了。① 但是有观察家评论说：“在竞选期间小布什有关教育的演讲表明，无论是共和党还是民主党，从未有一位总统候选人像他那样对教育问题给予如此认真的关注。”② 相较之下，民主党总统候选人艾伯特·戈尔（Albert Arnold Gore Jr.）在竞选中则自始至终未谈及教育问题。因此，最终共和党人小布什以“教育总统”的形象从民主党选民中赢得了不少选票，从而顺利当选。上任之后，小布什总统便开始履行他竞选时的诺言，将教育改革摆在非常重要的位置。

---

① 韦布．美国教育史：一场伟大的美国实验［M］．陈露茜，李朝阳，译．合肥：安徽教育出版社，2010：428.

② 史静寰．当代美国教育：修订版［M］．北京：社会科学文献出版社，2012：169.

小布什总统的教育理念也充分渗透到他上任第 2 天就提出的教育改革蓝图《不让一个孩子掉队》中。首先，小布什认识到在新技术时代的国际竞争中，美国面临的主要竞争不是科技而是教育。他指出，在这个对社会成员素质要求越来越高的、不断变化的世界中，教育需要成为美国的主要焦点。但是美国作为冷战后唯一的世界超级大国，其中小学教育在世界上从未达到过一流水准。对此，小布什信誓旦旦地宣称："我们绝不能容忍二流的学校，因为我们没有二流的学生，没有二流的梦。"① 所以，"我们将要赢得海外的战争，同样也要赢得国内的这场反文盲战争"②。"如果我们在教育青少年方面成功了，那么在公民生活中，许多其他方面的成功也会接踵而来。"③

其次，小布什总统不仅作为一名前州长对地方层面的教育改革（其中包括测试和问责制）十分熟悉，同时他还是一名"富有同情心的保守派"，将教育视为一项公民权利。他强调"必须对每个学生都抱有高期望，联邦政府需要为学校提供更多的教育经费，以便帮助学生达到这些期望。所有的学生都应该有更好的机会去学习知识，去超越自己，去实现自己的梦想"④。

再者，小布什总统一反保守派对联邦政府的教育职能表示怀疑和反对的传统立场，大力肯定联邦政府对教育的作用。为了扩大联邦政

① 袁桂林. 本届美国政府教育改革计划述评 [J]. 外国教育研究，2001，28（6）：16-24.

② Office of the Press Secretary. President signs landmark no child left behind education bill[EB/OL].（2002-01-08）[2021-04-30]. https：//georgewbush-whitehouse. archives. gov/news/releases/2002/01/20020108-1. html.

③ BUSH G W. No child left behind[Z]. Washington，D. C. ：Department of Education，2001：5.

④ Office of the Press Secretary. President signs landmark no child left behind education bill[EB/OL].（2002-01-08）[2021-04-30]. https：//georgewbush-whitehouse. archives. gov/news/releases/2002/01/20020108-1. html.

府对教育的影响，他主张应强化联邦教育部的职能，这与此前的某些共和党官员主张取消教育部的主张是截然相反的。在里根总统任职期间，以里根为首的共和党人就企图撤销教育部，教育部的存与留一度成为共和党与民主党政府教育主张的分水岭。在20世纪末的美国总统大选中，共和党候选人几乎都表示要取消教育部，但是同属共和党派的小布什总统却表示一定要保留教育部。小布什总统认为处理重大问题不应该只有一个标准，关闭教育部意味着无法更好的教育每一个儿童，会逐步降低公立教育的影响力。[①] 这一扩大联邦政府影响的思想与商业团体的主张不谋而合，因此小布什总统的教育改革计划也得到了商业团体的大力支持。此外，小布什还从他父亲（老布什总统）的不幸经历中吸取了教训，他并没有为讨好共和党人而领导一场无望的教育券改革运动，而是扮演了跨党派调解员的角色，孤立两党中较为极端的成员，致力于促成两党中的温和人士就教育改革达成共识。[②]

新的教育改革法案的出台往往与时代发展和教育需求密切相关。正是在20—21世纪交替之际，在美国教育一方面面对着20世纪最后20年业已形成的不可阻挡的教育改革趋势，另一方面面临着教育质量与新世纪、新时代要求脱轨的背景下，小布什政府出台了21世纪美国第1部教育改革法案——《不让一个孩子掉队法》（*No Child Left Behind Act* ）。

第二节 《不让一个孩子掉队法》的制定过程

2000年12月底，美国总统大选落定，还未就职的小布什把主要精

① 袁桂林. 本届美国政府教育改革计划述评［J］. 外国教育研究，2001，28（6）：16-24.

② RHODES J H. An education in politics: the origins and evolution of no child left behind[M]. New York: Cornell University Press, 2012: 128-129.

力放在了加强全国学校建设上。小布什在得州首府奥斯汀向国会负责教育立法的重要人物发出了诚挚邀请，就即将提上议事日程的华盛顿教育改革路线进行讨论，小布什给诸位国会议员明确了他任职后的第 1 个议案将是有关教育的，而且走的是两党合作路线。[①]两党对此合作路线表示欢迎，虽然会谈上对于一些教育问题仍有较大分歧，但总体来说，两党议员都对最终达成一致意见表示乐观。

2001 年 1 月 22 日，小布什总统入主白宫，他邀请了一批资深的民主党政治家来到白宫，强调他两党合作的想法。此外，他还与国会中的一些共和党领袖举行了会谈，强调要把注意力投向教育、减税、为年老者提供处方药、社会安全系统改革以及军事转型等问题上，并告诉共和党议员将与民主党合作，也要求他们同样做到这点。[②] 小布什总统审时度势选择了这条折中的变革路线，这条变革的切入点就是重新审视《初等与中等教育法》的现实性，以既不抛开和废弃它，但又对之诸多方面适当加以修订的方式，进而重现政府不遗余力推动教育平等的美好形象。[③] 2001 年 1 月 23 日，小布什总统公布了名为《不让一个孩子掉队》的教育蓝图，并提交至第 107 届国会讨论。该蓝图得名于玛丽安·莱特·艾德曼（Marian Wright Edelman），其创建的儿童保护基金会的标志性口号就是“不让一个孩子落下”，但是该口号仅指儿童的健康和福利方面。《不让一个孩子掉队》分为小布什撰写的前言、实施要点和 7 节立法条款建议，共 28 页。改革蓝图重申了公立学校不分地区、家庭背景、肤色之别发展学生心智、培养学生品格的历史使命

① 生兆欣. 台前幕后：NCLB 立法过程中的争斗与妥协 [J]. 中国人民大学教育学刊，2012 (3)：96-117.

② 弗莱舍. 白宫发言人：总统、媒体和我在白宫的日子 [M]. 王翔宇，王蓓，译. 北京：社会科学文献出版社，2007：20.

③ 阎光才. NCLB 与布什政府的教育政策倾向 [J]. 外国教育研究，2002，29 (8)：14-17.

与责任，呼吁各党派通力合作，阻止飞速变化的世界把校园的孩子抛在后面，力争不让一个孩子掉队，从而最终实现中小学教育质量的提高，勾画了新世纪美国教育改革和发展的蓝图。为实现目标，提出了基于学生学业成绩的7个优先领域：提高处境不利学生的学业成绩，提高教师质量，将英语熟练程度有限的学生转化成为英语熟练的学生，促使掌握情况的家长做出选择和革新项目，鼓励建设21世纪的安全学校，增加对有影响的资助项目的拨款，鼓励自由和成绩问责制。[①]

《不让一个孩子掉队》改革蓝图汲取了第106届国会两党提出的《初等与中等教育法》修正案精华，但两党方案的综合也就意味着除两党各自赞成的部分外，它还包括了两党各不支持的部分：民主党赞成大幅提高联邦教育经费，共和党赞成提高各州的灵活性；民主党反对私立学校教育券，共和党对联邦势力的扩大有所担心。小布什主张在设定学业标准方面加强联邦政府的角色，但同时对那些没能达到标准的学校施以严厉的惩罚。这些问题已经注定了《不让一个孩子掉队》立法是在两党的斗争和妥协中完成的。但不管怎样，小布什主张的"走两党合作的路线"和"仅提出改革大纲"这两条策略是十分明智的，为第107届国会成功修订《初等与中等教育法》和《不让一个孩子掉队法》的出台打下了重要基础。[②] 从2001年1月23日公布《不让一个孩子掉队》的教育蓝图到2002年1月8日正式签署《不让一个孩子掉队法》，共经历了一年多的时间，其过程是复杂、冗长的。

从2001年2月16日开始，众议院教育与劳工委员会巡回举办听证会，广泛收集意见。该委员会主席是共和党人约翰·博纳（John Boehner），他一心支持小布什总统，也是法案的重要支持者，在其推

---

① 吕达，周满生．当代外国教育改革著名文献：美国卷·第4册［M］．北京：人民教育出版社，2004，193-194.

② 生兆欣，台前幕后：NCLB立法过程中的争斗与妥协［J］．中国人民大学教育学刊，2012（3）：96-117.

动下，委员会使用精确的法律语言对《初等与中等教育法》的各项条款进行修订。2001年3月22日，该委员会完成了名为“通过问责、灵活性、缩小学业差距，不让一个孩子掉队”的议案起草工作，编号H. R. 1。H. R. 1议案基本沿袭了小布什总统的《不让一个孩子掉队》蓝图的框架和精神，强调了问责、家长择校、灵活性等教改新特征，同时它更加具体、细致、成型，在字数上翻了20倍，从7000字的《不让一个孩子掉队》蓝图变为14万字的议案。① 之后，H. R. 1议案又经过了一系列修改，直至5月4日才正式完工。由于议案中删去了一些像私立学校教育券等保守派喜爱的条例，因而引起共和党保守派的不满，众议院的最终审定也推迟了。修改后的H. R. 1议案提交院会后，对教育问题感兴趣的众议员也积极对H. R. 1提出修正案。最后，共和党提出的19条和民主党提出的8条修正案被编入众议院院会讨论的议程。由于修正案淘汰了民主党的许多修正想法，因而引起了诸多不满。但最后，由于共和党掌控众议院，仍以219票（共和党217票，民主党1票，独立人士1票）对201票（民主党200票，独立人士1票）在众议院院会上通过。② 经过讨论和全体议员表决，最后决定将共和党的14条和民主党的8条，共22条修正案纳入原来的H. R. 1议案，作为众议院对议案的修正，议案的核心条款不变，这也得到了两党大部分议员的支持，最终以384票对45票通过。

参议院负责教育立法的是美国参议院健康、教育、劳工和养老金委员会（United States Senate Committee on Health，Education，Labor and Pensions），该委员会时任主席是民主党资深参议员肯尼迪。经过白宫、共和党、民主党新派和以肯尼迪为代表的民主党自由派及其支

① 生兆欣，台前幕后：NCLB立法过程中的争斗与妥协［J］. 中国人民大学教育学刊，2012（3）：96-117.

② Providing for the consideration of H. R. 1, no child left behind act[EB/OL]. (2001-05-17)[2021-04-30]. http://clerk.house.gov/evs/2001/roll125.xml.

持者的共同协商，在教育券和固定项目业绩协议两个争议的问题上达成了一致。2001年3月28日，该委员会提交了一份名为“为学生和教师提供更好的教育”的议案，编号S.1。4月中下旬对于“足够年度进步”（Adequate Yearly Progress）的界定，引起了参议院激烈的争吵。S.1议案要求给每个学生亚群制定年度进步目标，以便全体学生在10年之内能达到“熟练”程度；如果一所学校中的任何一个年级的任何一个亚群在任何一年没有达到预定目标，这个学校都会被定为“有待改进”。如此一来，各州都担心很多学校会被标上“不合格学校”的标签。① 因此，放松对“足够年度进步”的要求成为各州的诉求。为此，参议院抛出一个复杂的计算公式来计算学校的整体计算水平，而且进步量可以取3年的平均值。此外如果学校有少数族裔或者贫困学生成绩没有提高，但整体进步水平达标了，将不被定为“不合格学校”。对此公式，仍然有许多批评的声音。5月3日，参议院开始在院会上全面讨论S.1议案及其修正案（提交给院会的有157条，实际上有151条）。在此期间参议院收到了众议院院会通过的H.R.1议案，并对其进行解读。讨论断断续续持续到6月，直到6月14日开始进行表决，S.1及其修正案最终以91对8票在参议院通过。通过的S.1及其修正案被并入众议院提交H.R.1议案中，算作是对H.R.1议案的修正。

众议院的H.R.1议案和参议院的S.1议案在主要内容上是基本统一的：地方考核学校的方式都是采取统一测试，对象为4—8年级的在校生，科目是英语读写和数学运算；联邦根据考试结果，对首次考核未达标学校予以资金和人员支持，帮助其改善教学质量；学校第2次考核失败后，则由州强制该学校将全部学生转入其他学校学习；第3次考核仍未通过的学校，学生可以得到联邦经费支持聘请家庭教师或者到

---

① ANDREW R. No child left behind: forging a congressional compromise [M] // PETERSON P E, WEST M R. No child left behind? The politics and practice of school accountability. Washington, D. C.: BrookingsInstitutionPress, 2003: 38.

就近的公立学校就读。但是参众两院在联邦教育拨款、考核学校教育质量的标准等关键问题上仍有分歧，因此需要成立协商委员会（协商委员会被称为国会的“第3院”，被认为是国会最重要的机构之一。一般情况下，协商委员会会综合两院的不同版本，但在一些没有商讨余地、两院存在严重冲突的事情上，则会提出一个全新的条款）[①] 来解决两院纷争。2001年7月10日，参议院成立协商委员会，共25位协商委员。7月18日，众议院成立协商委员会，共14位协商委员。这样由25位参议员和14位众议员组成的协商委员会就成立了。正式协商议程虽然只规定了5天，但是一些根本性分歧问题相当耗时，实际持续了4个月的时间。小布什早在8月和9月就以各种方式催促国会，正如前文所说，“9·11”事件的发生也推动了《不让一个孩子掉队》立法的进程。9月底协商委员会对“足够年度进步”界定问题的立场基本敲定，到了10月初，许多项目的拨款方案也已拿出。经过努力，协商委员会解决了两个版本之间的2750多处分歧。[②] 虽然没有达到双方完全满意的效果，但最终版本还是得到了各方的认可。12月11日，协商委员们同意归档协商报告，并且法案名称仍为众议院议案的名称：通过问责、灵活性、缩小学业差距，不让一个孩子掉队。

2001年12月12日，小布什总统发表全国性讲话，感谢协商委员们辛苦工作，宣布参议院、众议院达成一致，为最终确定法案版本而感到喜悦。12月13日，依照众议院规则委员会的决议，协商委员会主席博纳向众议院院会提交了协商报告。院会对协商报告进行审议，并进行了一个小时辩论。众议院以381∶41票、参议院以87∶10票通过

---

① 伯恩斯，等. 民治政府：美国政府与政治：第20版［M］吴爱明，李亚梅，等译. 北京：中国人民大学出版社，2007：324.

② ANDREW R. No child left behind: forging a congressional compromise［M］// PETERSON P E, WEST M R. No child left behind? The politics and practice of school accountability. Washington, D. C.: BrookingsInstitutionPress, 2003: 37.

协议报告。12 月 19 日，众议院对参议院反馈的结果表示认可，经两院许可，国会决定将协议报告送交白宫。2002 年 1 月 4 日，小布什总统收到协商报告，1 月 8 日签署该法案，编号 P. L. 107-110。至此，《不让一个孩子掉队法》在国会各方力量斗争妥协之下获得立法成功。

第三节 《不让一个孩子掉队法》的主要内容

《不让一个孩子掉队法》一方面是对《初等与中等教育法》进行的重新修订，另一方面是政府重新审视了原有项目而进行的新政策调整，是一场涉及教育各个层面的全方位改革，被认为是 1965 年《初等与中等教育法》颁布之后影响最大的一部教育改革法案。该法案的核心目的和立法目标在于提高基础教育教学的质量。正如法案开宗明义所表述的："通过问责、灵活和择校的方式，消除学生学业差距，以达到不让一个孩子掉队的目的。"[①] 法案的最终目标是到 2014 年美国的所有中小学生都能够在阅读、数学和科学课程方面达到所在年级的统一的学业标准。[②] 为实现这些目标，法案详细地阐述了教育改革措施，其主体部分长达 700 页，作为目录第 2 部分的 10 条主题构成了法案的文本结构。其中第 9 条为总则，第 10 条为补充说明，前 8 条分别为：提高处境不利儿童的学术成绩；培养、培训和聘请高质量教师；英语水平有限学生和移民学生的语言教学；21 世纪学校；促进家长的选择和革新计划；灵活性和问责制；印第安人、夏威夷原住民和阿拉斯加原住民

---

① Congress. gov. H. R. 1-107th Congress (2001-2002): No Child Left Behind Act of 2001[EB/OL]. (2002-01-08)[2021-04-30]. https://www. congress. gov/bill/107th-congress/house-bill/1.

② 贺国庆，何振海，等. 战后美国教育史［M］. 上海：上海交通大学出版社，2014：125.

教育；影响帮助计划。① 这些条款都是围绕目标展开的。法案重申了许多以前关于初等和中等教育立法的要求，摒弃了联邦在教育上扩张的传统观念。其基本内容涉及诸多条款，但其核心内容可概括为 5 个方面：强化教育绩效问责制，增强地方的灵活性，促进家长对教育的选择和参与，提高教师质量，建立 21 世纪的安全学校。

一、强化教育绩效问责制

强调教育的绩效问责制是《不让一个孩子掉队法》的重要改革特点，也是法案的核心内容和实施的灵魂。法案的颁布，将教育的绩效问责制当作一种制度来实施，可见美国政府试图通过实施绩效问责制来提高教育质量，以实现在 2014 年前全国所有学生的数学、科学和阅读成绩必须达到熟练程度的目标。

在《不让一个孩子掉队法》实施过程中，教育绩效问责制由 3 个部分构成：政府（包括州和学区）、学校（包括校长、教师和学生）、公众与家长。一方面根据评估结果，可对各个相关环节的责任人进行问责，督促其严格履行职责，从而达到提高教学质量、保证每个孩子进步的目的。另一方面，从内容上看绩效问责制是标准、评价和结果 3 者的密切结合：具有挑战性的、明确的评价标准和目标；适当的学生学业成绩评价方法；向公众报告和公布学生的学习成绩及学校的评估结果；依据评价结果对学校进行奖励和惩罚，对低绩效学校进行补救；等等。标准是绩效问责制的基础，测试与评价是实行绩效责任的手段，

① Congress. gov. H. R. 1-107th Congress (2001-2002): No Child Left Behind Act of 2001[EB/OL]. (2002-01-08)[2021-04-30]. https://www. congress. gov/bill/107th-congress/house-bill/1.

而结果是作为绩效问责制激励机制的依据。①

关于评价标准和目标，由政府制定最高教育标准，各州再依据本州的教育标准进行教育评估。为了达到法案的既定目标，即在2014年，全国所有学生阅读、数学和科学的成绩达到“熟练”水平，各州必须根据学生目前的总水平制定一个逐年递进的“足够年度进步”。所谓“足够年度进步”就是各州及其所辖学区和学校每年必须在教育上获得改进的最低限度，它是各州为达到其学业标准而制定的年度进步测评标准。各州在联邦政府的指导下，结合本地实际情况来实施足够年度进步计划，但必须符合下列要求：在州内所有公立中小学实施同样高水平的学业成就标准；可靠、有效并且便于统计；能使所有学生学业成绩不断获得实质性改善；能够主要根据法案所规定的学业评估标准评估州、学区和公立中小学的进步情况；既包括综合性目标也要包括单项可测性目标；公立中学毕业率，再加上至少一个针对小学的学业标准；各州也可自行决定适当增加年度进步评估指标。② 各州保证能达到联邦政府的教育高标准，促进教育绩效问责制的落实。

关于学生学业的评价方法，法案要求定期举行全国范围内的国家教育进步评估（National Assessment of Educational progress）。在此基础上，各州制定教学大纲和知识标准，可以选择和设计它们需要的科目进行评估，并对语文、数学和科学3门学科进行定期考试，然后根据考试成绩将学生分为“基本”（basic）、“熟练”（proficient）、“优秀”（advanced）3等。这些标准都是由各州自行决定的。法案也为考试和学术标准规定了一个时间表，明确目标人群和报告的程序，例如时间

① 邱白莉．当代美国中小学教育绩效责任探析［M］．广州：中山大学出版社，2003：37-43.

② Congress. gov. H. R. 1-107th Congress（2001-2002）：No Child Left Behind Act of 2001[EB/OL].（2002-01-08）[2021-04-30]https：//www. congress. gov/bill/107th-congress/house-bill/1.

表包括：到 2005—2006 年度，所有州都要为全部公立中小学的学生制定数学和阅读（或语言艺术）科目的学术标准；从 2005—2006 年度开始，所有州都要为全部公立中小学的学生制定科学科目的学术标准；到 2005—2006 年度，各州必须每年实施 3—8 年级阅读和数学科目的全州统考；到 2007—2008 年度，各州必须分别进行一次小学、初中和高中的科学考试。[①] 法案采用这种标准化测试的评价方式来鼓励学业成绩不理想的学生获得进步。

法案要求向公众报告和公布学生的学习成绩及学校的评估结果，依据评价结果对学校进行奖励和惩罚。美国很多州根据测试结果来决定是否让学生升级和拿到高中毕业证书，年度的统计数据更是衡量学校是否得到不断改善的重要工具，可见这种测试是一种高利害关系的考试。早在法案蓝图中就提出政府要承担起对学生的相应责任，根据评价结果来确定是奖励还是惩罚。一方面规定对工作成绩突出的地方政府和学校给予奖励：建立一个教育业绩奖金，奖励那些在减少学生之间成绩的差距和提高说英语熟练程度方面成绩卓越的地方政府，奖励是以政府的业绩评估结果为基础的，而这一结果也要得到其他一些指标，比如学术成绩和全国进步教育测验的认同；对较早开展年度测验的地方政府给予奖励，在计划颁布的第 2 年年底以前对 3—8 年级的学生进行阅读和数学年度测验的州，将有资格获得一项一次性的奖励；对“不让一个孩子掉队”学校实施奖励，教育部建立“不让一个孩子掉队”的奖励基金以奖励那些在缩小学生成绩差距方面成绩显著的不让一个孩子掉队的学校。另一方面，也对工作较差的地方政府进行惩罚：如果某个地方政府工作不力，不能实现既定的工作目标，那么美国教育部将有权减少其用于《初等与中等教育法》项目的拨款，惩罚

① 斯普林. 美国教育 [M]. 张弛，张斌贤，译. 合肥：安徽教育出版社，2010：233.

将以处境不利学生的成绩是否达到了要求和是否提高了学生的英语熟练程度的目标为基准。[①] 奖励和惩罚既用于学校也直接用于个人，这一系列的措施都是为了使学校为学生的绩效负责。

二、增强地方的灵活性

州政府教育权的转变是法案的重要内容之一。为实现法案规定的目标，增强各级政府的责任意识，为政府和学校在提高学生成绩方面所做的工作进行绩效核定而建立一个相应的体系，各州对教育的行政管理权享有很大的灵活性。法案在教师高质量定义、经费预算、课程设置、教育标准和标准化测试等方面扩大了州和地方的权力，每个州都有很大的权力，也有着各自的政策。

如前所述，法案要求州政府更多地参与，各州制定教学大纲和知识标准，可根据情况制定符合自己实际的年度进步测试评估。除此之外，各州和地方被赋予使用联邦经费的灵活性。《不让一个孩子掉队法》规定的灵活性主要包括州和学区可以动用他们获得资助项目经费的50%，以用于教师质量、教育技术、创新技术和安全无毒品学校中的任何一个项目。然而在此之前，联邦经费的使用必须严格按照项目进行，不得互相混用。[②] 法案也给予了各州农村学区在联邦资金使用上更大但有限制的灵活权，教育部部长可以直接将一些拨款拨给农村学区，使其更灵活有效地使用资金。法案制定了一个新的州和地方灵活使用的联邦资金计划。在这个计划下，教育部部长可以参与到由各州各学区一起制定的表现协议里。这个表现协议允许各州各学区不需要

---

① 吕达，周满生．当代外国教育改革著名文献：美国卷·第4册［M］．北京：人民教育出版社，2004：208-209.

② 赵中建．从教育蓝图到教育立法：美国《不让一个儿童落后法》评述［J］．教育发展研究，2002（2）：44-47.

达到联邦政府制订的计划要求，仍然能够将全部拨款转移到任何用于其他目的的计划里。作为交换的条件是：参与这个计划的州和学区必须能够达到计划所制订的绩效目标。各州在“灵活计划”上提供证据说明本州如何使用灵活权，以及灵活权将表现在哪些方面。

在说明强化绩效问责制时，该法案已经强调了“足够年度进步”，各州在联邦政府的指导下，结合本地实际情况来实施足够年度进步计划，也就是说法案在给学校或学区进行足够年度进步计算方面提供了灵活性，以帮助学校达到州所要求的标准。例如：北卡罗来纳州的2250 所公立学校中有 932 所公立学校没有达到“足够年度进步”的要求，但是在新的计算方法之下，有 40 所学校可以不被算为失败学校。州教育部高级负责人指出，这种做法有助于本州将有限的资源投入到更有需要的地方。这不是推脱绩效责任而是为了鼓舞士气。①

当然不可否认的是，由于给予地方灵活性，造成各州法案实施标准有所差异，也就容易造成不平等。但是给予地方更多的灵活性与联邦加强对教育的干涉是不矛盾的，联邦政府管理教育事务，同时也赋予地方更多执行法案时的灵活性，不仅加强了联邦的管理，也有利于法案的有效实施。

三、促进家长对教育的选择和参与

一方面由于 20 世纪 90 年代的择校运动对美国各级政府的教育政策产生了极大影响，另一方面由于家长是教育问责制最重要的力量之一，在选择权的帮助下，家长能保证其子女尽可能得到最好、最有效的教育。因此《不让一个孩子掉队法》特别重视家长对教育的选择和参与。

---

① ANDERSON N. Bush administration grants leeway on “no child” rules[N/OL]. Washington post，2005-11-22（A1）. https：//www. washingtonpost. com/wp-dyn/content/article/2005/11/21/AR2005112101732. html? sub=AR.

《不让一个孩子掉队法》为家长提供更多的选择，也帮助他们做出明智的选择。法案要求，若连续两年未达到“年度进步标准”的学校，就要被列入“有待改进学校”的名单。凡是在这种学校就读的学生的家长就有做出新的选择权利，家长可以将孩子转到本学区内绩效更好的公立学校就读，也可以到特许学校就读。特许学校具有公立性质，由州或地方政府出资，由社会团体、个人或企业负责管理，必须免费接受符合择校条件的学生，而且必须达到州所规定的学术标准，否则政府将没收其特许证。此外，《不让一个孩子掉队法》还对特许学校增加了两方面的规定：特许学校不应该依附于宗教学校或宗教机构，其所实施的计划、招生政策、招聘制度以及其他运营措施，也不应具有宗教性；与特许证颁发机构签订书面绩效协议，说明学校如何测评学生的学业表现，以达到州学业评估和协议规定的其他评估标准。① 学区必须为转学孩子提供必要的交通服务。若为低收入家庭的学生，3 年不能达到州的学业标准还可以接受包括课后服务、导师指导和暑期学校等补偿性教育服务。若在有持续性危险或者暴力犯罪危害存在的学校就读，学生有权选择到本学区内一个更安全的学校就读。② 所有学生都有自由的择校机会，而且部分特困学生享有补偿教育服务的权利，增加了选择的灵活性。

法案规定，各州必须制订教育计划，以支持收集有效的家长参与实践的信息，然后把这些信息向地方学区和各学校进行宣传。法案对“有效的家长参与教育实践”③ 做了具体的规定：基于最新的研究，符

---

① 张燕军. 美国教育战略研究 [M]. 杭州：浙江教育出版社，2013：78.

② U. S. Department of Education. Four pillars of NCLB[EB/OL]. (2004-07-01)[2021-05-02]. https://www2. ed. gov/nclb/overview/intro/4pillars. html.

③ Congress. gov. H. R. 1-107th Congress (2001-2002)：No Child Left Behind Act of 2001[EB/OL]. (2002-01-08)[2021-04-30]. https://www. congress. gov/bill/107th-congress/house-bill/1.

合最高的专业和技术标准，促进儿童的成绩达到高标准的有效的参与；为家长更多地参与对学校的规划、审查和改进减少障碍。地方学区也鼓励家长积极参与教育，首先，确保家长有知情权，受资助的学区不仅要告知家长其子女的相关信息还要告知家长其子女任课教师专业资格的相关信息。例如，学校要公布招生信息，定期提供学校情况报告以及各类学生群体的学生成绩报告卡，家长以此来了解自己孩子的情况，家长有权得到将孩子转到学区内高绩效公立学校的选择，或得到额外的支援来帮助孩子学习。此外教育部部长也将为扩大家长选择的革新尝试及有关择校效果的研究提供专项资助。正是由于对家长知情权的保护，才使得家长更有效地参与对其子女的教育。其次，联邦政府也将资助各学区实施家长参与教育计划或者开展教育活动。受资助的学区与学生家长一起协商制定家长参与教育的政策，政策必须吸纳家长的建议，并将出台的政策以书面形式发给家长。此外，法案还规定，学校和家长共同制订“学校-家长协议”，协议列出了家长、学校全体教职工和学生应该分担的责任和完成任务的途径和方法。

四、提高教师质量

出色的教师是提高学生成绩的关键，每个儿童都应该有高质量教师的教导。《不让一个孩子掉队法》要求公立学校的教师必须是“高质量”的，也就是所有中小学基础教育课程的教师都必须最迟在 2005—2006 学年之前成为“高质量教师”。根据美国教育部的说法，“高质量”是指新入职的小学教师“必须通过有关阅读、语言艺术、写作、数学和其他小学课程中其他领域的学科知识和教学技能的严格的州考试，以证明其全面掌握了学科内容。初中和高中的新教师，则可以通过所有有关其将要讲授的学科的严格的州考试，或者通过修完某个学术专业或完成相当于研修某个学术专业的课程学习（或获得高级学位、高级证书或信任状），来证明其教学能力”[①]。教育部部长所撰写的《第3年度报告》（*Third Annual Report*）称，必须这样来决定什么是“高素质”教师的标准：这种标准应由州根据与年级相适应的学科知识内容和教学技能来加以界定；这种标准应当与州学术内容和学生成绩标准的改革同步，在征求了课程核心内容专家、学校管理者和教师的意见后逐步形成；能够提供有关教师应当在其所教学科的核心知识方面达到任何水平的客观的、关键的信息；统一运用于全州相同的学科、相同年级的全体教师。[②] 各州对“高质量”教师的定义各有不同，各州在遵守联邦政府规定的前提下制定自己的评价工具。根据《不让一个孩子掉队法》的要求，所谓高质量教师是指所有讲授课程的教师至少具备3个基本条件：拥有所授课程专业学士或以上学位；取得州完全合格证书；被认证拥有所授课程的专业知识。

支持教师改革是《不让一个孩子掉队法》提高教师质量的一个重要举措。法案鼓励进行各科教师教学方法和教学模式的创新，强化教学技能，提高知识水平。例如，法案要求数学和科学老师运用探究式的教学方法进行教学，以帮助学生更有效地学习数学和科学；法案没有具体规定英语教师的教学方法，每个学校和学区可以根据学生的需要选择教学方法，但国家每年会对所有中小学学生进行一次英语水平的国家测试，为提高教师质量而开展的相应培训计划也可以提高英语教师的教学技术和教学策略；法案要求特殊教师要有合作精神，另外他们只需要拥有学士学位和持有统一的国家特殊教育教师资格证或者通过国家特殊教育资格考试，通过培训使他们清楚地掌握所教科目的深厚的知识，使每个学生至少达到学级标准的要求甚至取得更高的学

---

① 斯普林．美国教育［M］．张弛，张斌贤，译．合肥：安徽教育出版社，2010：272.

② 斯普林．美国教育［M］．张弛，张斌贤，译．合肥：安徽教育出版社，2010：272-273.

业成就。[①] 此外，政府推动师范教育改革，例如改革教师资格证、教师终身制、教师教学效能评定系统等。

联邦政府的经费支持对提高教师质量具有重大意义。《不让一个孩子掉队法》第 2 个主题中所列的基金是为了聘用、培训并留住合格的教师、校长和其他教职人员，是财政预算的一部分，所有校区均有机会获得。该条款对学校建立和支持高质量教师队伍的努力而言是巨大的鼓舞，根据美国总会计署的资料，教育部之下有 28 个教师培训项目，花去了大部分经费，87 个有关教师培训的项目由 13 个不同的联邦机构管理。从 2001 年到 2007 年财政预算分析，单从提高教师质量的拨款来说，2002 年拨款 28.5 亿美元，占年度教育经费比例的 5.71%；2003 年拨款 29.3 亿美元，占年度教育经费比例的 5.52%；2004 年拨款 29.3 亿美元，占年度教育经费比例的 5.26%；2005 年拨款 29.1 亿美元，占年度教育经费比例的 5.14%；2006 年拨款 28.9 亿美元，占年度教育经费比例的 5.01%；2007 年拨款 28.9 亿美元，占年度教育经费比例的 5.31%。[②] 该条款在资金的利用上做了相关规定：把联邦教育项目，包括“缩减班额计划”和“艾森豪威尔专业发展计划”的资金合并为对州和地方实行绩效拨款，利用这些经费，学校将获得支持和具有必要的灵活性；各州和各地区将被允许使用该项经费满足其特殊要求，并强化技能提高公立学校教师、校长和管理人员的知识水平，反过来，也要求各州和学区保证联邦经费能推动在教室里利用科学的、以研究为基础的、有效的实践活动；除了为专业发展提供经费，各州和学区将能自由使用其经费推动改革计划，诸如区别并奖励在阅读、数学和科学等急需学科和在贫困学校和地区任教的教师；该计划经费

---

① 陈珊. 二十一世纪美国高质量教师的标准及其实施策略 [J]. 华中师范大学研究生学报，2006 (2)：5-7，11.

② 罗剑平. 布什政府提高教师质量措施评析 [J]. 吉首大学学报（社会科学版），2008，29 (3)：121-125.

的 1%划归教育部部长，用来鼓励开发教师评价系统的各州；教师将能获得最高为 400 美元的税收减免，以应付与教学有关的现款支付开销，如书本、学具、专业丰富计划和其他培训。①

五、建立 21 世纪安全学校

美国学校的安全隐患一直存在，校园暴力事件时有发生，吸毒、酗酒也长期困扰着学校管理者。为了使学校更好地达到 21 世纪的要求，21 世纪的学校不仅应该安全，还要为学生的发展提供必要的条件，以提高教学质量。

《不让一个孩子掉队法》第 4 条“21 世纪学校”主要分为 3 大部分：安全的、无毒品的学校和社区，21 世纪社区学习中心，情境性吸烟。其中第 1 部分规定，美国教育部同其他部门合作，支持以下改革计划：基于地方和国家的需要制定和实施创新策略，以培训学校教职工、家长、社区成员抵制毒品和预防暴力；基于地方和国家的需要发展、示范、科学地评估，以传播创新和高质量的抵制毒品、预防暴力的计划和活动；学习健康和人力服务部提供对滥用毒品进行教育和预防的相关信息；向司法部提供有关预防暴力和促进学校安全的信息；为教育总长、州教育厅、地方学区以及其他受资助者提供专业支持，以帮助他们提高制订和实施高质量的抵制毒品和预防暴力计划的能力；协助有特别严重毒品和暴力问题的学校应对危机事件，包括聘用毒品预防专家和安全保护人员；为预防和减少由仇恨导致的犯罪和冲突事件的发生，制订和实施教育和培训计划，并开发相关课程，编写相关教材；在包括学校在内的更大社区范围内，开展减少毒品和犯罪活动；

① 国家教育发展研究中心．发达国家教育改革的动向和趋势：第 7 集［M］．北京：人民教育出版社，2004：82-83.

按照该条款的目的基于地方和国家的需要进行其他活动。[①] 此外，该部分还规定，联邦政府要对相关的计划进行资助，并且要求州教育领导人自 2003 年 12 月 1 日之后的每两年向教育部部长提交计划实施情况的评估报告。联邦教育部应当协同卫生与公共服务部部长和国家毒品控制政策办公室主任以及首席检察官共同执行建设安全校园的计划，并且每两年应对资助计划的实施效果进行一次评估。法案决定成立安全与摆脱毒品学校社区咨询委员会和全国协调员机制，以协助教育部部长和地方教育委员会开展抵制毒品计划，制定安全学校的衡量标准等。建立学校安全技术和资源中心、学校和青少年安全国家中心，并为减少酒精滥用提供竞争性补助金。除了对毒品的规定，法案也严禁校园内学生持有枪支，力图将校园暴力事件的伤害降到最低。[②]

《不让一个孩子掉队法》所确定的社区学习中心指帮助学生在核心科目上达到州学术标准的团体，该中心为学生提供专业的学术活动、有关美术和音乐等方面的业余活动，以及预防暴力和毒品的生命健康宣传活动。其目的是建立一个学习化的社区，丰富社区的学术活动，提供学习辅导，特别是为学习成绩不好的学生提供帮助。关于情境性吸烟，法案规定在联邦政府直接出资兴建或由州政府及地方政府以联邦拨款兴建的，为未满 18 周岁的儿童提供服务的室内场所，如定期的卫生、日常养护、教育和图书馆等服务场所禁止吸烟，尤其在幼儿教育机构、小学、中学和图书馆中。对违反规定的人员将处以民事惩罚，

---

① Congress. gov. H. R. 1-107th Congress (2001-2002): No Child Left Behind Act of 2001[EB/OL]. (2002-01-08)[2021-04-30]. https://www. congress. gov/bill/107th-congress/house-bill/1.

② Congress. gov. H. R. 1-107th Congress (2001-2002): No Child Left Behind Act of 2001[EB/OL]. (2002-01-08)[2021-04-30]. https://www. congress. gov/bill/107th-congress/house-bill/1.

处1000美元以下罚款，或处以行政命令的惩罚。①

简言之，《不让一个孩子掉队法》通过强化教育绩效问责制，增强地方的灵活性，促进家长对教育的选择和参与，提高教师质量，建立21世纪的安全学校，达到不让一个孩子掉队的目标。

第四节 《不让一个孩子掉队法》实施中存在的问题与修订

《不让一个孩子掉队法》自签署以来，美国学生的学业成绩相应地得到了很大的提高。该法在不少方面取得了成功，特别是阅读方面，到2007年，9岁儿童在阅读上取得的进步已经达到过去28年的总和。但是，美国各州落实《不让一个孩子掉队法》的情况却不太一致，一方面法案自身有其局限，另一方面在实施过程中该法规定的将标准化考试加以制度化，将它作为考察公立学校教育的手段，公立学校必须接受考试制度以及针对所有考核不合格学校的处罚制度，各个学校里连续两年在考试中没有取得理想分数的学生的家长将没有办法享受某些权利等法令，在实施的时候遇到了一大堆问题。②

就法案自身来说，其目标不太现实，难以达成。很多美国国内的研究者认为法案的目标作为教育政策能够鼓舞人心，但不切实际难以实现。例如，亚拉巴马州教育负责人乔·莫顿（Joe Morton）认为，到2014年让所有儿童都参加数学和阅读的年级水平测试，会因变数太多而难以实现；查理斯·莫瑞（Charles Murray）也认为，100%的通过

---

① Congress. gov. H. R. 1-107th Congress（2001-2002）：No Child Left Behind Act of 2001[EB/OL].（2002-01-08）[2021-04-30]. https://www. congress. gov/bill/107th-congress/house-bill/1.

② 厄本，瓦格纳. 美国教育：一部历史档案（第3版）[M]. 周晟，谢爱磊，译. 北京：中国人民大学出版社，2009：501.

率和熟练度是无法达到的目标。[1] 一些批评者认为，每个学校情况不一样而且比较复杂，每所学校各方面表现不佳的学生在数量等方面也不一样，要想全部达标，教师和学校都面临着巨大的压力。可见，其目标主观臆断的多，没有征询教师及其他广大教育一线工作者的意见，缺乏公众参与。法案规定 2005—2006 学年所有接受联邦资助的各州关键学科的所有教师必须至少取得本科学位和教师资格证书，而且有超强能力胜任所教学科。然而，这一目标并没有实现，仍有 22%的学区并没有达到这一要求。

对标准化考试过于依赖，实行问责制，导致教师和学生压力过大。法案要求到 2006 年，每个州每年都要对 3 年级和 8 年级学生的阅读、数学进行测试，包括特殊学生、英语较差学生等，没有考虑实际情况。评估只针对语文、数学和科学几门学科，学校在测试科目上花费很多时间，牺牲了其他学科的教学实践，忽视了非考试科目。为了追求考试成绩，教师教学更多的是为追求考试成绩而教，因此也忽视了学生创造力的培养，教师质量和教学能力得不到正确的评价。此外，实行问责制，标准存在很大问题，因为各州可以自行设定考试和标准，这导致有些州为了提高学生成绩而降低标准。另外衡量学校业绩的标准也有问题，以州统考通过率和学生年度进步量来考评学校，对于不达标的学校，教师会受到惩罚甚至被辞退，显然给教师和学校带来了巨大的压力，也引起了公众的不满。在这样的环境下，面临频繁的考试训练以及不达标的危险，美国学生也承受着巨大的压力。例如在芝加哥的“主教小学”，除了正常的教学，为成绩不好的学生设计了课后学术计划，每天延长一个半小时的学习时间，有 90%—95%的学生参

① 张燕军. 美国教育战略研究［M］. 杭州：浙江教育出版社，2013：98.

加。[①] 这也使一些学生因此辍学，导致美国辍学率不降反升。

资金不足带来的一系列问题也是需要不断完善教育政策的原因。联邦政府在法案中提出要增加教育经费，但是在实际实施过程中，这个问题没有真正得到解决。由于法案要求所带来的考试、教科书、学校建设以及教师和助理教师培训等费用，都在等待财政的拨款。但是小布什政府财政赤字攀升，政府因而削减对教育的经费资助，联邦在教育资金问题上遇到了难题，拨款的教育经费显然不够支付所有的项目。一方面，州和地方没有足够的经费去吸引优秀的教师，另一方面，法案要求的修建现代化的校舍和开发教育项目所需要的教材也没有能力完成。此外，一些贫困地区的学生也因资金不足没有得到资助，从而拖了改革的后腿。

《不让一个孩子掉队法》因其自身存在的局限性，一些法令在实施过程中出现了许多问题。因此在法案执行过程中，联邦政府也多次采取修正措施。

2006 年 1 月 9 日，小布什总统与夫人劳拉·布什（Laura Bush）、教育部部长玛格丽特·斯佩林斯（Margaret Spellings）等一行来到马里兰州巴尔的摩北格伦小学，举行《不让一个孩子掉队法》实施 4 周年庆典。在庆祝大会上他总结了这 4 年中法案已经完成的目标，并对这些目标表示满意，并且建议把法案的计划推广到更高的年级，在中学进行年度数学和阅读测试，以评估学生取得的成绩。同年 2 月 21 日，美国联邦教育部同意了 20 个州联名对《不让一个孩子掉队法》法案的进展方式进行较大修改的要求。按照该要求，在申请试点的各州，即使学生的阅读和算术能力在一年内并不熟练，但只要他们在两年至四年内达到熟练，也会被允许通过。10 月 5 日，小布什总统在视察特许学

---

① MCMURRER J. Choices, changes, and challenges: curriculum and instruction in the NCLB era[R]. Washington, D. C.: Center on Education Policy, 2007: 10.

校——友谊-伍德里奇中小学校时发表讲话表示，修订联邦《不让一个孩子掉队法》将是政府 2007 年工作的优先任务。在讲话中小布什总统罗列了一系列改革《不让一个孩子掉队法》的具体办法。他指出，联邦政府将提供巨额资金用于加强与改善教师培训，尤其要为条件艰苦和质量严峻的学校提供合格、优异的师资。他认为把测试扩展至高中是测评通向成功的门径，加强高中教育质量对于提高高等教育的质量十分关键。2007 年美国在教育领域将通过增强教育的灵活性和改革薄弱学校，继续强化通过建立教师激励基金，对有效提高学生学业成绩和主动到师资短缺学校工作的教师进行奖励。2007 年 1 月 23 日，小布什总统发表了国情咨文讲话。在教育方面他提出在教育领域通过增加教育的灵活性和改革薄弱学校继续强化《不让一个孩子掉队法》。具体内容主要包括：提高学业要求标准，加强学生成绩信息收集；赋予家长选择权，刺激学校改革；通过建立教师激励资金，对有效提高学生学业成绩和主动到师资短缺学校工作的教师进行奖励，以缩小学生学业成就的差距；强调要把美国的《竞争力计划》与《不让一个孩子掉队法》相整合，通过加强高中教育，保证学生为全球经济竞争做好准备；从小学和初中开始，就要加强数学教学；鼓励数学和科学界的专家学者进校园，增加对学生科学成绩的关注，到 2008 年各州应将“科学”这个科目纳入学生评价系统。在改革中给予各州和各学区更多的灵活性，拨款改革薄弱学校，使低收入家庭的孩子能够获得资助和更好的辅导机会。①

2008 年 9 月，行将结束第 2 任期的小布什政府曾发表过一份题为《美国教育及全纳之概览》的报告，其中对《不让一个孩子掉队法》7 年的实施效果做了总结性回顾，并概括了该法的 4 大支柱：问责结果、

---

① 高靓. 2007 年美国国情咨文：强化《不让一个孩子掉队法》[N]. 中国教育报，2007-01-29 (4).

基于科学的研究、扩大家长的选择余地、增加灵活性和地方控制。①2008年，巴拉克·奥巴马（Barack Obama）当选美国第44任总统。面对教育、经济和社会发展的种种问题，奥巴马政府认为提高教育质量是解决问题的关键。2009年3月10日，奥巴马在华盛顿举行的全国拉美裔商会年会上提出了"全面教育改革计划"。2010年3月，奥巴马政府提出对《不让一个孩子掉队法》长达41页的修订方案——《改革的蓝图：重新修订初等与中等教育法》（*A Blueprint for Reform：The Reauthorization of the Elementary and Secondary Education Act*），并提交国会审议。在保持每年对学生进行阅读和数学测试这一基本点不变的情况下，改革蓝图明确地提出了《不让一个孩子掉队法》的新目标，即到2020年每个学生都"做好上大学和就业的准备"②。此外，学校评估制度将发生改变，如历史、科学、公民、外语、艺术等其他学科的成绩也纳入到总体测评中，减弱惩罚，增强奖励等。2011年10月，在原有法案的基础上，奥巴马政府又颁布了一项新法案。新法案仍是对原有法案不足的补充与改进：首先，它规定评估应当根据学生在阅读和数学能力上的提高，而不仅仅是考试达到熟练水平的学生的百分比数字。其次，新法案避免了原法案的片面性。在原系统内，各学校按照规定有一小部分人没有达到年度成绩考核的标准，该学校才会被划为"需要改进学校"的范围之内，而原法案规定只要有一人不合格，学校就会被划为不合格。最后，新法案给予了学校在运用联邦资金方面和时间限制方面更多的灵活性。显然，奥巴马政府推出的新方案是鼓励各州提高标准。

2013年1月，奥巴马再一次就任美国总统，开始新的任期。在

① 冯大鸣. 奥巴马的修法计划及对美国教育行政的影响［J］. 教育发展研究，2010，30（18）：38-41.

② U.S. Department of Education, Office of Planning, Evaluation and Policy Development. ESEA blueprint for reform[R]. Washington, D.C.: U.S. Department of Education, 2010: 9.

2013—2014 学年，奥巴马政府开始采取了“免除”政策，陆续接受各州放弃执行《不让一个孩子掉队法》的申请。经过 2011—2013 年连续 3 年的酝酿修改，2015 年 11 月 19 日，美国众议院和参议院协商委员会达成一致协议，通过《每一个学生都成功法》（*Every Student Succeeds Act*）；12 月 10 日，奥巴马总统正式签署了这一法案，取代了《不让一个孩子掉队法》。这是自 1965 年《初等与中等教育法》和 2002 年《不让一个孩子掉队法》颁布以来，美国基础教育领域改革的又一新动向。《每一个学生都成功法》包括一些有助于确保学生和学校成功的规定，例如，通过为美国的弱势和高需求学生提供关键保护以进一步实现教育平等；第一次要求美国所有的学生接受高学术水平的教育，为他们在大学和职业生涯上获得成功做准备；通过年度跨州评估考试，确保为教育工作者、家庭、学生和社区提供关键信息，使学生朝着这些高标准取得进步；有助于支持和发展本地的创新力，包括地方领导和教育工作者做出的基于事实和基于地方的创新，即干预投资创新和承诺邻里；维持并提高本届政府为增加更多的高质量学前班所做的历史性投资；维护一个期望，将有责任和行动对最低表现欠佳的学校（指这里的学生群体成绩没有取得进展，在很长时间内毕业率较低）进行积极的改变。[①] 该法案通过弱化联邦管理权利，恢复地方责任权利和赋予家长更多的权利，终结了原本规定的联邦以测试成绩为基础的问责制，代之以州问责制，将控制教育的权利归还给各州、地方学区和学生家长。

---

① U. S. Department of Education. Every Student Succeeds Act (ESSA)[EB/OL]. [2021-04-26]. http://www.ed.gov/essa.

第五节 《不让一个孩子掉队法》的影响及其评价

《不让一个孩子掉队法》对美国从幼儿园到12年级（K-12）的教育做出了具体规定，首次以法律的形式确立了美国联邦政府在全国教育事务中的领导作用，法案的颁布标志了美国全国性教育政策的正式形成。[①] 这样一部具有里程碑意义的法案，从2002年颁布到2015年被《每一个学生都成功法》取代，经历了两位美国总统，对美国基础教育产生了重要的影响。时任教育部部长罗德·佩奇（Rod Paige）就此法案发表评论时宣称："改革不再是关于拓宽教育机会和经费方面的改革，不再仅仅是关于教育以外的因素或借口的改革，而是通过我们提供给美国学生的教育本身的质量来提高学生的学业成绩的一项改革。"[②] 的确，由于《不让一个孩子掉队法》的制定和实施，美国教育取得了一定的成效。总体来说，法案的颁布对学生、教师和学校都产生了巨大的影响，各州教育状况得到了很大的改观。

一、《不让一个孩子掉队法》的影响

（一）提高了学生学业成绩

2007年1月出台的《不让一个孩子掉队法》的强化计划中以极具代表性的实例和大量的数据说明了该法案所取得的成绩，包括学生的学业成绩进步和教师质量提高目标的实现。计划中对学生在阅读和数学中取得的进步分单个学校、整个学区、州以及国家教育进步评价

---

① 郭玉贵．布什在重塑美国教育政策中的历史功绩［J］．化工高等教育，2009，26（3）：1-10，22.

② 邬洁瑜．《不让一个孩子掉队法》的历史反思：当代美国基础教育改革政策与成效解读［J］．时代教育，2012（21）：102.

(The National Assessment of Educational Progress) 4个层次进行总结介绍，表明法案实施后，学生成绩整体上有明显提高。美国大城市学校委员会在2004年3月发表的报告中指出在2003年的阅读测试上，73.1%的4年级班级、53.8%的8年级班级和38.9%的10年级班级缩小了白人学生与黑人学生之间的成绩差距；[①] 2005年一项调查显示，2005年已经有84%的学生在阅读方面达到熟练水平，有82%的学生精于数学；另一项统计显示，2006年非洲裔与西班牙裔学生还在阅读和数学的分数上创造了历史最好记录；[②] 2008年美国国会公布的2002—2007年"全国教育进展评估"的调查结果显示，美国学生的学业成绩普遍提高，其中数学科目成绩提升最明显，从年级上来说，4年级的学生进步最明显。[③] 这些数据表明美国中小学弱势学生表现明显改善，学生阅读和数学差距有所减小，也达到了教育公平的法案宗旨。

（二）提高了教师质量

法案实施提高了教师质量。进一步提高教师质量是法案的主要内容之一，法案实施后，虽然不是所有的目标都实现了，但是据统计称90%的教师已经达到高质量教师的要求。前面提到学生学业成绩普遍提高，高质量教师的促进作用显然不可忽视。由于美国联邦政府的高度重视，大量培训教师的资金投入，各州通过实施教育问责制严格教师准入，中小学教师参加了许多项目的教师培训，提高了自身素质，从而极大地改善了教师质量。此外，根据美国教育考试服务中心(Educational Testing Service) 2002年的教师质量调查报告显示，已经

---

① TOPCO G. Test scores in large urban school districts make big strides[N]. USA today,2004-05-22.

② 隗峰. 试析"不让一个孩子掉队"法案的实施与发展 [J]. 外国中小学教育，2007 (12)：21-25.

③ National Assessment of Education Progress. The nation's report card[EB/OL]. [2021-05-02]. https://www.nationsreportcard.gov/report_archive.aspx.

有95%完成教师教育计划的新教师通过了州的教师资格认证，全国97%的在职教师已经获得完全合格证书，有55个州教育行政部门建立了教师资格认证制度，并在提升教师质量方面取得了良好的成效。[①] 可见，教师培训和教师资格认证制度的完善表明了美国教师质量的提高。

（三）改善了公立学校的教学

法案实施对公立学校产生了巨大的影响。为追踪法案的实施效果，美国教育政策中心每年都会围绕改革的实施情况收集信息并发表年度报告。2006年，该中心在总结前期调研成果的基础上发表了由杰克·杰宁斯（Jack Jennings）和迪安·斯塔克·伦特纳（Diane Stark Rentner）撰写的题为《〈不让一个孩子掉队法〉对公立学校的十大影响》的报告，对法案实施4年以来美国中小学出现的主要变化进行了总结，同时也对改革中的一些问题做了说明。报告列举了法案对公立学校的十大影响是：根据各州和学区的官方报告，学生在州统考中的成绩正在提高；各学校高度重视阅读和数学教学，增加教学时间；各学校对课程和教学标准给予了更多的重视，并且对考试数据的分析更加深入；未达到法案规定标准的薄弱学校正在进行课程、师资、管理方面的深入改革；88%的学区报告，到2005—2006学年底所有核心课程教师均已达到法案规定的“高质量教师”标准；学生参加的考试数量明显增加，2002年只有19个州对3—8年级的学生进行阅读和数学年度考试，高中仅有一次，2006年所有的州都已经进行此类考试；学校更加关注学生间的学业差距和特殊学生群体的学习需求；“需改进”学校的比例较为稳定，数量未出现较大增长，学生选择学校的权利得到保障，20%的学生接受了联邦政府提供的补偿教育服务；联邦政府在

① U. S. Department of Education, Office of Postsecondary Education, Office of Policy Planning and lnnovation. Meeting the highly qualified teachers challenge: the secretary' s annual report on teacher quality[R]. Washington, D. C.: U. S. Department of Education, 2002: Executive Summary ⅶ-ⅷ.

教育领域所发挥的作用日渐加强；州学业标准和统考的实施使州政府和学区在教育领域扮演了更重要的角色。①

《不让一个孩子掉队法》是对美国现有教育制度的一次全面改革，因此也得到了高度的关注。该法案在实施过程中除了取得显著的成绩之外仍然出现了诸多问题。该法案实施在全国范围内存在着很大的差异，有些州在实施有困难的问题时会降低标准，这导致虽然各州递交给联邦教育部的报告好像是达到了法案的目标，但是这些问题却正是美国长期存在的问题，这些问题产生的不良影响仍然存在。正如有批评人士所指出的，《不让一个孩子掉队法》并没有从根本上改变美国中小学教育的状况。学校的教学质量需要多维度地进行评价，仅仅依靠测试成绩的做法是不妥当的，严苛的责罚会打消学校发展的积极性，完全依据考试成绩的测评方式容易造成恶性竞争。学校疲于应对各种考核测试，疏于对教学质量的真正改进，联邦承诺的教育拨款也往往日渐减少，甚至成为空头支票。②

二、对《不让一个孩子掉队法》的评价

（一）以公平优先为教育理念，完善基础教育法律体系

《不让一个孩子掉队法》主要体现了公平优先的目标。法案开宗明义提出教育的战略目标——通过问责制、弹性化和提供多种选择减小学业成就差异，从而不让一个孩子掉队。为实现这个战略目标，《不让一个孩子掉队法》首先规定了改善弱势学生学业表现的措施，相关的措施还包括：培养、培训和聘用高素质教师和家长，建设21世纪学校，

---

① JENNINGS J, RENTNER D S. Ten big effects of the No Child Left Behind Act on public schools[J]. The Phi delta kappan, 2006, 88(2): 110-113.

② SMITH E. Raising standards in American schools: the case of no child left behind [J]. Journal of education policy, 2005, 20(4): 507-524.

促进家长对教育的选择和参与。① 这些措施体现了公平优先的教育理念。美国一向借助立法来促进教育不断改革与发展，健全的教育法律体系为美国基础教育改革与发展提供了法律保障和不竭动力。教育法规在美国所有的法规中所占的比例越来越大，完整的教育法规也开始形成。20 世纪 80 年代以来，联邦政府提高基础教育质量的立法都是以促进教育公平为核心，公平优先也是美国历届政府教育战略的核心要素。美国的教育改革始终是以基础教育质量的提升为总目标，建立面向全体国民的、没有地区差别的、保障基本水准的基础教育制度对于个人与社会的发展都具有重要的意义。

（二）以教育研究为先导，建立良性的投入机制

从《不让一个孩子掉队法》出现的问题可以看出，法案在制定时并没有向教师和那些在教育一线的工作者咨询情况，也没有邀请专门的研究者进行探讨，缺乏公众的参与。作为一个全国性的法案，它影响的范围是全国，法案中的措施都是针对一些社会和教育问题而制定的，因此它需要研究者深入探讨，在其研究成果上，国家有依据地制定相关法律法规。教育研究为教育法律法规的制定提供了依据，因此十分重视教育研究。在美国地方分权体制下，联邦、州和地市三级政府共同分担基础教育经费是其教育投入基本模式，其中以州和地方提供经费为主，联邦政府履行对教育的义务，体现在规定用于教育的费用支出。② 联邦政府在财政援助方面都是依据“人人享有教育公平”的原则分配到各州，良性的投入机制也确保各州有较为均衡的教育支出。

（三）具有理性的危机意识，多方面提高基础教育质量

《不让一个孩子掉队法》不断修订的过程，体现了美国人具有理性

---

① 张燕军．美国教育战略研究［M］．杭州：浙江教育出版社，2013：24.

② 蒋云芳．20 世纪 80 年代以来美国联邦政府以促进公平为核心的基础教育改革研究［D］．西南大学，2012：122.

的危机意识，能够正视危机并化解危机。20世纪80年代以来不断对《初等与中等教育法》进行修订，《不让一个孩子掉队法》对其重新修订并对新政策进行调整。2015年奥巴马颁布《每一个学生都成功法》取代《不让一个孩子掉队法》。这些法案变革的原因正是因为美国认识到教育差距仍然存在，既定的目标并没有完成的教育问题，并对这些教育改革进行反思、理性分析。基础教育表现在学生学业的成就、教育输入和教育过程上。教育输入不仅包括以教师为核心的基础设施的建设，也包括学习者的入学准备。教育过程既包括教学过程，也包括学校管理等方面。美国从20世纪80年代以来所采取的措施都是从多方面提升质量。在提升基础教育质量的立法中，不应忽略教育输入和教育过程，应着眼于基础教育设施的建设，关注学习者的状态，促进教育素养，改善学校的管理质量，激发学校活力。

（赵舒曼 甘小丰）

主要参考文献

一、中文著作

[1] 伯恩斯，等. 民治政府：美国政府与政治（第20版）[M] 吴爱明，李亚梅，等译. 北京：中国人民大学出版社，2007.

[2] 博克. 走出象牙塔：现代大学的社会责任 [M]. 徐小洲，陈军，译. 杭州：浙江教育出版社，2001.

[3] 陈学飞. 美国高等教育发展史 [M]. 成都：四川大学出版社，1989.

[4] 厄本，瓦格纳. 美国教育：一部历史档案（第3版）[M]. 周晟，谢爱磊，译. 北京：中国人民大学出版社，2009.

[5] 方俊明. 特殊教育学 [M]. 北京：人民教育出版社，2005.

[6] 盖格. 研究与相关知识：第二次世界大战以来的美国研究型大学 [M]. 张斌贤，孙益，王国新，译. 保定：河北大学出版社，2008.

[7] 格拉汉姆，戴蒙德. 美国研究型大学的兴起：战后年代的精英大学及其挑战者 [M]. 张斌贤，於荣，王璞，译. 保定：河北大学出版社，2008.

[8] 国家教育发展研究中心. 发达国家教育改革的动向和趋势：第7集 [M]. 北京：人民教育出版社，2004.

［9］HEWARD W L. 特殊需要儿童教育导论［M］. 肖非，等译. 北京：中国轻工业出版社，2007.

［10］贺国庆，何振海，等. 战后美国教育史［M］. 上海：上海交通大学出版社，2014.

［11］黄福涛. 外国高等教育史［M］. 上海：上海教育出版社，2003.

［12］怀特. 美国的自我探索：总统的诞生（1956-1980）［M］. 中国对外翻译出版社，译. 北京：中国对外翻译出版公司，1985.

［13］克拉克. 高等教育新论：多学科的研究［M］. 王承绪，徐辉，郑继伟，等译. 杭州：浙江教育出版社，2001.

［14］克雷明. 学校的变革［M］. 单中惠，马晓斌，译. 济南：山东教育出版社，2009.

［15］里帕. 自由社会中的教育：美国历程（第 8 版）［M］. 於荣，译. 合肥：安徽教育出版社，2010.

［16］刘绪贻，杨生茂. 美国通史（第 6 卷）：战后美国史 1945-2000［M］. 北京：人民出版社，2008.

［17］罗斯福. 罗斯福选集［M］. 关在汉，编译. 北京：商务印书馆，1982.

［18］吕达，周满生. 当代外国教育改革著名文献：美国卷・第 4 册［M］. 北京：人民教育出版社，2004.

［19］瞿葆奎，马骥雄. 美国教育改革［M］. 北京：人民教育出版社，1990.

［20］斯普林. 美国学校：教育传统与变革［M］. 史静寰，姚运标，张宏，等译. 北京：人民教育出版社，2010.

［21］史静寰. 当代美国教育：修订版［M］. 北京：社会科学文献出版社，2012.

［22］斯普林. 美国教育［M］. 张弛，张斌贤，译. 合肥：安徽教

育出版社，2010.

［23］王书峰. 美国退役军人教育资助政策形成与变迁研究［M］. 广州：广东高等教育出版社，2009.

［24］韦布. 美国教育史：一场伟大的美国实验［M］. 陈露茜，李朝阳，译. 合肥：安徽教育出版社，2010.

［25］沃特拉斯. 20 世纪美国教育中的哲学冲突［M］. 王璞，於荣，译. 合肥：安徽教育出版社，2011.

［26］张维平，马立武. 美国教育法研究［M］. 北京：中国法制出版社，2005.

［27］张斌贤. 美国高等教育史［M］. 北京：教育科学出版社，2019.

二、中文期刊

［1］陈青. 浅析 20 世纪中叶以来美国印第安人高等教育政策［J］. 中国成人教育，2013（23）：117-120.

［2］陈珊. 二十一世纪美国高质量教师的标准及其实施策略［J］. 华中师范大学研究生学报，2006（2）：5-7，11.

［3］陈晓端，闫福甜. 当代美国教育改革六次浪潮及其启示［J］. 陕西师范大学学报（哲学社会科学版），2007（6）：95-99.

［4］冯大鸣. 奥巴马的修法计划及对美国教育行政的影响［J］. 教育发展研究，2010，30（18）：38-41.

［5］甘永涛，胡甜. 美国印第安人教育治理权的历史变迁［J］. 民族教育研究，2017，28（4）：110-114.

［6］衡孝军. 美国的基础教育改革［J］. 教育研究，2001（6）：75-77.

［7］李建华. 标准运动：美国 90 年代的基础教育改革述评［J］.

课程·教材·教法，2000（12）：53-55.

［8］李文兵．90 年代美国中小学教育改革新举措［J］．外国教育研究，2002（3）：28-31.

［9］吕达．《2000 年目标：美国教育法》初探［J］．课程·教材·教法，1993（9）：56-59.

［10］牛道生．80 年代“教育危机”以来美国基础教育的实质性变化［J］．教育研究，1998（7）：31-36.

［11］生兆欣．《初等与中等教育法》与美国联邦政府教育角色的变迁［J］．比较教育研究，2009（3）：25-29.

［12］肖凡．从历史角度分析美国联邦政府在教育改革中的角色［J］．世界经济与政治论坛，2011（6）：45-51.

［13］许明，胡晓莺．美国基础教育课程标准述评［J］．教育研究，2002（3）：78-83.

［14］阎光才．NCLB 与布什政府的教育政策倾向［J］．外国教育研究，2002，29（8）：14-17.

［15］杨柳．美国残疾人教育法案探析［J］．比较教育研究，2008（6）：71-75.

［16］袁桂林．本届美国政府教育改革计划述评［J］．外国教育研究，2001，28（6）：16-24.

［17］张骏．从同化政策到尊重差异：美国印第安人政策演变的思考［J］．世界经济与政治论坛，2014（3）：84-95.

［18］张立平．林登·约翰逊与民权法案［J］．美国研究，1996（2）：110-124.

［19］赵中建．不让一个儿童落后：美国布什政府教育改革蓝图述评［J］．上海教育，2001（5）：57-62.

［20］赵中建．从教育蓝图到教育立法：美国《不让一个儿童落后法》评述［J］．教育发展研究，2002（2）：44-47.

三、外文著作

[1] ALTERMAN R C. Manpower policy and individual need in the development of federal aid to college students[M]. Ann Arbor: The University of Michigan, School of Education, 1973.

[2] BAILEY S K, MOSHER E K. ESEA: the office of education administers a law[M]. Syracuse: Syracuse University Press, 1968.

[3] BERUBE M R. American presidents and education[M]. New York: Greenwood Press, 1991.

[4] BRANEGAN G A. Home economics teacher training under the Smith-Hughes Act, 1917 to 1927[M]. New York: Teachers College, Columbia University, 1929.

[5] BRUNNER H S. Land-grant colleges and universities, 1862-1962[M]. Washington, D. C.: Government Printing Office, 1966.

[6] CAMPBELL J R. Reclaiming a lost heritage: land-grant and other higher education initiatives for the twenty-first century[M]. Ames: Iowa State University Press, 1995.

[7] COHEN S. Education in the United States: a documentary history[M]. Vol. 3. New York: Greenwood Press, 1974.

[8] DANBOM D B. The resisted revolution: urban America and the industrialization of agriculture, 1900-1930[M]. Ames: Iowa State University Press, 1976.

[9] EDDY E D, Jr. Colleges for our land and time: the land-grant idea in American education[M]. New York: Harper & Brothers, 1957.

[10] FOSSEY R, BATEMAN M. Condemning student to debt: college loans and public policy[M]. New York: Teachers College Press,

1998.

[11] ANDREWS B F. The land-grant of 1862 and the land grant colleges[M]. Washington, D. C. :Government Printing Office, 1918.

[12] GILLESPIE D A, CARLSON N. Trends in student aid: 1963 to 1983[M]. Washington, D. C. :College Board, 1983.

[13] GLADIEUX L E, WOLANIN T R. Congress and the colleges: the national politics of higher education[M]. Lexington: Lexington Books, 1976.

[14] GRANT W V, EIDEN L J. Digest of education statistics 1981 [M]. Washington, D. C. :Government Printing Office, 1981.

[15] HAWKINS L S, PROSSER C A, WRIGHT J C. Development of vocational education[M]. Chicago :American Technical Society, 1951.

[16] HENRY D D. Challenges past, challenges present: an analysis of American higher education since 1930 [M]. San Francisco: Jossey-Publisher, 1975.

[17] HUMES E. Over here: how the G. I. Bill transformed the American dream[M]. Boston: Houghton Mifflin Harcourt, 2006.

[18] JAMES J E. The origin of the Land-Grant Act of 1862(to so-called Morrill Act) and some account of its author, Jonathan B. Turner [M]. Urbana: University of Illinois Press, 1910.

[19] JENNINGS J F. Why national standards and tests? : politics and the quest for better schools[M]. California: Sage Publications, 1998.

[20] LEE C B T. The campus scene, 1900-1970: changing styles in undergraduate life[M]. New York: David McKay Company, Inc. , 1970.

[21] LEVINE A. Higher learning in America, 1980-2000 [M]. Baltimore: The Johns Hopkins University Press, 1994.

[22] MCCLURE A F, CHRISMAN J R, MOCK P. Education for

work: the historical evolution of vocational and distributive education in America[M]. Dickinson: Fairleigh Dickinson University Press, 1985.

[23] MOSHER F C. Democracy and the public service[M]. New York: Oxford University Press, 1982.

[24] MUMPER M. Removing college price barriers[M]. New York: State University of New York Press, 1996.

[25] OLSON K W. The G. I. Bill, the veterans, and the colleges [M]. Lexington: The University Press of Kentucky, 1974.

[26] PAGE C S. Vocational education: speech of Hon. Carroll S. Page delivered in the Senate of the United States June 5, 1912[M]. Washington, D. C.: Government Printing Office, 1912.

[27] PARSONS M D. Power and politics: federal higher education policymaking in the 1990s[M]. New York: State University of New York Press, 1997.

[28] PROSSER C A. Why federal aid for vocational education? [M]. New York: Press of C. S. Nathan, 1912.

[29] PRUCHA F P. Documents of the United States Indian policy [M]. Lincoln: University of Nebraska Press, 2000.

[30] RAVITCH D. The troubled crusade: American education, 1945-1980[M]. New York: Basic Books, Inc., 1983.

[31] RHODES J H. An education in politics: the origins and evolution of no child left behind[M]. New York: Cornell University Press, 2012.

[32] SUNDQUIST J L. Politics and policy: the Eisenhower, Kennedy, and Johnson years[M]. Washington, D. C.: The Brookings Institution, 1968.

[33] URBAN W J. More than science and Sputnik: the National Defense Education Act of 1958[M]. Tuscaloosa: The University of Alabama Press,

2010.

[34] WILLIAMS F D. The northwest ordinance: essays on its formulation, provisions, and legacy[M]. East Lansing: Michigan State University Press, 1988.

[35] YELL M L. The law and special education[M]. New Jersey: Prentice-Hall, 1998.

四、外文期刊

[1] BABBIDGE H D, Jr. Higher education and the National Defense Education Act[J]. The phi delta kappan, 1959, 40(5): 200.

[2] BECKMANN M W. NDEA support for improved mathematics instruction[J]. The mathematics teacher, 1960, 53(6): 446-447.

[3] BUCKEY N, BREARLEY H C. The community and the home economics teacher[J]. Peabody journal of education, 1941, 18(5): 283.

[4] CLUNE W H, VAN PELT M H. A political method of evaluating the Education for All Handicapped Children Act of 1975 and the several gaps of gap analysis[J]. Law and contemporary problems, 1985, 48(1): 7-62.

[5] DONOHUE J W. 'Goals 2000: Educate America Act' notes for a chronicle[J]. America, 1994, 170(21): 6-12.

[6] ELLIOTT E C, PROSSER C A. National society for the promotion of industrial education[J]. Legislation upon industrial education in the United States, 1910: 25.

[7] FLEMMING A S. The philosophy and objectives of the National Defense Education Act[J]. The annals of the American academy of political and social science, 1960, 327: 132, 137-138.

[8] FLORIAN L. Part H early intervention program: legislative history and intent of the law [J]. Topics in early childhood special education, 1995, 15(3): 247-262.

[9] GETTY L A, SUMMY S E. The course of due process [J]. Teaching exceptional children, 2004, 36(3): 40-43.

[10] HANNAH S B. The Higher Education Act of 1992: skills, constraints, and the politics of higher education [J]. The journal of higher education, 1996, 67(5): 498-527.

[11] HARDY E. The Education for All Handicapped Children Act: what is a free appropriate public education [J]. Wayne law review, 1982, 29: 1285.

[12] HEISE M M. Goals 2000: Educate America Act: the federalization and legalization of educational policy [J]. Fordham law review, 1994, 63: 345-381.

[13] HELLER J L. The classics and the National Defense Education Act [J]. The classical journal, 1959, 54(7): 305.

[14] JENNINGS J, RENTNER D S. Ten big effects of the No Child Left Behind Act on public schools [J]. The Phi delta kappan, 2006, 88 (2): 110-113.

[15] KAESTLE C F, SMITH M S. The federal role in elementary and secondary education, 1940-1980 [J]. Harvard educational review, 1982, 52 (4): 384-408.

[16] KANTOR H. Education, social reform, and the state: ESEA and federal education policy in the 1960s [J]. American journal of education, 1991, 100(1): 47-83.

[17] KEPPEL F. The higher education acts contrasted, 1965-1986: has federal policy come of age? [J]. Harvard educational review, 1987,

57 (1):51,58.

[18] LAGOWSKI J J. The education summit:a different signal[J]. Journal of chemical education,1996,73(5):383-386.

[19] LANDRY L,NEUBAUER D. The role of the government in providing access to higher education:the case of government-sponsored financial aid in the US[J]. Journal of education and work,2016,29(1):64-76.

[20] LUNENBURG F C. Constructivism and technology:instructional designs for successful education reform [J]. Journal of instructional psychology,1998,25(2):75-81.

[21] MOORE G E. The involvement of experiment stations in secondary agricultural education, 1887-1917 [J]. Agricultural history, 1988,62(2):176.

[22] MURPHY F F. The real meaning of the satellite[J]. The educational record,1958(1):35.

[23] MURPHY J T. Title Ⅰ of ESEA:the politics of implementing federal education reform[J]. Harvard educational review,1971,41 (1):35-63.

[24] NORTH C P. The land grant universities:the first centennial [J]. Marriage & family living,1962,24(2):187.

[25] OLSON K W. The G. I. Bill and higher education:success and surprise[J]. American Quarterly,1973,25(5):606,608.

[26] PROSSER C A. Vocational education under the Smith-Hughes Act[J]. The journal of education,1918,88(4):96.

[27] RICHTER J. The origin and development of the land-grant college in the United States[J]. The journal of negro education,1962,31 (3):230-239.

[28] RILEY R W. Reflections on Goals 2000[J]. Teachers college record,1995,96(3):380-388.

[29] ROSE M. Intelligence, knowledge, and the hand/brain divide [J]. The phi delta kappan,2008,89(9):634.

[30] SCHWARTZ R B, ROBINSON M A. Goals 2000 and the standards movement[J]. Brookings papers on education policy,2000(3): 173-206.

[31] SHONKOFF J P, MEISELS S J. Defining eligibility for services under PL 99-457[J]. Journal of early intervention,1991,15(1): 21-25.

[32] SMITH E. Raising standards in American schools: the case of no child left behind[J]. Journal of education policy, 2005, 20(4): 507-524.

[33] SOLOMON L D. The role of for-profit corporations in revitalizing public education: a legal and policy analysis[J]. University of Toledo law review,1993,24:883-932.

[34] SUPERFINE B M. The politics of accountability: the rise and fall of Goals 2000[J]. American journal of education,2005,112(1):10-43.

[35] YELL M L, ROGERS D, ROGERS E L. The legal history of special education: what a long, strange trip it's been! [J]. Remedial and special education,1998,19(4):219-228.

五、外文报纸

[1] CAMPHIRE G. House Panel moves to kill Standards Council [N]. Education daily,1995-05-11(1-2).

[2] CHENEY L V. The end of history[N]. Wall street journal, 1994-10-20.

[3] SANCHEZ R. House Republicans' proposal would end much of federal role in education[N]. The Washington post, 1995-05-25(A19).

[4] SHARPE R. Federal education law becomes hot target of wary conservatives[N]. Wall street journal, 1995-08-30(A1).

[5] TOPCO G. Test scores in large urban school districts make big strides[N]. USA today, 2004-05-22.

六、外文报告

[1] CAVELL L, BLANK R K, TOYE C, et al. Key state education policies on PK-12 education: 2004[R]. Washington, D. C.: Council of Chief State School Officers, 2005.

[2] National commission for employment policy. The federal role in vocational education[R]. Washington, D. C.: The Commission, 1981.

[3] National Education Goals Panel. The national education goals report: building a nation of learners 1999[R]. Washington, D. C.: National Education Goals Panel, 1999.

[4] Office of Education Research and Improvement. Challenging the status quo: the education record, 1993-2000[R]. Washington, D. C.: U. S. Department of Education, 2000.

[5] President's Science Advisory Committee. Scientific progress, the universities, and the federal government[R]. Washington, D. C: Government Printing Office, 1960.

[6] STEDMAN J B, RIDDLE W C. Goals 2000: Educate America Act implementation status and issues[R]. Washington, D. C.: Library of

Congress,1998.

[7] United States General Accounting Office. Goals 2000 flexible funding supports state and local education reform[R]. Washington,D. C. :United States General Accounting Office,1998.

七、外文网络资源

[1] ANDERSON N. Bush administration grants leeway on "no child" rules[N/OL]. Washington post,2005-11-22(A01). https://www.washingtonpost.com/wp-dyn/content/article/2005/11/21/AR2005112101732.html? sub=AR.

[2] Department of Education, Washington, D. C. Indian Nations at Risk Task Force. Indian nations at risk: an educational strategy for action-final report[EB/OL]. (1991-10)[2021-04-17]. https://files.eric.ed.gov/fulltext/ED339587.pdf.

[3] DEWEESE T. The ongoing saga of failed federal education policy[EB/OL]. (2000-03-29)[2023-07-02]. https://americanpolicy.org/2000/03/29/the-continuing-saga-of-failed-federal-education-policy/.

[4] Office of the Press Secretary. President signs landmark no child left behind education bill[EB/OL]. (2002-01-08)[2021-04-30]. https://georgewbush-whitehouse.archives.gov/news/releases/2002/01/20020108-1.html.